KB068757

# 일자리와 교육리더십

대표저자 **권대봉**

강석주 · 권양이 · 김영석 · 김재현 · 김환식 · 노경란
박소연 · 박용호 · 박지혜 · 박혜영 · 신범석 · 유대원
이성엽 · 이정의 · 이진구 · 조대연 · 허선주 · 현영섭

박영사

# P 머리말
## refrace

 필자가 세계은행 컨설턴트로서 개발도상국가들의 정책전문가들을 만나면, 그들은 이구동성으로 자국이 2차 세계대전 직후에는 대한민국보다 잘 살았었다는 말을 한다. 그리고 대한민국이 어떻게 최빈국가에서 경제대국으로 성장할 수 있었으며, 원조를 받던 나라에서 원조를 주는 나라로 탈바꿈할 수 있었는지 그 원동력에 대한 설명을 요구한다.

 "교육의 힘이다. 그리고 대한민국 국가지도자들의 리더십과 국민들의 팔로워십이 잘 결합한 덕분이다. 구체적으로 수많은 한국인들이 일터에서 흘린 땀의 결실이다. 나 역시 1979년부터 1981년까지 2년간 중동 해외건설현장에서 새벽부터 밤까지 일했다"고 설명했다. 그들은 그렇게 열심히 일했던 한국인들을 이해하기 어렵다고 고개를 갸우뚱한다.

 필자가 일했던 회사의 사훈이 "일하자, 더욱 일하자, 한없이 일하자, 조국과 민족을 위하여"라는 말도 해 주었다. 1970년대 초에 대학생이었던 필자의 세대에게 기성세대들은 "조국과 민족을 위하여" 공부하라고 요구했다. 그래서인지 필자의 뇌리에는 아직도 "조국과 민족을 위하여"라는 말이 자리 잡고 있다.

 그러나 세상이 변했다. 지금의 기성세대들은 젊은이들에게 글로벌 무대에서 인정받는 전문가가 되기 위하여 일하라고 요구한다. 따라서 젊은이들의 역량을 발휘할 수 있는 일자리가 필요하다. 일자리는 자아실현을 위해서도 필요하지만, 인간안보의 첫걸음이기도 하며, 국가와 인류사회 발전에 공헌할 수

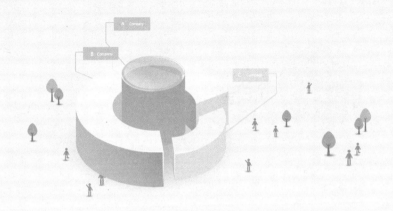

있는 기회의 마당이기도 한 것이다.

　논어(論語)의 자로(子路)편에 "서(庶)·부(富)·교(敎)"라는 대목이 있다. 서(庶)란 인구를 많이 늘리는 일, 부(富)란 백성을 부유하게 만드는 일, 교(敎)란 교육을 잘 하는 일로 국정최고책임자의 책무이다.

　2013년 현재 『e-나라지수』에 의하면, 한국의 합계출산율이 1.30명이고 청년고용률이 40.4%인 오늘날의 상황에도 2,500여 년의 시간을 뛰어넘어 "서(庶)·부(富)·교(敎)"는 현존하는 책무이고, 이는 휴먼웨어 개발을 통해 이룰 수 있다. 휴먼웨어를 개발해야 양질의 일자리가 있고, 양질의 일자리가 있어야 청년들은 결혼을 할 수 있고, 청년들이 결혼을 해야 인구를 늘릴 수 있기 때문이다. 좋은 일자리가 있어야 부유해지며, 좋은 교육을 잘 받아야 인간답게 살 수 있다.

　인구의 양뿐만 아니라 인구의 질도 중요하다. 성·가정·학교 폭력은 바른 인간관·가정관·사회관이 정립되어야 예방이 가능하며, 불량식품과 탈세는 바른직업관·국가관·세계관 정립 없이는 근절하기 어렵다.

　교육은 학교에서뿐만 아니라 가정과 기업에서도 이루어지고 있다. 교육을 통해 길러야 할 가치관은 인간관·가정관·사회관·직업관·국가관·세계관 등 6관(觀)이다.

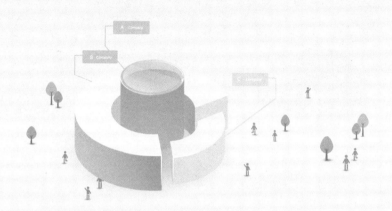

　글로벌시대의 고용가능성과 고용안정성을 높이기 위해서는 6관 형성이 필수적이다. 바른 6관을 형성하려면 교육이 지육(智育)에만 머무르지 않고, 인간의 존엄성을 지키는 덕육(德育), 심신을 연마하는 체육(體育), 음악과 미술로 아름다움을 추구하는 미육(美育), 올바른 섭생을 위한 식육(食育)을 포함한 '5育'이 절실하다.

　국가발전과 국민행복을 이끄는 수레의 두 바퀴는 일자리와 교육리더십이다. 이 책은 일자리를 찾는 청년, 일터에서 일하는 기업인, 그리고 100세 시대의 남녀 성인과 노인을 위한 일자리와 교육리더십에 대해 관심을 가져야 하는 정책전문가와 현장전문가들이 읽으면 도움이 되는 글로 구성되어 있다.

　따라서 이 책은 현대적인 서(庶)·부(富)·교(敎)를 구현할 수 있도록 교육리더십을 통해 도와주기 위해 제1부는 일자리와 청년 교육리더십, 제2부는 일자리와 기업인 교육리더십, 제3부는 일자리와 성인·노인 교육리더십으로 구성하였다.

　마지막으로 이 책이 세상에 나오도록 도와준 박영사 관계자들에게 심심한 사의를 표한다.

2014년 1월

저자를 대표하여　日岡 권 대 봉

차 례
Contents

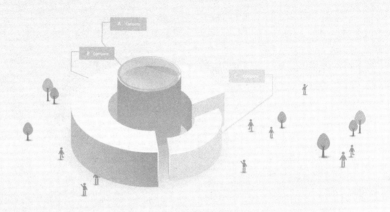

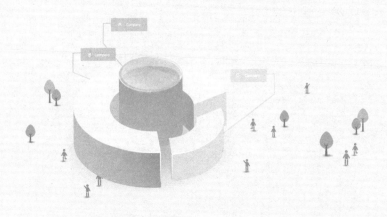

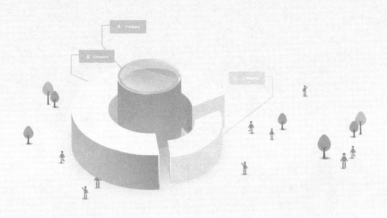

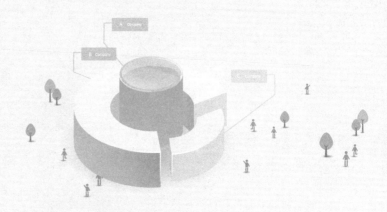

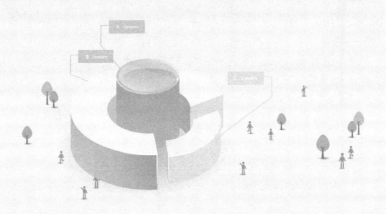

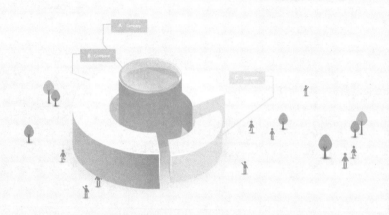

# Part 3  일자리와 성인·노인 교육리더십

## Chapter 12  성인학습이론의 변화 트렌드

## Chapter 13  성인의 셀프리더십

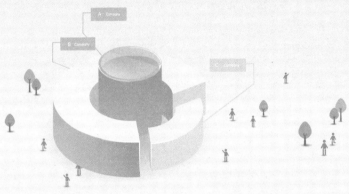

## Chapter 14 100세 시대의 인생3모작을 위한 베이비부머 은퇴세대 지원 체계

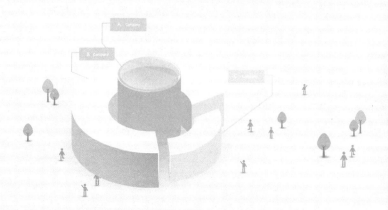

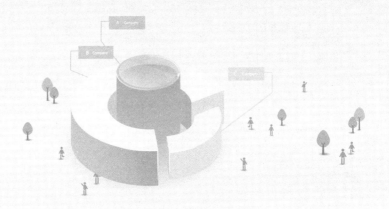

# 01 Part

## 일자리와 청년 교육리더십

# chapter 01

# 일자리 복지를 위한 새로운 교육시스템과 사회시스템

권 대 봉

 ## 1. 일자리복지와 교육과 사회

넓은 의미의 사회복지는 국민의 생활안정과 교육·직업·의료 등의 보장을 포함하는 개념으로 행복을 누릴 수 있는 상태를 추구하기 위한 사회적 노력이다. 그런데 최근의 사회복지정책을 논함에 있어 '물고기를 직접 제공해주자(무상복지)'는 입장과, '물고기를 직접 주기보다는 잡는 방법을 가르쳐주자(직업능력개발복지)'는 입장이 서로 옳다고 논쟁하는 경우를 종종 목격한다. 물고기를 잡을 수 있는 직업능력을 보유하여도 물고기를 잡고 싶은 동기인 취업의지가 없으면 소용없다. 취업의지가 있어도 물고기를 잡을 수 있는 어장인 고용시장과 일자리가 없으면 이 또한 소용없기 때문에 '물고기 잡는 법을 가르쳐주고(직업능력개발복지)' 동시에 '물고기 잡을 어장을 마련해주자(일자리복지)'는 입장이 진정한 복지(일자리복지 플러스)가 될 수 있다. 그리고 물고기를 잡을 어장이 있어도 큰 어장만 고집해서 작은 어장은 가지 않겠다고 하는 것도 문제이다. 이는 일자리 미스매칭 문제이기 때문에 이를 위한 복지정책이 요구된다.

　일자리와 관련하여 복지정책을 조망해보면, 크게 세 가지 유형으로 논의할 수 있을 것이다. 첫째, 무상복지 유형이다. 물고기 잡을 능력이 전혀 없는 사람에게는 물고기를 주어야 살 수 있다. 따라서 직접적인 혜택이 주어질 수 있는 방안을 고려해야 한다. 둘째, 직업능력개발복지 유형이다. 물고기 잡을 능력의 개발 기회를 제공해 스스로 어장을 만들거나(창업), 어장을 찾아가도록(취업) 해야 한다. 물고기를 잡을 수 있는 능력을 배양하는 것은 학교와 직업능력개발 평생교육기관의 몫이다. 물고기 잡는 능력을 함양시킬 때에는 왜 물고기를 스스로 잡아야 하는지에 대해서 인식하도록 일자리 철학교육이 우선되어 한다. 물고기 잡을 능력이 있는데도 불구하고 물고기를 그냥 배분 받을 수 있다면 굳이 스스로 물고기를 잡으려는 동기를 가질 이유가 없기 때문이다. 이는 동기의 문제인데 민주주의국가에서 선거 때마다 이와 같은 사항들이 정치공학적으로 포퓰리즘 이슈가 된다. 물고기 잡을 능력이 있는 사람에게 물고기를 공짜로 주겠다고 하면 궁극적으로 물고기 잡는 기쁨과 행복을 박탈하는 것이고, 그만큼 다른 사람이나 후대에게 짐을 떠넘기게 되는 결과를 초래할 것이다. 셋째, 일자리복지 유형이다. 물고기를 잡을 수 있는 어장을 만드는 것은 기업인들이나 창업자들의 몫이다. 그리고 기업으로 하여금 어장을 만들도록 유도하고 좋은 어장이 되도록 환경을 조성하는 것은 국정최고책임자의 몫이다.

　국정최고책임자의 통치리더십과 기업인의 경영리더십이 잘 맞물려 진정한 일자리 복지를 일구어낸 사례를 살펴보고자 한다. 고혜원(2001)에 의하면 1967년에 박정희 정부가 제정한 '직업훈련법'에 의거하여 정부가 직업훈련원을 운영하는 기업에게 인센티브를 제공하였으나 수요가 폭증하여 1972년에 지원을 중단하였다. 그럼에도 불구하고 1972년에 아산 정주영 선생은 현대중공업에 기술교육원을 설치하여 운영하였다. 1974년에 '직업훈련에 관한 특별조치법'을 통해 사업 내 직업훈련을 의무화하였으며, 1976년에 '직업훈련기본법'에 의거하여 직업훈련을 하지 않으면 직업훈련촉진기금을 내도록(train or levy) 하였다. 1995년에 김영삼 정부에 의해 '고용보험법'이 제정되어 사업 내 직업훈련 의무화가 폐지되고, 직업훈련촉진기금은 근로자 직업능력개발기금으로 변경되어 주로 재직자 재교육기금으로 2012년 현재까지 활용되고 있는 실정이다. 1972년에 현대중공업에 기술교육원이 설치되어 직업이 없는 젊은이들에게 직업교육과 일자리를 제공한 것은 '직업능력개발복지'와 '일자리복지'

가 결합된 가장 이상적인 형태의 '일자리복지 플러스'이다. 오종쇄(2011)에 의하면 이러한 형태의 복지는 일할 수 있는 기술을 배우고 미래의 가치를 창조할 수 있는 희망적 일자리를 제공한 것이라고 노동조합 측에서도 그 가치를 인정한 바 있다. 지금은 직업능력개발복지와 일자리복지를 제공하는 기업체의 사업 내 훈련이 거의 사라진 상태이기 때문에 청년실업문제를 해결하기 위해서는 이 분야의 통치리더십과 경영리더십의 맞물림이 요구된다.

　　일은 인간 생명의 조건에 부합하는 인간의 기초적 활동(Arendt, 1958)이고 일자리는 인간안보의 첫걸음(권대봉, 2008)이기도 하다. 일자리 창출은 복지문제 해결을 위해 정치철학적으로 매우 중요한 과제이다. 정치철학자 한나 아렌트(Arendt)는 『인간의 조건(The Human Condition)』으로 생명, 세계성, 다원성의 세 가지를 꼽았고, 생명의 조건에 부합하는 인간의 기초적 활동을 노동(labor), 세계성의 조건으로 작업(work), 그리고 다원성의 조건으로 행위(action)를 들었다. 직업능력개발은 생계유지 수단으로서 노동에만 초점을 두지 말고 노동을 통해 인간으로서 보람을 느낄 수 있는 차원인 작업과 행위의 차원까지 포괄할 수 있도록 기획(곽삼근, 2006)할 필요가 있다. 따라서 정치인과 행정가들은 국민이 생계유지 차원에서 일자리를 필요로 한다고 보는 시각에서 정책을 구안해서는 안되며 국민행복 차원에서 일자리 정책 대안(권대봉 편, 2011)을 찾아야 한다.

　　일자리는 그 의미에 따라 생존을 위한 것인지, 아니면 본인이 만족을 누릴 수 있는 수준의 것인지, 혹은 사회에 공헌하고 기여하는 것인지에 따라 세 가지로 구분할 수 있다. 일자리의 의미를 생계를 위한 일자리, 자아실현을 위한 일자리, 사회공헌을 하는 일자리로 구분하여 고민하는 것이다.

　　첫째, 생계유지 수단으로서 일자리이다. 이는 기본적인 생활을 위한 소득을 받기 위해 얻는 일자리다. 직업 선택의 자유가 없는 경우에 해당될 수 있다. 직업 선택의 자유가 있는 경우, 근로 조건이 나으면 다른 일터로 전직을 원할 수 있다. 극단적인 예를 들자면 학사학위, 석사학위 혹은 박사학위를 받고 환경미화원 일자리에 지원하는 사람의 경우에 해당된다. 설령 미화원으로 취업하더라도 자기의 능력에 맞는 일터로 전직기회가 생기면 바로 이직하는 일자리이다.

　　둘째, 자아실현 마당으로서 일자리이다. 일자리를 통해 생계도 해결되지만, 자아실현을 할 수 있는 일자리이다. 먹고살기 위한 행위도 되지만, 내가 직업을 통해 달성하고자 하는 목적을 함께 이루는 일자리다. '나' 수준에서의 만족이다. '나' 수준에서의 만족은 '나'와 '너'가 합친 '우리' 수준의 만족까지 발전할 수 있다. '우리 일터' 수준의 만족으로 확대될 수 있는 것이다. 그러나 제3자인 '그들'의 만족까지 포함하는 수준은 아니다.

셋째, 인류사회 공헌 기회로서 일자리이다. 일자리를 통해 생계를 해결하고, 자아실현을 통해 '나'와 '우리'를 만족시킬 수 있으며, 나아가 '그들'을 만족시킬 수 있는 수준의 일자리이다. 성기성물(成己成物)[1]과 맞물려 '그들'과 함께하는 인류사회에 공헌할 수 있는 일자리인 것이다.

이러한 관점에서 본 장에서는 일자리 창출을 통한 사회복지 구현이 가능할 수 있도록 교육시스템과 사회시스템이 어떤 방향으로 구축되어야 하는지를 논하고자 한다. 교육시스템이 사회시스템과 맞물리지 않으면 일자리 창출을 통한 사회복지 구현은 어렵다. 먼저 국정최고책임자의 책무로서의 일자리복지에 대해 논할 것이다.

## 2. 일자리복지는 국정최고책임자의 책무

동서고금을 막론하고 국정최고책임자로서 책무 중의 하나는 일자리 창출을 통한 사회복지의 구현이다. 맹자(孟子)의 『양혜왕장구(梁惠王章句) 상(上)』편에 보면 다음과 같은 문구가 있다.

'백성의 경우 떳떳이 살 수 있는 생업이 없으면(若民則無恒産) 그로 인해 떳떳한 마음이 없어지는 것입니다(因無恒心). 만일 떳떳한 마음이 없어진다면(苟無恒心) 방탕하고 아첨하며 사악하고 사치스런 일들(放辟邪侈)을 그만두지 못할 것(無不爲己)이니, 백성들이 이로 인

---

1 成己成物: 논어에 나오는 말로 금곡(金谷) 하연순(河然淳) 선생은 2012년 5월 23일 동유학회 연찬에서 "나를 이루는 것은 하나(1)인 자기 자신과 남들인 구십구(99)를 합해 100이 되는 것"으로, '성기성물'은 "나를 이루고 나 이외 모든 다른 사람과 자연을 포함한 우주만물을 이룬다."고 해석하였다. 범한철학회의 이화여대 명예교수 정대현(2008: 197)은 "나의 이룸과 다른 만물의 이룸은 맞물려 있다."로 해석함. 자기 자신에 자기는 1분이고 남이 99라는 의미는 자기가 사회공헌을 위해 능력을 발휘할 수 있는 것은 99의 남이 도와주기 때문이므로 사회공헌을 할 수 있는 일자리는 '성기성물'의 일자리와 맞물려 있다고 표현하였다.

해 죄를 짓고(及陷於罪然後), 그래서 이들을 형벌에 처한다면(從而刑之), 이는 백성에게 죄를 주기 위해 그물질하는 것입니다(是罔民也). 그러므로 어찌 어진 사람이 왕위에 있으면서(焉有仁人在位) 그럴 수가 있겠습니까(罔民而可爲也)? 이런 연유(是故)로 현명한 군주(明君)는 백성의 생업을 마련해 주되(制民之産), 위로는 부모를 섬기기에 충분하고(必使仰足以事父母), 아래로 처자를 충분히 보살피도록 하여(俯足以畜妻子), 풍년에는 일 년 내내 배가 부르게 하고(樂歲 終身飽), 흉년에는 굶어 죽는 것을 면하게 한 후에(凶年 免於死亡 然後), 백성들에게 착한 일을 실천(驅而之善)하게 했다. 고(故)로 백성들이 명령을 쉽게 따랐던 것(民之從之也輕)이다(孟子: 나준식 옮김, 2008: 60~61).'

맹자가 지적한 국가 최고통치자의 중요한 책무는 백성이 인간다운 삶을 영위할 수 있도록 일자리를 갖게끔 돌보는 것이다. 생업이 없는 것으로 인해 죄를 짓도록 방치하는 것은 국가 최고통치자의 소임이 아니라는 것이다.

생업이 없으면 범죄를 저지르게 되는 것은 동서고금을 통해 일어나는 공통적인 현상이다. 지난 2009년에 화성직업훈련교도소를 방문했을 때 소장으로부터 들은 바에 의하면 수감자의 대부분이 수감 전에 떳떳한 생업이 없었다는 것이다. 학교에서 왜 직업철학교육을 철저히 해야 하는지 반성해볼 필요가 있는 언급이다. 수형자의 직업능력개발이 재범을 없애거나 낮추는 효과가 있음이 발견된 것은 직업능력개발 복지가 일자리복지로 연결된다는 증거라고 할 수 있다. 김기홍 외(2010)가 교정시설 수형자의 직업훈련 실태를 분석한 결과에 의하면, 직업훈련을 이수한 수형자의 재복역률(7.5%)이 직업훈련 비이수 수형자의 재복역률(11.6%)보다 낮게 조사되었다. 이는 직업기술교육을 통해 기술을 습득하고 일자리를 갖게 되면 재복역률이 낮아지는 효과를 거두는 것이다. 그리고 주목할 것은 기사와 같은 고급 기술자격 취득자의 재복역 사례는 찾아볼 수 없다는 분석이다. 낮은 수준의 직업훈련보다는 높은 수준의 직업훈련이 사회에서 일자리를 구하는 데 더 효과적이고 좋은 일자리를 구하면 다시는 범죄를 저지르지 않는다는 것이다. 이는 일자리가 인간안보의 첫 걸음이고, 인간 생명의 조건이며, 자아실현과 사회공헌이 가능한 진정한 복지라는 것을 다시 확인하는 결과이다.

백성들이 부모를 모시고 가족을 부양할 수 있는 최저 생활이 가능한 일자리를 통해 사회복지를 구현하는 것은 약 2,300년 전에 맹자가 살았던 군주국가나 오늘날의 민주국가를 막론하고 국가 최고통치자의 책무이다. 현대 민주국가나 고대 군주국

가의 국정최고책임자가 갖는 사회복지 책무는 같으나 그 방식은 다르다. 일자리 창
출을 통한 사회복지도 마찬가지이다. 만약 현대 민주국가의 국정최고책임자가 고대
군주국가의 흉내를 내어 정부가 모든 일자리를 창출하려고 하면 실패한다. 현대사회
의 민주국가에 있어서 일자리 창출의 주역은 정부가 아니라 기업이다.

　　정부가 주연 역할을 맡아 일자리 배정을 하였던 공산국가들은 이미 몰락하였거
나 빈사상태에 있다. 그러므로 현대사회 민주국가라는 무대에서 기업이 주연을 맡아
일자리를 창출하고, 교육을 통해 기업에 인재를 공급하는 학교가 조연을 하도록 정
부가 연출할 필요가 있다. 그러나 학교가 일자리 창출에 있어서는 조연 역할을 해야
하지만 학습자들이 어떤 일자리에서 어떻게 일하는 것이 가장 행복한가와 관련된 직
업관 형성과 학습자들의 직업능력함양을 위해서는 주연 역할을 해야 한다.

## C 3. 일자리 창출로 사회복지 구현이 가능한 새로운 교육시스템

　　직업능력이 있어야 창업이나 취업을 통해 일자리를 획득할 수 있으며, 취업 후
일자리가 유지되고 발전할 수 있다. 1998년 노벨 경제학상을 수상한 아마티아 쿠마
르 쎈(Amartya Kumar Sen)은 『불평등의 재검토(Inequality Reexamined)』에서 능
력은 무엇보다도 가치 있는 기능을 획득할 수 있는 자유를 주고, 일자리를 획득할 수
있는 능력은 복지를 확보할 수 있는 자유를 가능하게 하기 때문에 능력을 키워주는
교육이 진정한 복지의 첫 걸음(Sen, 1992)이라고 주장한 바 있다. 그렇기 때문에 일
자리 창출과 사회복지를 논함에 있어 교육이 빠질 수 없다. 일자리 창출을 통해 사회
복지를 구현하기 위해서는 무엇보다 새로운 교육시스템이 요구된다. 새로운 교육시
스템은 직업관 형성을 위한 교육, 고용 친화적 교육시스템으로서의 다선형 학제 개
편, 청년창업이 가능한 교육시스템 구축, 그리고 해외취업이 가능한 인재양성을 통
해 이루어질 수 있다.

**첫째, 물고기 잡으려는 동기 형성하기: 직업철학교육과 직업세계 탐색을 통한 직업관 형성**

중학교 졸업생의 48%가 직업계 고교에 진학해 교육과정의 3분의 1을 기업 현장에서 이수하는 덴마크(http://eng.uvm.dk)의 경우, 의무교육 기간에 모든 학생이 범교과 필수로 '교육—직업—노동시장 오리엔테이션' 과목을 이수하여 건전한 직업관을 확립할 수 있는 기회를 갖는다. 스위스(http://www.ehb-schweiz.ch/en)의 경우 고교생의 약 70%가 직업계에 재학 중이다. 그들은 중학교까지 직업진로 교육을 철저히 받고, 고교부터 인문계, 기술계, 기능계로 구분된 여러 줄 밟기 교육을 거쳐 다수가 기능인의 길을 택하고 있다(이지연 외, 2009; 권대봉, 2011).

우리나라 공교육에 있어 직업에 대한 이해와 직업관 형성을 할 수 있는 직업철학교육이 절실하다. 인간으로서 인간답게 살기 위해서는 꼭 가져야 하는 것이 직업이다. 직업의 가치와 직업의 중요성에 대한 교육과정 운영으로 뚜렷한 직업관을 형성하고 교문을 나설 수 있어야 한다. 특히, 중학생 시절에 직업세계를 집중적으로 탐색하도록 할 필요가 있다. 고등학교 진학 전에 자신의 진로를 설계할 수 있도록 도와주는 직업진로 탐색교육이 집중적으로 이뤄지면 학생들에게 인생의 목표가 생긴다. 지금처럼 한국의 교육이 지육(智育)에 머물러서는 글로벌 시대에 적합한 고용가능성을 갖추기 어렵다. 인간으로서 존엄성을 되찾는 덕육(德育), 심신을 연마하는 체육(體育), 음악과 미술로 아름다움을 추구하는 미육(美育), 올바른 섭생을 위한 식육(食育)을 포함한 '5육 교육'이 절실하다. 중앙정부는 지·덕·체·미·식의 5육 교육과정이 학교에서 균형 있게 운영될 수 있도록 리더십을 발휘해야 한다. 그리고 고교 진학 전에 인간관, 가족관, 사회관, 직업관 나아가 국가관과 세계관(6관)을 형성할 수 있는 교육과정 운영이 필요하다(권대봉, 2012).

또한 직업관 형성을 위해 먼저 초·중등 교육에서 직업세계를 탐색할 수 있는 기회가 부여되어야 한다. 세계에서 가장 높은 대학진학률이 보여주듯 한국의 학생들은 대학 진학을 위한 공부만이 학교에서 해야 할 모든 것으로 인식하고 있다. 학부모들 역시 학창시절 자녀들에게 직업세계를 안내하고 향후 직업을 설계할 여유 없이 무조건 대학 진학에만 몰입하는 교육여건을 마련하고 있다.

여기에서 아일랜드의 전환학년제(transition year)를 참고할 필요가 있다(이지연·

정윤경, 2010; CEDEFOP, 2011). 아일랜드도 한국 못지않게 교육열이 높은 나라로서 중등교육과정은 주니어과정(Junior cycle, 3년)과 시니어과정(Senior cycle, 3년)으로 구분되며 한국의 고등학교에 해당하는 시니어과정은 1년의 전환학년과 2년의 상급과정으로 구성된다. 전환학년제도는 학생들에게 폭넓은 교육기회와 직업체험을 제공하기 위한 것으로 다양한 기술과 직업현장의 경험을 쌓는 직업탐색교육을 실시한다. 이를 통해 학생들의 직업관이 형성되고 개인적·사회적 능력, 자기중심적 학습능력 등이 개발된다. 전환학년의 핵심은 학생들에게 직업체험을 위한 현장실습에 참여할 수 있는 기회를 제공하는 것이다. 전환학년을 경험한 학생과 경험하지 않은 학생을 비교해보면, 전환학년을 경험한 학생이 그렇지 않은 학생보다 언어추리 및 수리검사에서 더 높은 성취도를 보였으며, 학교 결석률이 훨씬 적었고, 대학교육을 희망하는 경향이 더 높은 것을 발견(Smyth, Byrne & Hannan, 2003)하였다. 이러한 결과는 직업탐색을 통해 직업관이 형성되면 학생들에게 인생의 목표가 생겨 학생들이 긍정적으로 변화하고 있음을 보여주고 있다.

학생들의 직업관 형성에 교과서도 매우 영향력이 있다. 한국의 중·고교 교과서에 언급된 직업들이 매우 한정되고 편향적이어서 청소년들에게 폭넓은 직업세계에 대한 소개를 하지 못하고 있다. 서유정(2011)에 의하면, 중·고교용 사회 교과서(3종)에 가장 많이 언급된 직업은 '법관'으로 총 12회이고, 그 다음으로 언급된 직업은 대통령, 변호사, 검사로 각 6회씩 언급되었다. 국회의원, 국무총리, 공무원, 경찰, 농부 등도 3회 언급돼 교과서에 자주 등장하는 직업에 속했다. 2회 언급된 직업은 장관, 과학자, 자동차판매원, 외환딜러, 보험설계사, 가정부, 축구선수 등이었고 교사, 연예인, 기술자, 프로게이머, 재단사, 반도체기술자 등은 1회 언급됐다. 실제로 청소년이 희망하는 장래 직업은 교육·연구·법률·보건 분야(42.2%)와 사회복지·문화·예술·방송 분야(22.6%)에 집중돼 있는 것으로 조사됐다. 이 두 분야가 전체 고용에서 차지하는 비중은 각각 10.0%, 4.1%에 불과하다. 전택수 외(2009)는 한국의 초·중등학교 '도덕', '사회', '기술·가정' 교과서 총 102권을 분석한 결과 교과서 속에 등장하는 직업이 20가지가 넘지 않으며, 그 중에서도 대부분은 의사, 약사, 한의사, 교사, 국회의원, 기자, 경찰 등을 제외하면 다른 직업들은 한 번 정도 등장함을 발견했다. 한국표준직업분류(http://kostat.go.kr)에 따르면 한국에는 모두 10개의 대분류 아래 61개의 하위 직업군이 있으며 총 1,206개의 직업분류항목이 있다. 한국의 직업을 조사하여 정리하는 한국고용정보원의 2012년도 한국직업사전을 보면 11,655개의 직업이 수록되어 있으며, 이에 근거하여 한국에는 약 1만2천 개의 직업이 현존하는 것으로 흔히 회자된다. 직업군만으로도 60개가 넘는데 교과서 속에 등장하는 직업이 고작 20여 가지에 불과한 것은 사회변화에 따른 직업세계를 제대로 학생들에게 전달하지 않고 있다는 반증이다.

**둘째, 다양한 유형의 고기 낚는 능력을 가진 인재 만들기: 고용 친화적 교육시스템 개편**

현재 한국의 6-3-3-4년제 학제는 1951년 3월 27일 정해졌다. 오늘날 청년 실업의 증가는 경제 상황의 어려움 때문이기도 하지만 근본적으로는 국가 인재의 양성과 활용의 불일치에 기인한다. 국가인적자원개발은 인적자원의 양성·개발·활용이라는 세 가지 영역에서 이루어져야 하지만, 현재 한국의 인적자원개발은 인적자원 양성에만 치우쳐 있다. 하지만 개발과 활용이 양성과 무관한 것이 될 수 없기에 학제개편을 통해 인적자원을 균형 있게 양성·개발·활용해야 한다.

영국·독일·오스트리아·스위스 등 유럽국가에서 채택하고 있는 학제는 다선형이고 학사과정은 3년제이다. 다선형 인재 양성 체제는 국가가 필요한 다양한 인재들이 여러 가지 형태의 길을 밟을 수 있도록 양성한다. 다선형 학제 아래의 학생들은 개인의 능력을 최대한 발휘할 수 있도록 본인의 소질과 능력에 따라 교육받고 있기 때문에 학교는 즐거운 곳이다. 그러나 한국은 단선형 인재 양성 체제로 전국의 학생을 한 줄로 세우는 교육을 하고 있기 때문에 국가가 필요한 인재를 제대로 양성하지 못하면서 학생과 학부모에게 교육으로 인해 고통을 주고 있다.

다선형 인재 양성 체제를 채택하고 있는 나라들은 일반계 고등학교가 30~40%이고 직업계고등학교가 60~70%이다. 다양한 직업계 중등학교를 졸업하면 회사 인턴을 거쳐 바로 취업하거나 직업계 대학에 갈 수 있는 길이 열려 있어 산업 기반인력을 양성할 수 있는 탄탄한 구조를 갖고 있다. 그러나 단선형 인재 양성 체제를 채택하고 있는 한국은 산업 기반인력을 양성하는 구조가 매우 취약하다.

다선형 인재 양성 체제를 채택하고 있는 나라 중 독일은 초등학교 5학년부터 직업기술교육을 받을 수 있고 영국의 중학생도 원하면 직업전문대학에 가서 직업교육을 받을 수 있다. 그러나 단선형 인재 향성 체제를 채택하고 있는 한국의 중학교는 모두 일반계이고, 고등학교는 일반계(1,193개교)가 약 60%이며 직업계(764개교)는 약 40%이다. 2005년(1,382개교)부터 2006년(1,437개교), 2007년(1,457개교), 2008년(1,493개교), 2009년(1,534개교), 2010년(1,561개교)까지 해마다 약 1%씩 일반계 고등학교가 증가했지만 직업계는 2005년(713개교), 2006년(707개교), 2007년(702개교), 2008년(697개교), 2009년(691개교), 2010년(692개교)까지 매년 감소하고 있다(한국교육개발원, 2011). 상업·공업·농수산업 등 전통적인 산업 구조를 기반으로 한 직업계 고등학교에서 학생 유치가 어렵게 되자 인문계 고등학교로 전환한 경우도 있었다. 인적자원의 주요 수요 분야인 정보통신 서비스·반도체 공업·관광·레저·유통 물류 분야에 대한 직업계 고등학교 교육 체제는 매우 미흡하다.

한편, 1990년 8.3%에 불과하던 직업계 고등학교 졸업자의 대학진학률은 지속적으로 상승해 1995년 19.2%, 2000년 42%, 2010년 71.1%를 기록한 것은 고등교육의 보편화 정책으로 인한 결과이다. 그럼에도 불구하고 고등학교 졸업자 수보다 대학 입학 정원이 많은 관계로, 수학 능력과 관계없이 누구나 대학에 진학하니 산업 기반인력 양성 구조는 취약하고 대졸 청년 실업률은 매우 높은 실정이다. 그러므로 학교 시스템과 노동시장 시스템 적합화를 위해 기존의 단선형 학제를 다선형으로 전환하는 것을 검토할 필요가 있다. 학교 시스템과 노동시장 시스템의 적합화라는 것은 다양한 수준의 학교에서 배출하는 인적자원의 능력과 기술이 노동시장에서 요구하는 다양한 수준과 조화되는 것을 일컫고 있으며, 이를 위해 학교에서 일터로 이행하는 다선형 시스템이 요구된다.

한 줄 세우기를 하는 단선형 학제는 모든 이에게 희망을 줄 수 있는 제도이긴 하지만 99%에게는 고통을 함께 주며, 중도 탈락자를 양산하여 사회 문제를 촉발시키는 원인을 제공하고 있다. 그러나 여러 줄 밟기를 하는 다선형 학제는 본인의 소질과 능력에 따라 교육받을 수 있으므로 중도 탈락자가 적은 것이 특징이다. 학생의 능력과 적성에 따라 여러 줄로 세우는 다선형 학제 아래서 공부하는 학생들은 학교가 즐겁고, 학부모의 사교육비 부담은 거의 없거나 적어도 고통 수준이 아니라는 점이 매력적이다(권대봉, 2004).

### 셋째, 국내 신규 어장 키우기: 청년창업이 가능한 교육시스템

한국직업능력개발원(2012)이 2001년~2011년까지의 10년 동안 중·고교생

249,574명을 대상으로 직업가치관 검사 결과의 변화 추이를 분석한 결과, 한국의 고교생이 선호하는 직업은 교사, 공무원, 경찰관, 간호사, 회사원 등의 순으로 조사되었다. 이는 학생들이 안정성을 직업선택의 주요한 기준으로 설정하고 있음을 나타낸다. 가능한 이유들 중 하나는 취업을 위한 교육과정 영향 때문으로 볼 수 있다. 따라서 교육과정을 통해 또 다른 일자리를 창출하기 위해서는 청년들의 창업이 명시적으로나 암묵적으로 녹아들어가 창업에 대한 인식을 하게 할 필요가 있다.

청년들의 창업을 활성화하기 위해서는 각 급 학교나 학교 밖에서 기업가정신과 창업을 배울 수 있는 교육과 지원프로그램이 필요하다. 영국의 경우 'Flying Start' 프로그램(http://www.flyingstartonline.com)을 통해 영국 내 대학 및 대학원 졸업 예정자와 최근 졸업자들을 대상으로 교육훈련, 멘토링, 재정지원 등을 통해 청년층의 창업을 지원하는 프로그램을 실시하고 있다. Flying Start 프로그램에는 인터넷 홈페이지를 통한 창업 관련 정보 제공, 개별 창업 및 동아리에 대한 재정지원, 창업 관련 교육훈련 및 워크숍, 글로벌 기업가 프로그램 참여 기회 등이 포함되어 있다. 또한 전국을 12개 광역권으로 구분하여 Young Enterprise를 운영하고 있는데 3,000여개 기업의 참여와 지원으로 매년 350,000명이 넘는 초·중·고교생 및 대학생들에게 기업가 정신 및 도전정신을 고취시키고 사업 및 창업에 관한 교육훈련을 제공하고 있다. 현장 전문가들이 직접 참여하여 연령대별로 다양한 형태의 직업교육훈련 프로그램을 제공하고 있다(이지연 외, 2009).

한국의 예를 살펴보면, 한국산업화와 함께 한 개척자로 불리는 아산 정주영 선생(매일경제 산업부, 2010)은 불굴의 기업가 정신과 탁월한 창의성으로 기업가 정신의 표본이 되었다. 조선소가 완공되기도 전에 조선소 설계도를 가지고 선박을 수주하고, 조선소 건설과 동시에 배를 건조해 낸 것은 세계 조선업계에서 처음 있는 기념비적인 일이었다. 이러한 아산의 창의적이고 도전적인 기업가 정신은 우리 청년들에게 시사하는 바가 매우 크다. 숭실대학교는 1998년에 국내 대학 최초로 '정주영 창업론'을 개설해 예비 청년 사업가를 육성해 왔으며(한은화, 2011), 아산나눔재단은 2011년에 아산 정주영 선생의 창업정신을 잇기 위한 첫 사업으로 숭실대학교에 '정주영 창업캠퍼스'를 조성했다. 이를 통해 청년 창업에 힘을 쏟고 '길이 없으면 길을 찾고, 찾아도 없으면 만들면 된다'는 아산의 창업정신을 계승할 제2의 정주영 양성을 목표로 운영하고 있다. 이를 계기로 세계적인 기업을 일구어 낸 한국의 다른 창업자들의 '창업론'이 개설되고 '창업캠퍼스'가 조성될 필요가 있다.

대학에서 기업가정신과 창업을 준비할 수 있는 교육과정이 요구된다. 현재 한국의 대학 교육과정은 각 전공별로 세분화·영역화되어 있지만, 창업관련 강좌는 거의 전무한 실정이다. 더욱이 대학생들이 직업과 관련한 교육을 제대로 받지 않고 대학으로 입학하는 현실에서 대학이 적극적으로 직업·진로·창업 관련 교육을 제공하지 않으면 학생들은 무방비 상태로 직업시장으로 진출하게 된다. 이러한 상황에서 학생들 대부분은 창업보다는 취업을 선택하게 되는 것이다. 특히 연구중심대학이 아닌 교육중심대학으로 방향을 설정한 대학과 전문대학에서는 학생들에게 산학협력을 통한 창업관련 강좌를 이수할 수 있도록 교육과정을 혁신할 필요가 있다.

나아가 대량 생산체제에서 한국의 산업단지가 제조업 생산의 60%, 고용의 40%를 담당하고 있지만, 창조성이 강조되는 지식기반경제에서는 기존의 산업단지를 개편하여 청년일자리 창출을 위한 산학융합단지로 개발(박동 외, 2011)할 필요가 있다.

### 넷째, 어장 확대 능력 기르기: 해외취업이 가능한 인재 양성

1970년대 한국 경제성장의 디딤돌이었던 해외건설은 지금도 외화획득은 물론 일자리를 제공해준다. 또한 과거 기능 인력을 필요로 할 때와 달리 현재 중동에서 필요로 하는 인력의 대부분은 전문성과 고도의 기술력을 갖춘 고급인재이다. 세계경제가 전반적으로 둔화되고 있는 상황에서도 중동 국가들은 고유가로 인해 호황을 누리고 있다. 사우디와 아랍에미리트연합(UAE) 등 중동지역에서 원자력발전소, 인프라 구축사업 등 대규모 공사발주가 예상(노석철, 2012)되므로 고부가가치를 창출하는 고급인재를 육성하여 해외 일자리 창출을 선도할 필요가 있다.

또한 한국은 칠레(2004. 4. 1), 싱가포르(2006. 3. 2), EFTA(2006. 9. 1), ASEAN (2007. 6. 1), 인도(2010. 1. 1), EU(2011. 7. 1), 페루(2011. 8. 1), 미국(2012. 3. 15) 등과의 FTA(Free Trade Agreement)가 발효 중이며 캐나다, 멕시코, GCC, 호주, 뉴질랜드, 콜롬비아, 터키와는 협상이 진행 중이다(www.fta.go.kr). FTA로 인해 생기는 일자리는 글로벌 리더로서 성장할 수 있는 잠재력 있는 인재가 되어야 취업이 가능하다. 따라서 교육기관에서 글로벌 취업 경쟁력을 강화시키는 교육과정 개편이 요구된다. 또한 정부와 기업도 외국정부 및 다국적기업과의 유기적 네트워크를 통해 FTA 효과로 인한 일자리 창출에 노력을 기울여야 한다.

FTA 등 국가 간 교역이 활발해지는 상황에서 국내에만 한정해 취업을 논하는 것은 바람직하지 않다. 한·미 FTA, 한·중 FTA 등으로 인한 경제통합환경에서 청년층의 해외취업은 국가경쟁력을 제고하는 주요 요소가 될 것이다. 해외취업을 확대하기 위해서 선결되어야 할 것은 직업계 고등학교, 직업전문대학 그리고 대학 교육과정의 국제화이다. 즉 해당국가의 언어와 문화 등에 대해 학습할 수 있는 교육과정을 개발해야 한다.

또한 평생교육체제의 선진화를 통해 청년층만이 아닌 모든 연령층의 해외시장 고용가능성을 증진시켜야 할 필요가 있다. 고용 불안정과 정년 단축으로 인해 중·장년층도 구직시장으로 몰리고 있는 현실이다. 풍부한 직무관련 경험과 휴먼웨어를 겸비한 중·장년층의 경우 해외시장에서 경쟁력을 갖는다. 고령화 사회와 베이비부머 세대의 은퇴가 맞물리면서 최근 중·장년층의 재취업 문제가 사회적 이슈를 넘어 국가적 이슈로 부각되고 있다. 전체 인구에서 65세 이상 노령층이 차지하는 비중은 이미 11%를 넘었고 중·장년층의 성공적 재취업은 개인의 문제를 넘어 국가 경쟁력을 좌우하는 중요한 요인이다. 이들의 성공적인 인생 제2막의 출발을 위해 고용노동부의 능력개발카드제와 교육과학기술부의 평생학습계좌제도 등 모든 연령층이 고용경쟁력을 가질 수 있는 선진화된 평생교육체제가 요구된다. 동시에 선진화된 평생교육체제에 모든 계층의 해외 취업을 위한 글로벌 고용가능성을 높일 수 있는 교육과정이 포함될 필요가 있다.

그리고 외국인과 소통과 화합이 가능한 교육과정을 개발해야 한다. 2011년 12월 31일 기준으로 한국에 체류 중인 외국인은 약 139만 명에 달한다. 국적별로는 중국(약 67만 명), 미국(약 13만 명), 베트남(약 11만 명), 일본(약 5만8천 명) 등으로 순으로 조사되었다(출입국·외국인 정책본부, http://www.immigration.go.kr). 국가 간 교역 확대와 값싼 노동력에 대한 수요 증가, 외국인을 필요로 하는 일자리의 증가 등으로 국내 체류 외국인은 앞으로 더욱 증가할 것이다. 이러한 시대적 흐름으로 다문화 가구가 증가하고 있으며 학교현장에서 다문화 가정 자녀들이 우리 학생들과 함께 학교를 다니고 있다. 따라서 외국인과 소통하고 화합할 수 있는 교육과정이 개발되어야 한다. 새로운 문화에 대한 포용과 개방성을 가르치고 글로벌 인재로 육성하는 교육과정이 요구된다.

## 4. 일자리 창출로 사회복지 구현이 가능한 새로운 사회시스템

사회정책과 맞물리지 않는 교육정책은 헛바퀴를 돌 수밖에 없다. 새로운 교육시스템과 함께 요구되는 것은 새로운 사회시스템이다. 일자리 창출을 통해 사회복지를 구현하기 위해서는 사회를 구성하는 여러 시스템이 변화해야 한다. 그것은 기업의 일자리 창출을 유도하는 정부의 지렛대 전략과 고부가가치 산업 육성을 통한 어장 만들기, 고용 친화적 사회시스템, 청년창업이 가능한 사회시스템과 청년창업을 지원하는 정부시스템, 협력과 공생이 가능한 해외일자리 창출 공동체 만들기로 요약할 수 있다.

### 첫째, 어장 만들기: 정부의 지렛대 전략

기업의 일자리 창출을 유도하는 정부의 지렛대 전략이 필요하다. 물고기 잡을 능력을 길러주는 것은 교육이다. 직업관 교육을 포함한 직업능력교육을 통해 물고기 잡을 능력과 동기를 모두 갖추어도 어장이 없다는 것은 문제가 될 수밖에 없다. 국내의 어장 환경이 좋지 않으면, 외국으로 떠나 좋은 환경을 찾아서 어장을 조성한다. 그러나 외국에서의 어장을 조성하길 장려했던 세계 각국에서는 해외로 떠났던 자국 기업들의 복귀를 위한 정책을 확대하고 있다. 매일경제신문(2012)에 의하면, 최근 각국에서는 'U턴 기업'정책을 통해 신흥시장으로 나간 제조기업들을 되돌아오도록 유도하고 있다. 미국은 자국 기업의 U턴을 유도하기 위해 이전비용의 최대 20%를 현금으로 지원하고 설비투자 세제 혜택을 기존 1년에서 2년으로 연장하는 대책을 제시했다. 일본도 2012년 5월 이후 '부흥특구'를 지정해 대지진 피해지역에 투자하는 자국 기업에 법인세를 5년간 감면해 주고 전국에 140개 산업생산거점을 선정한 뒤 업종별로 중소기업의 분산투자를 지원하기로 했다. 영국도 2011년 법인세율을 2% 낮춘데 이어 올해 추가로 2% 내리는 세금 감면 대책을 강구 중이다.

한국 지자체들도 어장 만들기를 위한 다양한 전략을 구사하고 있다. 예를 들면, 경기도(2012)는 일자리 창출에 기여한 우수기업을 선정해 각종 인센티브를 제공하는 '일자리 우수기업 인증제'를 시행하고 있다. 경기도 소재 3년 이상 된 중소기업을 대상으로 일자리 증가율, 근무환경, 기업 성장성 등의 심사를 통해 상·하반기 2회에 걸쳐 총 30개 기업을 선정해 인증서 교부, 중기 육성자금 신청 시 가점 부여, 3년간의 지방세 관련 세무조사 면제와 경기도 물품구매 시 우선권 부여 등 기업 운영에 필요한 다양한 인센티브를 지원하고 있다. 서울시(2012)도 '일자리창출 우수기업 인증제'를 통해 최근 1년간 고용증가율이 10% 이상인 중소기업 50개를 선정해 중기 육성자금 지원 우대, 지방세 세무조사 유예, 직원 CS교육 및 사이버 학습강의 제공, 해외마케팅 및 디자인컨설팅 등의 혜택을 지원하고 있다. 하지만 이러한 인센티브를 제공받을 수 있는 기업의 수가 지극히 소수에 그치고 있으며, 중소기업에만 혜택이 주어지는 단점이 있다. 따라서 기준 이상의 고용을 창출하는 기업 모두에게 일정한 혜택을 주는 절대평가에 기반을 둔 인센티브가 요구된다.

지자체들이 다양한 혜택을 제공하며 기업을 유치하려는 근본적 이유는 고용창출을 위한 어장 만들기이다. 지속가능한 도시 발전을 위해서는 지역 경제성장이 선행되어야 하고, 지역 경제성장을 위해서는 일자리 창출이 핵심과제이며, 이를 위해 기업의 역할이 매우 중요하다. 일자리 창출 문제는 대학·기업·지방자치단체의 노력뿐만 아니라 국회가 함께 파트너십을 구축해야 해결이 가능하다. 캐나다는 일자리 창출 파트너십이라는 고용 프로그램을 운영해 노동시장을 개발하고 있으며, 미국 국회는 일자리 창출을 위한 법을 만들어 정부가 기업의 일자리 창출을 돕도록 했다. 우리 국회도 일자리 창출을 위해 조화롭게 힘을 합쳐 일자리를 통한 행복한 대한민국을 만드는 데 노력해야 한다.

대한상공회의소(2012)가 국내 제조업체 109개사를 대상으로 '복지정책에 대한 기업 의견'을 조사한 결과 응답기업의 76.1%가 바람직한 복지정책의 방향에 대해 '성장잠재력을 제고하는 생산적 복지'를 선택했다. 일자리를 원하는 취업희망자들에게 현대중공업 기술교육원처럼 직업능력개발기회와 일자리기회를 동시에 제공하는 기업들에게 정부가 인센티브를 제공하는 지렛대 전략을 구사해야 한다.

고부가가치 일자리를 창출을 위해 정부는 관광·의료·교육산업분야를 육성해야 한다. 2011년 관광수입은 약 122억 달러로 한국의 3대 수출품인 자동차(453억 달러)의 26%, 조선(565억 달러)의 21%, 반도체(501억 달러)의 24%에 해당한다. G20정상회의 개최, 평창 동계올림픽 유치, 여수세계엑스포, 핵안보정상회의 개최 등 한국의 인지도는 급격히 성장하고 있으며, '2010-2012 한국방문의 해' 캠페인이 시작된 이후 외래 관광객은 해마다 100만 명씩 급증하여 2,000만 명 시대의 길을 열어가고 있다(남상만, 2012). 비단 관광산업뿐만 아니라 의료, 교육산업은 인적 서비스에 대한 의존도가 높아 대규모 일자리 창출이 가능하다.

둘째, 능력과 적성에 맞는 어장에서 일하기 동기 고취와 어장 만들기 동기 고취: 고용 친화적 사회시스템

한국의 대학 진학률은 세계 최고수준이다. 부모와 학생은 능력과 적성에 관계없이 대학진학을 우선시한다. 한국 노동시장의 경우 현재 대졸자가 취업할 수 있는 대기업의 일자리는 크게 부족한 반면 300인 이하 중소기업은 2만 명 이상의 구인난을 겪고 있다. 대학을 나와 할 일 없이 놀면서도 중소기업을 기피하는 청년 구직자들이 여전히 많다. 최근 사회적으로 고졸 취업에 대한 관심이 고조되고 있다.[2] 이와 같은 분위기는 대학진학을 우선적인 목표로 하는 한국의 교육현실에 좋은 기회를 제공하고 있다. 중등교육 졸업 후 직업세계로의 이동이 적극적으로 진행될 것이기 때문이다.

능력과 적성에 맞는 어장에서 일하는 동기를 고취하기 위해 다음과 같은 고용친화적 사회시스템이 갖추어져야 한다. 먼저 학력 간 임금격차를 합리적으로 조정해야 한다. 현재 한국 기업에서 고졸자는 '유리천장(glass ceiling)'에 직면하고 있다. 고용노동부가 「고용형태별 근로실태조사(상용 5인 이상 부분)」를 통해 분석한 학력별 임금격차에 의하면 100을 고졸 기준으로 할 때, 전문대졸 106.3, 대졸이상 154.4이다 (e-나라지표, http://www.index.go.kr, 2012년 5월 13일 검색결과). 이와 같은 임금격차가 합리적으로 조정되어야 교육비가 많이 드는 대학을 가지 않고 고등학교만 졸업해도 행복한 삶을 영위할 수 있는 사회가 될 수 있다.

또한 기업 현장부터 학력에 대한 선입견을 버리고 능력과 성과 위주의 평가를 중시해야 한다. 이는 개인의 능력을 인증할 수 있는 사회적 시스템이 구축되면 가능하다. 정부는 고졸자가 공공기관에서 4년을 근무하면 대졸자 대우를 해주겠다고 한다. 이와 더불어 군 경력과 군에서 취득한 자격 인정, 국가 자격 정상화, 민간자격 시장 활성화, 각종 산업별 협의체의 활성화 등 다양한 능력 인증 제도를 통해 능력과 성

---

2  삼성그룹이 2012년 처음 시작한 고졸 공채 채용 규모를 대졸자 채용 규모인 9,000명보다 늘려 총 9,100명의 고졸 사원을 뽑을 계획이다. 그리고 LG그룹이 5,700명, CJ그룹이 2,000여 명, 23개 공공기관에서 4,800명 등을 채용할 예정이어서 점차 고졸 채용이 확대되고 있다(동아일보, 2012).

과 위주의 평가가 정착된다면 공정하고 합리적인 고용친화적 사회가 구현될 것이다.

또한 어장만들기 동기고취 차원에서 일자리 창출과 연계한 기업의 가업상속보장과 같은 고용친화적 사회시스템구축을 검토할 필요가 있다. 기업이 고용을 통해 기업수준에 맞는 일정기준 이상의 일자리를 창출하고 일정기간 이상 고용을 유지했을 때 세제, 금융 등의 혜택차원을 넘어 스웨덴처럼 가업상속을 보장하는 빅딜을 검토할 필요가 있다.

### 셋째, 창업을 통한 국내 어장 만들기 환경 조성: 청년창업이 가능한 사회시스템과 청년창업을 지원하는 정부시스템

청년창업은 철저한 현장중심의 준비가 필요하다. 청년창업을 장려하기 위해서는 고등학교와 대학 재학 중 비즈니스 민감성을 체득하고 창업할 분야에 대한 현장 경험이 필수적이다. 이를 위해서 고등학교, 대학, 중소기업, 대기업, 정부의 유기적 연계와 지원이 필요하다. 먼저 고등학교와 기업의 산·학 협력이 이루어져야 한다. 한국직업능력개발원 마이스터고지원센터(권대봉 외, 2011)가 좋은 예이다. 마이스터고는 유망 분야의 특화된 산업 수요와 연계해 영마이스터(Young Meister)를 양성하고 졸업 후 우수 기업 취업, 특기를 살린 군복무, 직장과 병행 가능한 대학 교육을 통해 최고의 기술 명장을 육성하는 학교이다(권대봉, 2010a).

그리고 대학과 중소기업의 산·학 협력이 활성화되어야 한다. 대학생들이 하는 대부분의 인턴십은 대기업에서 이루어지고 있다. 대기업에서 인턴을 받은 학생들은 중소기업 취업이 눈에 들어오지 않게 된다. 더욱이 대기업 인턴십 경쟁률은 정규직 채용만큼이나 높아 많은 대학생들이 원하는 인턴십을 하지 못하는 현실이다. 이러한 현실을 극복하기 위해서는 중소기업도 인턴십을 마련해야 한다. 그러기 위해서는 각 지역 교육청이 움직여야 한다. 지방자치단체와 교육자치단체가 긴밀히 협조하면서 이러한 문제를 해결해야 한다(권대봉, 2010b).

아울러 대학은 현재 취업 위주의 교육과정을 개편해 창업 관련 교육과정 개발에 노력을 기울여야 한다. 자신의 관심 분야에 상관없이 수능 성적으로 대학에 진학하는 한국의 교육풍토와 이론 위주로 공부하는 대학 시스템으로는 청년창업을 활성화시킬 수 없다. 정부에서 청년 창업을 유도하는 다양한 정책을 추진한다 할지라도 근본적으로 학생들이 정규교육과정을 거치며 창업관련 교육을 받지 않은 상황에서 창업을 지원하는 정책은 실효성을 거두기 어렵다.

캐나다 워털루대(http://uwaterloo.ca)의 산학협력은 세계적으로 유명하다. 현장실습을 하고 학비도 충당할 수 있는 일석이조의 효과를 거둘 수 있다. 미국의 커뮤니티칼리지는 고등학교 성적에 관계없이 입학할 수 있다. 커뮤니티칼리지를 졸업하고 직업세계로 나가거나 4년제 대학에 편입할 수도 있다. 직업세계에 있다가 직업 전환을 위해 언제라도 다시 다닐 수 있는 평생교육기관으로 자리 잡았다(권대봉, 2011). 이렇듯 청년창업을 활성화하기 위해서는 고등학교, 대학교, 교육자치단체, 지방자치단체, 중소기업, 대기업, 정부 등 사회 각 구성요소의 긴밀하고 유기적이고 장기적인 노력과 협력이 요구된다.

또한 청년창업을 활성화하기 위해서는 실수가 용납되고 열정과 도전이 존중되는 사회분위기 정착이 필요하다. 한국에서는 서울시, 부산시, 대구시 등 지방자치단체 차원에서 청년창업센터를 운영하고 있다. 이들 청년창업센터는 우수한 창업 아이템을 보유하고 있는 청년들에게 유휴 공간을 제공하고 시설·장비 등을 지원하여 성공적 창업을 유도하고 청년실업 해소에 기여하고자 설립되었다. 이를 통해 청년들의 건전한 도전을 유도하고 성공적 창업을 지원하는 것이다.

중소기업청에서는 '대학창업 교육패키지 사업'을 통해 대학 내 창업 강좌 개설, 창업 동아리 아이템 개발 지원 및 창업 전담 인력 인건비를 패키지로 지원하고 있다(중소기업청 창업벤처국, http://www.changupnet.go.kr/jiwon). 그렇지만 지원 대학이 50개교에 불과하고 선정 대학당 최대 6,200만원까지만 지원하는 한계가 있다. 향후 지원 대학을 확대하고 평가·선발식 지원이 아니라 희망을 원하는 모든 대학에 창업 관련 지원을 확대해야 한다.

이와 연계하여 국가 경쟁력 제고 차원에서 대학 특성별로 교육부가 타 부처에 위탁 관리하는 정책을 도입할 필요가 있다. 현재 교육부는 유아·초등·중·고등학교는 물론 고등교육기관과 평생교육 등 거의 모든 교육기관을 관장하고 있다. 영국에서는 초·중·고 교육은 복지 차원에서 아동·학교·가족부에서, 고등교육과 직업교육은 국가 경쟁력 차원에서 비즈니스·혁신·기능부에서 관장한다. 교육부가 관장하는 대학들에 비해 산업통상자원부와 고용노동부 산하 대학들의 취업률이 상대적으로 매우 높다. 따라서 대학 특성별로 취업·창업 중심대학과 전문대학의 경우 산학협력이 매우 중요하므로 관련 부처로 위탁하는 것이 효과적이다.

### 넷째, 해외 어장 만들기: 협력과 공생이 가능한 해외일자리 창출 공동체 만들기

경제 영토가 넓어지는 자유무역협정(FTA)이 줄이어 타결되면서 고용 기회도 많아질 것이다. 따라서 국내에서 부족한 일자리를 해외에서 찾으려는 노력이 요구된다. 이를 위해서는 국내·외 네트워크를 통한 해외 일자리 창출 전략이 필요하다. 정부는 외국 정부와의 긴밀한 교류와 협력을 통해 한국의 인적자원을 해외 일자리로 취업시켜야 한다. 그리고 외국 기업과의 유기적인 네트워크를 갖춰 필요한 인적자원에 대한 요구분석을 통해 국제적 경쟁력을 갖춘 인재를 해외일자리로 진출시킬 수 있도록 노력해야 한다.

이를 위해서는 전 세계에 진출해 있는 '한상(韓商) 네트워크'를 활용할 필요가 있다. 세계 곳곳에 퍼져 있는 중국인 화상들이 오늘의 중국경제를 일으키는 데 결정적 기여를 했으며, 미국의 유대인들은 미국 경제뿐만 아니라 세계금융시장을 쥐락펴락할 정도의 막강한 영향력을 갖고 있다. FTA로 시장이 확대되면 국내 기업들의 해외 진출이 활발해질 것이다. 해외진출 시 현지 전문가인 한인 무역인의 도움을 받는다면 보다 높은 경쟁력을 갖추게 된다. 이 때 정부는 외국정부, 외국기업, 외국인, 해외동포와의 '해외일자리 창출 공동체' 조성을 통해 일자리 창출은 물론 국가경쟁력 강화에 주력해야 한다.

해외 일자리 창출 공동체를 만들기 위해서는 외국어 구사와 외국문화 이해가 필수적이다. 캐나다 밴쿠버 지역에서는 공용어인 영어와 프랑스어 전용 채널 외에도 다문화 채널 방송국을 이용하면 무려 26개 언어로 방송을 들을 수 있다. 유럽 언어로는 독일어, 스페인어, 이탈리아어, 폴란드어, 헝가리어, 루마니아어, 러시아어, 세르비아어, 슬로바키아어, 쿠르드어 방송이 각각 있다. 아시아와 오세아니아 언어는 한국어, 일본어, 중국어, 베트남어, 방글라어, 푼잡어, 타밀어, 힌디어, 피지어 등이 있다. 중국어는 만다린어, 광둥어, 타이완어 세 가지로 방송된다. 필리핀의 공용어인 타갈로그어, 파키스탄의 공용어인 우르드어도 방송된다. 페르시안 계통의 언어인 파스토어와 다리어, 파르시어도 각각 방송된다. 한국어 방송에서는 뉴스와 드라마 음악회가 방영되고 있다. 이를 통해 캐나다는 26개 외국어를 사용하는 인적자원을 확보하여 글로벌 시대의 부(富)를 창출하는 원천으로 활용하는 효과를 가진다(권대봉, 2006). 이를 벤치마킹할 필요가 있다.

## 5. 교육시스템과 사회시스템 동시 개혁 필요

일자리는 인간의 생계수단이고, 자아실현의 마당이며, 인류사회에 공헌할 수 있는 기회이다. 실업문제는 개인의 문제인 동시에 가족과 지역사회, 국가의 문제이다. 더욱이 취업을 포기한 구직 단념자, 구직을 기다리며 졸업을 늦추고 있는 대학생, 고시원 등에서 국가고시를 준비하고 있는 청년까지 포함하면 일자리 문제는 매우 심각하다. 이러한 젊은이들의 숫자가 매년 누적될수록 사회적 건강도는 떨어지고 국가경쟁력에도 치명적인 영향을 준다. 따라서 일자리 창출은 복지와 교육이 연계된 핵심적인 사회문제이다. 또한 학교가 배출하는 인재 공급구조와 노동시장이 필요로 하는 인재 수요구조의 괴리로 기업은 구인난이지만 청년들은 구직난에 봉착한 일자리 미스매치 현상의 심화는 기업경쟁력 저하는 물론 국가경쟁력을 저하시키는 심각한 사회문제이다.

이러한 맥락에서 일자리 창출을 통한 사회복지 구현을 위해 교육시스템과 사회시스템이 어떤 방향으로 구축되어야 하는지를 제안하였다. 교육차원에서 직업관 형성을 위한 직업철학교육, 고용 친화적 교육시스템인 다선형 학제로의 학제개편, 청년창업이 가능한 교육시스템 구축, 해외취업이 가능한 교육과정 구축이 요구된다. 다음으로 사회시스템 차원에서 고용 친화적 사회시스템, 고부가가치 산업 육성, 청년창업이 가능한 사회시스템과 청년창업을 지원하는 정부시스템, 협력과 공생이 가능한 해외일자리 창출 공동체 만들기 등을 통한 사회시스템 개편이 필요하다.

모든 학생들을 대학을 향해 한 줄로 세우는 모노레일 교육정책은 멀티트랙 다선형 체제로 개편되어야 한다. 여러 줄을 밟아서 일자리를 구해도 인간의 존엄성을 지키고 행복하게 살 수 있도록 교육을 멀티트랙 시스템으로 개편해야 하는 것이다. 일자리 창출의 주역은 기업이다. 정부가 직접 일자리를 창출하려고 하면 공공부문이 비대화되어 민간부문을 위축시키는 부작용이 발생하게 된다. 따라서 정부는 민간부문의 일자리 창출을 유도하는 지렛대 전략을 추진해야 한다. 기업이 일자리 창출의 주역이 될 수 있도록 정부는 물론 법을 만드는 국회와 인적자원을 양성하는 교육계가 공동으로 리더십을 발휘해야 한다.

　　이렇듯 일자리 창출은 국가경쟁력은 물론 인간안보를 위한 선결과제이다. 일자리 창출은 기업 혼자만의 노력으로 이루어질 수 없다. 대학 등 교육기관, 중소기업과 대기업, 정부, 외국정부, 외국기업, 재외국민 등 사회 각 분야와 구성원들의 유기적 노력과 네트워크를 통해 이루어질 수 있다. 불과 50여 년 전만 해도 해외로부터 원조를 받던 가난한 나라에서 이제는 경제적으로 어려움을 겪고 있는 나라들에게 원조를 해주는 나라로 괄목하게 성장한 것은 바로 인적자원, 다시 말해서 사람의 힘이었다. 앞으로 더욱 치열해질 경쟁의 장에서 살아남고 일자리를 창출해 한국을 한 차원 발전시킬 원동력 역시 사람에게서 찾을 수 있다.

　　생계수단으로서 일자리를 제공하는 것으로 복지의 완성이라고 착각하는 경우가 많다. 취로사업이나 인턴십을 통해 일자리를 제공하는 것으로 일자리창출을 통한 사회복지를 했다고 판단하는 것은 오산이다. 인턴십은 복지사업의 하나가 아니라 인재를 키우는 실무 능력개발 교육과정 중의 하나로 자리 매김하는 것이 옳다. 직업능력개발복지와 일자리복지가 결합되어야 완전한 일자리복지가 가능해진다. 자아실현을 할 수 있는 일자리와 인류사회에 공헌할 수 있는 일자리 창출을 통해 복지사회를 구현하기 위해서는 교육시스템과 사회시스템이 함께 변화되어야 한다.

# 참고문헌

■ 곽삼근 (2006). 인적자원개발에 대한 사회철학적 논의: 한나 아렌트의 '행위하는 인간' 관점에서. 평생교육학연구, 12(2), 1-25.

■ 경기도(2012). 일자리 우수기업 인증제. 경기도 공고 제2012-384호. 2012년 4월 24일.

■ 고혜원(2001). 직업훈련 정책의 형성과 집행에 관한 제도주의적 분석. 박사학위논문. 이화여자대학교 대학원.

■ 권대봉(2004). 학제 '다선형'으로 바꾸자. 문화일보 2004년 1월 24일자. 6면.

■ 권대봉(2006). 캐나다 외국어교육의 교훈. 문화일보 2006년 8월 26일자. 23면.

■ 권대봉(2008). 일자리 창출은 '인간안보'의 첫걸음. 서울신문 2008년 5월 2일자. 30면.

■ 권대봉(2010a). 청년근로층 감소, 세 가지 원인별 대책. 문화일보 2010년 1월 27일자. 39면.

■ 권대봉(2010b). 산학협력 제대로 하려면 대학 틀 바꿔야. 한국경제매거진 제741호.

■ 권대봉(2011). 교육의 큰 틀 새롭게 짤 때. 동아일보 2011년 6월 13일자. A31면.

■ 권대봉(편 2011). 모두가 행복한 대한민국 만들기: 교육과 일자리 정책 대안. 서울: 한국직업능력개발원.

■ 권대봉(2012). 교사·교장 달라져야 교실붕괴 막는다. 문화일보 2012년 4월 19일자. 31면.

■ 권대봉·장명희·김종우 최수정 전승환 민상기(2011). 마이스터고의 추진성과와 발전 과제. 서울: 한국직업능력개발원.

■ 김기홍·김선태·최은하·이언남(2010). 교정시설 수형자 직업훈련 실태 및 개선방안. 서울: 한국직업능력개발원.

■ 남상만(2012). 관광 고부가가치 산업으로. 머니투데이(2012년 5월 7일자). 9면.

■ 노석철(2012). 사우디發 제2중동붐 온다 … 주택 이어 교통망 건설 러브콜. 국민일보 2012년 3월 20일자. 13면.

■ 동아일보(2012). 삼성그룹 놀라게 한 고졸사원의 능력과 열정. 2012년 5월 11일자. A31면.

■ 대한상공회의소(2012). '복지정책에 대한 기업 의견'조사 결과. 2012년 4월 23일자. 보도자료.

- 매일경제 산업부(2010). 경영의 신에게 배우는 1등기업의 비밀. 서울: 매일경제신문사.
- 매일경제신문(2012). 해외진출기업 U턴 경쟁 — 미·일·영 일자리 늘리려 인센티브. 매일경제신문 2012년 4월 24일자. A1면.
- 孟子(?). 나준식 옮김 (2008). 孟子. 서울: 새벽이슬.
- 박동·나영선·옥준필·박철우(2011). 청년 일자리 창출을 위한 산학융합단지 모형 개발. 서울: 한국직업능력개발원.
- 서울시(2012). 일자리창출 우수기업 인증제. 서울시청 2012년 3월 27일자. 보도자료.
- 서유정(2011). '초·중등 학생의 직업세계 이해교육 강화방안' 미래교육공동체포럼 발표 내용. 2011년 6월 1일, 서울: 한국교육과정평가원 대회의실.
- 송창용·성양경(2009). 영국과 호주의 고용지원정책. e-HRD Review. 서울: 한국직업능력개발원.
- 오종쇄(2011). 아산 정주영과 한국경제 발전 모델. 아산사회복지재단 창립 34주년 심포지엄. 347-353.
- 이지연·정윤경(2010). 해외 진로교육 사례: 진로교육 관점에서 살펴본 미국 입학사정관제·아일랜드의 진로교육 지원체제. 서울: 한국직업능력개발원.
- 이지연·정윤경·최동선·김나라·장석민·정영근·남미숙·이건남(2009). 교과과정과 연계된 진로교육 운영모델 구축(II) — 미국·프랑스·핀란드·덴마크의 교과통합 진로교육. 서울: 한국직업능력개발원.
- 정대현(2008). 담론: 차이 요구와 연대 확장의 양면적 문법 — 공동선으로서의 성기성물 방법론 —. 汎韓哲學, 제50집, 195 – 219.
- 전택수·한진수·김경모·한경동·박형준·장경호·한상근(2009). '활기찬 시장경제' 구현을 위한 초중등학교 교과서의 직업관련 기술현황 분석과 과제. 서울: 한국직업능력개발원.
- 하연순(2012) 동유학회 2012년 5월 23일 연찬. 서울: 금곡학술문화재단.
- 한은화(2011). "이봐, 해보기나 했어?" … 정주영 창업정신 가르친다. 중앙일보 2011년 11월 30일자. E6, E7면.
- 한국고용정보원(2012). 2012 한국직업사전. 서울: 한국고용정보원.
- 한국교육개발원(2011). 2011 교육통계분석자료집.
- 한국직업능력개발원(2012). 중·고교생 '직업가치관 검사 결과의 변화 추이 분석 결과'. 2012년 4월 25일자. 보도자료.

- Arendt, Hannah(1958). The Human Condition. Chicago, IL: The University of Chicago Press.
- CEDEFOP(2011). VET in Europe-Country Report: Ireland.
- Sen, Amartya Kumar(1992). Inequality Reexamined. Oxford, UK: Oxford University Press.
- Smyth, E., Byrne, D., & Hannan, C.(2003). The Transition Year Programme: Innovation within upper Secondary Education in the Republic of Ireland. Paper to be presented at the European Network on Transition in Youth annual workshop.
- http://www.ehb-schweiz.ch/en
- http://eng.uvm.dk
- http://www.changupnet.go.kr/jiwon
- http://www.immigration.go.kr
- http://kostat.go.kr
- http://www.mt.co.kr/view/mtview.php?type=1&no=2011060110322587438&outlink=1
- http://uwaterloo.ca

<주> 이 글은 필자가 2012년 6월 21일 (목) 대한상공회의소 국제회의실에서 개최된 아산재단 창립 35주년 기념 아산재단─아산나눔재단 공동 주최, 『일자리 창출과 사회복지』 심포지엄에서 「'일자리복지 플러스' 구현을 위한 시스템적 접근」으로 발표한 기조연설문을 수정한 것임.

chapter 02

# 단위학교 진로교육 리더십

강 석 주

## 1. 진로교육 역량

　우리 교육은 초등학교에서부터 대학까지 인성교육과 개인차 존중을 강조하면서도 입시 너머를 생각해본 적이 없다. 입시 중심의 학교생활은 학생으로 하여금 자신의 삶의 목표에 대해 진지한 생각 없이 시험 성적, 부모 희망, 혹은 사회가 선호하는 직업만을 목표로 한다. 이런 태도와 실천으로는 미래의 행복한 삶을 추구하기가 어렵다. 실제로 이런 과정을 거쳐 입학한 대학생들이 실제 반수와 자퇴, 편입으로 방황하고 있다. 그들은 '취업 희망 직종이 없다(30.2%)'고 말한다. 그리고 그 이유는 '내가 무엇을 잘 할 수 있는지 몰라서(58.7%)'라고 했다.[1] 진학지도는 있으나 진로지도는 아직 미흡한 실정이다.

　최근 정부는 진로교육 중요성과 필요성을 강조하고 나섰다. 2009년 개정교육과정 역시 학생들의 진로활동을 강조하고 있고, 창의적 체험활동을 통해 진로개척능력

1 EBS 대한민국 진로교육 프로젝트(2011. 12. 5 방송).

을 키우는 데 목표를 두고 있다. 또한 교육과학기술부는 2011년부터 고등학교에 진로진학상담교사를 배치한 후, 2012년 3월 현재 학생수 100명 이상의 모든 고등학교 (2,165개교)에 배정을 완료했다.

진로진학상담교사는 학교 진로교육과정 운영계획 수립 및 프로그램 운영, '진로와 직업' 교과 수업 혹은 교과 미개설 시에는 창의적 체험활동 중 '진로활동' 지도, 진로·진학 관련 학생 상담 및 지도, 교사·학생·학부모 대상 진로진학 연수 등 교육부가 제시한 직무를 수행하고 있다. 이들의 성과에 대한 학술적 연구는 없으나 교육부 보도자료에 의하면 학생, 학부모 모두 긍정적이다.[2]

진로진학상담교사 배치는 성적 위주 진학의 기존 관행에서 벗어나 학생들의 적성과 소질을 고려한 진로진학지도를 통해 개개인의 꿈을 실현할 수 있도록 지원하는 등 공교육 본래의 기능을 회복하고 발전시키는 데 큰 의미가 있다고 본다. 그러나 진로진학상담교사 배치만으로는 만족스런 진로교육을 기대하기 어렵다.

진로교육은 종합 교과 성격을 띠고 있다. 따라서 진로교육은 국, 영, 수 등의 일반교과에서도 접근, 실시해야 한다. 또한 비교과 활동인 동아리활동, 봉사활동과도 연계가 되어야 하는 교육이다. 다음으로 진로진학상담교사의 업무 몰입 어려움도 주요 원인이다. 교육부가 제시한 주당 진로수업 10시간, 상담 8시간을 포함한 고유 직무 외에 일반 생활상담은 물론, 징계학생 생활지도 상담, Wee 클래스 운영, 창의적 체험활동 전체 운영(교육부 직무내용에는 '진로활동' 관련 업무만 규정)을 담당하는 경우, 기숙사 사감업무 병행, 일반교과 수업 지원, 보건교사가 없는 학교는 보건업무까지, 그리고 담임을 겸임하는 경우도 있다. 그리고 '국, 영, 수 공부가 중요하지 진로교육은 무슨······. 흥미, 적성보다는 점수가 돼야 대학간다.'는 생각을 유지하는 일부 관리자 및 교사들의 부정적 견해 역시 학교 진로교육의 걸림돌로 작용한다.

이와 같이 학교 현장은 진로교육을 놓고 누가, 어떻게, 언제, 어떤 방법으로 실천할 것인지 등을 놓고 갈등이 많다. 학교 진로교육이 성공하기 위해서는 단위학교 전체 구성원이 참여해야 한다. 본 글은 그에 따른 구체적 방안을 모색하는 데 목적을 둔다. 우선 학교의 진로교육 실태와 추진 동향에 대해 정리한다. 그리고 문제 내용을 중심으로 단위학교 진로교육 핵심역량으로써 '전교적(全校的) 진로교육'을 위한 방안을 제시한다. 본 글은 관련 문헌, 교육부 및 관계 기관 자료, 그리고 진로진학상담교

---

2 교육부 보도자료(2011. 1. 9).

사인 필자와 교과연구회 동료교사의 현장 경험을 토대로 작성했다.


## 2. 고교 진로교육 실태

### 1) 학교 진로교육 만족도

한국청소년상담원의 2008년 연구에 따르면 고교생의 48%가 '진로문제'를 가장 큰 고민거리로 지목했다. 그럼에도 학교 진로교육에 대한 학생들의 반응 역시 고교생 52.0%가 '도움 안 됨'이라고 응답했다.[3]

교육부 역시 학교가 교과교육 등 입시(진학) 위주의 교육에 집중하여 진로교육을 제대로 제공하지 못하고 있음을 인정했다.[4] 그나마 실시하는 진로교육도 단순 활동·일회성 행사 위주'로 인해 직업세계의 역동성이나 다양성을 체험할 기회 부족, 심리검사 결과에 대한 설명 이외에 심층 상담 활동 부재, 대부분의 학교 현장 진로지도 프로그램이 상호 연관성을 갖지 못한 채 단편적으로 진행, 그 결과 상급 학교 진학이나 직업 탐색에 큰 도움을 주지 못하는 것으로 나타났다.

고등학생들의 진로 결정에 있어서 교사의 역할 역시 미흡하다. 교육과학기술부가 발표[5]한 가장 큰 영향을 준 사람은 '부모(43.3%)', 'TV 등 언론(20.7%)', '진로진학상담선생님(11.3%)' 순이다. 특히 '담임교사(6.2%)'와 '담임 외 교과담당교사(8.5%)'는 '친구(11.0%)'보다 낮게 나왔다.

한국청소년정책연구원(2010)은 '2009년 한국 청소년 진로·직업 실태 조사 결과를 발표했다. 이는 진로진학상담교사가 배치되기 전의 실정이다. 결과에 따르면 학교 진로교육 경험 비율은 50% 정도에 불과했다. 경험한 진로교육 중 '진로관련 검사를 통한 진로교육(78.3%)', '사회, 도덕, 기술·가정 등 과목에서의 진로교육(61.6%)', '진로와 직업 과목 수업을 통한 진로교육(55.2%)' 순으로 나타났다. 반면 '소집단 혹은 동아리 활동을 통한 진로교육(37.2%)', '방과 후 활동을 통한 진로교육

---

3 교육부, 2009-2013 진로교육 종합계획, 2010. 2, p. 1. 재인용.
4 교육부, 2009-2013 진로교육 종합계획, 2010. 2, p. 1.
5 교육부 보도자료(2011. 1. 9).

| 표 2-1 | <<< 학교에서의 진로교육 경험여부 및 만족도 |

| 번 호 | 문 항 | 경험여부 | | 만족도 | |
|---|---|---|---|---|---|
| | | 있음 | 없음 | 평균 | SD |
| 1 | 진로와 직업 과목 수업을 통한 진로교육 | 55.2 | 44.8 | 2.81 | 1.035 |
| 2 | 사회, 도덕, 기술·가정 등 과목에서의 진로교육 | 61.6 | 38.4 | 2.84 | 0.978 |
| 3 | 현장학습이나 견학을 통한 진로교육 | 49.3 | 50.7 | 3.06 | 1.037 |
| 4 | 상담선생님의 상담 중심 진로교육 | 45.4 | 54.6 | 3.09 | 1.017 |
| 5 | 진로 관련 검사를 통한 진로교육 | 78.3 | 21.7 | 3.21 | 1.000 |
| 6 | 인터넷 또는 동영상을 통한 진로교육 | 48.5 | 51.5 | 3.02 | 1.011 |
| 7 | 소집단 혹은 동아리 활동을 통한 진로교육 | 37.2 | 62.8 | 2.99 | 1.057 |
| 8 | 저명인사나 선배의 초청 강의 | 45.3 | 54.7 | 2.98 | 1.061 |
| 9 | 재량활동을 통한 진로교육 | 47.2 | 52.8 | 2.90 | 1.044 |
| 10 | 진로 관련 읽기자료를 통한 진로교육 | 48.6 | 51.4 | 2.97 | 0.998 |
| 11 | 방과 후 활동을 통한 진로교육 | 38.6 | 61.4 | 2.81 | 1.132 |
| 전 체 | | 50.5 | 49.5 | 2.97 | 1.034 |

출처: 한국청소년정책연구원 보도자료(2010. 5. 19). 2009년 한국 청소년 진로·직업 실태조사결과.

(38.6%)'은 낮게 나타났다. 진로교육 만족도의 경우는 '진로 관련 검사를 통한 진로교육(평균=3.21)'이 가장 높았다. 이어 '상담선생님의 상담 중심 진로교육(평균=3.09)', '현장학습이나 견학을 통한 진로교육(평균=3.06)' 순으로 나타났다. 학교에서의 진로교육 경험여부 및 만족도는 〈표 2-1〉과 같다.

## 2) 진로진학상담교사 배치 및 근무 실제

진로진학상담교사는 학교의 진로 진학에 관한 상담과 지도를 전담하는 교사로서 2011년 3월 교원자격검정령 시행규칙 개정에 따라 새롭게 도입된 교과교사이다. 기존 교과교사들 중 지역교육청별로 소정의 모집과 선발을 거쳐 570시간의 부전공

자격연수 과정을 이수한 후 배치했다. 2012년 4월 현재 우리나라 전체 일반고의 89%(1,578명), 전체 특성화고의 99%(494명)가 배치되었다.[6] 이와 함께 교육부는 공통직무 11개와 학교급별 직무(일반고의 경우 3개 직무)를 제시했다.[7]

교육부의 '2011년 학교 진로교육 현황조사 결과'에 따르면 학생들은 진로진학상담교사의 필요성에 대하여 '매우 필요(37.5%)', '필요(46.1%)'로 응답하였고, 그 활동에 대해서는 '매우 만족(15.1%)', '만족(48.1%)'인 것으로 나타났다. 또한 학생들이 진로진학상담교사로부터 가장 도움을 받고 싶은 분야는 '학과나 전공 정보(30.6%)', '나의 적성 발견(28.1%)', '입시 정보(19.3%)', '직업 정보(14.4%)', '학습 정보(6.4%)' 순으로 응답했다. 학부모 역시 86.9%가 '진로진학상담교사가 학교에 필요하다.'고 응답하였으며, 77.8%가 '진로진학상담교사가 자녀의 진로결정에 도움이 될 것이다.'는 기대를 나타내고 있다.[8]

진로진학상담교사의 일상 업무는 주당 10시간 내외의 수업과 8시간의 진로진학상담이다. 수업 형태는 두 가지이다. 하나는 교양필수과목으로써의 「진로와 직업」교과지도이다. 진로진학상담교사 배치 학교의 「진로와 직업」교과 선택 시도별 현황(전국 평균 비율 42%)은 〈표 2-2〉와 같다.

| 표 2-2 | | | | | | | | | | | | | | | | | | |
|---|---|---|---|---|---|---|---|---|---|---|---|---|---|---|---|---|---|---|
| 「진로와 직업」교과 선택 시도별 채택 현황 | | | | | | | | | | | | | | | | | | |
| | 합계/비율 | 서울 | 부산 | 대구 | 인천 | 광주 | 대전 | 울산 | 경기 | 강원 | 충북 | 충남 | 전북 | 전남 | 경북 | 경남 | 제주 |
| 선택 학교수 | 1,256 | 157 | 92 | 25 | 54 | 43 | 56 | 40 | 152 | 93 | 45 | 73 | 40 | 74 | 141 | 164 | 7 |
| 전체학교 중 채택비율(%) | 42 | 34 | 47 | 19 | 36 | 46 | 54 | 56 | 26 | 67 | 42 | 43 | 41 | 44 | 61 | 62 | 17 |

출처: 제주특별자치도교육청 공문(장학지원과-12499(2012. 8. 8)) 인용.

---

6 교육부 보도자료(2012. 4. 27).
7 「공통 직무」로는 1. 진로진학상담부장 등으로서 학교의 진로교육 총괄 2. 학교 진로교육과정 운영계획 수립 및 프로그램 운영 3. '진로와 직업' 교과수업, '진로와 직업' 교과 미 개설 시에는 창의적 체험활동 중 진로활동 지도(주당 10시간 이내) 4. 진로·진학 관련 학생 상담 및 지도(주당 평균 8시간 이상) 5. 창의적 체험활동 중 진로활동 운영계획 수립 및 진로 관련 에듀팟 관리 6. 진로 포트폴리오 지도 7. 커리어넷 등의 진로직업 관련 심리검사의 활용 및 컨설팅 8. 교내외 진로교육 관련 각종 체험 활동 기획·운영 9. 교원 및 학부모 대상 진로교육 연수 및 컨설팅 10. 교육기부 등 지역사회 및 유관 기관과의 네트워크 관리 11. 기타 학교장이 정한 진로교육 관련 업무를 「일반계고등학교 직무」로 1. 입학사정관 전형 지원 2. 대학 학과 안내 및 상담 3. 취업 희망 학생 지원 등을 제시했다(교육과학기술부. '2012 진로진학상담교사 배치 및 운영지침 2012-2호' 발췌 정리).
8 교육부 보도자료(2011. 1. 9).

나머지 하나는 창의적 체험활동 중 진로활동을 통한 수업이다. 보통 1학년에 학급별 주당 1시간 고정 수업을 한다. 2, 3학년은 고정 시간을 확보하기가 어렵다. 그래서 학기별 1, 2회 집단교육 혹은 유인물을 통한 학급별 진로활동(진로독서, 진로영상자료 시청, 진로설계도 작성, 유망·특이직업 탐구 등)을 하는 것이 일반적이다.

진로진학상담 업무의 경우는 다소 모호하다. 교육부가 제시한 '진로진학상담' 외에 일반생활상담은 물론, 징계학생 생활지도 지도상담, Wee 클래스 운영에 따른 관련 학생 개인 및 집단 상담을 담당한다. 특히 대다수 일반계 고교의 경우 개인 상담은 정규교과 및 보충수업시간을 피한 야간 자율학습시간을 원칙으로 하고 있다.

그 외 학교 특성상 일반교과 수업 지원, 보건교사가 없는 보건행정업무, 기숙사 사감 업무 병행, 그리고 담임을 겸임하는 경우도 있다.

이유는 여러 가지로 생각할 수 있다. '당신은 주당 수업시수가 적으니 여러 가지 교무 업무를 맡아라.'라는 의식이 가장 큰 배경으로 작용한다. 고통 분담 차원에서 가능하다. 그러나 그만큼 고유 직무에 대한 시간 투입과 진로진학상담 및 지도에 전문적 노력과 실천 기회는 적어진다. 그 피해는 결국 학생에게 돌아간다.

## 3) 진로교육 성취기준 운영 및 교과통합 진로교육 강조

2009년 개정 교육과정의 고등학교 교육 목표는 '성숙한 자아의식을 토대로 다양한 분야의 지식과 능력을 익혀 진로를 개척하며 평생학습의 기본 역량과 태도를 갖춘다.'를 첫 번째로 제시하고 있다. 그러나 교과 및 과목별 운영에 따른 구체적인 지침은 제시하지 않았다.

2012년 4월 교육과학기술부는 국가차원에서 달성하고자 하는 진로교육 목표를 처음으로 제시하는 「학교 진로교육 목표와 성취기준」을 발표했다. 이는 국가 수준에서 진로교육을 통하여 도달하고자 하는 지향점을 제시한 것으로, 학교 진로교육의 목표를 '학생 자신의 진로를 창의적으로 개발하고 지속적으로 발전시켜 성숙한 민주시민으로서 행복한 삶을 살아갈 수 있는 역량을 기른다.'로 설정했다. 구체적으로 고등학교 진로교육의 목표를 '중학교까지 형성된 진로개발역량을 향상시키고 고등학교 이후의 진로를 디자인하고 그를 실천하기 위해서 준비한다.'로 제시했다. 일반고·특성화고의 영역별 성취지표 수는 〈표 2-3〉과 같다.

| 표 2-3 | <<< 일반고·특성화고 성취지표 수 | | |

| 대영역 | 중영역 | 성취지표 수 | |
|---|---|---|---|
| | | 일반고 | 특성화고 |
| Ⅰ. 자아 이해와 사회적 역량 개발 | 1. 자아 이해 및 긍정적 자아개념 형성 | 5 | 5 |
| | 2. 대인관계 및 의사소통역량 개발 | 3 | 5 |
| Ⅱ. 일과 직업세계의 이해 | 1. 일과 직업의 이해 | 4 | 4 |
| | 2. 건강한 직업의식 형성 | 5 | 6 |
| Ⅲ. 진로탐색 | 1. 교육기회의 탐색 | 7 | 6 |
| | 2. 직업 정보의 탐색 | 5 | 5 |
| Ⅳ. 진로디자인과 준비 | 1. 진로의사결정능력 개발 | 3 | 3 |
| | 2. 진로계획과 준비 | 9 | 12 |
| 합    계 | | 41 | 46 |

「학교 진로교육 목표와 성취기준」은 국가 수준의 진로교육 목표를 명확히 하여 진로교육에 대한 책무성을 제고하는 동시에 진로교육의 기본 틀과 방향을 제시한 것이다. 따라서 시도교육청의 진로교육 정책 수립과 평가의 지침 및 준거가 됨은 물론 단위학교에서는 진로체험, 진로상담 등의 진로활동을 기획하고 운영하는 학교 진로교육의 방향이며 개별 교사에게는 진로 관련 수업 및 진로 성취 수준을 확인하고 지도하는 기준이 된다.

또한 교육부는 2012년 7월에 모든 교과를 통한 진로교육 실시를 위해 모든 고등학교에 「(중등) 교과 통합 진로교육 교수·학습자료 개발 매뉴얼」을 배포했다. 독립적으로 운영되고 있는 교과(국어, 수학, 사회, 과학, 기술·가정 등)와 진로교육을 통합하여 지도하는 방식이다. 교과의 내용 속에 포함되어 있는 진로교육적 요소를 보다 선명하게 부각하여 교과의 목표와 진로교육의 목표가 함께 달성될 수 있도록 하는 것이다.

매뉴얼은 진로개발 역량을 '개인이 진로를 개척할 수 있는 역량으로서 개인이 일생동안 수행하는 다양한 역할과 경험을 자기 주도적이며 합리적으로 선택, 준비, 비교 및 평가하며 관리할 수 있는 지식, 기술(skill) 및 태도'로 정의한다.[9] 나아가 이

---

9 교육부(2012). (중등)교과 통합 진로교육 교수·학습자료 개발 매뉴얼. p. 3.

진로개발 역량 정의에 근거하여 진로교육 공통 주제와 교과의 단원별 교육과정 분석에 기초하여 진로 관련 핵심 역량을 추출했다. 〈표 2-4〉는 고등학교 진로개발 역량 5개 범주 11개의 내용이다.10

| 표 2-4 | <<< 고등학교 진로개발 역량 내용 | |
|---|---|---|
| 1.<br>자기이해<br>및 긍정적<br>자아개념과<br>태도 형성 | 자기이해 및 긍정적<br>자아개념 | • 자신의 흥미, 적성, 성격, 가치관 등을 확인하고, 개인적인 특징과 지금까지의 개인적인 경험과의 관계 이해하기<br>• 자아개념과 자신의 행동의 상호관계를 이해하고, 긍정적인 자아 개념이 형성·유지·발전될 수 있도록 자신의 행동을 꾸준히 수정 및 보완하기<br>• 자신의 개인적 특징들이 교육적·직업적 목적을 달성하는 데 어떠한 기여를 할 수 있는지 이해하기<br>• 다양한 상황(가정, 학교, 사회 등)에서 자신의 모습을 조망하고 총체적으로 이해하기 |
| | 자율적이며 능동적<br>태도 | • 대인관계 능력을 기르기 위하여 다양한 활동에 참여<br>• 자신의 개인적 특성이나 진로와 관련한 행동에 환경 요인(학교, 가정, 사회 등)들이 어떠한 영향을 끼치는지 이해 |
| | 타인과의 긍정적인<br>상호작용 | • 바람직한 인간관계 형성의 자세 실천하기<br>• 타인의 문화나 생활양식이 존중되어야 함을 인식하기<br>• 타인과 효과적으로 상호작용하기 위하여 어떠한 지식, 기능, 태도가 필요한지 이해하고 이를 위해 필요한 기술을 익히기<br>• 자신의 대인관계 능력을 높이기 위한 전략을 세우기 |
| 2.<br>직업세계의<br>이해 및<br>긍정적 가치·<br>태도 형성 | 다양한 직업세계의<br>이해 | • 일이 개인적(여가, 가정생활, 사회생활 등)으로나 사회적으로 어떠한 의미가 있는지 이해하기<br>• 미래 사회의 변화되는 특징 이해하기<br>• 사회·경제적인 변화가 어떻게 개인, 지역사회, 국가에 영향을 끼치는지를 이해하기<br>• 사회·경제적인 변화(세계화 등)가 개인의 진로개발에 끼치는 영향을 이해하고 대응하기 |
| | 일에 대한 긍정적<br>가치와 태도/<br>성 역할 및 직업에<br>대한 고정된 생각<br>타파 | • 일상생활에서 일에 대한 긍정적인 태도를 행동으로 실천하는 방법(모든 종류의 일과 직업이 사회적으로 긍정적인 기여를 하고 있으며, 존중과 가치를 가지고 있음을 이해함을 포함) 이해하기<br>• 일에 대한 긍정적인 태도와 습관이 자신의 진로목적을 달성하는 데 어떠한 기여를 할 수 있는지 이해하기<br>• 교육 및 직업세계에서의 성(性)에 따른 고정관념과 차별의 유형 및 극복방법을 확인하고 성에 구애받지 않는 비전통적인 진로대안의 가치 이해하기<br>• 성에 구애받지 않는, 비전통적인(non-traditional) 직업이 진로대안으로서의 |

10 교육부(2012). (중등)교과 통합 진로교육 교수·학습자료 개발 매뉴얼. p. 7~14 정리.

| | | 가치를 가지고 있음을 이해하기 |
|---|---|---|
| 3.<br>정확하고<br>신뢰성<br>있는 진로<br>정보 탐색·<br>해석·활용 | 정확하고 신뢰성<br>있는 진로정보<br>탐색, 해석, 활용 | • 자신의 주위에 다양한 진로정보원 인식 및 활용(각종 핸드북 및 직업사전, 진로<br>관련 인쇄매체, 현직자, 웹기반의 직업 관련 데이터베이스 등의 진로정보원을<br>확인하는 활동포함)하기<br>• 직업세계에 대한 다양한 정보 및 최근 직업세계의 탐색(교육적 요구사항, 핵심<br>인물, 고용동향, 직업별 인구통계학적·작업 환경 특성, 채용방식, 채용동향 등<br>의 정보 탐색 포함)하기<br>• 다양한 진로정보원을 활용하여 수집한 진로정보를 평가하며 자신에게 유용한<br>정보 취사선택하기<br>• 관심 있는 분야의 직업에서 어떠한 수준의 교육경험 및 능력을 요구 확인하기<br>• 탐색한 정보의 신뢰성을 해석·평가하고 활용하기 |
| 4.<br>진로계획의<br>수립·관리·<br>실천 | 다양한 생활에서의<br>역할 균형 필요성<br>인식 | • 생활양식과 생애 단계를 삶/직업 설계와 연계 |
| | 합리적 의사 결정에<br>기초한 진로 계획<br>수립 및 관리 | • 학교 졸업 이후, 자신만의 진로계획을 수립하는 것이 행복하고 생산적인 삶을<br>누리는 데 중요한 요인임을 인식하기<br>• 진로의사결정의 다양한 모형이 있음을 인식하고, 이를 자신의 진로의사결정<br>과정에 적용하기<br>• 자기 자신 및 직업세계에 대하여 탐색·수집한 다양한 정보들을 평가하여 자신<br>에게 적합한 여러 진로대안을 확인, 구체화하기<br>• 자신의 진로목표를 달성하기 위한 진로계획을 수립·실천하여 그 결과 평가하기 |
| | 경제사회의 변화를<br>진로 계획에 반영 | |
| 5. 진로 및<br>개인 삶의<br>목표<br>달성을<br>위한<br>평생학습<br>참여 | 진로 및 개인적인<br>삶의 목표를<br>달성하는 데<br>요구되는 학력 및<br>자격증 등 획득 | • 희망하는 직업에 종사하기 위한 학과 및 교과 선택하기<br>• 학력 및 자격증의 중요성 이해하기 |
| | 평생학습의 중요성<br>인식 및 참여 | • 학습습관 점검 및 올바른 학습습관 습득하기<br>• 효과적인 학습전략의 이해 및 적용하기<br>• 자신의 진로목적을 달성하는 데 학습의 역할과 가치를 이해하기<br>• 학습에 대한 긍정적인 태도와 습관과 능력을 함양하는 것이 진로결정 및 자신의<br>지속적인 진로개발에 어떠한 도움을 주는지 이해하기<br>• 자신에게 맞는 학습전략을 정하고, 학교내외에서 제공하는 다양한 학습활동에<br>참여하기 |

교과 통합 진로교육 매뉴얼에는 고교 진로교육의 목표, 학생들이 진로개발 역량을 기를 수 있는 교과별 구체적 활동 지침, 사례 등을 담고 있다. 본격적인 추진에 앞서 교육부는 한국직업능력개발원에 위탁하여 2010년 3월 1일부터 2011년 2월 28일까지 1년간 2개 고등학교를 대상으로 교과 통합 연구학교를 운영했다.

 ## 3. 전교적(全校的) 진로교육 역량 강화 방안

학교 진로교육은 진로진학상담교사 1인의 기획과 실천만으로는 절대적으로 부족하다. 「(중등) 교과 통합 진로교육 교수·학습자료 개발 매뉴얼」에 의한 교과별 진로교육 역시 보완할 필요가 있다. 그리고 학교 진로교육이 좀 더 성과를 높이기 위해서는 창의적 체험활동의 동아리활동, 봉사활동 역시 진로활동과 별개이어서는 안 된다. 학년부의 각종 행사 역시 진로교육을 고려한 진행이 요구된다.

본 절에서는 앞에서 살핀 실태를 토대로 단위학교 진로교육의 핵심 역량으로써 '전교적(全校的) 진로교육'을 위한 방안을 제시한다. 진로진학상담교사의 역할, 일반교과담당교사의 역할, 학년부의 행사 진행, 그리고 동아리 및 봉사활동과의 연계를 통한 진로교육 등에 대해 탐구한다.

### 1) 진로진학상담교사 역할과 역량

크게 세 가지 역할과 그에 따른 역량으로 정리했다. 교육부 제시 공통직무 11개와 일반계 고등학교 진로진학상담교사의 직무 3개를 일반계 고등학교 현실을 고려한 당위성과 중요성을 준거로 했다. 직무 수행에 따른 역할 및 그에 따른 역량을 관계 자료와 필자의 현장 경험을 토대로 정리했다.

첫째, 중단기적 학교 진로교육계획 수립 및 운영자 역할이다. 중기는 신입생이 졸업할 때까지 3개년 계획을 말하며, 단기는 1개년 계획을 말한다. 단위학교 및 학생의 특성과 요구분석을 반영한 현실적 계획 수립과 추진이 요구된다. 세부 우선 내용으로는 ① 진로진학교육계획 수립 및 관련 자체 프로그램 운영자 역할 ② 교원 및 학부모 진로교육 강사 역할 ③ 진로교육 수업지도 교사 역할 ④ 지역사회 및 유관 기관과의 네트워크 및 외부 프로그램 참여 안내자 역할 ⑤ 학교평가 관련 자체평가자 및 자료 정리자 역할 ⑥ 다양한 진로경연대회 운영자 역할 ⑦ 진로진학상담실 운영자 역할이다. 주요 업무로는 입학사정관 전형 지원, 대학 학과 안내 및 상담, 그리고 소수의 취업 희망 학생을 위한 지원 사업 추진 등이다.

학교진로교육계획 수립 및 운영자 역할 수행에 따른 역량으로 단위학교 진로교육 목표 제시 역량, 실천 역량, 평가 역량 세 가지로 구분할 수 있다.

① 단위학교 진로교육 목표 제시 역량

장기적, 통합적 그리고 우선순위에 따른 대안을 구상, 실행 계획 그리고 문제에 대한 처방을 제시하는 역량이다. 통찰력과 창의력을 발휘하여 새로운 업무(프로그램)를 개발하거나, 기존 진로진학교육의 관행과 제약 요소, 부서 간 이해관계 분석 등을 토대로 높은 성과를 위한 핵심적 사업전략을 제시한다. 단위학교 진로진학교육 담당자로서 목적, 목표 그리고 방침에 대해 명확히 제시한다. 목표 제시 역량은 정보수집 및 활용 능력을 요구한다. 모든 일이 그렇듯 관련 정보 없이 일하는 것은 위험하다. 진로교육 관련 관계자(학생, 학부모, 교원, 상급교육기관 및 유관기관 등)의 필요한 정보 범위 및 순위 판단을 토대로 온/오프라인 정보 수집 및 용도별 가공 정리, 활용 능력 등이 요구된다.

② 실천 역량

진로진학상담부의 계획대로 담당 부서 및 교사별 추진 독려 및 확인, 돌발 상황 조치, 중간 점검 등이 포함된다. 효과적 예산 확보 및 운용, 인적 자원 활용에 따른 협조적 태도와 의사소통능력 등이 필수이다. 또한 업무수행과정 중 문제 감지 시에는 사안의 성격, 발생원인 등을 관련 정보와 문제 당사자의 능력을 연계하여 해결 방안을 찾는 능력이 요구된다.

③ 평가 역량

학기별 1회(연 2회) 정기평가를 통한 피드백활동이다. 추진 중 발견한 제약 요소, 부서 간 이해관계, 구성원별 만족도 등을 중심으로 분석한다. 평가를 위한 설문지 제작 및 분석능력 등이 요구된다.

둘째, 진로교육 수업지도 교사 역할이다. 연중 가장 많은 시간을 투입하는 영역이다. 또한 학생·학부모·동료교사에 의한 교원평가와 직계되는 가시적이며 현실적인 역할이다. 정규교과인 「진로와 직업」교과 운영 혹은 창의적 체험활동 중 진로활동 통해 주당 1~2시간의 교육이 요구된다. 지속적이고 체계적인 진로교육이 가능하다. 안정적 시간 확보가 있어야만 진로진학관련 이론 강의는 물론 커리어넷 등의 진로직업 관련 심리검사의 활용 및 컨설팅, 에듀팟 관리, 진로 포트폴리오 지도, 그리고 진로진학상담을 위한 라포 형성 및 지도 등이 가능하기 때문이다.

수업을 통해 강조해야 할 것은 자기이해, 꿈 설계 교육, 행복한 삶과 진로, 남과 다르게 사는 법, 진로 및 진학탐구방법 등이다. 특히 진로교육의 출발점인 자기이해 교육 지도 방향(기본)은 흥미, 가치관, 적성 순으로 진행되어야 한다. 옛말에 '게으른 자는 노력하는 자를 이길 수 없고 노력하는 사람은 즐기는 사람을 이길 수 없다.'고 했다. 좋은 꿈의 출발은 먼저 학생의 '흥미' 중심이다. '가치관'과 '적성'은 그 다음이다. 흥미는 모든 학생이 소유하는 보편적 성향이며 동시에 4방(동서남북)을 결정짓는다. 가치관 역시 보편적 성향이며 8방을 결정짓는다. 반면 적성은 특정 직업, 직무 수행 능력 적합 정도를 나타내는 것으로 16방을 가리킨다고 할 수 있다.

진로교육 수업지도 교사 역할 수행에 따른 역량은 자기주도 자기이해 탐구지도 역량, 꿈 설계 지도 역량, 진로교육 사례 발굴 및 활용 역량 등으로 구분할 수 있다.

### ① 자기주도 자기이해 지도 역량

자신의 진로를 결정하지 못하는 학생의 대다수가 바로 자신의 적성·흥미·직업 가치관 등을 잘 모르기 때문이다. 자기탐색을 위한 객관적인 검사를 받아보지 못했다. 간혹 한국직업능력개발원의 커리어넷(career.go.kr), 한국고용정보원의 워크넷(work.go.kr)을 활용한 진로검사, 즉 진로적성, 진로발달, 직업흥미, 직업가치관 등의 검사를 받았다 하더라도 전문가의 해석 없이 결과만 보는 것만으로는 한계가 있다. 그런 점에서 볼 때 학생 개개인의 흥미와 직업, 가치관, 그리고 적성을 찾아주기는 진학상담교사의 제1역량이라 할 수 있다.

### ② 꿈 설계 지도 역량

'꿈 설계(dream design)[11]' 교육은 학교 진로교육에서 가장 일반적인 현장 용어

---

11 이에 대한 적절한 학술적 용어로는 진로포부(career aspiration)이다. 진로포부에 대해 Stephenson

이다. 꿈 설계 교육이란 학생 개개인이 자신의 흥미·적성·가치관 등의 자기이해를 토대로 고교 1학년에서 졸업, 대학입학과 졸업 과정, 그리고 취업과 그에 따른 경력 개발과정까지의 단계에 대한 명세적인 설계도를 그릴 수 있는 교육을 말한다. 고교 진로교육의 핵심이자 궁극적 목표라 할 수 있다.

교사와 부모 모두 학생에게 꿈을 가지라 하지만 공부를 우선하여 꿈꿀 시간조차 제대로 주지 않는다. 꿈의 개념과 정의 교육조차 미흡한 것이 현실이다. 국어사전은 꿈을 '실현하고 싶은 희망이나 이상'이라는 긍정적 의미와 함께 '실현될 가능성이 아주 적거나 전혀 없는 헛된 기대나 생각'이라는 부정적 의미를 동시에 담고 있다. 학생이 가져야 할 꿈은 당연 전자의 개념이다. 고등학생 진로교육에 있어 꿈이란 '어떤 사람(무엇을 하는 사람)이 되고 싶은가?'란 질문에 대해 체계적, 현실적, 그리고 자기주도 실천력에 근거한 답이다.

고교 진로교육에 있어서 꿈이란 구체적인 직업인으로써의 자기만족 수준의 직위를 말한다 할 수 있다. 예를 들면, 우리의 일상대화 중 '나의 꿈은 대기업의 CEO이다, 나의 꿈은 장군(준장 이상)이다. 나의 꿈은 교장이다' 등이 그것이다. 이러한 꿈 달성에는 단계별 목표가 있다. 꿈 달성 전의 성취 행동이다. 대기업 CEO가 꿈이라면 (경영학과를 중심으로 관련 학과) 진학, 희망 기업 입사, 승진이란 단계별 목표를 거쳐 꿈인 CEO에 이르는 단계별 성취행동이 요구된다. 교장이 되기 위해서는 교사자격증 취득, 임용고사 합격, 교사에서 교감을 거쳐 또다시 승진하는 것이다.

꿈 설계 교육 지도 역량은 이와 같이 꿈이란 무엇이며, 꿈을 가져야 하는 이유를 납득시키고 학생이 꿈을 찾고, 찾은 꿈에 대해 합리적 목표설정, 높은 희망수준을 갖고 추진해 나가는 실천력 향상 관련 역량이다. 구체적으로는 꿈의 개념과 정의 능력, 꿈 설계 중요성 및 필요성 납득시키기 능력, 학생 개개인의 꿈 설계 과정 지도 능력, 그리고 꿈 설계 교육을 위한 교육자료 제작 및 활용 능력 등이 포함된다. 꿈 설계 교육지도를 통해 학생으로 하여금 바른 자기이해와 현실 인식, 그리고 근거 있는 자신감을 토대로 설정할 수 있도록 지도할 수 있어야 한다.

---

(1062)은 청소년이 이상적으로 바라는 미래직업을 미래에 대한 포부, 즉 'wish'라 하고, 현실적으로 바라는 직업을 'plan'이라는 두 가지 속성을 갖는 것으로 분류했다. 한편 Gottfredson(1966)은 장래 직업 선택과 관련하여 가능성(가장 현실적인 대안)과 적합성(개인-환경일치 정도)의 산물인 '수용 가능한 진로대안 영역(zone of acceptable alternatives)'으로 규정했다(김경주, 2010. p. 9~10. 재인용 정리).

③ 진로교육 사례 발굴 및 활용 역량

꿈 설계 지도 역량과 더불어 중요한 것은 학생이 공감할 수 있는 다양하고 적절한 실제 사례 제시 능력이다. 학생들은 거창한 허구, 소설 속의 주인공보다는 사실, 이웃의 사례에서 더욱 진로 열정과 의지를 높인다. 특히 필자의 경험에 의하면 신문, 방송의 주인공이 특히 자신의 연령과 비슷할수록 공감대가 높았다. 다음은 필자가 활용한 사례 세 편의 내용을 요약한 것이다.

■ 〈사례 1〉 서울 영일고 2학년 김재현 사례: 나쁜 짓만 골라하던 '꼴통'. 하루 14시간 요리 맹연습하여 고등학교 2학년 학생이 세계적 권위의 요리대회에서 최연소 은메달을 목에 걸었다. 2012년 4월 싱가포르에서 열린 국제요리대회 브런치 부문에서 이 상을 탔다. 싱가포르 국제요리대회는 세계조리사연맹(WACA)이 인증한 대회로 세계 3대 요리대회에 꼽힌다. 김 군은 시상식 직후 '프랑스 파리에 한식 레스토랑을 차린 후 한식학교까지 세우는 게 꿈'이라고 포부를 밝혔다(조선일보 2012. 5. 28 기사).

■ 〈사례 2〉 실업계고등학교 출신 김수영 골든벨 사례: 중학교 때의 방황, 퇴학, 검정고시로 일 년 늦게 여수정보과학고 입학. 1999년 여수정보고 골든벨 입상, 연세대학교 영문학＋경영학 진학, 동아일보 인터넷 기자, 2000년 최고 인터넷 기자상 수상, 컨설팅 회사 골드만 삭스 취업, 런던대학교 동양아프리카 학교에서 중국국제경영학 석사를 받고, 블로그를 통해 27만 명에게 해외 취업 정보를 나누며 '꿈 멘토'로 활약하고 있다(KBS 1TV 2012. 6. 1 〈강연 100℃〉 출연 내용)

■ 〈사례 3〉 김규환 명장의 감동 휴먼스토리 『어머니 저는 해냈어요』 사례: 공장청소부로 시작하여 초정밀분야 한국 최고의 명장이 된 사람. 초등학교 과정의 학력으로 5개 국어를 구사하며 대학을 졸업. 62개 초정밀부품의 국산화. 하루 3~4건, 총 2만4천여 건의 아이디어 제안. 〈MBC성공시대〉 등에 출연. 전국민을 감동시킨 9전10기 인생(김규환(2009). 『어머니 저는 해냈어요』. 김영사.)

진로진학상담교사는 발굴한 적절한 사례에 대해 공유를 통한 활용을 유도해야 한다. 교원연수를 통한 안내 및 활용을 독려한다. 또한 동아리활동 담당부서, 학년부, 각 교과협의회, 그리고 교사 개인에게 수업 중 실천을 강조하는 활동이 있어야 한다.

셋째, 입학사정관제 대비 지원자 역할이다. 입학사정관제 전형 지원은 일반계 고등학교 진로진학상담교사 직무 중의 하나이다. 입학사정관제란 '각 대학이 대입전형 전문가인 입학사정관을 채용해 학생을 선발하는 제도'를 말한다. 학교생활기록부·대학수학능력시험·대학별 고사 등 성적 위주로 학생을 뽑는 기존 방식과 달리 다양한 자료를 활용, 발전 가능성을 지닌 학생을 선발하기 위한 전형이다. 2013학년도 입시의 경우 125개 대학에서 실시한다. 이와 관련하여 진로진학상담교사의 하위 역량으로는 두 가지를 제시한다.

① 각 대학별 전형내용 파악 및 적용 역량

2013학년도의 경우 125개 대학의 입학사정관 전형 중 근무학교 학생들이 선호하는 대학을 중심으로 정보 확보, 이를 바탕으로 희망학생을 적절히 안내할 수 있어야 한다. 예를 들어, 2013학년도 S대 입학사정관 전형의 경우, '학교생활우수자 트랙'은 1단계에서 정원의 3배수를 교과 성적 100%로 추려낸 후 그 중에서 다시 정원의 50%는 서류로, 나머지 50%는 서류와 면접으로 각각 선발한다. 특히 서류 내용과 활동 내역이 아무리 뛰어나도 교과 성적이 낮으면 1단계 통과조차 어렵다. 반면, '창의인재 트랙'은 1단계에서 창의성 입증자료에 의한 전형을 진행한다. 또한 교과 성적은 반영 요소에 아예 포함되지 않는다. 이 둘의 차이점을 알고 학생의 장점을 살릴 수 있도록 안내할 수 있어야 한다. 아울러 입학사정관 전형 관련 개별면접, 집단토론면접, 발표면접 등에 대한 모의면접 진행 능력도 요구된다.

② 에듀팟(www.edupot.go.kr) 중심 개인별 포트폴리오 작성 지도 역량

무엇보다 개개인의 잠재력이 충분히 표현될 수 있도록 충분한 사고와 활동을 담은 포트폴리오를 만들 수 있어야 한다. 자기이해, 진로와 목표 설정, 탐색활동, 그리고 그에 따른 준비과정 등이 일관되고 연속적인 활동과 함께 그에 따른 성과가 진실하게 드러나도록 지도한다. 특히 자기소개서를 통한 학생만의 고유성과 실천을 통한 재학습 과정이 잘 나타날 수 있도록 지도한다. 단순한 '참여와 결과'가 아니라 '참여의도, 과정, 그리고 결과에서 얻은 느낌(성과)'을 자신만의 언어와 표현법으로 잘 나타나도록 지도할 수 있어야 한다.

## 2) 교과담당교사의 진로교육과 역량

교과교육학의 목표는 '특정 교과목을 통한 교육'이다. 다시 말해 국어, 수학, 음악, 체육 등 각각의 교과 고유의 지식, 기능, 태도를 통한 교육을 목표로 한다. 그리고

교육은 학생의 장래, 곧 진로를 고려한 활동이다. 따라서 교과교육과 진로교육은 별개일 수가 없다. 교과교육을 통한 진로교육 당위성은 바로 여기에 있다.

여기에서는 전교적(全校的) 진로교육 측면에서 교과담당교사의 역할을 살펴본다. 교과지도를 통한 진로교육 및 상담자 역할, 교과중심 진로진학안내자 역할로 구분했다. 첫째, 교과지도를 통한 진로교육 및 상담자 역할이다. 교과담당 교사의 진로지도 당위성은 크게 두 가지로 정리할 수 있다. 하나는 학교교육과정상 주 1회 혹은 공식적 만남이 전혀 없는 진로진학상담교사보다 수업을 많이 하는 교과담당교사는 학생을 더 잘 안다는 것이다. 수업 태도는 물론 학생의 교과에 대한 관심도, 학업성취도, 수업 중 발표한 장래희망 등에 대해 잘 알 수 있다. 다른 하나는 진로진학상담교사는 일반적 개괄적인 일반전문가라면 교과담당교사는 담당교과관련 진로진학의 심화전문가이다. 학과 커리큘럼 및 교과 세부 내용, 학과 관련 다양한 직업 정보 등에 대한 이해력과 전달 능력이 진로진학상담교사보다 탁월하다고 본다.

'교과 통합 진로교육'은 이런 당위성을 잘 반영하고 있다. 각 교과별로 교과내용 속에 포함되어 있는 진로교육 요소를 살려 교과 목표와 진로교육의 목표가 함께 달성될 수 있도록 했다. 다시 말해 각 교과별로 지식 습득 등의 학업 성과와 함께 진로개발 역량을 동시에 획득할 것을 강조하고 있다.

그러나 현행 『교과 통합 진로교육 교수·학습자료 개발 매뉴얼』은 문제점을 갖고 있다. 매뉴얼에 의하면 교과 통합 진로교육은 중단원 수준에서 관련 진로교육을 권장하고 있다. 고교 1학년의 경우 수학교과 13회, 국어교과 26회, 사회교과 16회, 과학교과 13회, 그리고 기술·가정 교과 6회 등 총 74회를 제시하고 있다. 물론 학교별 교육과정 운영에 따라 다소 차이가 있더라도 정규교과인 '직업과 진로' 혹은 창의적 체험활동 중의 '진로활동'과는 별도로 최소 50시간을 하라는 의미다.

그러나 현장의 상황은 다르다. 진로지도를 위한 교과별 여유가 부족하다. 그리고 '현재'는 없는 외국어과의 진로교육이 추가될 경우 더욱 많아진다. 이 계획대로 추진된다면 과잉 진로교육으로 인한 교과 본연의 내용 학습에 문제가 발생한다. 이는 2011년 한국직업능력개발원의 교과통합 연구학교 운영 결과에서도 문제점으로 지적받았다. 연구학교가 제시한 문제점들로는 ① 교과 통합 진로교육 프로그램의 유용성 및 필요성에 공감하지 않음 ② 교사의 전문성이 떨어져 적용하는 데 시행착오가 있었음 ③ 교사의 업무 과중으로 내실화하기 어려움 ④ 성과 위주의 교육여건 속에서 교과 내용보다 등한시 됨 ⑤ 진로교육과 연계성이 낮은 수업과 영어의 경우 수업 설계가 힘들었음 ⑥ 학생 개개인의 관심 분야가 모두 다르기 때문에 진로교육에서 다뤄져야 할 모든 구성 요소를 다루지 못했음 ⑦ 수업 준비에 지도안 작성과 시청각 자료 준비에 따른 시간이 많이 든다는 어려움 등이다.

학생 역시 부정적이다. 교육부 자료에 따르면 학교에서 학생이 희망하는 진로교육 활동은 '직업체험(54.4%), 진학상담(36.6%), 적성검사(32.0%), 진로상담(31.9%)' 순이며 일반교과를 통한 진로교육 활동은 2.8%에 불과했다.[12] 이에 대한 대안을 두 가지로 생각해 본다. 하나는 대단원별 첫 수업시간의 도입 단계(보통의 5분 정도)를 10분 정도로 늘려 단원의 내용과 관련 진로직업과의 유용성을 안내하는 방법이다. 예를 들어 고교 『수학 I 』의 행렬 단원의 경우 암호제작에 활용, 기업 및 군대의 정보 보호를 위한 암호화 강조 추세, 수학과 수학암호론 교과, 진로진학과 관련하여 군사학과, 컴퓨터보안업체, 보안프로그램개발학과, 암호기계 제작 등과의 관련성 등에 대한 설명만으로도 '흥미'를 충분히 자극할 수 있을 것으로 본다. 국어, 사회교과의 경우 교과 내용 중 등장인물의 직업이 나올 때마다 1) 주로 하는 일 2) 일반적인 입문 방법 3) 요구되는 흥미와 적성 등을 간략히 설명하는 것이다. 역시 '흥미'를 자극할 수 있을 정도면 충분하다.

나머지 하나는 교과별 연 2~4회의 집중수업이다. 각 교과별로 교과(혹은 특정 단원의) 유용성과 진로직업과의 관계 등에 대해 50분 수업을 하는 것이다. 물론 단순한 구두강의가 아닌 단원내용 관련 도표, 사진, 관련 직업인 동영상 등을 준비하는 것이 효과적이다. 물론 시간 확보가 그리 쉽지 않다. 그래서 주당 3시간 이상의 교과(국어, 영어, 수학, 사회, 과학교과 등)는 학기별 2회 연 4회, 주당 3시간 미만 교과는 학기별 1회 연 2회가 바람직하다. 혹 학기 중 실시가 어려울 경우 기말고사 이후에 다소 여유 있는 시간을 활용하는 방안, 창의적 체험활동 시간을 이용하여 운영하는 편이 좀 더 현실적이다.

교과별 진로교육 내용 분석 및 교수·학습자료 개발과 관련해서는 이지수(2007), 이지은(2007), 조선영(2003), 전주영(2004)의 논문을 참고하기 바란다. 또한 교육부(2012)가 발행한 『(중등) 교과 통합 진로교육 교수·학습자료 개발 매뉴얼』역시 시사점을 준다.

---

12 교육부 보도자료(2011. 1. 9).

둘째, 교과 중심 진로진학안내자 역할이다. 교과에 대한 학습법 및 교과학습관련 고민, 진로, 학과 및 세부전공 안내 등이다. 또한 입학사정관 전형과 관련하여 구체적이고 명확한 교과학습 참여 동기 높이기, 교과에 대한 흥미와 열정 고취, 그리고 자기주도 학습활동 설정 및 실천과 관련한 안내 및 상담활동 등이 포함된다. 나아가 수학·과학 경시대회 등 각 교과별로 교내경진대회 개최하여 재능 발휘 기회를 제공한다. 그 과정에서 확인한 학생의 잠재력과 발전가능성을 학교생활기록부의 과목별 세부 특기사항 교과특기 사항에 기록해주는 배려 역시 요구된다.

교과담당교사의 진로교육에 요구되는 역량은 한 가지, 즉 '교과진로지도 상담 역량'이다. 이는 '선생님이 가르치시는 ○○교과를 좋아하는데 이를 살려 하고 싶은 게 무엇인지 몰라 진로를 결정하기 어려워요.' 혹은 '선생님이 가르치시는 ○○교과를 좋아하는데 하고 싶은 게 너무 많아 진로 결정이 어려워요.'란 질문에 대해 '학생이 만족할 수준'으로 답을 할 수 있는 전문 지식, 기술, 태도 등이 포함된다. 이와 함께 심층면접에 대비한 교과별 다양한 읽기 자료 및 토론이나 발표 수업 등을 통한 면접지원 등이 요구된다.

### 3) 동아리활동을 통한 자기주도 진로교육 일상화

학생의 진로진학 설계를 지원한다는 원칙 아래 학생의 진로와 적성을 감안한 창의적 체험활동을 중심으로 운영하는 것이 바람직하다. 즉 자신의 진로와 적성을 감안해 선택한 동아리활동(진로체험활동은 물론 봉사활동까지 포함), 진로활동, 자율활동(적응 활동, 자치 활동, 행사 활동, 창의적 특색 활동)으로 활용한다. 봉사활동 역시 학급단위가 아닌 동아리단위별로 실시한다. 동아리자체 계획에 의한 봉사활동을 실시하는 것이다.

동아리 활동의 성과를 위해서는 무엇보다 충분한 시간 투자가 요구된다. 〈표 2-5〉는 2012년 신입생 기준 일반계 고등학교(1개 학년 7학급 총 21학급)의 창의적 체험활동 주당 4시간 중 학년별 시간을 안배한 것이다.

| 표 2-5 | <<< 창의적 체험활동 연간 운영 계획(3개년 총 408시간 이수) | | | | |
|---|---|---|---|---|---|
| 학 년 | 동아리활동 | 진로활동 | 봉사활동 | 자율활동 | 계 |
| 1(2012학년도) | 54 | 34(학급별 주당 1시간) | 14 | 34 | 136 |
| 2(2013학년도) | 54 | 16(학년집단교육) | 14 | 52 | 136 |
| 3(2014학년도) | 54 | 16(학년집단교육) | 14 | 52 | 136 |
| 계 | 108 | 50 | 28 | 86 | 272 |

동아리활동은 장래의 진로직업 선택에 따른 흥미와 적성을 고려하여 편성한다. 학술활동(인문학탐구반, 사회과학탐구반, 지역 역사·지리탐구반, 식생활개선반, 경제·경영탐구반, 수학·물리연구반, 생물·화학연구반, 기계공학연구반, 외국어번역반 등), 문화예술 활동(카메라반, 세계문화탐구반, 바둑반, 음악반, 미술반, 방송반, UCC제작반, 연극반 등), 각종 스포츠 활동반, 실습노작 활동(봉사활동반, 화훼·조경반 등)이 그것이다.

동아리활동 편성은 관련교과교사 중심으로 15명 이내로 한다. 20명이 넘을 경우 분반한다. 이를 위해 교장, 교감을 제외한 전교사가 1교사 1동아리 담당을 원칙으로 해야만 가능하다. 원로교사, 부장교사 등을 배제할 경우 운영이 불가능하다.

내용 역시 충실을 기해야 할 것이다. 동아리별로 구성원의 요구조사를 중심으로 활동계획서를 작성한다. 동아리활동계획서는 학생들이 최종 작성하고 지도교사, 교감 전결을 득한 후 시행한다.

## 4) 학년부(部) 각종 행사의 진로교육 요소 반영

학년부별로 각종 행사활동(수련활동, 학술조사, 문화재 답사, 국토순례, 해외문화체험 등)을 각종 진로체험활동과 연계시키는 것이다. 2010년 교육부 보고서는 학교의 진로탐색 및 결정의 계기가 되는 직업체험 기회 제공이 부족함을 지적하고 있다.[13] 또한 한국청소년패널(2003~2007)에 따르면 중2~고3 시기에 직업체험 프로그램 참여율은 3.0~7.0%에 불과했다.[14]

예를 들어, 대다수 학교가 실시하는 수학여행의 경우 단순히 보고 즐기고 쇼핑

[13] 교육부(2010), 2009~2013 진로교육 종합계획, p. 1.
[14] 교육부(2010), 2009~2013 진로교육 종합계획, p. 1.

하는 것을 넘어 그 과정에서 실제 접하는 다양한 직업과 종사자에 대해 생각해볼 수 있는 기회를 적극적으로 마련해주는 것이다. 필자가 근무하는 제주도의 경우 95%의 학교가 수도권지역으로 간다. 일반적인 코스는 '제주공항을 출발하여 경복궁-국립박물관-에버랜드-남대문시장 등'이다. 이동수단은 비행기, 고속버스, 지하철을 이용한다. 숙소는 2급(무궁화 3개)이나 3급(무궁화 2개)의 호텔을 이용한다.

먼저 ① 비행기 운항 관련 항공기정비사, 조종사, 스튜어디스 등의 직업, ② 공항 내 입주한 공항관리공단, 출입국관리소, 세관, 공항경찰대 등 각종 공공 사무소 근무 직업 ③ 공항 내 여행사, 렌터카회사, 은행, 특산물 판매점, 약국, 면세점, 식당 등 관련 직업 ④ 박물관의 큐레이터, 유물관리 담당, 학예연구자, 교육문화담당자, 기타 박물관 운영 및 기술 관련직, 청소 및 건물관리자, 조경관리 담당자 등 ⑤ 경기도 용인의 ○○랜드에 가면 안전요원, 동물사육사, 티켓·상품 판매원, 주차요원, 이벤트 진행자, 마술 등 각종 공연자, 방송안내요원, 놀이기구조작원, 청소원 등의 직업 ⑥ 숙소에 도착하면 프런트, 식음료, 객실관리, 컨시어지(concierge) 등의 다양한 업무를 처리하는 호텔리어 등 ⑦ 기타 수학여행 가이드, 관광버스운전사, 지하철운전사, 식당·의류·기념품 판매자, 식당의 조리사 및 서빙종사원 등을 접할 수 있다.

학생들이 알고 있는 직업의 수가 의사, 판검사, 교사, 약사, 변호사, 간호사, 교수, 조종사 등을 포함하여 60여 개를 넘지 않음을 생각할 때 상당한 것이다. 중요한 것은 아는 직업 개수를 늘리는 것이 아니라 주위에는 다양한 직업이 존재함을 느끼게 하는 데 있다.

수학여행 안내교육과정에서 '수학여행 중 만난 직업과 직업인'에 대한 교육을 통해 이들에 대한 호기심과 관심을 가질 수 있도록 유도하는 것이다. 수학여행지에서 만난 직업 탐색보고서 작성을 국어영역 글쓰기(소감문) 작성 수행평가에 반영하는 것도 방법이다. 이때에는 수학여행에 대한 전체적인 소감과 함께 수학여행기간 중 직접 체험·목격한 직업 20가지 이상 쓰기, 새롭게 알게 된 직업쓰기(직업명을 모르면 '○○하는 사람'으로 작성), 가장 관심 있는 직업과 관심을 가지게 된 이유 등으로 하는 것이 바람직하다.

그 외 각종 수련활동, 학술조사, 문화재 답사, 해외문화체험 등도 마찬가지다. 행사의 핵심 내용 탐구도 중요하나 그 과정에서 그런 일들을 하는 사람들에 대해서 관심을 갖는 것을 병행해야 한다. 필자와 교과연구회원의 경험에 근거해 판단할 때

학생들이 관심갖은 것은 '나도 그런 사람이 되고 싶다.'가 아닐까 생각한다. 지역문화재 탐방학술조사에서 학생이 꿈꾸는 것은 지역문화재 내용 그 자체가 아니라 그런 것을 탐구하는 '역사학자'이거나 알려진 내용을 널리 알리는 '향토문화 교육자'일 가능성이 높다.

## C 4. 전교적(全校的) 진로교육 추진에 따른 강조점

발전적 단위학교 진로교육 방안으로 진로진학상담교사의 역할과 역량, 교과담당교사의 진로교육과 역량, 동아리활동을 통한 자기주도 진로교육 일상화, 그리고 학년부(部) 각종 행사의 진로교육 요소 반영 등을 연계시킨 전교적(全校的) 진로교육을 제시했다. 한 문단으로 정리하면 다음과 같다.

'진로진학교사는 교육부가 제시한 직무내용을 성실히 수행한다. 특히 진로수업에서는 직업흥미검사 등을 통한 자기이해 교육, 꿈 설계 교육을 중심으로 고등학교 진로교육목표 달성에 주력한다. 교과담당교사는 수업 중 대단원도입 시 10분 진로교육 혹은 학기별 1~2회의 교과관련 집중 진로교육 실시와 병행하여 교과 중심 진로진학 안내자 역할을 한다. 동아리활동은 학생의 진로직업을 고려하여 편성하고 실질적 활동을 위해 충분한 시간을 확보한다. 끝으로 학년부의 각종 행사는 항상 진로교육 요소를 고려하여 편성, 운영한다.'

전교적 진로교육 역량 강화 방안이 효과적으로 기능하기 위한 네 가지 강조 사항으로 마무리한다. 첫째, 단위학교별 진로교육관계자 역할 충실이다. 진로진학상담교사는 단위학교 차원의 전교적 진로교육 전략을 제시한다. 학교의 진로교육 방향과 기본 지침을 제시한다. 학교 분석, 교육부 진로교육 목표와 성취기준, 통합교과 진로교육 분석, 학생 요구분석, 타부서 사업계획 분석 등이 반영된 전략을 제시한다. 학생·교원·학부모 연수 계획, 교사가 활용한 교수·학습자료 개발, 학교 홈페이지 및 게시판용 학생 진로교육자료 개발 등이 강조 실천되어야 한다. 동아리활동 담당부서, 학년부, 각 교과협의회 등의 담당자는 진로교육 실천 계획을 운영한다. 이때는 진로진학상담교사의 전교적 진로교육 계획을 바탕으로 자체의 방향, 지침, 세부 내용 제시, 관련자 교육 및 실천에 따른 다양한 지원 계획을 수립·실천한다. 특히 소속 부서 관련 교사의 개인별 필요 및 참고할 교수·학습자료 개발 및 보급에 신경을 쓴다. 교과 통합 진로교육 차원에서 모든 교과담당교사는 전교적 진로교육 전략과 부서별 운영 지침에 근거하여 교과별 진로지도를 실시한다. 이를 위해 '교과별 진로지도 상담역량'을 중심으로 지속적 자기계발 실천이 요구된다.

둘째, 진로교육협의회 구성이다. 진로교육을 위한 부서 및 담당자 간의 협력과 자유로운 의사교환이 필요하다. 이에 교감, 진로진학상담부장, 3개 학년 부장, 창의적 체험활동담당 부장, 그리고 학부모 진로교육연수에 따른 학부모회담당부장으로 구성된 협의회 운영이 필수이다. 학교진로교육계획의 내용에 대한 검토 및 수정, 실천에 따른 부서 간 일정 조정, 학년별 요구조사 및 집단교육에 따른 학생 동원, 학부모 진로연수에 따른 학부모 동원, 그리고 진로교육 관련 경진대회 심사 등에 대해 협의한다. 협의회는 진로교육 관련 단순 협의가 아닌 관계자의 '참여'를 통한 진로교육 추진에 따른 다양한 결정과정에 따른 공감과 이해를 통한 실천 독려에 있다.

셋째, 진로교육 관련 학생의 정확한 요구조사이다. 학교 진로교육은 무엇보다 객관적이고 체계적인 학생의 요구조사를 토대로 계획·추진되어야 한다. 진로진학상담교사는 전교생, 혹은 학년 단위 진로의식 및 진로교육 방향에 대한 요구를 조사하고 이를 토대로 학교진로교육계획을 수립해야 한다. 이와 관련하여 교육과학기술부가 한국직업능력개발원에 의뢰하여 진로진학상담교사가 배치된 고등학교의 학생·학부모 4천여 명을 대상으로 조사(2011년 11월~12월)한 결과[15]에 따르면 학교에서 학생이 희망하는 진로교육 활동은 '직업체험, 진학상담, 적성검사, 진로상담'이며, 진로 고민에 가장 큰 도움을 준 활동은 '적성검사, 진로상담, 창의적 체험활동의 진로활동' 순으로 나타났다. 교과담당교사, 동아리편성담당교사 및 운영교사, 그리고 각 학년부 역시 진로교육행사 계획 시 요구조사 결과를 반영해야 한다.

넷째, 진로교육은 철저히 개인적이어야 한다. 따라서 개인차 인정과 존중이 강조되어야 한다. 모든 교사는 진로교육 시 무엇보다 학생 개개인의 흥미와 적성을 강조하여 학생들에게 같은 방향으로 뛰면서 '그들보다 잘 하라.'가 아닌 각자 다른 방향으로 뛸 것을 강조해야 한다. 교육부 조사[16]에 따르면 우리나라 고등학생들이 가장

---

15 교육부 보도자료(2011. 1. 9).
16 교육부 보도자료(2011. 1. 9).

선호하는 직업은 교사(27.50%), 공무원(10.50%), 경찰관(10.25%), 간호사(9.75%), 회사원(9.00%), 기업 CEO(8.50%), 의사(8.00%), 요리사(5.75%), 사회복지사(5.50%), 생명과학연구원(5.00%) 등의 순으로 나타났다. 이들 10개 직업의 종사자 수, 진입경쟁률 등 토대로 전국의 고등학생들이 같은 방향으로만 뛴다면 어떤 결과가 발생하는지 분명히 이해시켜야 한다.

　　진로진학상담교사, 교과담당교사, 동아리활동, 그리고 학년부의 진로행사 연계활동과 함께 이들 네 영역이 상호간에 체제적(systemic)이며 체계적(systematic)으로 기능했을 때 학생들은 비로소 진로교육 핵심인 구체화된 꿈을 설계할 수 있을 것으로 기대한다. 생 텍쥐페리(Antoine de Saint-Exupéry)의 '사람들로 하여금 배를 만들게 하려면 바다를 동경하는 마음을 먼저 심어주어라!'와 같이 학생에 있어서 모든 '자기주도 행동'은 구체적인 꿈을 갖고 있을 때만이 가능하다. 구체적인 꿈을 가진 학생은 수업을 소홀히 하지 않는다. 구체적인 꿈을 가진 학생은 일탈하지 않는다. 구체적인 꿈이 없기에 수업시간과 학교생활이 따분하고 무의미한 것이다. 단위학교 전 구성원은 학생들의 구체적인 꿈 설계를 적극 지원해야 한다.

# 참고문헌

■ 김경주(2010). 청소년 진로포부 영향 요인 구조 분석. 박사학위논문. 순천향대학교 대학원.

■ 김규환(2009). 어머니 저는 해냈어요. 서울: 김영사.

■ 이지수(2007). 사회과 교과서의 진로교육 내용분석. 석사학위논문. 한국교원대학교 대학원.

■ 이지은(2007). 수학교과와 진로교육의 연계방안 연구. 석사학위논문. 고려대학교 교육 대학원.

■ 전주영(2004). 중학교 과학교과서에 포함된 진로교육 내용 분석 및 진로교육을 반영한 교수·학습자료 개발. 석사학위논문. 연세대학교 교육대학원.

■ 조선영(2003). 과학교과를 통한 진로교육이 중학생의 진로성숙도에 미치는 영향. 석사학위논문. 국민대학교 교육대학원.

■ 최인재(2010). 2009년 한국청소년 진로·직업실태조사. 한국청소년정책연구원.

■ 교육과학기술부(2012). (중등국어)교과 통합 진로교육 교수·학습자료 개발 매뉴얼.

■ 교육과학기술부(2012). (중등수학)교과 통합 진로교육 교수·학습자료 개발 매뉴얼.

■ 교육과학기술부(2012). (중등사회)교과 통합 진로교육 교수·학습자료 개발 매뉴얼.

■ 교육과학기술부(2012). (중등과학)교과 통합 진로교육 교수·학습자료 개발 매뉴얼.

■ 교육과학기술부(2012). (중등기술·가정) 교과 통합 진로교육 교수·학습자료 개발 매뉴얼.

■ 교육과학기술부(2012). 학교 진로교육 목표와 성취기준.

■ 교육과학기술부(2012). 2012 진로진학상담교사 배치 및 운영지침 2012-2호.

■ 교육과학기술부(2010). 2009~2013 진로교육 종합계획.

■ 교육과학기술부 보도자료(2012. 4. 27) 청소년 직업가치관 변화 분석 결과.

■ 교육과학기술부 보도자료(2011. 1. 9). 2011년 학교 진로교육 현황조사 결과.

■ 제주특별자치도교육청. 장학지원과-12499호 공문(2012. 8. 8).

■ 조선일보. 2012년 5월 28일자.

■ 한국청소년정책연구원 보도자료(2010. 5. 19). 2009년 한국 청소년 진로·직업 실태

조사결과.

- EBS(2011. 12. 5). 대한민국 진로교육 프로젝트(1편 나는 꿈꾸고 싶다).
- KBS 1TV(2012. 6. 1). 강연 100℃.

# 고교단계 직업교육 리더십

김 환 식

## 1. 서 론

많은 경우 고교 교육은 인문교육과 직업교육으로 크게 구분된다. 인문교육이 풍부한 교양과 대학입학을 목표로 하는 교육이라 한다면, 직업교육은 직업인이 되기 위해 요구되는 역량을 갖출 수 있도록 하는 교육이다. 한국의 경우도 유사하다. 다만, 미국식 단선형(單線型) 학제를 채택했음에도 불구하고, 유럽의 복선형 국가처럼 고교 단계에서 명확하게 직업교육을 실시하는 교육기관이 비교적 큰 비중을 차지하고 있다는 점에서 미국과 같은 단선형 학제의 국가와는 다르다.1 또한, 일반적으로 직업교육은 고등학교 단계에서부터 시작된다. 우리도 마찬가지이다. 그런 면에서 성인계속교육이나 인적자원개발을 공부하거나 이해하기 위한 출발점은 역시 고교 단계에서

---

1 단선형과 복선형의 구분은 엘리트교육과 서민교육을 실시하는 교육의 구분에서 찾는다. 이런 면에서 볼 때 한국의 교육은 단선형의 모습을 띠고 있지만, 직업교육을 받는 학생의 상당수가 경제적으로 열악한 위치에 있는 가정의 자녀라는 점에서 볼 때 한국의 교육은 실질적으로는 복선형의 의미가 일부 존재한다고 볼 수도 있다.

의 직업교육이 된다. 고교 단계 직업교육을 잘 이해해야 만 그 이후의 다양한 교육활동에 대한 이해가 보다 간명해진다.

현재 대한민국의 고교 직업교육은 변화의 소용돌이에 놓여있다. 직업교육이라는 학교의 설립 목적과 관련 없이 대학 진학을 목적으로 운영되던 학교가 다시 취업이라는 직업교육기관 본래의 목적을 달성하는 학교로 탈바꿈되고 있다. 2009년 4월 1일 기준 16.7%까지 떨어졌던 특성화고등학교의 취업률이 2012년 기준으로 약 40% 가까이 높아졌다. 교육과학기술부의 2012년 업무보고에 의하면 2013년 2월 졸업생의 경우 취업률 목표치가 60%라고 기술되어 있다. 취업희망자 비율도 늘어나고 있다고 한다. 언론의 기사를 보면 70~80년대의 실업고 출신들이 취업을 하던 시대와 비교하여 '신(新)고졸시대'의 도래라고 표현하기도 한다.[2]

이러한 변화가 발생한 원인은 교육 내적 그리고 외적으로 구분된다. 교육 내적으로는 정부의 '선(先)취업 후(後)진학 정책'에 기인한 바 크다. 선취업 후진학이란 고등학교를 졸업한 이후 대학 진학을 선택하기보다는 먼저 취업을 하고, 노동시장에 진입한 이후에 본인이 필요로 할 때 경력개발이나 경력전환을 위해 대학공부나 계속교육을 받을 수 있도록 지원하는 정책을 통칭한다. 선취업 후진학에 관련된 정부 정책은 다른 정책에 비해 매우 자주 발표되고 있다. 가장 최근에 발표된 정책으로는 2012년 7월 13일 발표된 '고졸시대의 정착을 위한 선취업 후진학 및 열린 고용 강화방안'을 들 수 있다. 동 방안을 보면 고졸시대 정착을 위해 정부가 그 동안 해 온 정책의 흐름이 잘 정리되어 있다.[3]

외부 요인은 2011년 1월 발표된 '학업-취업병행 교육체제 구축방안'에서 정확히 이해할 수 있다. 가장 중요한 요인은 인구구조의 변화라고 할 수 있다. 대한민국이 매우 빠르게 늙어가고 있으면서도 한창 일을 해야 하는 연령대의 인력은 줄어들고 있다는 점, 나아가 베이비부머 세대였던 50대의 현장기술인력들이 빠르게 은퇴함으

---

2 2011년과 2012년도 언론 기사를 검색해보면, 신고졸시대 관련 기사가 매우 자주 등장함을 확인할 수 있다.

3 고졸시대를 만들기 위한 정부 정책의 흐름을 정리하면, 먼저 2008년 7월에 발표한 '한국형 마이스터고 육성 방안'에서 출발한다. 이후 2010년 5월의 '고등학교 직업교육 선진화 방안', 2010년 9월의 '교육희망 사다리 구축방안', 2011년 1월의 '학업-취업 병행 교육체제 구축 방안' 그리고 2011년 5월의 '열린 고용사회 구현 방안'이 대표적이다. 이 외에도 교육과학기술부와 고용노동부를 중심으로 다양한 계획이나 정책들이 발표되고 있다. 전체적인 흐름을 보면 먼저 고등학교 직업교육에서 취업 역량을 강화시켜나가고, 이후 후진학을 위한 기회 확대 그리고 노동시장에서 고졸자로서 받을 수 있는 차별을 완화해 나가는 방안 등으로 정책이 선순환적 발전을 하고 있다고 평가할 수 있다.

로써 기술인력의 공백이 발생하고 있는 현실, 그럼에도 불구하고 대학진학률 80%가 넘는 대학진학열풍과 노동시장에서의 일자리 불일치 등이 그것이다. 그리고 이를 극복하는 가장 현명한 해법이 곧 입직(入職) 연령을 낮추고, 조기에 노동시장에서 활동할 수 있도록 만들어주는 선취업 정책이라고 판단하고 있다.4 그렇다고 해서 고졸자는 영원히 고졸자로 내버려둬서는 여러 측면에서 문제가 되기 때문에 대한민국의 매우 높은 교육열을 사장시키지 않고 선순환적인 에너지로 돌리기 위해서도 후진학 시스템 구축은 매우 중요하다고 판단하고 있다.

선취업-후진학 및 열린 고용이 가져온 고졸시대는 현재도 앞으로도 대한민국에 큰 변화를 만들 것으로 기대된다. 예를 들면, 선취업 정책이 진로지도와 진로교육에 생명을 불어넣고 있다.5 후진학 정책이 가져오게 될 변화는 '대학 중심의 성인계속교육과 평생교육 시스템' 구축이 될 것이다. 보통 재직자 특별전형으로 통칭되는 후진학 정책은 대학 구조조정과 맞물려 많은 학교로 하여금 성인 학습자 친화적인 대학 학사시스템을 구축하도록 만드는 계기가 될 것으로 기대된다.

격동하는 고교 직업교육이 앞으로 어떠한 모습을 갖게 될지는 아무도 모른다. 새로운 변화를 추구하는 고교 직업교육이 과거 기능공 양성 시대로 회귀하는 선택을 하게 될지, 아니면 변화하는 산업구조와 기술의 변화, 요구되는 인력의 변화를 수용하는 새로운 형태의 교육을 하게 될지 모르는 상황에서 이 글은 직업교육의 의미를 명확히 하고, 그 의미를 토대로 현재의 고교 직업교육의 운영 실태를 진단하며, 나아가 미래의 변화 방향에 대해 제언을 하는 것을 목적으로 한다.

---

4 기획재정부가 12. 9. 16 발표한 'OECD국가와 주요 고용지표 비교' 보고서에서도 다시 한번 확인된다. 동 보고서에 따르면 2010년 기준 국내 생산가능인구는 2016년을 기점으로 빠른 속도로 감소할 전망이다. 2010년을 100으로 잡으면 2040년에는 80.2로 떨어질 것으로 보인다. 반면 미국은 같은 기간 111.4, 프랑스 100.2, 영국 104.3 등으로 생산가능인구를 유지할 것으로 전망됐다. 생산가능인구 중 경제활동에 참가하는 인구의 비율은 66.2%로, 이미 2011 OECD국가 중 하위권을 기록했다. OECD 평균은 70.6%다. 이는 청년층의 고학력화, 남성의 군입대와 육아 등으로 인한 여성의 경력단절이 주된 원인인 것으로 분석됐다.
5 학교에 진로진학상담교사가 배치되고, 교육과학기술부나 교육청에 진로교육을 담당하는 부서가 신설되며, 교육과정에서 창체활동이 강화되고 있고, 나아가 학교에서 과거에는 상상할 수 없던 진로지도 활동들이 나타나고 있는 이유도 바로 선취업 정책이 만들어나가고 있는 교육의 변화로 볼 수 있다. 이는 2010년과 2011년 교육과학기술부의 조직에서 진로직업교육과에서 진로교육팀이 별도로 구분되고 다시 과 단위 조직으로 커져나가는 일련의 흐름을 필자가 모두 만들어나갔기 때문에 정확히 이해하고 있다.

## 2. 고교 직업교육의 의미와 특징

직업교육은 직업인을 양성하는 교육이다.6  직업을 갖고 경력개발과 경력전환을 하면서 살아가야 하는 직업인에게 필요한 역량을 길러주는 학교 단계에서의 교육이다. 그렇기 때문에 대부분의 직업교육은 양성교육(initial education)이 된다. 특히 고교 단계에서의 직업교육은 당연히 양성교육이 된다. 양성교육을 받고 노동시장에 진출하게 되면 그 다음부터는 계속교육(continuing education) 단계가 된다. 일반적으로 계속교육은 성인 단계에서 이뤄지기 때문에 성인계속교육(adult and continuing education)이라고 하고, 이때 성인교육(adult education)이 문해교육(literacy education)이나 기초교육(basic education) 등과 결합될 경우에는 전통적 의미의 성인교육 또는 평생교육의 개념과 접목된다. 한때 성인계속교육을 OECD에서는 회귀교육(recurrent education)이라 칭한 바 있고, 다시금 UNESCO의 평생교육(lifelong education) 관점을 수용해 평생학습(lifelong learning)이란 용어를 사용한 바 있다. 회귀교육, 평생교육, 평생학습 등 용어가 무엇이건 간에 이제 인간은 학교 단계에서의 교육만이 아니라 노동시장에 진입한 이후에도 끊임없이 공부해야 한다는 사실은 분명하다. 그 공부 역시 형식학습뿐만 아니라 기타의 학습(직장근무와 경력, 직장에서의 각종 연수 등)도 중요하게 된다. 그렇기 때문에 이제 모든 학습은 평생학습이라는 큰 범주 내에서 자리 잡게 되며, 평생학습사회라는 용어가 일상화된다. 대부분의 성인교육은 직업과 관련될 수밖에 없다. 자연스럽게 평생학습사회에서의 직업교육은 기업교육과 연계된다. 양성훈련 중심의 직업훈련이 향상훈련(up-skilling training)이나 재교육훈련(retraining)으로 변하면서 기업교육과 직업훈련이 연계된다. 자연스럽게 직업교육과 직업훈련은 통합·연계되어간다. 평생학습사회에서의 직업교육은 따라서 노동시장에 진출한 이후의 경력개발과 경력전환의 가능성까지를 모두 고려한 채 이뤄져야 한다. 즉 학생들에게 노동시장 진입할 때의 직업이 그 이후의 어떠한 학습과 경력개발 경로를 거쳐서 어떻게 성장해나갈 수 있는지가

---

6 직업교육의 개념과 인문교육과의 차이에 관한 글은 필자가 '한국상업교육학회 하계학술발표대회 (2012. 6. 13)'에서 발표했던 글을 토대로 하고 있다.

제시되어야 한다.

대한민국의 경우 90년대 중반 교육개혁방안의 하나로서 '신(新)직업교육체제 구축 방안'이 발표된 이후로 고교 직업교육이 종국교육(terminal education)·완성교육이냐 아니냐의 논쟁이 존재한 적이 있었고, 아직도 이에 대한 논쟁이 가시지 않은 상태이다. 최근 취업 붐이 일어나고 정부가 취업을 중시하자, 고교 직업교육은 다시금 종국교육으로 회귀해야 하는 것 아닌가 하는 질문들이 학교사회에 존재하는 것 같다. 이 종국교육·완성교육이냐 아니냐의 논쟁은 특성화고에서 대학 진학을 위한 교육을 실시해야 하느냐 아니냐를 결정하는 매우 중요한 논쟁이 될 수 있다. 이를 판단하는 핵심 논거는 중학교 때까지의 교육은 의무교육이자 공통교육과정이고, 고등학교부터의 교육은 선택교육이라는 점에 있다. 따라서 선택교육인 고등학교 단계에서의 직업교육은 완성교육이 되어야 한다. 이는 우리나라 고등학교 교육이 일반교육과 직업교육으로 구분되어 있고, 특성화고의 설립목적이 직업교육을 실시하는 교육기관이기 때문에 특성화고를 선택했다는 것은 곧 직업교육을 선택했다는 것과 마찬가지가 되는 것이다. 그렇다고 오해해서는 안 되는 것은 고교 직업교육을 종국교육이라고 볼 수 없다는 점이다. 노동시장에 진출한 이후에 얼마든지 계속교육을 받을 수 있기 때문이다. 교육이 끝난 것이 아니다. 선취업 후진학 정책이 이를 웅변한다.

오해를 하는 또 다른 이유는 특성화고를 선택한 학생들 중 일부는 소질과 적성을 고려해서 직업교육을 받기 위해서 선택한 것이 아니라 중학교 성적 때문에 어쩔 수 없이 특성화고를 선택했기 때문에 발생한다. 이들 학생들이 대학 진학을 희망한다면 학교는 학생의 미래를 위해 대학 진학 준비를 지원해야 한다는 논리이다. 이게 교육자의 입장이라고 강변한다. 이러한 주장이 설득력을 갖기 위해서는 특성화고 정규 교육은 직업교육답게 제대로 실시하고 학생의 진로지도와 상담을 체계적으로 실시한 이후에 정규 교육 이외의 교육에서 학생의 교육을 지원해야 한다. 그렇지 않고 학생들이 대학을 선호한다고 해서 정규 교육과정마저도 대학 진학 친화적으로 운영하는 것은 잘못된 것이다.

학생 입장에서 바라보면 고교 직업교육은 종국교육도 완성교육도 아닐 수 있다. 학생은 직업교육을 이수하고 본인의 선택에 따라서 상급학교 교육을 받을 수 있기 때문이다. 학생 입장에서는 고등학교 교육도 대학 교육도 모두 완성교육이자 계속교육일 수 있는 것이다. 학생이 그렇다고 해서 특성화고가 학생들을 위해 진학

준비 교육을 하는 것이 타당하다는 논거는 성립하지 않는다. 학교는 그 자체 설립 목적에 맞게 직업교육에 충실하면 된다. 완성교육을 수행하면 된다. 따라서 학교는 신입생을 받을 때부터 직업교육을 받고자 하는 학생을 선발해야 한다. 만약 직업교육과 진학준비교육을 한 교육기관에서 한다면 제대로 된 직업교육이 가능할지 의문이다.[7]

　직업인이 되기 위해서는 직업역량이 존재해야 하고 따라서 교육을 통해 직업에 필요한 역량을 길러줄 필요가 있다. 직업생활에 필요한 역량은 보통 직업기초능력과 직업전문능력[8]으로 구분되며, 일부는 특정기업 맞춤역량을 추가하기도 한다. 어떻게 표현을 하건 직업교육은 직업생활에서 부여되는 각종 직무를 수행할 수 있는 역량을 길러내는 교육이다. 즉, 직업교육은 직무수행역량을 길러주는 교육이 되어야 한다. 다만, 직업교육은 직업훈련이 아니기 때문에 특정 직무에 필요한 역량을 위한 훈련만으로 제한되어서는 안 된다. 직업교육과 직업훈련이 연계·통합은 필요하고 중요하지만, 이는 각각의 특징을 존중하는 상태에서의 연계·통합이 필요한 것이다. 다만, 이는 산업과 직업의 특징 그리고 기업과 학교와의 산학협력의 특징에 따라 매우 다채로운 모습을 띨 수 있기 때문에 일률적으로 재단하기는 곤란하다.

　영연방 국가에서는 직무수행역량을 (job) competency로 표현하는 반면, 미국 쪽에서는 (확장된 의미의) skill이라는 용어를 사용하는 경향이 있다. 전통적 개념으로서의 skill은 숙련이나 기술(技術) 정도로 번역되고, 그에 따라 직업교육은 숙련을 필요로 하는 직업에 초점을 두어 왔으며, 지식이 많이 필요한 직업(예: 엔지니어나 과학자)이나 흔히 전문가(professional)로 인정받는 자격 취득을 위한 교육은

---

7 특성화고 졸업생에게 중등이후 교육(post-secondary education) 기회를 부여하기 위한 상황이 발생할 경우 이를 지원하는 정책적 노력이 필요할 수 있다. 직업교육을 받는 학생들을 위해 매우 유연한 학제와 자격제도를 갖고 있는 호주의 경우에도 직업교육기관은 직업교육을 제공하지 학생들에게 진학준비교육을 실시하지 않는다. 다만, 동일분야에서 중등이후 교육으로 이동할 경우에는 일반교육을 받은 학생들에 비해서 더 빠르게 졸업할 수 있는 유인가가 존재한다. 우리처럼 학문중심 대학교로 진학하고자 하는 학생에게까지 차별적 혜택을 주지는 않는다.

8 직업기초능력과 직업전문능력의 기반에는 기초학력이 존재한다. 정상적이라면 중학교까지의 공통교육과정에서 당연히 길러져야 하고, 기초학력이 중요한 이유는 직업기초능력과 직업전문능력의 기반이 될 뿐만 아니라 평생학습의 기본역량이 되기 때문이다. 교육과학기술부가 특성화고 학생들을 대상으로 기초학력 보정체제를 구축하려고 노력하는 이유도 기초학력이 갖는 중요성 때문이다. 이와 같은 유사한 구분은 미국의 직업교육(Career and Technical Education)에서 core academic skills; employability skills; and job-specific, technical skills로 구분하는 것도 일맥상통한다. 흔히 사용되는 전공능력이라는 용어를 사용하지 않은 이유는 직업교육에서는 대학교육과 같은 전공이라는 개념이 존재하지 않기 때문이다. 미국에서 직업교육을 career and technical education이라 하는 이유도 career라는 단어에는 직업과 경력 그리고 진로라는 의미가 모두 포함될 수 있기 때문이다.

직업교육의 범주에 포함하지 않고, 공학교육(engineering education)이나 전문교육 (professional education)[9]으로 불러 왔다. 그러나 만약 직업교육을 직무수행역량을 배양하는 교육으로 정의한다면 직업교육은 전통적인 직업교육의 범주를 벗어나서 포괄하는 범위가 보다 더 넓어지게 된다.[10] 노동시장에 존재하는 모든 직업은 모두 직무를 갖고 있기 때문이다. 낮은 수준의 직업이나 높은 수준의 직업을 막론하고 모두 직업교육의 범주에서 해석할 수 있게 되는 것이다. 다만 직업에 따라서 요구되는 역량(특히, 지식, 그리고 문제해결능력과 같은 직업기초능력[11])의 차이만이 발생할 따름인 것이다.[12] [13] 수준에 차이가 역량의 차이를 가져온다는 의미는 낮은 수준의 직업

---

9 예를 들면, 교대나 사대 교육은 직업교육임에도 불구하고 전문교육이라고 해서 직업교육의 범주에서 제외하고 있다. 하지만 교사 양성 교육도 직업교육이다. 교사 양성 교육이 다른 전문가(의사, 변호사 등)를 양성하는 교육에 비해 직업교육 접근이 부족하다 보니 상대적으로 교직(敎職)이라는 노동시장에 진입한 이후에 교사들이 겪는 어려움이 크고 연수라고 하는 추가적인 비용이 상대적으로 과다한 상태가 되고 있다. 마찬가지로 각종 교원 자격 연수도 직업교육 접근을 해야만 제대로 된 연수가 가능해진다.

10 바로 이 점 때문에 전통적 개념에 기초한 직업교육학은 competency development와 career development 입장에서 새롭게 쓰여야 하는 상황에 있다.

11 우리가 보통 직업기초능력이라고 할 때 사용하는 영어는 조금씩 다르다. key skill 또는 employability skill이라고도 한다. 일부에서는 generic skill이라고도 한다. 핵심은 직업교육이 보통 technical skill 과 관련이 있지만 직업기초능력은 non-technical skill이라는 특징이 있다. 그렇다고 해서 직업기초능력이 직업교육과 무관하다는 의미가 아니다. 오히려 강조되어야 한다는 데 중요성이 있다. 한국에서는 기초직업능력이라고도 번역하기도 한다. 하지만 기초직업능력과 직업기초능력은 내용상 엄청난 차이를 갖고 있다. 역량(competency)이라는 단어에 충실할 경우 직업교육의 범주는 매우 넓어질 수 있으며, 직업기초능력이라 함은 모든 직업에서 공통적으로 요구되는 역량으로서 직무수준에 따라 요구되는 역량에도 차이가 있음을 표현할 수 있다. 반면, 기초직업능력이라 함은 직업능력 중의 하위능력이라는 의미가 강하기 때문에 역량이라는 용어와 어울리기 곤란하다. 필자는 최근에 직업기초능력이란 용어보다는 직무공통역량이란 용어가 더 바람직하지 않을까 하는 고민을 하고 있다. 이는 '기초'라는 용어가 갖는 한계성 때문이며, 모든 직무에 공통적으로 존재하는 필수 역량이기 때문이다.

12 예를 들면, 전통적인 직업교육의 범주에 속하는 간호사와 전문가교육에 속하는 의사와의 차이는 숙련의 형태의 차이(간호사는 간호, 의사는 치료)도 존재하지만 학습해야 하는 지식의 내용과 그 범위에도 큰 차이가 존재한다. 다른 예를 들면, 조직에서 직급이나 직위가 높아진다는 것은 그 만큼 예외적인 상황에 대한 대응능력이 더 많이 요구된 것을 의미한다. 낮은 수준(level)의 직무에서 근무하는 자에겐 관례적인 업무를 처리하면 되기 때문에 요구되는 역량도 낮지만, 상급 수준(level)의 직무에 종사하는 자에겐 순간순간마다 예외적인 상황에 대한 의사결정을 해야 할 가능성이 높다는 것이다.

13 이를 이해하기 위해서는 역량(competency 또는 확대된 의미의 skill)의 개념에 대한 이해가 있어야 한다. 행태론자들은 '역량'을 우수한 성과를 보이는 조직원이 보여주는 속성이라고 정의하나, 직업교육에는 이러한 정의를 수용하기 어렵다. 필자가 2년간 공부했던 호주에서는 competency를 크게 4가지로 구분한다. task skills, task management skills, job role & environment skills, 그리고 contingency skill이 그것이다. 이러한 구분에는 조직에는 다양한 직무와 역할이 있고, 이들 직무와 역할 간의 상호관계가 존재하며, 나아가 예외적인 상황에 대한 대응까지를 포함한다는 의미를 competency가 내포하고 있음을 나타내줄 필요가 있기 때문이다. 직급이 낮을수록 task skill이 중요하겠지만, 위로 올라갈수록 더 많은 더 높은 competency가 요구될 것이다. OECD의 Skill Strategy

교육과 그 이후 수준의 직업교육은 분명히 차이가 있어야 한다는 의미이다. 따라서 직업교육은 직무를 확인하고 직무역량을 도출하는 것이 1차적으로 중요한 작업이 된다. 동시에 경력개발의 가능성에 대한 고려가 중시되어야 한다. 과거처럼 entry-level의 기능인 양성에서 교육이 끝나는 형태가 되어서는 안 되며, 해당 경력에서 지속적으로 성장 발달할 수 있는 가능성이 존재하기 때문이다. 이러한 점은 직업교육에도 학사 과정 그리고 학사 이후 과정의 개설이 요구될 수 있으며, 특히 학사 이후 과정의 경우에는 성인계속교육과의 연계가 매우 중요시될 수 있음을 의미하게 된다.14 나아가 노동시장 진출한 이후의 직업훈련(향상훈련이나 재교육훈련)이나 기업교육이 직업교육과 연계되는 상황이 나타날 수 있음을 의미한다.

직업교육을 직무수행역량을 배양하는 교육이라 정의한다면, 직업교육과 직무는 친화적이 되어야 한다. 하지만 직무를 확인하는 출발점을 직업에서 시작할 것인지, 아니면 산업에서 시작할 것인지에 따라 직업교육의 체계가 달라질 수 있다. 직업교육이니까 일견 직업에서 출발해야 하는 것이 타당하다는 주장이 있을 수 있겠으나, 산업에서 출발하는 것이 더 적정하다. 그 이유는 근로자의 경력개발과 평생학습을 고려하게 되면 산업에서 출발하여 직무를 찾아가는 것이 직업에서 출발하는 것보다 더 바람직하기 때문이다.15 직무의 꾸러미가 직업이 되고 자격이 되는 것이다. 자연스럽게 직무 수준에 대한 고민이 요구되고 산업 내에서 고급 직무로 이동하는 경력개발에 대한 고민이 가능해진다. 그렇기에 '산업별 인적자원개발협의체'16가 필요하

Project에서는 skill을 foundation skills, generic skills, occupation-and firm-specific skills, 그리고 work skills로 구분하고 있다. 호주의 competency나 직업교육훈련에 대해 관심이 있다면 필자의 '호주의 직업교육훈련'을 읽어보기 바란다.

14 예를 들면, 대학원에서 심화된 직무수행역량 배양을 위한 교육과정이 개설될 수 있을 것이다. 호주에서는 이러한 자격을 vocational graduate certificate나 diploma라고 부른다.

15 이에 대한 인식의 차이가 정부에서는 국가직무능력표준과 국가직업능력표준이라는 용어 갈등으로 나타난 바가 있다. 두 용어 모두 틀린 말은 아니지만, 단기적으로 보면 직업능력표준이 보다 용이하게 인력양성 시스템을 설계할 수 있는 장점이 있는 반면, 평생학습과 경력개발 관점, 인력양성 시스템 고도화 그리고 국가자격체계(National Qualification Framework) 사고의 접목을 생각한다면 직무능력표준이 더 적합하다.

16 산업별 인적자원개발 협의체는 고유명사로 보기보다는 하나의 아이디어 체계로 보는 것이 더 적합하다. 많은 자료에서 sector council이라는 용어를 사용하나, 이는 industry-level이 아니라 sectoral level이라는 기본 전제가 있어야만 가능한 것이다. 보편적으로 industry가 대분류 수준이라면 sector는 그 보다는 더 세분화된 산업분류의 성격을 띠고 있다. 나라에 따라 협의체의 모습은 다를 수 있다. 호주의 경우에는 Industry Skills Council이라는 용어를 사용하고 있다. 한때 우리나라는 산업발전법 제12조 제2항에서 산업별 인적자원개발 협의체(SHRDC)를 규정하고 있으며, 주요 기능은 ① 인력 수급 및 교육훈련 수요에 관한 분석, ② 자격 및 직무능력에 관한 기준의 개발 및 제안, ③ 교육훈련

게 되는 것이고, 학과 구성이 산업분류와 비교적 유관하게 될 필요가 있는 것이다. 산업별·업종별 협회나 단체의 참여가 필요한 것이다. 대표적인 국가가 영국이나 호주와 같은 영연방 국가이다. 이들 나라에는 직업교육에서 우리처럼 농업계, 상업계와 같은 구분이 존재하지 않는다. 심지어 직업교육이 약하고 기업교육이 매우 강한 미국도 유사한 경향을 보이고 있다.[17] 산업별 인적자원개발협의체에서 개발하는 훈련 패키지(training package)의 종류가 곧 학과와 밀접한 관련이 있게 되는 것이다.

산업이 중시되는 데에는 또 다른 이유가 있다. 이는 산업이 분화되는 동시에 하나의 산업에서 1차, 2차, 3차가 모두 존재하는 산업의 융합 경향이 강해지기 때문이다. 예를 들면, 농업의 경우 과거 농업은 수도작(手稻作)이나 밭작물과 같은 생산만 의미했으나, 지금은 1차(생산), 2차(가공), 그리고 3차(유통)까지를 모두 포함하는 6차 산업으로 변모했다. 따라서 농업에 필요한 인력을 양성하기 위해서는 당연히 다양한 산업에 대한 이해를 넓히지 않으면 안 되는 상황이다. 산업이 중요한 이유는 또 있다. 바로 학생에게 경력개발의 중요성을 인식시킬 수 있고, 진로지도를 체계적으로 실시할 수 있기 때문이다. 일단 노동시장에 진입하게 되면 다음부터는 그 산업 내에서 경력을 개발해야 하기 때문에 학생들에게 노동시장에 진입한 이후 어떠한 노력과 활동을 하게 되고, 어느 정도의 시간이 지나면 어떠한 위치에서 어떠한 역할을 할 수 있는지를 체계적으로 지도할 수 있게 된다.

직업교육은 직무역량을 길러줘야 하기 때문에 당연히 현장에서 필요로 하는 역량도 길러줘야 한다. 학교교육에서 모든 역량을 충분히 기를 수 있다면 모르겠으나, 그렇지 않다면 학교를 넘어선 제3의 공간이나 기관에서 필요한 학습을 해야 할 필요가 발생한다. 따라서 직업교육은 자연스럽게 '학교에서의 학습(school-based learning)'만이 전부가 아니라 '현장기반 학습(workplace-based learning)'[18]도 중시

---

프로그램의 개발이다.

17 미국은 학과(Plans of Study)를 경력개발을 고려하여 ① Agriculture, Food & Natural Resources, ② Architecture & Construction, ③ Arts, Audio/Video Technology & Communication, ④ Business, Management & Administration, ⑤ Education & Training, ⑥ Finance, ⑦ Government & Public Administration, ⑧ Health Science, ⑨ Hospitality & Tourism, ⑩ Human Services, ⑪ Information Technology, ⑫ Law, Public Safety, Correction & Security, ⑬ Manufacturing, ⑭ Marketing, ⑮ Science, Technology, Engineering & Mathematics, ⑯ Transportation, Distribution & Logistics의 경력집합(Clusters of Career)로 구분하고 있다(http://www.careertech.org/career-clusters/resources/plans.html).

18 일 기반 학습으로 불리는 work based learning의 경우 초기에는 학교를 벗어난 현장에서의 학습이

된다. 우리가 흔히 산학협력교육(cooperative education)이라고 하는 활동이 직업교육에서는 기본적 활동이 되는 것이다. 산학협력교육의 양태는 학교와 기업(산업계)과의 협약에 따라 상이할 수 있다. 교육과정 개발 지원, 임직원 특강 등 단순한 협력 활동에서부터 실습학기제와 같은 복잡한 활동까지도 가능할 수 있다.

이와 같은 직업교육의 특징은 인문교육과의 차이를 중심으로 설명하면 보다 명확히 이해할 수 있다. 직업교육과 인문교육의 첫 번째 차이는 '교육을 통해 배출되는 인력과 노동시장과의 연계의 유무'에 있다. 인문교육은 노동시장과 직접 연계되기 어려운 반면, 직업교육은 노동시장과 연계되어야 한다. 이는 직업교육에서의 직업이 노동시장 내에 존재하기 때문이다. 이러한 양자의 차이는 교육에 있어 근본적 차이를 만들어내게 된다. 노동시장과 직접 연계되지 않아도 되는 인문교육은 풍부한 교양교육이나 지식교육이 중심이 되어도 무방하나, 직업교육은 노동시장의 관련 분야에서 직업생활을 하는 것이 필요하기 때문에 직업교육은 노동시장에서 활동할 수 있는 역량을 배양하도록 하는 것이 필요하다. 노동시장과 무관하게 운영되는 직업교육은 직업교육이라고 말하기 어렵다. 따라서 직업교육을 제대로 하기 위해서는 직업교육을 제공하는 공급자는 직업교육 이수자를 채용하게 되는 기업의 의견 또는 직업교육 이수자가 활동하게 되는 산업계의 의견, 즉 인력의 수요자의 의견을 수용해야 한다. 만약 이를 게을리 할 경우에는 형식적으로는 직업교육기관이라고 불릴지라도 진정한 직업교육기관이라고 말하기 어렵다. 따라서 제대로 된 직업교육이라 함은 산업계(또는 기업)[19]의 수요를 정리하고, 이를 교육활동으로 전환해나가야 하며, 평가를 통해 학생들이 제대로 배웠는지를 확인해야 한다. 제대로 된 직업교육은 산업계(또는 기업)의 요구역량(demanded competency)과 학생의 보유역량(realized competency)과의 차이(gap)가 최소화된 교육일 것이다. 그래서 직무분석에 기초한 교육과정이 중요한 것이다.

직업교육과 인문교육의 두 번째 차이는 교육의 출발단계에서 행동이나 행위에

---

라는 의미가 강했으나, 최근에는 학교이건 기업이건 장소에 관계없이 실제의 일을 기반으로 하는 학습이라는 의미가 더 강해졌다.

19 직업교육은 성격상 교육제도의 틀 내에서 운영되어야 하기 때문에 특정 기업에서 필요로 하는 역량을 배양하는 것은 적정하지 않을 수 있다. 특정 기업에서 필요로 하는 특정 직무에 필요한 역량을 배우는 것은 교육보다는 훈련에 가깝다. 그럼에도 불구하고 직업교육은 '일 기반 학습'이 요구될 수 있고, 채용과 연계되는 실습 등이 강조될 수 있기 때문에 상황에 따라서는 기업의 요구에 부합하는 교육훈련도 필요할 수 있다.

초점을 두느냐, 아니면 지식에 초점을 두느냐에 있다. 인문교육은 상대적으로 '지식과 관련된 공부'의 성격이 강하다. 지식이라고 하더라도 지식이 폭증하는 지금은 특정 학문 분야의 지식체계가 제시하는 각종 정보와 자료를 배우는 것을 넘어 지식방법론(learning how to learn)에 더 큰 관심을 두는 것이 오히려 타당하다. 반면, 직업교육은 지식 그 자체를 배우는 것보다는 지식이 실생활이나 작업현장에서 어떻게 활용되는 것과 도구의 활용, 절차의 숙달 등과 같은 특정 행동이나 행위 또는 지식의 기능적 활용에 더 큰 관심이 있다. 그렇기 때문에 직업교육에서의 지식은 행위 또는 동작을 수행하는 데 필요한 지식이지 분과 학문의 지식체계 전반의 교육이 중요하지 않게 된다. 직업교육에서의 지식을 underpinning knowledge나 embedded knowledge라고 부르는 이유가 그것이다. 즉 직업교육은 '행동을 위한 학습(learning to do)'에 더 큰 초점이 있다. 따라서 훈련의 개념이 당연히 포함되어 있으며, '행함을 통한 학습(learning by doing)'이 강조될 수밖에 없다.

직업교육과 인문교육의 세 번째 차이는 배출된 인력의 호환성 문제이다. 인문교육은 직무라는 개념이 존재하지 않기 때문에 자체적으로 필요한 교육과정을 만들어서 가르치면 된다. 하지만 직업교육은 다르다. 직업교육에서는 직무라는 것이 존재하고, 직무에는 수준(level)이 존재한다. 국가기술자격이 등급 체계를 갖는 이유도 직무에는 수준이 존재하기 때문이다. 만약 직업교육을 통해 배출된 인력이 동질적이지 않다면 이는 직업교육의 신뢰를 떨어뜨리는 요인이 된다. 따라서 A학교와 B학교가 같은 학과임에도 불구하고, 다른 교육과정, 다른 교육내용, 다른 수준을 지향한다면 이는 제대로 된 직업교육이 아니다. 그렇기 때문에 직업교육은 인력에 대한 국가표준, 과정에 대한 국가표준이 중요하게 된다. 호주를 비롯한 영연방 국가와 유럽권 국가에서 직업교육에서의 국가표준을 만들어가고 있고, 국가 차원의 자격체계를 만들어가는 이유도 직업교육이 갖는 특징 때문이다. 이러한 표준으로 거론되는 것이 국가직무능력표준(NCS: National Competency Standards)이며, 국가 차원의 자격체계는 국가자격체계(NQF: National Qualification Framework)라고 한다.

직업교육과 인문교육의 네 번째 차이는 졸업장 이외에도 자격이나 면허가 존재할 수 있다는 점에 있다. 물론 자격의 본래적 의미[20]에서 본다면 졸업장도 광의의 자

---

20 자격(qualification)이란 학습결과의 공적인 평가·인정을 의미한다. 이때 학습은 반드시 형식학습만을 의미하는 것이 아니라 기타의 학습도 인정되며, 자격이 외현(外現)화된 것이 우리가 흔히 말하는 자격증이 된다.

격에 포함될 수 있지만, 영연방 국가처럼 자격과 과정이 일치되고 졸업장과 자격이 일치되는 과정(課程)형 자격이 일상화되어 있지 않으며[21] 검정기반의 자격제도를 갖고 있는 우리나라에서는 자격과 졸업장이 서로 다르다. 보편적 의미의 대학교육이나 고등학교 교육에서는 졸업장이 그 학생이 취득한 학습의 결과를 모두 나타내줄 수 있다. 하지만 직업교육의 경우엔 졸업장과 별도로 직무능력을 구체적으로 보여줄 수 있는 자격이 존재할 수 있다. 일부 분야의 경우에는 자격이 면허의 성격으로까지 확대되는 경우도 존재 한다.[22] 뒤에 확인하겠지만, 보통교과와 전문교과, 인문교육과 직업교육의 차이가 존재함에도 불구하고 우리나라는 인문교육과 보통교과의 사고체계와 방법론이 큰 변형없이 직업교육과 전문교과에도 그대로 적용되고 있다.

정리하면, 직업교육은 다음과 같은 특징을 갖고 있는 교육이다.

- 직업교육은 직업인을 양성하는 교육이다. 평생학습 관점에서 볼 때 직업교육은 끝없는 계속교육의 범주에서 해석되어야 한다. 하지만 각 교육단계별로는 그 자체가 완성형 교육을 지향해야 하며, 선택교육과정인 고교 직업교육 역시 완성형 교육이 되어야 한다.

- 직업교육은 직무수행역량(competency)을 배양하는 교육이다. 직무역량 확인은 직무분석에 기초를 두어야 하는바, 직업교육은 직무기반이 되어야 된다. 직업교육을 직무역량과 관련지을 경우 전통적 의미의 숙련(skilling)에 기반을 둔 직업교육을 넘어 모든 직업과 관련된 교육으로 의미가 확장된다. 자연스럽게 경력개발이나 경력경로(career pathway)가 중시된다.

- 직업교육은 역량 표준(competency standards)과 인력수준(qualification level)이 중요하다. 이 경우 개별 교육기관이 자체적으로 만들어내는 기준이 아니라 국가 또는 산업 차원의 표준과 인력수준이 중요하다. 이는 직업교육 속성상 인력의 호환이 중요하기 때문이다. 이러한 점은 외국에서의 기술이민

---

21 필자가 공부했던 호주의 경우엔 우리의 전문대학 수준의 졸업장과 유사한 diploma가 자격이기도 한다. 예를 들면, Diploma of Music Business 자격은 자격 과정을 모두 이수하게 되면 졸업장을 받게 되는 것이다.

22 면허(license)는 노동시장에서 영업의 자율, 직무수행의 자유와 관련된다. 하지만 일반적으로 면허를 따기 위해서는 해당 분야에 일을 수행할 수 있는 직무역량이 존재해야 하고, 따라서 자연스럽게 면허는 자격을 수반하게 되는 경우가 일반적이다. 예를 들면, 의사 면허는 의사라는 자격을 반드시 갖고 있어야 한다. 변호사 면허도 마찬가지이다. 면허로 할 것이냐 아니면 자격으로 할 것이냐는 노동시장 정책의 문제이다.

(skilled migration)을 생각하면 쉽게 이해된다.

- 직업교육의 이수 결과는 졸업장도 있지만 자격이 존재할 수 있다. 외국의 경우 엔 과정과 자격과 졸업장이 일치되는 과정형 자격이 존재한다. 대한민국은 검 정 기반 자격제도이다. 따라서 학생들의 학습결과는 졸업장 이외의 자격 취득 으로 평가·인정받아야 된다.
- 직업교육은 산업과의 연계가 중요하다. 직업은 산업 내에서 의미를 갖는다. 이 는 한 인간의 경력개발은 산업 내에서 이뤄지는 것이 일반적이고, 직무역량을 개발하기 위한 교육훈련체계 설정과 인력수준(qualification level)과의 결합 이 타당하게 이뤄질 수 있기 때문이다. 그렇기 때문에 많은 외국의 직업교육이 산업과의 관계성을 강조하는 것이다.
- 직업교육은 산학협력이 필요하다. 따라서 '학교 기반 학습(school-based learning)'도 필요하지만 '일 기반 학습(work-based learning)'도 중요하다.

직업교육은 교육을 넘어 훈련을 포함한다. 이는 직업교육이 직무와 관련되기 때 문이다. 훈련이 없는 직업교육은 직업교육이라고 보기 어렵다.

 ## 3. 고교 단계 직업교육의 개관

현재의 고등학교 체제는 2010년 6월 29일 초중등교육법시행령에 제76조의 2를 신설하면서 만들어졌다. 동 조항(條項)에 따르면 고등학교는 교육과정 운영과 학교의 자율성을 기준으로 일반고등학교, 특수목적고등학교, 특성화고등학교 그리고 자율 고등학교로 구분된다. 일반고등학교는 특정분야가 아닌 다양한 분야에 걸쳐 일반적 인 교육을 실시하는 고등학교를 말하며, 이 외에도 특수목적고등학교, 특성화고등학 교 그리고 자율고등학교에 어디에도 해당하지 않는 고등학교를 포함한다.23 특수목

---

23 일반고등학교의 의미는 불분명하다. 2010년도 법 개정 이전에는 일반계 고등학교로 불리었던 것이 지금은 일반고등학교로 불린다. 그리고 종합고등학교가 일반고등학교에 포함된다. 과거의 일반계 고 등학교에는 종합고가 포함되지 않았었다(이 역시도 의문이지만). 그렇다면 과거의 '일반계'와 지금의 '일반'의 차이는 무엇인가? 이에 대한 명확한 설명이 없다. 영어로 말하면 academic high school에 서 general high school로 바뀐 것인지도 불분명하다. 또 general high school이라고 할 경우에는

적고등학교, 특성화고등학교, 자율고등학교 모두 일반고등학교에서 교육감이 지정하거나(마이스터고는 특성화고등학교에서), 지정을 취소하는 학교이기 때문에 고등학교의 기본적인 학교는 일반고등학교라고 할 수 있다. 일반고등학교 중에서 교육과정 운영과 학교의 자율성을 기준으로 특수목적고등학교, 특성화고등학교 등이 되었다가, 교육감이 지정을 취소하면 다시 일반고등학교가 된다.

특수목적고등학교는 특수 분야의 전문적인 교육을 목적으로 하는 고등학교로서, ⅰ) 과학 인재 양성을 위한 과학계열의 고등학교(과학고), ⅱ) 외국어에 능숙한 인재 양성을 위한 외국어계열의 고등학교(외국어고)와 국제 전문 인재 양성을 위한 국제계열의 고등학교(국제고), ⅲ) 예술인 양성을 위한 예술계열의 고등학교(예술고)와 체육인 양성을 위한 체육계열의 고등학교(체육고), 그리고 ⅳ) 산업계의 수요에 직접 연계된 맞춤형 교육과정을 운영하는 고등학교(산업수요 맞춤형 고등학교)로 구분된다. 특성화고는 2종류로 구분된다. 소질과 적성 및 능력이 유사한 학생을 대상으로 특정 분야의 인재양성을 목적으로 하는 교육을 전문적으로 실시하는 고등학교와 자연현장실습 등 체험위주의 교육을 전문적으로 실시하는 고등학교가 그것이다. 자율고등학교도 2종류로 구분된다. 흔히 자사고, 자공고로 불리는 자율형 사립고등학교와 자율형 공립고등학교가 그것이다.

고교 단계의 직업교육은 일반고, 특목고, 특성화고 모두에서 이뤄진다. 이 중에서 가장 대표적인 직업교육기관은 특성화고이다. 법령상 특성화고는 2가지로 구분되기 때문에 엄격하게 말하면 특성화고 모두가 직업교육기관이라고 보기는 어려우나, 직업교육기관을 별도로 지칭하는 법령상 용어가 없기 때문에 보통 특성화고 하면 고교 단계 직업교육기관이라고 이해된다. 특성화고라는 명칭에서 직업교육을 연상하기는 쉽지 않을 것이나, 과거 실업계고나 전문계고로 불리어 왔던 학교를 지금은 특성화고라고 부른다고 생각하면 이해하기 쉽다. 법령에서는 '소질과 적성 및 능력이 유사한 학생을 대상으로 특정분야의 인재양성을 목적으로 하는 교육'을 실시하는 학교로 규정되어 있다.

특목고에서 실시되는 직업교육으로는 마이스터고 교육이 있다. 마이스터고는 기술영재 육성을 위해 2008년 신설된 한국형 직업기술 교육기관이다. 마이스터

인문교육과 직업교육이 혼재된 가장 보편적인 교육을 실시한다는 의미인지, 아닌지도 불분명하다. 이는 앞으로 고등학교 교육체계에서 큰 혼란을 초래하는 계기가 될 것이다.

| 표 3-1 | <<< 고교 단계 직업교육기관 현황(2011년) | | | | | | | |
|---|---|---|---|---|---|---|---|---|
| 구 분 | 특성화고 | | | | | 마이스터고 | 일반고 직업계열 | 계 |
| | 농생명산업 | 공업 | 상업 정보 | 수산·해운 | 가사·실업 | | | |
| 학교 수 | 37 | 200 | 186 | 10 | 43 | 21 | 182 | 679 |
| 학생 수 | 17,726 | 151,739 | 141,582 | 3,891 | 22,561 | 12,886 | 95,869 | 446,254 |

출처: 교육과학기술부 내부자료.

(Meister)는 독일의 기술장인을 지칭하는 단어로서, 고교 단계 직업교육에 대한 국민들과 기업들의 불신을 극복하기 위한 목적으로 만들어진 학교이다. 졸업한 이후 직업인으로서 일과 학업을 통해 장기적으로 마이스터가 될 수 있는 기본 역량을 갖춘 인재, 즉 영마이스터(Young Meister)를 길러내는 학교이다. 법령에서는 산업수요 맞춤형 고등학교라고 규정되어 있다. 즉, 산업계의 수요에 직접 연계된 맞춤형 교육과정을 운영하는 학교인 것이다.

일반고 직업계열은 일반고에서 보통교과와 전문교과 계열을 동시에 설치하고 1학년부터 학생들을 구분하여 선발하고 운영하는 학교이다. 지금까지는 종합고등학교로 불려왔던 학교이다.[24]

2011년 기준, 679개의 학교에서 직업교육을 제공하고 있으며, 약 45만 명의 학생이 재학 중에 있다. 2011년 교육통계 기준 고등학교 수가 2,282교이고, 학생 수가 1,943,798명임을 볼 때, 학교 수 기준으로는 30%, 학생 수 기준으로는 23% 정도가 고교 단계에서 직업교육이 차지하는 비중이라고 볼 수 있다. 특성화고는 공업계가 비교적 큰 비중을 차지하나 일반고 직업계열 대부분이 상업계열인 점을 고려하면 직업교육에서 가장 큰 비중을 차지하는 것은 상업계열이다.[25]

일반고 직업교육과정은 통상 일반고 2학년 말부터 산업학교 등 직업교육훈련기관에 1년여 간 위탁하는 형태로 운영된다. 2012년 현재 9개 교육청에서 실시하고 있

---

24 종합고등학교를 영어로는 comprehensive high school이라고 번역하나, 한국의 종합고등학교를 comprehensive high school이라고 부르기는 어렵다. 왜냐하면 본래적 의미의 종합고등학교는 하나의 학교에서 인문교육과 직업교육을 모두 포함하여 제공하는 학교를 의미하나, 우리는 애초부터 계열을 구분하여 선발하고 있기 때문에 종합고등학교라고 할 수 없다.

25 상업계 학교가 회원으로 구성되어 있는 '대한상업교육회' 이사회 자료(2012년)에 의하면 종합고 포함한 회원학교 수가 350교로 나와 있다. 무려 60% 정도의 학교가 상업계인 상황이다.

으며, 학생 수는 산업학교 등 교육청 소속 기관(2,944명), 폴리텍 대학 등 공공직업훈련기관(2,003명), 민간 기술계 학원(3,134명) 등 총 8,081명이다.

## 4. 고교 직업교육의 운영 실태

보통 학교교육은 입학에서 졸업으로 이어지는 일련의 과정을 거친다. 직업교육도 마찬가지이다. 그럼에도 불구하고 일반교육과는 많은 차이가 있다. 이러한 차이를 제대로 이해해야만 직업교육에 대한 이해가 가능하다. 그리고 입학에서 졸업으로 이어지는 일련의 과정에 여러 정책들이 상호 연관되어 있다([그림 3-1] 참조). 고교 직업교육의 실태를 이해한다는 것은 곧 관련된 정책(제도)을 이해한다는 것과 마찬가지이다.

그리고 제대로 된 직업교육이라 함은 산업계의 요구역량과 학생의 보유역량의 차이(gap)가 최소화될 수 있도록 학교의 교육활동이 이뤄지는 교육을 의미한다. 이를

**그림 3-1** <<< 직업교육 운영과 관련 정책과의 관계

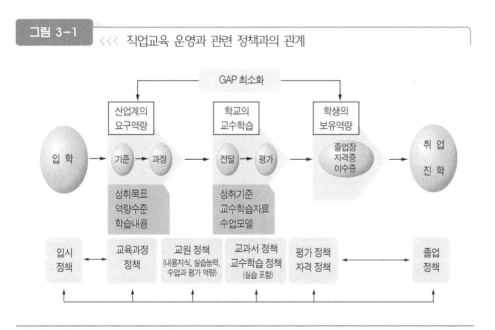

위해 학생 선발에서부터 졸업에 이르는 일련의 과정에서 교육과정, 교원, 평가 등 다양한 정책이 상호 융합·연계되면서 추진될 필요가 있다.[26]

　먼저, 고등학교를 선택하는 학생 선발제도의 운영 현황을 보면 다음과 같다.[27] 고교 입시는 보통 10월 중순에 있는 마이스터고와 같은 특수목적고를 시작으로 11월 중순경의 특성화고, 그리고 12월에 있는 일반고의 순으로 실시된다. 개선되고 있지만 아직도 직업교육을 선택하는 학생은 중학교 때에 학교 성적이 좋지 않았던 경우가 대부분이다. 중학교에서도 학생의 소질과 적성보다는 성적을 기초로 해서 고등학교 진로지도를 하는 것이 일반적이다. 특성화고도 학생 모집에 어려움이 있다 보니 정원 확보에 일차적 관심이 크다. 여전히 학생을 선발할 때 중학교 때의 성적이 가장 중요하다.[28] 다만, 취업명문학교나 진학명문학교로 소문난 일부 특성화고는 웬만한 자사고 이상 가는 입학 성적을 보여주기도 하며, 중학교 내신성적을 50% 미만으로 반영하는 마이스터고는 30% 내외의 성적을 보여주고 있고, 또 학생·학부모가 자발적으로 마이스터고를 선택하고 있다.

　2011년 8월 9일 발표된 초·중등학교 교육과정에 의하면, 특성화고의 경우, 3년간의 최소이수단위 총 204단위 중에서 보통교과는 최소 72단위, 창체활동은 24단위, 그리고 전문교과는 80단위를 이수하면 된다. 나머지 28단위는 학생의 소질과 적성을 고려하여 학교 자율적으로 교과를 편성하면 된다. 아래 [표 3-2]를 보면 일반고와 특성화고와의 가장 큰 차이는 전문교과의 유무와 학교자율과정 및 필수이수교과 단위 수의 차이에 있음을 알 수 있다.

　문제는 대학교육을 목표로 하는 일반교육과 직업인을 목표로 하는 직업교육에 차이가 있음에도 불구하고 보통교과가 동일하다는 데 있다. 그러다 보니, 특성화고에서 직업생활에 필요한 기초역량이나 인성 배양에는 한계가 존재하게 된다. 그리고 일부 특성화고는 학교자율과정 28단위를 일반고에서 개설하는 보통교과로 편성함으로써 사실상 대학진학 중심 특성화고로 운영되는 편법을 쓴다.

---

26 이 글에서는 주로 특성화고와 마이스터고를 중심으로 설명한다.

27 지금부터 고교 직업교육 운영 실태에 대해 기술하는 내용은 과학적 연구결과이기보다는 필자가 업무 추진 과정에서 만났던 수많은 학교, 교육청, 연구소, 그리고 기업 관계자들과의 대화의 결과이다.

28 일반전형과 특별전형으로 구분되는데, 일반전형에서 고려되는 요인으로는 교과성적이 가장 큰 비중을 차지하고 있고, 출석성적, 행동발달성적, 특별활동성적, 봉사활동성적 등이 성적 산출 시 고려된다. 서울시 교육청의 경우 특별전형으로 취업자 특별전형을 20% 이상 실시하는데 관련된 자격증, 취업 희망서, 면접 그리고 기본 실기 등이 평가되기도 한다.

**표 3-2** <<< 일반고와 특성화고의 단위 배당 기준

| 구 분 | | | 필수이수 교과 및 단위 수 | | | | 전문교과29 | | 학교자율 과정 | |
|---|---|---|---|---|---|---|---|---|---|---|
| | 교과 영역 | 교과(군) | 교과(군) | | 교과 영역 | | | | | |
| | | | 일반고 | 특성화고 | 일반고 | 특성화고 | 일반고 | 특성화고 | 일반고 | 특성화고 |
| 교 과 (군) | 기초 | 국어 | 15 | 10 | 45 | 30 | - | 80 | 64 | 28 |
| | | 수학 | 15 | 10 | | | | | | |
| | | 영어 | 15 | 10 | | | | | | |
| | 탐구 | 사회 (역사/도덕 포함) | 15 | 10 | 30 | 20 | | | | |
| | | 과학 | 15 | 10 | | | | | | |
| | 체육·예술 | 체육 | 10 | 5 | 20 | 10 | | | | |
| | | 예술 (음악/미술) | 10 | 5 | | | | | | |
| | 생활·교양 | 기술·가정/ 제2외국어/ 한문/교양 | 16 | 12 | 16 | 12 | | | | |
| 소 계 | | | 116 | 72 | 116 | 72 | - | 80 | 64 | 28 |
| 창의적 체험활동 | | | 일반고 | 24(408시간) | | | 특성화고 | | 24(408시간) | |
| 총 이수단위 | | | 일반고 | 204단위 | | | 특성화고 | | 204단위 | |

출처: 2011년 교육과정을 토대로 필자가 편집.

특성화고의 기준학과, 필수과목, 선택과목 및 이를 설명하고 있는 교육과정을 보면 특성화고 교육이 직업교육 성격을 충분히 갖고 있는지 의문이다. 농생명 산업, 공업 등 5대 계열과 국가교육과정에서 제시하고 있는 기준학과가 산업·업종·직업의 변화를 충분히 수용하지 못하는 상황이다. 계열이나 학과가 표준산업분류나 표준직업분류, 또는 국가직무능력표준(NCS: National Competency Standards)과 어떠한 관계가 있는지 전혀 알 수가 없다. 더욱이 기준학과가 직업교육과 연관을 맺기 위해서는 기준학과를 이수하면 어떠한 직업인이 되는지가 알 수 있어야 하고, 또 그러

---

29 농생명산업, 공업, 상업 정보, 수산·해운, 가사·실업 5대 계열로 구분되어 전문교과를 선택하게 된다.

한 직업인이 되기 위해서 이수해야 할 과목들이 개설될 수 있어야 하는데, 현행 교육 과정 체계 내에서는 그 어떠한 것도 알 수가 없다. 교육과정 각론은 기준학과가 아닌 과목별로 제정되고 있고, 그마저도 교사가 가르쳐야 할 항목 중심으로 기술되어 있어서 산업계 요구보다는 분과학문의 지식체계 전달에 초점이 있다고 해도 과언이 아니다. 그러다 보니 성취목표와 학생들이 갖춰야 할 역량 수준 결정, 그리고 학습 내용의 체계화가 곤란하고, 나아가 직업·산업 및 경력개발과의 관계를 만들어낼 수가 없다.[30][31]

이러한 점은 과목별로 만들어지고 있는 교과서를 보면 더욱 더 확인할 수 있다. 교사가 가르쳐야 하는 내용 위주로 실습은 최소화한 채 구성되어 있다. 직업교육에서 지식은 underpinning knowledge라는 점을 고려한다면 한국의 교과서는 그러하지 못한 것이다. 기업이나 산업계가 요구하는 것은 직무수행역량(competency)임에도 불구하고 학교 교육에서 가르치는 것은 결국 지식과 이론 중심인 것이다. 내용 특정이 곤란한 보통교과의 교과서 개발 방식(인정도서)을 인력수준과 자격의 호환성 등을 고려해야 하는 전문교과에도 동일하게 적용함으로써 교육내용의 표준화와 질 관리에 어려움을 야기하고 있다.

그렇다고 해서 수업이 실습위주로 진행되는가 하면 그렇지 못하다. 대부분의 교원은 대학을 통해서 양성된다. 그렇지만 교원의 인사관리 시스템 전반에 걸쳐 직업교육적 특성은 크게 반영되지 않는다. 이는 현재의 교원 인사시스템이 교과 지식 우

---

30 예를 들면, 농생명 산업 계열의 산림자원과의 경우 유관한 과목은 '숲과 인간', '산림자원관리' 정도에 불과하다. 조리과의 경우 유관한 과목은 '한국 조리', '동양 조리', '서양 조리', '제과·제빵' 4과목에 불과하다. 그리고 만약 개인별로 조리 분야를 특화한다면 한국 조리를 전공하는 학생은 오직 '한국 조리' 과목 외에는 관련된 과목이 있을 수가 없다.

31 한국의 특성화고 교육과정이 이렇게 된 이유는 90년대 중반에 발표되었던 '신직업교육체제 구축방안' 에서 고교 단계 직업교육은 기초교육으로 성격을 규정한 데에서 출발한다. 그 이후 발표된 7차 교육 과정에서는 인문계의 교육과정 총론을 직업교육에서도 동일하게 사용하게 되었고, 그 철학이 지금 2011년 교육과정에서도 동일하게 존재하기 때문이다. 또한, 현 정부 들어 국민공통과정 기간이 단축 (10년 → 9년)되었음에도 불구하고, 이러한 정책 변화의 의미가 직업교육에 충실히 반영되지 못해 특성화고 1학년도 일반고와 동일한 보통교과를 여전히 사용하고 있는 것이다. 나아가 직업교육 측면에서 볼 때 산업계 요구를 교육 과정으로 전환하는 과정에 문제가 존재하기 때문이다. 산업계 요구는 인성 등 기초역량과 직업전문역량임에도 불구하고 과정을 개발하는 사람들은 교원 양성 과정에 있는 교수들이나 학교 교사들이기 때문이다. 이 과정에서 괴리가 심각하게 발생하게 된다. 그러나 무엇보다도 가장 큰 이유는 교원 양성·임용 및 연수 제도가 변화하지 않기 때문이다. 교육이 바뀌기 위해서는 교육과정이 바뀌어야 하지만 교육과정이 바뀌기 위해서는 결국 교사가 바뀌어야만 한다는 가장 기본적인 원칙이 재확인된다.

| 표 3-3 | <<< 계열별 기준학과, 필수과목 및 선택과목(예시) | | |
|---|---|---|---|
| 계 열 | 기준학과 | 필수과목 | 선택과목(예시) |
| 농생명 산업 | 식물자원과, 동물자원과, 산림자원과, 조경과, 농업토목과, 농업기계과, 식품가공과, 농산물유통정보과, 환경·관광농업과, 생명공학기술과 | 농업이해, 농업기초 기술 | 농업정보관리, 농업경영, 생명공학기술, 농업영어, 친환경농업, 재배, 작물생산기술, 원예, 생활원예, 생산자재, 원예기술, 원예전문생산, 동물자원, 중소가축관리, 대가축관리, 반려동물관리, 숲과 인간, 산림자원기술, 농업과 물, 식품과학, 식품위생, 농산식품가공, 축산·수산 식품 가공, 농산물 유통, 농산물 유통 관리, 농산물 유통 실무, 환경 보전, 환경 관리, 관광농업, 성공적인 직업생활 등 |
| 공 업 | 기계과, 전자기계과, 금속재료과, 전기과, 전자과, 통신과, 토목과, 컴퓨터응용과, 건축과, 디자인과, 화학공업과, 환경공업과, 세라믹과, 식품공업과, 섬유과, 인쇄과, 조선과, 자동차과, 항공과, 컴퓨터게임과, 만화·에니메이션과, 영상제작과 | 공업일반, 기초제도 | 정보기술과 활용, 공업영어, 전문제도, 기계일반, 기계 구조와 기능, 기계 공작법, 유체기계, 기계 기초 공작, 공작기계 등 |
| 상업 정보 | 경영정보과, 회계정보과, 무역정보과, 유통정보과, 정보처리과, 콘텐츠개발과, 전자상거래과, 상업디자인과, 관광경영과, 금융정보과 | 상업경제, 회계원리 | 마케팅, 기업과 경영, 기업자원통합관리, 재무회계, 원기관리회계, 세무회계, 회계정보처리시스템, 글로벌 경영, 비즈니스 영어, 국제상무 등 |
| 수산· 해운 | 해양생산과, 수산양식과, 자영수산과, 수산식품과, 해양환경과, 냉동공조과, 동력기계과, 항해과, 전자통신과, 해양레저산업과, 항만물류과, 해양정보과 | 해양의 이해, 수산·해운 산업기초 | 수산 일반, 해사 일반, 수산 생물, 수산경영일반, 해양생산기술, 수산양식, 양식생물질병, 수산가공, 해사영어 등 |
| 가사· 실업 | 조리과, 의상과, 보육과, 관광과, 간호과, 복지서비스과, 미용과, 실내디자인과 | 인간발달, 생활서비스 산업의 이해 | 식품과 영양, 급식관리, 한국조리, 동양조리, 서양조리, 제과·제빵, 의복 재료·관리, 한국의복구성, 자수와 편물, 주거, 관광영어, 관광중국어, 관광일본어 등 |

출처 : 2011년 교육과정을 토대로 필자가 편집.

선이기 때문이다. 교과내용학이 교과교육학보다 더 강조되기 때문이다. 교사가 무슨 일을 하는지 직무도 제대로 설정되어 있지 못하다. 보통교과와 전문교과는 성격이 다름에도 보통교과 교원 인사시스템을 전문교과에도 적용함으로서 전문교과 교원의 전문성 신장을 저해하고 있다. 보통교과의 인사시스템을 특성화고에 적용하고 있는 점이 문제의 근본적 원인이 된다.32

교원 표시과목의 경우 기준학과가 왜 기준학과인지 의문시되는 것처럼 표시과목도 구분 원칙이 모호하고, 일부 표시과목은 너무나 많은 분야를 포괄함으로써 전문성 확보도 곤란하다.33 표시과목도 산업의 변화에 맞게 개정되지도 않는다. 자연스럽게 법령의 표시과목 이외의 학과는 사실상 상치교사가 가르치는 상황이다. 특히 신설학과는 표시과목이 없는 경우가 많아 교육의 질 확보에 어려움이 있다.34 실기교사 자격은 사문화되었고, 산학겸임교사도 일반교사와의 공동수업만 인정하고 단독 수업이나 평가는 불인정함으로써 활용이 저조하다. 양성과 임용과정에서 산업계 경력자를 우대하는 것도 어렵다. 전문교과 교원 임용의 경우 실기능력 평가에 부담이 되다 보니, 이론 중심 평가를 하는 경우가 대다수이고, 일부 교과는 임용교원 수가 적어 전국단위 임용도 곤란하다. 임용시험을 대행하는 한국교육과정평가원이 한 교과에 20명 이상의 수요가 있을 경우에만 임용을 대행하기 때문이다. 자격연수나 직

---

32 보통교과와 전문교과는 차이가 매우 크기 때문에 교원제도 역시 차이가 크게 존재해야 한다. ① 보통교과는 교과 내용의 변화가 크지 않은 반면, 전문교과는 수시로 변한다. 국·영·수·사회·과학 등은 과목의 소멸을 상상하기 어려우나, 전문교과는 산업·기술·직업의 변화가 수시로 발생하기 때문에 관련 자격의 변화도 수시로 일어나는 것이다. ② 보통교과는 실기가 덜 중요하고 중요하더라도 기자재의 변화가 크지 않은 반면, 전문교과는 실기능력이 중요할 뿐만 아니라 기자재도 수시로 변한다. 즉, 전문교과는 산업·기술·직업과 밀접하기에 실기역량 배양 역시 산업체, 해당 직업, 관련 기술의 변화에 따른 기자재의 변화를 주기적으로 수용할 수 있어야 하는 것이다. ③ 보통교과의 교과 내용은 체계화되어 있지 않지만(즉, 교원에게 일정부분 교육 내용 형성의 자유가 존재), 전문교과는 해당 직업·산업 분야에서 요구되는 기본역량, 인력 수준 그리고 자격의 호환성 때문에 교과 내용의 체계화가 매우 중요하다. 결과적으로 전문교과 교원은 보통교과 교원에 비해 교원 역량의 표준화가 더욱 요구되고, 입직 이후에도 다양한 방법과 기관을 통한 전문성 개발이 매우 중요한 것이다. 그럼에도 불구하고 현행 교원 인사시스템에서는 이러한 차이가 제대로 반영되지 못하고 있다.

33 예를 들면 기준학과는 있는데 표시과목이 없는 분야가 있다. 산림자원과, 항만물류과, 토목과, 간호과, 자동차과, 조선과, 항공과, 영상제작과, 보육과 등은 분명 교육과정에서 기준학과는 있는데 표시과목은 없다. 여러 개의 기준학과를 하나의 표시과목에서 수용하는 경우도 있다. 기계·금속 교사는 기계과, 전자기계과, 금속재료과를 모두 담당해야 한다. 전기·전자·통신 교사는 전기과, 전자과, 통신과를 모두 담당해야 한다. 자원·환경 교사는 농업계의 환경·관광농업과, 공업계의 환경공학과, 수산해운계의 해양환경과 등을 담당해야 한다.

34 표시과목이 없는 신설학과를 예시하면, 화훼디자인과, 메카트로닉스과, 로봇과, 원자력과, 반도체과 등 매우 많은 상황이다.

무연수 모두 정책과 지식에 중점을 두고 운영되고 있다. 산업체 현장연수도 매우 미흡한 상황이다.[35]

반면, 마이스터고는 '특수목적고 지정 및 운영에 관한 훈령'(제182조) 제19조 제2항에 의거 국가가 정한 교육과정을 따를 필요가 없다. 교육과정 자체가 산업수요에 기반을 두고 직무분석을 통해서 만들어지며, 산학연관 협력시스템[36]이 교육과정 운영 과정에서 형성되기 때문에 교원제도가 갖는 일부 문제를 제외하고는 특성화고에서 나타나는 문제가 존재하지 않는다. 직업교육의 모범으로서 충분히 기능하고 있다.[37]

## 5. 고교 직업교육의 미래

고교 직업교육이 변하고 있다. 많은 사람들이 고졸시대의 정착을 긍정적으로 평가하고 있다. 그러나 고졸시대가 제대로 정착되기 위해서는 취업을 중심으로 이룩했던 변화를 넘어 이제는 교육 자체가 변화하는 방향으로 나아가야 한다. 제4장에서 보았듯이 특성화고는 직업교육이라는 면에서 볼 때 아직도 개선해야 할 점이 다수 존

---

35 2011년도 교과부-고용부-지경부가 협력하여 공업계 교원을 대상으로 한국기술교육대학교, 폴리텍대학, 그리고 산업기술대학교에서 연수를 시키는 것이 가장 큰 변화이다.

36 마이스터고가 만들어내는 산학협력모델은 대한민국 어느 교육기관보다도 더 양호하다. 대학들은 학과에 따라 천차만별이나 마이스터고는 학교 단위에서 산학협력이 이뤄지기 때문에 학교 활동 자체가 곧 산학협력 활동이라고도 할 수 있다. 학교별로 서로 그 양태는 상이하지만 산학협력교육에서 상상할 수 있는 다양한 활동들이 마이스터고에서는 이뤄진다고 보면 된다. 예를 들면, 기업 맞춤형 반, 방학 중 인턴십, 조기 채용, 명장의 학교 교육 지원, 기업체 관계자와 멘토 및 멘티 관계 형성, 기자재 및 실습재로 지원, 교원의 산업체 연수, 교육과정 개발 과정에의 참여 등등 이루 말할 수 없을 정도로 다양하다. 단순히 취업만을 위한 산학협력을 넘어선 지 오래이다.

37 당초 직업교육의 선도모델로 출발한 마이스터고는 이제 직업교육을 넘어 대한민국 교육의 선도모델로 진화하고 있다. 연구된 바는 없지만, 필자는 전국의 모든 마이스터고를 최소 2~3차례 이상 방문한 결과에 기초하고 있다. 교육의 3주체(교사, 학생, 학부모)가 모두 긍정적 평가를 내리는 학교가 마이스터고이다. 교사는 처음으로 가르치는 재미, 연구하는 재미를 느끼고 있다(물론 몸은 고달프다). 학생은 자신이 진로를 선택했기 때문에 공부에 열심이다. 학부모는 학교활동에 적극적으로 참여한다. 또한, 대한민국의 고질적인 병폐 2가지가 존재하지 않는 학교이다. 사교육비와 학교폭력이 그것이다. 사교육비나 학교폭력이 문제되지 않는 학교가 바로 마이스터고인 것이다. 남은 문제는 아직도 졸업 이후 곧바로 대학진학을 하는 것이 최선이라고 생각하는 작지만 그래도 존재하는 일부 학부모의 의식을 전환시키는 것이다.

재한다. 마이스터고가 뿌려 놓은 씨앗을 특성화고에도 이제는 새롭게 이식(移植)할 필요가 있다.

먼저, 직업교육을 지식교육에서 역량개발(competency development)교육으로 전환할 필요가 있다. 직업교육을 특정 산업·직업에서 요구하는 직무수행역량(competency)을 개발하여 고용가능성(employability)을 높이는 교육으로 성격 규정해야 한다. 기업맞춤형(firm-specific) 교육은 마이스터고가 해왔듯이 방과 후 또는 현장실습 등을 통해서도 충분히 실시할 수 있다. 직업교육과정도 5개 계열이나 학문 분야 지식이 아닌 산업별·업종별·직업별로 요구되는 직무역량(직업기초능력 포함)을 토대로 개발해야 한다. 산업분류 등과 조화되지 못하는 5대 계열은 점진적으로 폐지해야 한다. 나아가, 고교 직업교육을 고졸 수준(예: 기능사) 직업인을 양성하는 완성형 교육으로 재(再)규정해야 한다. 그리고 고교 직업교육을 기본역량교육(보통교과)과 전공교육(전문교과)으로 구분하고, 기본역량교육은 인간의 성장과 발달 가능성을 고려하여 실시되는 교육으로서 학습자의 평생학습역량과 직업기초능력 배양에 초점을 두고, 전공교육은 학습자의 경력개발가능성과 고용가능성 확대를 위한 교육에 초점을 두어야 한다.

둘째, 교육과정을 모든 직업교육 활동의 핵심으로 명확히 성격 규정을 해야 한다. 교육과정을 산업계 요구역량을 규정한 문서로 규정하고, 노동시장(산업·직업) 요구를 토대로 산업계 주도로 교육과정을 개발해야 한다. 예를 들면, 산업발전법의 '산업별 인적자원개발 협의체(Sector Council)'나 각종 경제단체(예: 대한상의, 중기중앙회)와 협회(예: 발명진흥회) 등의 주도적 참여를 견인할 필요가 있다. 일반교육 총론과 별도로 직업교육 총론을 개발하는 것이 교육과정 개혁의 출발점이 되어야 한다. 교육과정 개발 과정에서 양성해야 할 직업인(자격 포함)을 설정하고, 성취목표(achievement level)와 학습내용도 결정해야 한다. 그리고 교육 이후에 형성될 학생의 보유역량과 교육과정으로 정리된 산업계 요구역량과 차이를 최소화하기 위해서는 교육과정 개발 과정에서 수업전략, 교수학습자료(교과서 포함), 실습전략 및 평가자료 등도 함께 개발해야 한다. 그래야만 과정-수업-평가의 정합성이 가능해진다.

셋째, 직무역량 중심으로 교원 양성, 선발, 임용과 연수 체제를 구축해야 한다. 전문교과 교원의 경우, 산업분야 등을 중심으로 교원 양성체계를 구축하고, 교과내용학에서 이론과 실기능력을 균형적으로 강조해야 한다. 교수법, 평가법 등 교과교육학도 중시해야 한다. 산업계 근무 경력자를 우선선발하거나 산업체 경력을 학점으로 인정하는 방안도 검토될 필요가 있다. 예를 들면, 산업체 근무경력자가 실기교사나 산학겸임교사를 희망할 경우, 고용부의 고용보험 지원 과정의 하나로 '교수법과 평가법에 대한 과정'을 개설하고 이를 이수한 자에 한해서 채용하는 방안을 검토해 볼 수 있다. 전문교과의 표시과목은 산업분류, 직업분류, 또는 NCS 분류에 기초해서 설정하는 방식으로 제도를 개선해야 한다. 교원의 선발과 임용에서도 전문교과의 경우에는 해당 분야의 기능사, 산업기사, 기사 자격증 취득을 의무화하고, 명장이나 기능장 자격 취득자는 우대 선발하는 방안을 마련해야 한다. 교원자격이 없는 명장이나 기능장은 우선 선발하되, 대학원 과정에서 교과교육학과 교과내용학을 이수한 이후에 배치하는 방안도 검토될 수 있다. 실기교사로서 우선 근무하는 방안도 모색가능하다. 임용 이후 특정 분야에 대해 일정 기간 이상의 직무연수를 이수한 자는 평가 이후 표시과목과 별도로 교육가능분야를 추가하는 방안이 마련되어야 한다. 그래야만 표시과목이 갖는 경직성을 해소할 수 있다. 예를 들면, 산업재산권 연수과정을 이수한 교사에게는 교원인사기록카드에 '발명교육'이라는 교육 가능 분야를 기록함으로써 학교에서 발명교육을 할 수 있도록 인정하는 방안이다. 보통교과 교원의 경우, 특성화고에서 가르치고자 할 경우에는 '직업교육 이해'와 '직업기초능력 이해' 관련 연수 과정을 이수토록 의무화하여야 한다.

넷째, 산학연관 협력 시스템 강화를 통한 교육, 실습과 취업 여건 개선이 요구된다. 모든 학교의 교육과정 편성·운영 과정에서 산학연관 협력을 기본활동으로 제도화해야 한다. 학교라는 물리적 공간에서 모든 것을 설치하여 교육하기보다는 학교 밖 자원을 최대한 활용하는 것을 우선해야 한다. 학교를 지원하는 산업체, 다른 교육기관, 연구소 등에 대해서는 협력활동에 대한 인센티브를 주는 방안도 강구되어야 한다. 산업체가 학교와 맞춤형 과정을 개발하고 학생의 현장실습을 지원하면서 소요되는 비용(수당, 재료비 등)에 대해서는 세액공제 제도가 존재하고 있으나, 더욱 확대되어야 한다. 정부의 모든 부처의 소속기관·산하기관 등도 학교교육을 지원해야 한다. 그래야만 국가 전체적으로 낭비가 줄어든다. 학교급별로 각각 지원되는 기자재 관련 예산을 통합할 필요가 있다. 외국처럼 지역단위로 직업교육훈련센터를 만들 필요성도 검토되어야 한다.

마지막으로 가장 중요한 소질과 적성을 찾아주고 키워주는 진로지도 시스템 구축이다. 중학교 3년 기간의 교육활동(교과, 비교과)을 진로교육 관점에서 재설계할 필요가 있다. 진로체험, 검사, 진단, 상담 등을 통해 학생들의 진로의식을 강화하고 진로결정을 할 수 있도록 지원해야 한다. 중학교 교사가 학생의 진로에 미치는 영향이 매우 크다는 점을 고려할 때 중학교 교사에게도 노동시장이나 산업 등에 대한 이해를 위해 연수를 강화할 필요가 있다. 고등학교 입학 이후에도 학생들이 소질과 적성에 맞게 전·편입, 취업, 진학 등을 할 수 있도록 교육시스템을 유연화하여야 할 것이다.

# 참고문헌

- 교육과학기술부(2011). 초·중등학교 교육과정 총론.
- 기획재정부 보도자료(2012. 9. 16). OECD 국가와 주요 고용지표 비교.
- 김환식(2010). 호주의 직업교육훈련. 범신사: 서울.
- 김환식(2012). 고등학교 상업교육의 발전적 미래에 대한 소고. 한국상업교육학회 하계학술발표대회 발표원고. 2012. 6. 13.
- 대한민국정부(2008. 7). 한국형 마이스터고 육성방안.
- 대한민국정부(2011. 1). 학업-취업 병행 교육체제 구축방안.
- 대한민국정부(2011. 5). 열린 고용사회 구현방안.
- 대한민국정부(2012. 7). 고졸시대의 정착을 위한 선취업 후진학 및 열린 고용 강화 방안.
- 대한상업교육회 2012년 이사회 자료.
- 초중등교육법시행령.
- http://www.careertech.org/career-clusters/resources/plans.html(2012. 9. 16 검색).

# chapter 04

# 대학생 리더십 교육

박 소 연

 1. 대학생 리더십의 개념과 중요성

### 1) 리더십의 개념과 유형

21세기의 급격한 패러다임 변화에 따라 과거 어느 때보다도 리더십이 강조되고 있다. 비단 정치나 경제뿐만 아니라 교육, 문화 등 사회 전 분야에서 리더십은 단연 최고의 화두가 되고 있으며, 이에 사회와 조직은 '어떻게 훌륭한 리더를 양성할 것인가'에 대해, 개인은 '어떻게 훌륭한 리더가 될 것인가?'에 대해 끊임없이 고민하고 있다.

일반적으로 리더십은 목적 달성을 위해 개인이나 조직에 영향을 미치는 과정으로 정의할 수 있지만 구체적인 내용과 전제는 학자에 따라 다르다. 예를 들어 Bass(1990)는 리더십을 상황이나 집단 성원들의 인식과 기대를 구조화하기 위해서 구성원들 간에 교류하는 과정으로 보았으며, Yukl(2006)은 무엇을 해야 할 필요가 있으며 어떻게 하면 그것을 효과적으로 할 수 있는지를 다른 사람들이 이해하고 동의하도록 영향력을 행사하는 과정 및 공유 목표를 달성하기 위해 개인과 집단 정체의 노력을 촉진하는 과정으로 보았다. 최병순(2010)은 이와 같은 다양한 정의에 포함되어 있는 '목표(objective)', '팔로워(follower)', '영향력 행사 과정(influence process)'이라는 용어에 초점을 맞추어, 리더십을 리더가 조직의 목표를 달성하는 과정에서 팔로워에게 영향력을 행사하는 과정이라 정의하기도 하였다.

　　오래전에 Stogdill(1974)이 언급한 바와 같이, 리더십에 대한 정의는 리더십을 정의하려는 학자의 수만큼 다양하다. 또한 Yukl(2006)이 지적한 바와 같이 리더십은 복합적이고 다원적인 의미를 내포하고 있는 개념인바, 오히려 리더십 이론의 전개과정의 큰 줄기를 이해하는 것이 대학생 리더십의 개념화에 도움이 될 수 있을 것이다.

　　리더십 연구는 1940년대 리더십 특성 이론을 시작으로 행동이론, 상황이론 등을 거쳐 다양한 형태로 변모되어 왔다. 리더십 특성이론은 성공적인 리더들은 선천적으로 리더십 능력을 타고 났다고 전제하고, 그들의 특성을 발견하기 위한 연구를 전개하였다. 1950년대 들어 리더의 특성보다는 리더의 행동에 관심을 갖게 되는데, 리더십의 유효성은 리더의 행동에 따라 달라진다고 보고 그 행동 유형을 분류하고 측정하는 연구가 이루어졌다. 1970년대 이후에는 리더가 처한 상황변수를 고려하는 상황이론이 주를 이루는데, 이들의 관심사는 리더의 유형과 상황적 요인을 매칭시키는 것이었다.

　　1980년대 후기 이후부터는 보다 다양한 형태의 리더십 이론이 소개되었다. 내용적으로 리더 중심의 접근에서 리더-부하 상호작용, 부하주도의 셀프리더십과 팔로어십, 그리고 최근에는 리더십을 팀원들이 공유하는 리더십 개념이 등장하는 등 매우 다양해졌다. 동시에, 과거 산업사회에서 주류를 이루던 관리와 통제 위주의 패러다임에서 정보사회로 오면서 부하를 육성하고 섬기는 리더십 패러다임으로의 확대가 꾸준히 모색되었다. 영향력 행사에 있어서도 거래적 관계를 기초로 하는 영향력에서 부하들에게 비전을 제시하고 의미와 소속감을 부여하는 동시에 직무와 조직에 대한 헌신을 유발하는 변혁적 리더십에 대한 관심과 연구가 크게 확대되었다(최연, 2009). 이러한 변화는 개인의 개성, 다양성, 독특성이 중시되는 사회의 패러다임 변화를 반영하고 있다. 특히 최근 들어 구성원의 역량을 극대화하기 위하여 구성원

각자가 리더가 될 수 있는 셀프리더십이 강조되면서, 타인에 대한 영향뿐만 아니라 개인 내면의 자아를 중시하는 방향으로 전환되고 있다.

현대적 의미의 리더십은 다원화된 사회에서 모든 사람들이 성장하고 변화하는 삶을 살기 위해 계발해야 하는 잠재적 능력으로 인식되고 있다. 리더십이 특정인이 소유한 능력이 아니라 모든 사람들이 육성해야 할 개념으로 설명되면서 리더십 교육에 대한 필요성이 더욱 중요시되고 있다(김미경, 2010). 이러한 사회의 변화에 발맞추어 학교도 모든 개체로 하여금 리더십능력을 향상시키기 위한 체계적인 교육을 실시할 필요성이 대두되고 있다.

## 2) 대학생 리더십의 중요성

### (1) 대학의 리더십 교육 필요성

리더십이 대학 교육에서 중요해진 이유는 대학교육의 목표변화에 그 원인이 있다. 대학교육이 보편화된 현재, 대학은 전문지식을 갖춘 인재 양성을 넘어 국민의 교양 수준 향상이라는 역할을 담당하고 있다. 이러한 변화를 반영하듯, 오늘날 대학에서는 전공에 대한 전문성 강조와 더불어 인성교육의 비중도 점차 증가되고 있다. 주로 리더십, 윤리, 철학, 사회봉사 등과 같은 교과목으로 개설되고 있는데, 각기 이름은 달라도 사실은 대학생의 인성을 올바르게 기르고자 하는 데 공통 목적이 있다(김창진, 2007).

이 중 최근 들어 가장 주목받고 있는 주제는 리더십이다. 변화와 혁신을 강조하는 수많은 리더십 전문기관들이 생겨나고 있으며, 리더십 및 자기계발 관련 서적들이 봇물처럼 출간되고 있음을 보더라도 리더십 개발의 필요성을 가늠할 수 있다. 대학의 경우 2000년대 후반에 들어와서야 대학들이 학생 능력개발 영역에서 리더십이 필요함을 자각하고 체계를 갖추어서 대학의 총 역량을 집중하려는 움직임을 보이고 있다. 리더십 개발은 자신에 대한 이해를 높이고 성공적인 성인기를 위한 도약의 발판이 되기 때문에 모든 개인에게 필수적인 능력이라 할 수 있으므로, 리더십 교육이 대학의 주요 임무가 될 수밖에 없다(허영주, 2011). 초기에 교양과목으로 한 두 과목씩 개설되었던 리더십 프로그램들이 대학의 교육기관과 연계되어 조직적으로 운영되거나, 독립된 기관으로 리더십 센터가 운영되어 체계적인 리더십 교육을 담당하는 등 많은 대학에서 다양한 교과 및 비교과 활동을 실시하고 있다.

### (2) 대학생의 리더십 개발 요구

일반적으로 대학생 시기에는 인생의 어떤 시기보다 많은 도전과 변화를 경험하게 된다. 이 시기에는 부모로부터의 독립, 직업 선택과 준비, 사회생활, 결혼과 부모되기 등 청소년에서 성인으로의 전환에 요구되는 다양한 발달 과업이 부여된다. 대학생활은 일생동안 큰 변화과정을 경험해야 하는 중요한 적응의 시기인 만큼 새로운 생활양상을 정립해야 하고, 자신이 당면하는 여러 가지 심리적, 개인적, 사회적 문제를 자력으로 해결하고 대처해 나갈 수 있는 능력을 습득해야만 한다(이난, 2005).

특히 오늘날과 같은 입시 위주의 교육 현실과 치열한 대졸취업경쟁을 고려할 때, 독립적 존재로서의 자신을 인식하고 인생에 대한 가치관을 성찰하는 자아정체감 형성은 오늘날 대학생 시기의 매우 중요한 발달과업으로 볼 수 있다. 한 개인의 생애주기 상 자아정체성이 형성되는 시기라고 할 수 있는 초·중·고등학교 시절을 통틀어 리더십 교육은 거의 전무한 상태이고, 대학에서조차 체계적인 리더십 교육을 받기 어려운 것이 현실이다. 이렇듯 리더십 교육의 부재 속에서 현재 우리나라 대학생들은 명확한 자아정체성이 결여되어 있으며, 뚜렷한 인생목표와 가치관을 정립하는 데 적지 않은 어려움을 경험하고 있다. 특히 최근의 극심한 청년 실업 문제는 대학생들로 하여금 졸업 후 진로나 취업에 대한 불안감을 더욱 고조시키고 있는 것이 사실이다.

이와 같은 대학생의 특징을 고려할 때, 대학생을 위한 리더십 교육은 매우 필요한 것이라 할 수 있다. 이에 김광수 등(2003)은 대학생 리더십을 대학생 개인으로 하여금 자신이 속한 가정, 학교, 단체, 지역사회, 국가와 같은 공동체 속에서 바람직한 방향으로 자신을 성장시키고 또한 공동체를 발전시켜 나가는 데 필요한 여러 역할을 수행할 때 요구되는 태도와 행동을 개발하는 과정으로 정의하기도 하였다. 즉 일반적인 리더십에서는 영향력을 미치는 대상으로 외부의 팔로워를 설정하고 있는 것에 비해, 대학 리더십은 자기 자신에게 스스로 영향력을 미치는 셀프리더십에 비중을 둘 필요가 있다는 것이다. 셀프리더십이 스스로 자신의 행동을 통제하고, 행위적, 인지적 전략을 사용하여 자기 자신을 이끌어가는 영향력이라는 점을 고려할 때(Manz, 1986), 셀프리더십 개발은 자아정체감과 자기주도성에 대한 고민과 도전이 본격적으로 제기되는 대학생 시기에 가장 중요한 리더십 교육 목적이 될 수 있다.

## 2. 대학생 리더십 역량 개발 제도

최근 국내외 대학들은 급변하는 21세기의 시대적 상황 속에서 대학생들이 사회 변화의 새로운 패러다임을 이해하고, 주도적인 삶의 자세로 보다 나은 미래를 창조해 가는 데 도움을 주기 위해 대학생을 위한 다양한 리더십 역량개발 제도 및 프로그램을 운영하고 있다. 일부 대학의 경우 대학 내에 리더십 센터를 두고 자체적인 리더십 교육 프로그램을 운영하고 있는 한편, 대부분의 대학에서는 리더십 관련 과목들을 교양과정에서 개설하여 운영하거나 기업이나 사회에서 일반인들을 대상으로 실시되어 온 리더십 프로그램을 대학 내에 도입하는 방식으로 대학생의 리더십 역량을 개발하고 있다. 이에 대학에서 실시하고 있는 리더십 관련 인증제를 중심으로 리더십 역량개발 제도를 검토하고, 이어 구체적으로 실시되고 있는 교육 프로그램의 대표적인 사례를 살펴보고자 한다. 제도 및 프로그램의 구체적인 내용은 각 대학의 홈페이지 및 소개 자료 등을 참고하였다.

### 1) 대학의 리더십 역량 개발 제도 유형

대학의 리더십 인증제도는 대학이 학생의 리더십 역량을 보증하여 학생들로 하여금 리더십 분야에 대한 능력 개발을 장려하고 사회에 그 능력을 보증하는 제도이다. 이에 대학생 리더십 개발에 관심이 있는 대학의 경우 리더십 인증제를 도입하여 보다 체계적으로 리더십 역량개발을 지원하고 있다.

리더십 인증제는 리더 양성에 초점을 맞추는가, 인재상 관리 및 평가에 초점을 맞추는가에 따라 다른 제도로 운영될 수 있다. '양성형' 인증제는 리더십 개발을 위한 정형화된 트랙을 개발하여 이를 따라 이수한 학생에 대해 인증하는 방식으로, 한양대(트랙이수는 필수이며, 매년 평점 상위 70% 수준인 2,380명 내외에서 인증), 숙명여대(연계전공 형태로, 매학기 30~40명 내외) 등이 채택하여 운영하고 있는 방식이다.

반면 '평가형'은 학교 인재상(혹은 리더상)을 설정하고 이에 부합하는 교과 및 비교과 활동 풀을 제시하여 이 안에서 일정 수준 이상 점수를 누적한 학생에 대해 인증하는 방식(예, 마일리지)으로, KAIST(주제별로 나/타인/문화의 3개 영역 지정, 외부 프로그램 적극 연계, 매년 10명 내외), 연세대(활동별로 교과/강연/교육/체험의 4개 영역 지정, 연계전공 교과 활용), 안양대(교과/비교과 균형 중시) 등이 채택하여 운영하고 있다.

**표 4-1**   <<< 리더십 인증제의 유형별 특징 비교

| 구 분 | 양성형 | 평가형(現) |
|---|---|---|
| 목 적 | 리더 혹은 리더십 전문가 양성 | 인재상에 부합하는 학생 발굴 및 질관리 |
| 방 법 | 리더십 교과 및 비교과 학습활동 기획 및 운영 | 인증 체계 설계 및 인증 실시 |
| 정형화 정도 | 높음 | 낮음 |
| 장 점 | 대상자가 포착되므로 중간관리 가능 | 학생이 학습활동을 스스로 선택하므로 개인 맞춤형 개발 가능 |
| 단 점 | 일정 수준 이상의 몰입 요구 (전공과의 병행 부담) | 신청자 중심이므로 인증신청 전까지는 관리 어려움 |
| 사 례 | 한양대(필수교과 이수확인형) 숙명여대 | 안양대(교과 + 비교과 마일리지형) KAIST(비교과중심 마일리지형) 연세대(교과 중심 마일리지형) Wisconsin(교과 중심) Illinois(PDP 및 코칭 중심) |
| 성공 요건 | - 우수한 프로그램 - 별도 트랙화 운영 (예, 연계전공) - 밀착 관리 | - 참여 홍보 - 합리적 평가체제 - 선택활동 다양화 - 인증서 power |

## 2) 대학의 리더십 인증제 사례

### (1) 한양대: 필수교과 이수확인형

사회와 기업이 요구하는 준비된 CEO 양성을 위해 한양대 전 학생을 대상으로

**그림 4-1**    <<< 한양대 리더십 인증제 구조도

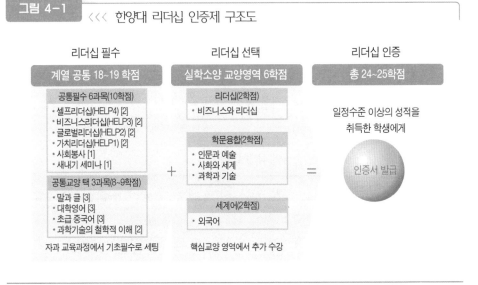

기초 공통의 단계별 한양리더십 프로그램(HELP: Hanyang Essential Leadership Plus)을 제공하고, 추가로 일정 학점 이상의 리더십 선택 교과를 이수할 경우 총장 명의의 리더십 인증을 부여한다.

인증 대상은 2009년도 입학생 이후의 전 학사과정생이며, 인증기준은 사회봉사 및 공통교양을 포함한 리더십필수 18~19학점을 이수하고, 리더십 선택교과 중 6학점을 이수한 학생을 대상으로 적용된다. 전체평점 및 인증과목 평점에 따라 인증이 이루어지며, 우수자의 경우 별도로 인증이 이루어진다.

### (2) 안양대: 교과 + 비교과 마일리지형

안양대의 리더십 인증제는 대학이 추구하고 있는 아름다운 리더 육성 정책의 일환으로 2010년부터 운영하고 있는 차별화된 교육서비스로, 학생들의 리더십과 커뮤니케이션 능력을 성찰과 이론 및 실천적 측면에서 체계적으로 관리해 주는 제도이다. 학생 저마다의 고유한 리더십 역량을 발굴·육성하고, 타인의 모범이 되게 하며, 사회에 공헌하는 '우리 대학을 대표하는 아름다운 리더'를 양성하여, 이를 통해 우리 대학의 교육이념과 목표를 구현하는 것을 목표로 하며, 해당 인증 프로그램 과정을

성공적으로 이수한 학생에게 총장 명의의 인증서를 발급하고 있다.

안양대의 리더십 인증제는 대학의 철학과 특징이 반영된 독특한 제도이며, 대학에서 추구하는 리더십 개발을 위한 적극적인 '양성형' 인증 제도이다. 특히 인증 로드맵에 따라 핵심적 프로그램이 유기적으로 연계된 체계적 인증 제도라는 점에서 차별화될 수 있다.

인증 프로그램은 점검, 학습, 활동, 성찰로 구성된다. 점검은 오리엔테이션을 통한 아리 인증제 전반에 대한 소개 및 참여 신청서 작성, 매학기 워크숍을 통한 중간점검 등이 포함된다. 학습은 아리코스, 아리캠프, 아리세미나 등의 학습 활동을 통해 리더십의 이론적, 실천적 기초를 다지는 제반의 교육 프로그램이 포함된다. 활동은 아리코치 및 아리커뮤니티 활동을 통해 학습한 내용을 내재화하는 프로그램이 포함된다. 마지막으로 성찰은 아리인증제 참여 전 기간 동안 아리프로젝트를 실시하여 성찰 일상화하는 것을 목적으로 하는데, 아리포트폴리오 작성을 통해 인증제 전 과정에 대해 정리하는 기회를 가진다.

| 영역 | 핵심역량 | 교 과 | | | 실천 및 체험 | | |
|---|---|---|---|---|---|---|---|
| | | 구 분 | 과목명 | 학점/시수 | 활동명 | 인정기준 | 필수배점 |
| 리더십 | 인성 실천 역량 다문화 글로벌 역량 | 필수 | 아름다운 리더코스1 사회봉사 | 3/3 2/48 | - 리더십캠프<br>- 아름다운 만남<br> (연 2회 이상 필수) | 참가<br>(필수) | 50점 |
| | | 선택 | 아름다운 리더코스2 아리세계문화탐구 글로벌 아리 코스 | 3/3 | - 아리포럼<br>- 아리특강<br>- 세계탐방, 글로벌아리 발표<br>- 아름다운 이야기 | 참관<br>참가<br>입상 | |
| 커뮤니케이션 | 사고력 소통능력 설득 및 대회능력 표현능력 | 필수 | 사고와 표현 | 4/4 | - 커뮤니케이션 썸머캠프<br>- 고전읽기학교 | 참가<br>입상 | 50점 |
| | | 선택 | 양서와의 만남 토론의 이론과 실제 계열별 글쓰기 | 3/3 | - 민들레 독후감 대회<br>- 원북페스티벌<br>- 정책토론대회<br>- 프리젠테이션 대회<br>- 일우독후감 공모<br>- 독서토론 대회<br>- 커뮤니케이션 특강 | 참관<br>참가<br>입상 | |
| 계 | | 총 5개 과목 15학점 (평균 B + 이상) | | | 총 100점 (참관 10점, 참가 15점, 입상 20점) | | |

※ 교내 프로그램 입상자에게는 아리 장학생 선발시 가산점을 부가함.

### (3) KAIST: 비교과중심 마일리지형

신입생들을 대상으로 선배들이 교수가 되어 문화, 예술, 과학적 지식을 가르치는 Cultural Activity를 통하여 새내기로서의 학교생활을 즐겁게 적응할 수 있도록 하며, 리더십을 위해서는 개인적인 리더십과 성공적인 대인관계를 위한 리더십 훈련과 커뮤니케이션 훈련을 이수하여 리더로서의 기본적인 품성을 함양한 후, 선택으로 문화체험(탐방) 등이 이루어진다. 리더십 프로그램의 이수와 더불어 교육과 활동에 마일리지제를 도입하여 일정 점수 이상자에게는 리더십 인증서를 발행하여 리더십 활동을 장려하고, 대학원 진학과 취업에도 긍정적인 요소로 작용하도록 돕고 있다.

- 새로운 리더십 교육의 기반이 되는 개인 기초과목 이수
  (학기 및 방학 활용: 리더십 훈련과 커뮤니케이션 훈련 포함)
- 문화체험을 주제로 Teamwork를 통한 지식 공유 및 교류 훈련을 통한 문화적 이해증진
- 단체 정신, 국가관과 체력 증진을 위한 장교훈련과 단체운동
- 봉사정신함양과 덕력 증진을 위한 봉사 활동
- 글로벌 마인드와 문화적 이해의 폭을 넓히는 해외 훈련 등

KAIST 리더십 인증제의 경우 외부코스 적극 활용, 영역 다양화 측면에서 차별화될 수 있다. 총 4개 등급별로 인증서를 발행하며(200점~250점은 silver, 50점 간격으로 등급, 최고는 Diamond), 수업, 봉사, 심신단련의 프로그램을 점수로 인정한다. 7H과 피닉스 리더십은 필수 과정이며, 학점에 따라 50점 내외의 점수를 부여한다.

- 인성/리더십 I: 나 자신의 리더십을 확립하기 위하여 실시하는 리더십 훈련이다.
  - 2007학번부터는 AU 과목이며, 이전 학번은 1학점 과목이다.
  - 주요과목: 7H(성공하는 사람들의 7가지 습관), 피닉스 리더십
- 인성/리더십 II: 타인에 대한 리더십이며 2007년부터 AU과목에 지정되었으며 주로 스피치, 커뮤니케이션을 다룬다.
  - 주요과목: 커뮤니케이션 훈련 등 커뮤니케이션 관련 훈련

■ 인성/리더십 III(Cultural Activity): 엄선된 학생 또는 강사가 진행하는 학습 서클이며 AU를 부여한다.
  - 주요과목: 클래식 기타, 태극권, 요가, 검도, 인라인 등 신체적 활동을 강조하며 이를 통하여 심신 건강을 도모한다.

## (4) 연세대학교: 교과중심 마일리지형

연세대의 경우 연계전공 교과를 살려 리더십에 초점을 맞춘 전문 인증 중심으로 운영한다. 교육 영역은 리더십 교과, 리더십 강연, 리더십 교육, 리더십 체험 등으로 구성된다.

**표 4-2**   <<< 연세대 리더십 인증 영역

| 영 역 | 활동 내용 | 마일리지 점수 |
|---|---|---|
| 리더십 교과(리더십 연계전공의 기초과정 교과목임) | 리더십 이론, 리더십 엔지니어링, 리더십 사례연구, 섬김의 리더십, 정치기획과 리더십, 리더십 세미나, 여성커리어와 리더십, 성평등 리더십의 이해와 실천, 테크노 리더십, 세계화와 다문화주의, 여성교육개론, 진로와 미래, 현대사회와 의사소통, 협상의 이론과 실제, 말하기와 토론 | 1과목 이수 40점 부여 |
| 리더십 강연 | 리더십 특별강연, 리더십 워크숍 | 1회 참여 5점 부여 |
| 리더십 교육 | 리더십 캠프<br>SERVANT 리더십 교육<br>SERVANT 멘토링 교육 | 1회 참여 30점 부여<br>1회 참여 25점 부여<br>1회 참여 25점 부여 |
| 리더십 체험 | YKRF, NEAN, YDMUN, 리더스클럽<br>* 팀리더로 활동시 가산점 30점 부여<br>* 팀간부로 활동시 가산점 20점 부여 | 1학기 활동 60점 부여<br>1년 활동 120점 부여 |
| | 리더십 자원봉사(1학점)<br>리더십 인턴십(1학점)<br>리더십 멘토링(1년 활동) | 학기 중 활동 50점 부여<br>방학 중 활동 50점 부여<br>1년 활동 120점 부여 |
| 기 타 | 교내 유관기관 프로그램 참여 | 각 기관별 최대 이수 점수는 50점 |

영역별로 살펴보면, 먼저 리더십 교과 영역에 명시된 교과목은 리더십 연계전공의 기초과정에 해당하는 교과목이며, 3학점 기준 한 과목 이수당 40점을 부여한다. 리더십 강연 영역의 경우 리더십 특별강연과 리더십 워크숍으로 구성된다. 매학기 각각 3~5회 정도 운영되는 리더십 특별강연과 리더십 워크숍은 1회 참여 기준 횟수당 5점을 부여한다. 한편 리더십 교육 영역은 리더십 캠프, SERVANT 리더십 교육, SERVANT 멘토링 교육의 세 가지 교육프로그램으로 구성된다. 리더십 체험 영역은 리더십센터 소속 학생단체활동과 리더십 자원봉사, 리더십 인턴십, 리더십 멘토링 활동으로 구성되며, 이 외에 리더십 자원봉사, 리더십 인턴십, 리더십 멘토링 프로그램도 운영하고 있다.

기타 영역은 리더십센터에서 주관하는 프로그램 이외에 교내에서 이루어지는 모든 유관프로그램에 적용될 수 있으며, 주관기관에서 발급하는 인증서(활동 인정서)를 증빙서류로 첨부 시 책정된 마일리지 점수를 부여하고 개별 학생은 한 기관에서 최대 50점을 인정받을 수 있다. 리더십센터와 교내 기관 간에 '리더십개발인증 마일리지제 연계 협정'을 추진 중이며, 자원봉사센터, 교육개발지원센터, 학생복지처 성희롱·성폭력 상담실, 학부대학, 공과대학, 신과대학, 언론홍보영상학부 등에서 운영하는 프로그램에 참가한 학생은 책정된 마일리지 점수를 부여받을 수 있다. '리더십개발인증 마일리지제 연계 협정' 기관 이외에 다른 교내 기관에서 운영하는 프로그램에 참여한 학생인 경우에도 인증서(활동 인정서)를 첨부하면 심의·평가를 통해 적정한 마일리지 점수를 부여받을 수 있다.

이상의 영역 중에서 '리더십 교과', '리더십 강연', '리더십 체험'은 필수영역으로서 세 영역의 마일리지 점수의 합계가 최소 100점 이상이 되어야 한다. KAIST와 마찬가지로 리더십 마일리지에 따라 등급을 차등화하여 인증하고 있는데, 300점 이상은 'Diamond 섬김', 250~299점은 'Gold 진리', 200~249점 'Silver 자유'로 인증서를 발급하고 있다.

이 외에도 숙명여대는 연계전공 중심 운영하고 있는데, 학기별로 30~40명의 학생이 신청하며 전공과 연계한 통합교과운영 측면에서 차별화된다. 또한 고려대의 경우 글로벌 리더로서의 성장지원을 목표로 하며, 센터는 교육/연구/네트워킹의 기능 수행, 유명인 특강(해외인사포함) 및 해외네트워킹 중심으로 운영되고 있으나, 별도로 리더십 인증제도는 운영하지 않고 있다.

## 3. 대학생 리더십 교육 프로그램

대학에서의 리더십 교육은 일반적으로 전인교육, 능력계발, 리더십기술훈련이라는 세 영역이 유기적으로 통합되어 이루어질 때 학생들의 다양한 심리적, 사회적 요구를 충족시켜줄 수 있으며, 급변하는 현대 사회가 필요로 하는 바람직한 인간상의 기본 자질과 덕목을 효율적으로 배양시켜줄 수 있다. 이에 현재 대학생의 리더십 개발 요구에 기초한 교육 내용을 포착하고 이를 기존의 리더십 교육내용과 비교하고자 한다. 더불어 대학 독자적으로 개발하여 진행되고 있는 리더십 프로그램 사례를 살펴보고자 한다.

### 1) 대학생의 리더십 개발 요구

현재 우리나라 대학생들은 입시 위주 교육으로 인한 인성 교육 부재의 결과, 청년기의 자아 정체성이 형성되지 못한 상태이며 취업에 대한 부담감까지 가중되어 극심한 혼란을 겪고 있다. 이러한 문제를 헤쳐 나갈 수 있도록 도와주기 위해서는 대학생 리더십 교육 프로그램에는 자아정체성 확립, 학습능력 향상, 대인관계능력 향상, 진로 탐색, 취업교육 및 사회적응 훈련, 리더십 이론과 리더십 기술(스피치, 프레젠테이션 등) 등의 교육 내용이 포함될 필요가 있다.

이러한 목적으로 기존에 실시되고 있는 프로그램은 청소년 대상의 인성교육 프로그램과 사회인 대상의 리더십 프로그램으로 나누어 볼 수 있다. 먼저 인성교육 프로그램의 경우 청소년을 대상으로 집단상담교육 혹은 집단 경험학습의 형태로 이루어지는데 주로 자아발견, 의사소통, 창의력 계발, 가치관 형성, 학습력 신장, 진로탐색, 스트레스 해소 등의 교육 내용으로 이루어지고 있다. 청소년 대상의 인성교육 프로그램은 대학 리더십 교육에 필요한 내용 중 자아 정체성 확립에 대한 비중이 매우 크고, 기타 대인관계능력 향상이나 학습능력 향상, 진로 탐색 등을 중심으로 다루고 있어, 조화로운 인간교육을 위한 정의교육이라는 보편적 교육 목표에 중점을 두고 있다 할 수 있다.

현재 우리나라 기업이나 일반인들 대상으로 많은 교육 프로그램들이 리더십 프로그램이라는 이름으로 실시되고 있으며, 이들 중 일부는 대학의 리더십 교육 프로그램으로 도입되기도 한다. 비교적 국내에 많이 알려져 있는 리더십 프로그램으로는 데일카네기 코스, 스티븐코비의 7가지 습관, 피닉스 리더십, 크리스토퍼 리더십, 윌리엄 석세스 트레이닝 등이 있다. 프로그램마다 구체적인 내용의 차이는 있지만, 대부분 대인관계 향상, 의사소통 기법, 화술, 성공(목표 달성)을 위한 목표 설정과 목표

**표 4-3**  〈〈〈 대학 리더십 교육 내용과 청소년 및 사회인 리더십 교육 내용 비교

| 대학 리더십 | 청소년 리더십 | 사회인 리더십 | |
| --- | --- | --- | --- |
| | 인성교육 프로그램 | 데일 카네기 코스 | 스티븐코비 7가지 습관 |
| 자아 정체성 확립(삶의 목표와 가치관 정립) | 자아발견, 가치관 형성, 스트레스 해소 | - | - |
| 학습 능력 향상 | 창의력 계발, 학습력 신장 | - | - |
| 대인 관계 향상 | 의사소통 | 상호 신뢰적인 인간관계를 형성하는 법 | 습관4: 갈등을 해결해 주고, 상호 이익을 모색하게 하여 집단의 응집력을 증대시킵니다. |
| 진로 탐색 | 진로 탐색 | - | - |
| 취업 교육 및 사회(직장) 적응 훈련 | - | 급변하는 환경에 대처하는 자신감과 열정 | 습관1: 위험을 감수할 용기를 길러주고, 목표 달성 과정에서 맞게 될 새로운 도전을 수용하게 합니다. 습관2: 가장 소중한 일부터 먼저하게 하여 일생을 성공적으로 살아가게 해줍니다. 습관7: 심신단련, 지속적인 자기계발 |
| 리더십 기술 훈련(스피치, 프레젠테이션 기법 등) | - | 효과적인 커뮤니케이션 능력, 협력을 얻는 리더십, 개인 및 조직의 비전 달성 | 습관5: 활발한 의사소통을 통해 성공적인 문제 해결로 인도합니다. 습관2: 비전, 사명, 목적을 공유하여 팀과 조직을 연대시키고, 프로젝트를 완성하게 합니다. 습관6: 특성이 다양한 팀원들의 역할을 잘 활용하고 상호보완하게 하여 더 높은 수준의 결과를 얻게 해줍니다. |

관리(시간관리) 기법 훈련을 중심으로 개인과 조직의 생산성을 높이는 것을 목표로 하고 있다고 볼 수 있다.

리더십 교육의 방법 측면에서는 보다 다양한 시도들이 이루어질 수 있다. Hughes, Ginnett과 Curphy(1993)는 리더십은 교육과 경험을 통하여 획득된다고 설명하면서 리더십을 발달시키기 위한 효과적인 방법으로 모든 상황에 있어서 활동(activity), 관찰(observation), 반성(reflection) 모델의 적용을 제시하였다. 활동·관찰·반성 모델은 계속된 경험들 속에서 한 개인이 행한 활동은 반드시 어떤 일이 일어났는지의 결과와 그것이 다른 사람들에게 준 영향을 알아보는 관찰의 과정, 현재의 위치에서 그것들을 어떻게 바라볼 것인지, 또한 그것들에 대해서 느끼는 감정이 어떤 것인지를 반성하는 과정을 통하여 리더십이 획득된다는 것이다(이난, 2005). 이는 일률적인 교실 내 강의 방식에서 벗어나 보다 다양한 교육방법, 교육장소, 교육형태 등이 시도될 필요가 있음을 시사한다 볼 수 있다.

## 2) 대학생의 리더십 프로그램 사례

대학생들의 리더십 역량 개발을 위한 교육이나 프로그램 운영에 있어서 기업체에서 개발한 모델에 의존하거나 리더십 전문 연구소에서 단기 위탁형태로 진행되는 경우가 많은 것이 사실이지만, 근래 상당수의 대학에서 학생들의 리더십을 개발하기 위한 독자적인 프로그램을 개발하는 데 많은 노력을 기울이고 있다.

### (1) 안양대학교: 아름다운 리더 코스

'아름다운 리더 코스'는 학생들이 자기변화와 자기혁신을 통해 자기 삶의 주인으로서 주도적인 삶의 태도를 함양하고, 명확한 인생목표를 설정하여 매순간 열정적인 삶을 사는 아름다운 리더로의 적극적인 변화를 유도하는 것을 목적으로 한다. 보다 구체적으로 (1) 자기 정체성 확립, 삶의 목표 수립, 주도적인 삶의 태도 함양 (2) 효과적인 의사소통 기법, 바람직한 인간관계 형성을 위한 태도와 자질 함양 (3) 공동체 일원으로서 사회 발전에 기여하는 리더로서의 자질 함양을 목표로 한다.

이를 위하여 아름다운 리더 코스에서는 학생들이 자신의 과거와 현재의 삶을 되돌아보고, 자기 안에 내재한 무한한 가능성과 재능을 새롭게 인식하고, 현재 자신이 처한 상황을 있는 그대로 인정하고 받아들이게 함으로써 명확한 자기 정체성을 확립하고 자기 존중감을 높일 수 있는 계기를 제공한다. 또한 자신의 참 모습이 무엇인지, 자신이 진정 바라는 것은 무엇인지, 그리고 어떻게 살아야 할 것인지에 대한 진지한 고민과 성찰의 시간을 가짐으로써 긍정적인 자아개념을 갖게 하고, 이를 바탕으로 타인이해와 타인존중을 통해 바람직한 대인관계 형성을 위해 필요한 자질과 기법을 습득하게 한다. 더불어 자신의 삶의 목표와 비전을 명확히 설정하고, 자신이 속한 공동체의 비전을 공유할 수 있는 의식을 고취시킨다.

아름다운 리더 코스는 크게 '아름다운 나', '아름다운 우리', '아름다운 세상' 의 세 부분으로 구성된다. 첫째, '아름다운 나'에서는 자기 안에 있는 무한한 잠재력과 가능성을 발견하고, 자신이야말로 참으로 소중하고 존귀한 존재임을 새롭게 인식함으로써 자신이 성취하고자 하는 최고의 비전을 설정하여 매순간 최선을 다하는 주도적인 삶의 태도를 함양한다. 또한 자기 삶의 주인 되기의 의미와 중요성을 새롭게 인식함으로써 '아름다운 나'로의 적극적인 변화를 위해 주도적인 삶을 살아야 함을 깨닫게 한다. 내 삶의 주인으로서 변화하는 삶을 살기 위해 먼저 자신이 누구인지를 알기 위한 자기 성찰과 탐구의 기회를 갖는다. 더불어 소중한 나를 성장 · 변화시키기 위해 내 삶에서 가장 중요한 것은 바로 '나 자신'임을 인식하고, 내 삶의 가치관에 부합하는 뚜렷한 인생목표를 설정하여 이를 달성하기 위한 자기관리 기법을 함양한다.

둘째, '아름다운 우리'에서는 다름에 대한 이해와 수용을 통해 상대방도 나처럼 무한한 가능성을 가진 소중한 존재임을 인식함으로써 상대방을 존중하고 사랑하는 마음자세를 갖는다. 상대를 있는 그대로 인정하고 상대의 긍정적인 면을 발견하여 칭찬하는 체험을 통해 긍정적인 관계 창조의 능력을 함양한다. 또한 경청 및 주도적 자기표현 기법을 습득함으로써 상대방과의 효과적인 의사소통이 아름다운 인간관계를 형성하는 중요한 요건임을 깨닫는다. 바람직한 인간관계 맺기를 위해 필요한 기본적인 자세와 실천방법을 배움으로써 인간관계 향상을 위한 주도적인 태도변화와 행동변화를 모색한다.

셋째, '아름다운 세상'에서는 나 자신의 변화와 성장은 내가 속한 공동체의 발전 및 변화와 무관하지 않음을 깨달음으로써 나와 세상이 하나로 연결되어 있음을 새롭게 인식하고 공동체의 일원으로서 나의 사명과 역할을 찾아본다. 더불어 세상을 향한 사랑과 섬김의 실천은 공동체에 대한 나의 열린 마음과 긍정적인 시각으로부터

| 그림 4-2 | <<< 아름다운 리더 코스 1의 구성 |
|---|---|

| 아름다운 나 | 아름다운 우리 | 아름다운 세상 |
|---|---|---|
| 자기 주도적인 삶 | 더불어 화합하는 삶 | 공동체 이해와 사랑 |

| 아름다운 나 | 아름다운 우리 | 아름다운 세상 |
|---|---|---|
| 1주: 오리엔테이션 | 8주: 상대를 이해하는 나 | 12주: 우리 학교 이해·사랑 |
| 2주: 나를 이해하고 수용하기 | 9주: 상대를 긍정하는 나 | 13주: 함께 배우는 아름다운 |
| 3주: 내 삶의 가치 찾기 | 10주: 내가 실천하는 효과적인 | 리더(총장 특강) |
| 4주: 내 삶의 목표 세우기 | 의사소통 | 14주: 코스성과 인식 및 공유 |
| 5주: 옥외활동(아리 산행) | 11주: 내가 만들어가는 바람직한 | 15주: 코스 수료식 |
| 6주: 내 삶의 주인 되기 | 인간관계 | |
| 7주: 자기 관리 | | |

비롯됨을 깨닫고, 내 삶 속에서의 주도적인 실천이 궁극적으로 내가 속한 공동체와 세상을 아름답게 변화시킬 수 있음을 이해한다.

아름다운 리더 코스는 안양대학교의 대표적인 리더십 교양교과로 타 대학의 리더십교과와 구분되는 특징을 가지고 있다. 첫째, 아름다운 리더 코스는 '나'에 초점을 둔 코스이다. 타인에게 영향을 미치기에 앞서, 자신이 스스로에게 영향을 미치며 바람직한 방향으로 자신을 변화시킬 수 있어야 한다는 것이 아름다운 리더 코스의 기본 전제이다. 즉 진정 리더십을 발휘하기 위해서는 우선 스스로 멋있는 사람이 되어야 한다는 것이다. 이에 아름다운 리더 코스는 상대에게 어떻게 할 것인가가 아니라 나는 누구이며 무엇을 해야 하고 어떻게 살아야 하는가에 초점을 맞추고 있다. 타인에게 향한 시선을 자신에게 돌려와 스스로 깊이 성찰하여 본질적인 자존감과 자신감을 회복하도록 하고 있다.

둘째, 아름다운 리더 코스는 학생주도적 참여수업 방식으로 이루어진다. 매주 학습 내용과 연계하여 실천과제와 예습과제를 수행하고 그 결과를 수업 중 조별토의를 통해 공유하게 된다. 교수자가 일방적으로 당위적 교육내용을 전달하는 것이 아니라, 학습자 스스로 생각하고, 체험하고, 느낀 내용을 다른 학생들과 나누는 과정을 통해 자연스럽게 자신의 가치관을 정립하게 된다. 또한 학습한 내용을 토대로 조별로 심화학습하고 그 내용을 실천해보는 프로젝트를 실시함으로써 학습한 내용이 체화될 수 있는 기회를 제공하고 있다. 이와 같은 제반의 교수활동은 표준화되어 교수자 매뉴얼에 근거하여 운영되고 있으며, 매주 담당교수 회의 및 학기별 워크숍을 통해 지속적으로 개선해 나가고 있다.

셋째, 아름다운 리더 코스는 교수자-학습자 밀착형 수업이다. 담당교수는 학생들과의 개별 면담 및 조별 면담을 통해 학생들에게 수업내용과 관련하여 피드백과 조언을 제공해 주고, 대학생활 및 향후 진로에 대한 상담자의 역할을 수행하고 있다. 교수-학생 밀착형 수업은 학생들에게 코스 프로그램에 대한 이해와 참여의지를 높일 뿐만 아니라, 학생들의 자긍심과 애교심 고취에도 긍정적인 영향을 미치고 있다. 더불어 학습자의 수업 활동 및 과제 수행을 돕고 멘토 역할을 수행하는 아리 코치 역시 학습자에게 밀착된 교육지원 서비스를 제공하고 있다.

### (2) 한양대학교: HELP(Hanyang Essential Leadership Plus)

한양대의 HELP는 사회와 기업이 요구하는 인재를 육성하기 위하여 1학년에서 4학년에 이르는 체계적인 리더십 개발 로드맵에 따라 개인의 리더십을 개발하도록 하는 프로그램이다. HELP는 한양대의 역사, 현재, 비전 및 사회와 기업이 요구하는 가치를 이해하고, 개인의 인생계획을 수립하는 1학년 단계, 글로벌 패러다임과 매너, 시장경제 원리 등 글로벌 역량 함양과 경영 마인드를 확립하는 2~3학년 단계를 거쳐, 로드맵을 완성하여 사회인으로서의 준비를 마치는 4학년 단계로 구성되어 있다.

| | |
|---|---|
| HELP 1.<br>핵심가치 중심의 리더십 | - 한양의 역사, 현재, 그리고 미래 비전<br>- 개인 Life Planning<br>- 사회(기업 및 공공기관 등)의 핵심가치 이해<br>- 대기업 인재개발원, 리더십 전문기관과의 제휴 |
| HELP 2.<br>글로벌 비즈니스 리더십 | - 글로벌 핵심역량의 개발을 목적으로 어학 등 타 교과목과 연계<br>- 창의력, 프레젠테이션 스킬, 커뮤니케이션 등 육성<br>- 이문화 교육 및 글로벌 에티켓 및 비즈니스 매너 습득 |
| HELP 3.<br>경영 마인드 확립 | - 기업에 대한 올바른 이해 및 경영 마인드의 확립<br>- 기업 경영에 요구되는 자본주의 및 시장 경제 원리의 이해<br>- 기업 인턴십과 연계한 기업이해 프로그램 운영 |
| HELP 4.<br>리더십 Roadmap 완성 | - 자신의 강·약점 분석을 바탕으로 준비된 리더 육성<br>- 인턴십 참가, 프레젠테이션 발표 등 실무 진입 |

1학년을 대상으로 하는 HELP1은 핵심가치를 중심으로 리더십을 익히는 프로그램이다. 대학생활을 새롭게 시작하는 신입생들의 올바른 가치관 확립에 역점을 두고 사회와 기업이 요구하는 핵심가치를 학습하게 된다. HELP1을 통해 나는 어떤 사람이 되어야 하는가, 어떤 리더가 되어야 하는가에 대한 가치관을 적립하게 된다. 2학년이 되면 글로벌 마인드셋, 글로벌 경쟁력을 갖추기 위한 HELP2 프로그램 제공된다. 다양한 글로벌 문화, 매너, 에티켓과 해외 시장을 개척해 나갔던 사례를 학습하면서 글로벌 경쟁력을 갖추어 나갈 수 있는 핵심 역량을 키우게 된다. 3학년이 되면 HELP3를 통해 시장 경제의 원리는 무엇인가, 자본주의와 기업 경영 마인드는 무엇인가 등을 학습함으로써 사회와 사회가 요구하는 기초적이고 필수적인 정신을 확립하게 된다. 4학년이 되면 사회 진출에 앞서 자신을 돌아보고, 자신의 강·약점을 분석함으로써 리더십 개발 로드맵을 완성하는 HELP4 프로그램이 제공된다.

# 참고문헌

- 김광수·신명숙·이숙영·임은미·한동숭(2003). 대학생과 리더십. 서울: 학지사.
- 김미경(2010). 인재육성을 위한 리더십 교육의 효과 분석. 한국교육논단, 9(1), 207-226.
- 김창진(2007). 대학 교양교육과정에서 공통필수 현황과 개선 방향: 21세기 대학에서 교양국어의 방향(2). 교양교육연구, 1(1), 55-90.
- 이난(2005). 교양강좌를 이용한 대학생 리더십 교육의 효과분석 Ⅰ. 사회과학논총, 20, 127-141.
- 최병순(2010). 군리더십: 이론과 사례를 중심으로. 북코리아.
- 최연(2009). 대학생을 위한 리더양성 프로그램: 자기변혁적리더십 모델과 훈련프로그램 개발사례. 인적자원개발연구, 12(1), 103-122.
- 허영주(2011). 글로벌 리더십 핵심역량 함양을 위한 대학 리더십 교육과정의 개선 방안. 교육과정연구, 29(4), 235-264.

- Bass, B. M.(1990). Stogdill's handbook of leadership. 3rd ed. London: The Free Press, Collier McMillan Publisher.
- Hughes, R. L., Ginnett, R. C., & Curphy, G. J.(1993). Leadership: Enhancing the Lessons of Experience. Homewood, Ill: Irwin.
- Manz, C. C.(1986). Self−leadership: Toward an expanded theory of self-influence processes in organizations. Academy of Management Review, 11, 585-600.
- Stogdill, R. M.(1974). Handbook of leadership: A survey of the literature. NY: Free Press.
- Yukl, G. A.(2006). Leadership in organization. 6th ed. NY: Prentice-Hall.

# 대학교육 서비스와 고용가능성

김 재 현

 ## 1. 교육서비스의 개념과 의의

### 1) 교육서비스의 개념

우리나라에서 교육서비스라는 용어는 아직 생소하고 널리 사용되지 않고 있다. 따라서 아직까지는 교육서비스에 대한 개념 정의가 명확하게 내려지지 않고 있으며, 학교교육이 서비스에 속하는지에 대해 이론의 여지가 있고, 순수교육학을 연구하는 학자들은 교육을 형이상학적 개념으로 보아 교육이 서비스에 포함되지 않는다고 생각하고 있다(유연숙, 2006). 다만 글로벌화와 경제자유구역 등 신자유주의와 세계화의 흐름으로 송도국제학교, 제주국제학교 등 외국 교육기관이 우리나라에 분교를 개교하며 산업적 관점에서 교육서비스라는 용어가 서서히 자리잡아가고 있다.

또한 인적자원개발, 평생교육, 교육경제학을 연구하는 학자들과 경영·경제학을 연구하는 학자들은 교육을 서비스의 범위에 포함하고 있다. 우리나라 표준산업 분류(KSIC: Korea Standard Industry Code)에서도 교육을 서비스(Code

Number:  O·교육서비스업)로 분류하고 있으며, GATT(General Agreement on Tariffs and Trade)의 서비스 분류에서도 교육이 포함되어 있고 호주·뉴질랜드·싱가포르·영국·말레이시아 등은 교육을 수출산업으로 분류하고 있다.

OECD(2008)는 'Higher Education to 2030: What Futures for Quality Access in the Era of Globalisation?'에서 대학교육의 미래를 1단계: Open Networking, 2단계: Serving Local Communities, 3단계: New Public Management, 4단계: Higher Education Inc.로 제시하였다. 이 중 4단계에서 교육서비스는 국제시장을 포함하여 생산·판매를 제공하는 기업처럼 운영될 것으로 예상하며 대학에 따라 연구와 교육을 별개의 상품으로 제공할 것이라 예측하였다. 4단계에서 가장 중요한 사항은 취업지도와 직업교육이고 GATT, FTA 등 무역자유화에 따라 4단계는 더욱 확대될 것으로 전망하였다.

교육서비스의 정의에 대해 Lovelock과 Charles(1985)는 '교육서비스의 행위는 무형적 활동이며, 서비스의 직접적인 대상은 사람으로서 사람의 정신에 대한 서비스이다.'고 정의했다. 그리고 Bitner와 Valarie(1998)는 '교육서비스는 대인간의 서비스로서 교원이나 학생에 의해 일방적으로 이루어지는 것이 아니고, 제공자인 교원과 고객인 학생 사이의 상호작용에 의해 이루어진다.'고 제시했다. 이경오(2000)는 교육서비스를 '교수, 교직원 등 공급자인 교육기관이 수요자인 학생에게 교육적 목적 달성에 관련된 유·무형의 서비스를 제공함으로써 소비자에게 물질적·정신적 만족을 실현시켜 주는 일체의 활동'으로 정의했다. 박주성 외(2003)는 교육서비스를 '대학의 관점에서 보면 서비스를 제공하는 활동이며, 고객의 관점에서 보면 경험의 총체로서 혜택의 묶음'으로 정의했다. 학교는 교육과 관련된 서비스를 학생, 학부모 등 교육수요자에게 제공하는 역할을 한다. 따라서 교육서비스는 학생과 학부모 등 교육수요자의 요구를 충족시키기 위해 학교와 교직원 등 교육서비스 공급자가 학생과의 상호작용을 통해 학생들에게 제공하는 모든 교육활동이다.

## 2) 교육서비스의 특징

교육서비스의 특징은 서비스의 일반적 특성과 유사하여 PZB(1985)가 규정한 서비스의 4대 특징이 그대로 적용된다. 왜냐하면 교육서비스는 일반 서비스와 마찬가지로 동일한 교육서비스를 다른 시·공간에서 동일하게 재연할 수 없으며 서비스 제공자의 특성에 따라 이질적으로 나타나기 때문이다. PZB(1985)는 이와 같은 서비스의 특징을 무형성(intangibility), 생산과 소비의 비분리성(inseparability of production and consumption), 소멸성(perishability), 이질성(heterogeneity)의 4가지로 정의했다.

먼저 서비스의 첫 번째 특징은 무형성이다. 무형성은 서비스와 재화를 구분하는 가장 기본적인 특징이다. 무형적이라는 것은 눈에 보이지 않는 것이며 동시에 인지하기가 쉽지 않다는 것이다. 그러나 이는 완전히 무형적이 아니라 유형적 부분에 비해 상대적으로 무형적인 속성이 강하다는 것을 의미한다. 제품은 소유를 전제로 하는 물체이지만 서비스는 경험을 일시적으로 향유하는 것이다. 서비스는 물체가 아닌 혹은 일련의 활동이므로 성과·경험으로만 상품을 인지할 수 없다. 이렇게 소유보다는 일시적 경험의 성격이 강한 서비스는 제품처럼 소유대상이 아닌 것이다. 즉 서비스는 행위이고 성과이기 때문에 객관적인 평가가 어려우므로 구매자들은 불확실성을 줄이기 위해 서비스품질에 대한 표식이나 증거를 추구하게 된다. 따라서 대다수 고객은 서비스 구매 시 위험을 줄이기 위해 가격프리미엄을 지불할 용의를 가지고 있다(Heskett, 1986).

다음으로 서비스의 두 번째 특징은 생산과 소비의 비분리성이다. 일반적인 재화는 생산-구매-소비의 순서로 진행되지만 서비스는 구매 후 생산과 소비가 동시에 발생한다. 즉 서비스제공자에 의해 제공되는 것과 동시에 고객에 의해 소비되는 성격을 가진다. 소비자가 서비스생산과정에 직접 또는 간접으로 참여함으로써 대량생산이 불가능한 것이다. 제품의 경우에는 구입 전 소비자가 시험해 볼 수 있지만 서비스는 구입 전 시험할 수 없어 사전에 품질통제가 어려우며, 생산자와 고객은 상호간에 영향을 미치므로 품질수준은 동일하지 않다. 이러한 생산·소비의 비분리라는 특징으로 인해 서비스에서는 인력관리가 중요하다. 대부분의 서비스과정은 고객의 눈에 보이지 않으므로 서비스 활동의 가시적 부분이 중요하다. 또한 서비스는 순간적 경험이므로 시간의 제약을 받게 되고 추후 사용의 목적으로 보관·저장이 거의 불가능하여 수요변화에 대한 완충역할이 어려우나 리드타임[1]이 짧다.

서비스의 세 번째 특징은 소멸성이다. 소멸성이란 서비스가 생산과 동시에 사라

---

[1] 상품 생산 시작부터 완성까지 걸리는 시간.

지기 때문에 저장할 수 없다는 특징을 의미한다. 판매되지 않은 유형제품은 재고로 보관할 수 있지만 판매되지 않은 서비스는 재고로 보관할 수 없고, 생산된 서비스를 재판매할 수도 없다. 서비스는 저장이 불가능하기 때문에 재고를 조절하기가 곤란하며, 서비스의 수요와 공급은 균형을 유지하기가 어렵다. 또한 구매된 서비스라 하더라도 1회로서 소멸하며 그와 동시에 서비스의 편익(benefit)도 사라지게 된다.

서비스의 네 번째 특징은 이질성이다. 서비스, 특히 노동집약적인 서비스는 제공자나 고객, 서비스 시간에 따라 변할 수 있다. 동일한 서비스도 고객에 따라 차이가 나는 것은 고객의 인지와 서비스에 대한 기대가 다르기 때문이다. 또한 서비스과정 중에 형성되는 인간관계는 서비스 제공자와 고객에 따라 달라지므로 공장에서 상품을 제조할 때와 같이 획일적인 표준화가 곤란하다. 그러나 기본적으로 고객의 서비스 경험은 어느 정도 일관성이 유지될 수 있어야 한다. 한 가지 방법은 표준화를 통해 유도하는 방법으로 우선 고객의 선택범위를 제한하거나 운영시스템 설계를 통해 직원의 자의성을 한정시키는 방법이 있다. 반면 서비스의 이질성 문제와 고객에 따른 개별화의 기회를 동시에 제공하는데, 즉 개별 고객으로부터 주문을 받아 서비스를 제공할 수 있는 기회를 갖는다. 이와 같이 PZB(1985)는 서비스의 특성을 네 가지로 규정하며 〈표 5-1〉과 같이 문제점과 해결방안을 제시하였다.

교육서비스는 교육이라는 무형의 제품을 학생들에게 제공하는 교육기관의 행위로서 PZB(1985)가 제시한 서비스의 특성을 공통적으로 지닌다. 하지만 은행, 통신, 의료 등 영리를 위한 서비스와는 다른 교육기관만의 서비스 특징이 존재한다. 유연숙(2006)은 다른 서비스와는 다른 교육서비스만의 특징에 대해 다음과 같이 제시했다.

첫째, 교육서비스는 인적 상호작용 서비스이다. 서비스조직은 유지 상호작용조직, 과업 상호작용조직 및 인적 상호작용조직으로 분류할 수 있는데, 학교는 인적 상호작용조직에 속하며 은행, 보험, 광고 등과는 차원이나 속성 면에서 크게 다르다. 교육서비스는 서비스 제공자인 교원과 학생과의 직접적인 접촉에 의하여 이루어지기 때문에 이들 사이의 상호작용이 교육서비스 품질에 많은 영향을 미친다(최상두, 2005).

둘째, 교육서비스는 순수 서비스이며 많은 접촉을 요구한다. 교육서비스는 공급자인 교직원과 수요자인 학생과의 접촉에 의해 이루어진다. 동시에 교육서비스는 순

| 표 5-1 | <<< 서비스의 특징과 문제점 | | | |
|---|---|---|---|---|
| 서비스<br>특징 | 무형성<br>(Intangibility) | 비분리성<br>(Inseparability) | 이질성<br>(Heterogeneity) | 소멸성<br>(Perishability) |
| 기<br>본<br>개<br>념 | - 그 실체를 보거나 만질 수 없다는 객관적 의미<br>- 객관적 의미로 인해 그 서비스가 어떤 것인가를 상상하기 어렵다는 주관적 의미 | - 생산과 소비의 비분리성은 생산과 소비가 동시에 발생하는 것을 의미<br>- 생산과 동시에 소비, 반영구적, 재고 없는 상품 | - 고객에게 다양한 서비스를 제공하므로 이질적임 | - 서비스의 비분리성에 기인하는 특징으로 서비스는 저장할 수 없다는 것 |
| 문<br>제<br>점 | - 진열·의사소통의 곤란<br>- 가격설정 기준의 불명확<br>- 특허보호가 곤란<br>- 저장이 불가능 | - 고객의 생산참여<br>- 다른 고객의 생산참여<br>- 집중화된 품질통제의 어려움 | - 표준화와 품질통제의 어려움 | - 재고보관의 어려움 |
| 해<br>결<br>방<br>안 | - 유형적 단서 강조<br>- 인적접촉 강화<br>- 구전 중요성 인식<br>- 조직이미지 강화<br>- 원가회계를 이용한 가격정책 | - 고객 접점 직원의 선발과 훈련 강화<br>- 고객관리<br>- 여러 지역에서 서비스 망 구축 | - 서비스의 공업화/개별화 | - 수요변동에 대처하는 전략수립<br>- 수요와 공급의 동시화 |
| 연<br>구<br>자 | - Bateson(1977)<br>- Berry(1980)<br>- Langeard et. al.(1981) | - Booms, Bernard, & Bitner (1981)<br>- Bateson(1977)<br>- Upah(1980) | - Berry(1980)<br>- Booms, Bernard, & Bitner (1981) | - Bateson(1977) |

출처: PZB(1985). p. 47.

수서비스이며, 전문서비스라 할 수 있다.

　셋째, 교육서비스는 사람중심의 서비스이다. 서비스산업은 자본집약적 산업이라기보다는 노동집약적 산업이다. 오늘날 서비스산업이 자본에 의한 자동화, 기계화된다고 하여도 인간의 노동과 전문가의 기술이나 기능이 서비스의 중심이 된다. 병원이나 호텔 등은 설비가 중요한 반면 학교교육은 사람이 중요시된다. 학교교육은 사람이 중심이 되어 이루어지며 과거에는 설비에 의한 교육이 이루어지지 않았으나 정보화 시대에 있어서는 교육설비의 중요성이 점차 커지고 있다(이상환·이재철, 2001).

넷째, 서비스의 행위는 유형적 행동과 무형적 행동으로 나눌 수 있고, 서비스의 직접적인 대상은 사람과 사물로 나눌 수 있는데, 교육서비스의 행위는 무형적 행동이며, 서비스의 직접적인 대상은 사람으로서 사람의 정신에 대한 서비스이다 (Lovelock & Charles, 1985).

다섯째, 교육서비스는 지속적인 거래관계이며 회원관계이다. 서비스는 제공 성격에 따라 지속적인 거래와 비지속적인 거래로 나눌 수 있다. 우리나라 학교교육은 그 학교에 입학한 학생에 대해 이루어지기 때문에 회원관계이며, 그 학생에 대하여 2년에서 6년간 계속적으로 제공된다. 서비스 제공시 회원관계를 갖게 되면 고객의 파악이 용이하고, 그들이 어떻게 서비스를 이용하고 있는지를 기록에 의해 분석할 수 있다. 또한 고객과 보다 밀접한 관계를 유지할 수 있으며, 고객의 만족도를 높일 수 있다(Lovelock & Charles, 1985).

여섯째, 학교교육은 교원이 학생의 요구에 따라 발휘할 수 있는 재량권이 많으며, 학생에 따라 서비스를 변화시킬 수 있는 정도는 낮다(Lovelock & Charles, 1985). 개별 서비스제공자는 자신의 개인적, 주관적 판단에 따라 고객의 다양한 욕구에 대한 서비스를 제공한다. 교육서비스를 제공하는 교원은 학생의 욕구에 따라 발휘할 수 있는 재량의 정도가 높은 반면, 고객인 개별 학생에 따라 서비스를 제공하기 어려운 점은 선진국에 비해 교원 1인당 학생수가 많기 때문이다. 교육서비스는 공급자의 고도의 개인적 판단을 요하지만, 학생 모두에게 적합하게 개별화되지 않는다.

일곱째, 학교교육은 고객인 학생이 학교로 가서 서비스를 받으며, 서비스를 제공받을 수 있는 장소는 단일 입지이다(Lovelock & Charles, 1985). 학교교육은 고객인 학생이 단 하나의 학교에 가서 교육서비스를 받기 때문에 거리나 교통편 등 불편이 따를 수 있다.

여덟째, 교육서비스는 대인간 서비스이다. 학교교육은 제공자인 교원이나 고객인 학생에 의해 일방적으로 이루어지는 것이 아니고, 제공자인 교원과 고객인 학생 사이의 상호작용에 의해 이루어진다(Bitner & Valarie, 1998).

아홉째, 교육서비스는 높은 인력 집약도와 낮은 고객과의 상호작용·표준화로 대량서비스를 제공한다(Lovelock & Charles, 1985). 학교교육은 차별화되지 않은 서비스를 많은 학생들에게 제공하므로 교사와 개별 학생과의 상호작용 수준이 낮으며, 교사에 의해 이루어지므로 인력집약도가 높다.

　　이와 같은 서비스와 교육서비스에 관한 주장에 따라 교육서비스의 특징을 제시하면 다음과 같다.

　　첫째, 교육서비스는 교수와 학생, 교육기관 간 상호작용을 기반으로 한다. 특히 다른 서비스와는 달리 교육서비스는 최소 한 학기 동안 교수와 학생의 상호작용으로 이루어지며, 여기에는 교육기관이 제공하는 부수적 서비스가 동반된다. 따라서 무형성이라는 서비스의 특징을 갖지만 공급자와 수요자가 오랜 기간 상호작용을 통해 제공된다는 점이 교육서비스의 고유한 특성이다. 아울러 일반 서비스와는 달리 교수와 학생의 상호작용이 일어나지 않을 경우 학생의 수업몰입과 만족도가 현저히 낮아질 수 있다.

　　둘째, 교육서비스는 오랜 세월에 걸쳐 축적되고 구전되는 특징을 갖는다. 교육서비스는 서비스 제공과 함께 소멸되는 특성을 갖지만 구전을 통해 향후 교육기관에 입학할 예비 수요자에게 해당기관의 교육서비스의 질이 전해지는 특성이 있다. 이는 곧 교육기관의 명성과 학생모집으로 이어져 교육서비스를 제공하는 기관의 경영을 위협하기도 한다. 아울러 가격과 제품의 질이 고객을 유인하는 중요한 특징인 다른 서비스와는 달리 교육서비스는 오랜 전통과 역사를 갖고 사회적으로 명성이 높은 기관을 선호하는 경향이 있다. 이러한 특성은 교육서비스가 다른 서비스와 차별적인 속성이다.

　　셋째, 교육서비스는 공급자의 서비스 질에 따라 수요자인 학생의 휴먼웨어와 생애설계에 영향을 미친다. 교육서비스는 공급자인 교수와 교육기관의 질이 중요한 요소이다. 교수가 열정적으로 교재, 강의법, 교육내용 등을 개발하여 최신 지식과 기술을 학생들에게 제공하고 긴밀한 상호작용을 통해 학생들의 학업을 피드백 해주면 학생들의 휴먼웨어(humanware)는 향상된다. 반면 학생에게 무관심하고 단순히 할당된 시간만 채우고 학생들의 능력개발에 신경을 쓰지 않으면 교육서비스의 질은 낮아지고 학생들의 휴먼웨어 개발은 오로지 학생들의 몫이 된다. 따라서 교육서비스는 수요자인 학생들의 역량 및 휴먼웨어 개발, 경력설계와 경력개발에 영향을 미치는 특성을 갖는다고 할 수 있다.

넷째, 교육서비스는 장기적으로 제공되는 특징을 갖는다. 의료, 금융, 레저 등 다른 형태의 서비스와는 달리 교육서비스는 초등학교의 경우 6년, 중·고등학교 3년, 대학교 4년, 전문대학 2~3년 등 장기간 서비스가 제공되는 속성을 지닌다. 따라서 교육서비스의 수요자인 학생의 입장에서는 교육서비스를 제공하는 교육기관을 선택할 때 신중하고 여러 요소를 고려하여 선택이 이루어진다. 특히 우리나라의 경우 대학진학에 대한 학부모의 교육열이 사회문제로 고착화되어 있다. 이러한 교육열의 근본적인 원인은 자식의 대학진학이 성공적으로 이루어지도록 교육서비스를 제공하는 고등학교로의 입학을 갈망하고, 대학 역시 대학에서의 질 높은 교육서비스를 통해 사회의 지위경쟁에서 이기고자 하는 욕구이다. 이는 교육서비스는 일단 선택하게 되면 다른 서비스와는 달리 장기적으로 제공받는 것이기 때문이다.

다섯째, 교육서비스는 일단 선택하면 포기와 중도탈락이 쉽게 이루어지지 않는 특성을 지닌다. 특히 대학과 같은 고등교육기관에서는 대학 교육서비스를 선택하여 입학한 후 교육서비스가 만족스럽지 않을 경우 휴학을 하거나 남학생의 경우 군대에 입대하는 결정을 내린다. 다른 서비스의 경우 취소와 환불 등의 결정을 수요자들이 내리지만, 교육서비스는 교육기관에서의 자퇴와 중도탈락과 같은 결정을 내려야 하므로, 수요자들이 해당 교육기관을 포기하는 경우가 드물게 나타나고 있다. 더욱이 초·중·고등학교의 경우 해당 교육기관의 교육서비스를 중도에 포기하려면, 다른 지역으로 이사를 가서 전학을 가거나 교육기관 자퇴 후 검정고시와 같은 다른 방법을 모색해야 하므로 교육기관에 대한 포기와 중도탈락 결정이 고등교육기관보다 더욱 어려운 실정이다.

## 2. 고용가능성의 개념과 의의

### 1) 고용가능성 개념의 변천

고용가능성의 개념은 1955년경부터 사용되었으나(Versloot, Glaude & Thijssen, 1998), 경험적으로 연구되기 시작한 것은 1990년대 후반부터이다(Van der Heijde

& Van der Heijden, 2006). 1950년대부터 1960년대까지의 연구에서 고용가능성은 주로 경제적 목적, 즉 완전 고용을 획득하는 목적으로 사용되었다(Forrier & Sels, 2003). 고용가능성의 개념이 등장할 당시에는 평생직장과 평생고용의 개념이 지배적인 사회였기에 고용가능성의 초점은 실업자 문제와 노동시장에 진입할 때 직면하는 과제를 해결하는 것이었다.

시대 흐름에 따라 고용안정성이 불확실해지고 근로자들이 다른 직장으로의 이직과 이동을 하는 것이 보편화됨에 따라 고용가능성은 개인의 경력개발(career development) 차원에서 논의되기 시작하였다. 즉 사회경제적 여건이 변화함에 따라 개인의 경력이 더 이상 한 명의 고용주 또는 하나의 직업에만 관련된 개념이 아니라는 생각이 일반화되었으며, 최근에는 미래의 고용 기회 확보라는 관점에서 개인의 고용가능성이 매우 중요하게 인식되고 있다(Thijssen, Van der Heijden & Rocco, 2008).

이러한 시대 흐름에 따른 고용가능성 관점의 변화에 대해 Versloot과 Glaude 그리고 Thijssen(1998)은 〈표 5-2〉와 같이 제시했다. 1970년대에는 사회적 관점에서 한 사회의 유연성에 문제를 두고 있었으며, 1980년대에는 조직적 관점에서 한 기업의 유연성에 관심을 두고 있었다. 1990년대 들어와서는 개인적 관점에서 근로자 개인의 유연성에 관심을 두기 시작하였다. 관심의 영역 역시 1970년대에는 사회의 유연성에 초점을 두었다면, 1980년대에는 기업의 유연성, 1990년대에는 개인의 유연성으로 시대에 따라 변화하였다. 그리고 고용가능성의 목적에 있어서도 1970년대에는 완전고용과 재정적 부담의 감소를 위한 것이었던 것이, 1980년대 들어서 결핍 또는 잉여 자원이 없는 효율적이고 효과적인 인적자원관리로 설정하였다. 1990년대에는 내부 또는 외부 노동시장에서의 개인의 구직 기회를 목표로 하여 고용가능성의 목표가 시대별로 변화되었다. 또한 핵심목표 집단에 있어서도 1970년대에는 숙련되지 않은 학업중단자와 사회적 약자를 대상으로 하였고, 1980년대에는 중간 및 하위 단계로 평가된 종업원 집단, 1990년대에는 현재 고용여부에 관계없이 고용되기를 원하는 모든 개인으로 변화하였다.

| 표 5-2 | <<< 시대적 흐름에 따른 고용가능성에 대한 관점 변화 | | |
|---|---|---|---|
| 구 분 | 1970년대 | 1980년대 | 1990년대 |
| 관 점 | 사회적 관점 | 조직적 관점 | 개인적 관점 |
| 관심영역 | 고용가능성 : 한 사회의 유연성(flexibility) | 고용가능성: 한 기업의 유연성(flexibility) | 고용가능성: 근로자 개인의 유연성(flexibility) |
| 고용가능성의 목적 | 완전 고용 및 재정적 부담의 감소 | 결핍 또는 잉여 자원이 없는 효율적이고 효과적인 인적자원관리 | 내부 또는 외부 노동시장에서의 개인의 구직 기회 |
| 개입의 단위 | 중앙 또는 지방 당국 | 공공 또는 개인 기업 | 근로자 개인 |
| 핵심 목표 집단 | 숙련되지 않은 학업중단자 및 사회·경제적 약자 | 조직 개편 중인 기업 내에서 중간 및 하위 단계로 평가된 종업원 집단 | 현재 고용 여부에 관계없이 고용되기를 원하는 모든 개인 |
| 핵심 수단 및 내용 | - 기업에 대한 정부의 고용 지원 정책<br>- 실업자들에 대한 기술 교육 | - 양적 유연성(quantitative flexibility)과 질적 유연성(qualitative flexibility)을 포함하는 조직 내 인사관리 | - 노동시장의 문제에 대처하는 개인의 능력으로서의 개인의 자기 진로 관리(career self-management)<br>- 종업원의 책임감과 자기주도성을 향상시키기 위한 기업의 지원 |

출처: Versloot, Glaude & Thrijssen(1998). p. 54.

## 2) 고용가능성의 개념

고용가능성은 간결하고 종합적으로 정의하기 어려운 용어이다. 그 이유는 고용가능성이라는 개념에 대한 경험적 연구가 1990년대 후반에 이르러서야 비로소 시작되었기 때문이며, 이와 함께 경영전략, 인적자원관리, 인적자원개발, 심리학, 교육학, 진로이론 등 광범위한 범위에 걸쳐 개인, 조직, 산업 등 다양한 관점과 수준에서 접근되었기 때문이다(Thijssen, Van der Heijden & Rocco, 2008).

이로 인해 고용가능성의 개념은 사전적으로 '개인의 고용을 가능하게 하는 특성(character) 또는 자질(quality)'로 간단하게 정의되기도 하지만, 적용되는 관점 및 맥락에 따라 다양한 개념 정의가 사용되고 있다(McQuaid & Lindsay, 2005). Hillage

와 Pollard(1998)는 이와 같이 다양한 맥락에서 고용가능성의 개념이 활용되므로 기술적 개념정의는 명확성과 정확성을 떨어뜨릴 수 있다고 강조했다. 본 연구에서는 고용가능성의 개념에 대해 개인적 차원, 통합적 차원으로 접근한 정의를 고찰하고 본 연구를 위한 조작적 정의를 도출하고자 한다.

먼저 개인적 차원에서 접근한 경우 노동시장에서의 요구에 대응하기 위해 개인이 갖추어야 할 능력, 역량, 유연성 등을 강조하고 있다. Fugate와 Kinicki 그리고 Ashforth(2004)는 고용가능성을 '근로자가 경력 관련 기회를 확인하고 실현할 수 있게 하는 일과 관련된 적극적인 적응력'으로 정의하며 직업세계에서 나타나는 경력과 관련된 급격한 변화에 대처하기 위해 개인이 고용가능성을 갖출 것을 강조하였다. 이들은 고용가능성을 적응적 인지, 행동, 정서를 촉진시키고 개인과 일 간의 소통을 강화시키는 개인 특성을 구체화한 심리사회적(psycho-social)인 개념으로 규정하였다. 특히 고용가능성은 진로정체성(career identity), 개인적 적응력(personal adaptability), 사회적·인적자본(social and human capital)의 세 가지 차원으로 구성된 개념으로 일과 관련된 개인의 주도적인 적응력(proactive adaptability)을 강조하고 있다.

Van der Heijde와 Van der Heijden(2006) 역시 개인적 차원에서 조직 내 재직자들에 대한 연구를 통해 고용가능성에 대한 역량기반적 접근(competency based approach)을 시도하였다. 그들은 고용가능성을 '자신의 역량(competencies)을 최대한으로 활용하여 계속적으로 일을 수행하고, 일을 획득하거나 만들어내는 것'으로 정의하였다. 또한 고용가능성을 직업적 전문성(occupational expertise), 기대와 최적화(anticipation and optimization), 개인적 유연성(personal flexibility), 기업적 감각(corporate sense), 고용주와의 관계에 있어서의 균형(balance) 등 다섯 가지 차원으로 구성된 개념으로 규정하였다.

그리고 영국의 경제단체인 Confederation of British Industry(1999)는 고용가능성을 '개인이 고용주 및 고객들의 변화되는 요구를 충족시키기 위해 요구되는 자질과 역량을 소유하고, 이를 통해 일에 있어서의 자신의 포부(aspiration)와 잠재력(potential)을 실현하게 하는 것'으로 정의하고 있다. 이와 같은 개념정의는 고용가능성을 조직이나 산업보다는 개인에 초점을 맞추고 개인의 능력, 역량개발을 강조한 것이다.

　　한편 고용가능성에 대한 통합적 접근법으로 캐나다 인적자원개발위원회 (Canadian Labour Force Development Board, 1994)는 고용가능성을 '개인 환경과 노동시장 환경이라는 주어진 조건 속에서 의미 있는 고용을 획득하는 개인의 상대적 능력(capacity)'으로 정의한다. 이러한 정의는 내적 환경요인인 개인 환경과 외적 환경요인인 노동시장 환경을 고려한 것으로 내·외부 환경을 모두 고려한 통합적 접근이라 할 수 있다.

　　이와 유사하게 통합적 접근을 시도한 Hillage와 Pollard(1998)는 고용가능성을 '최초의 고용을 획득하고, 고용을 유지하며, 한 조직 내에서 다양한 역할을 수행하고, 필요한 경우 새로운 고용을 획득함으로써, 궁극적으로 안정적이고 실현가능한 일을 확보하는 개인의 능력(ability)'으로 정의하였다. 이는 실업자뿐만 아니라 이미 고용된 상태에서 다른 직장으로의 이직과 전직을 희망하는 경제활동을 하는 재직자를 모두 포함하는 개념이다. 이러한 관점에서 고용가능성은 '지속적인 고용을 통해 자신의 잠재력(potential)을 실현할 수 있도록 노동시장 내에서 자유롭게 이동할 수 있는 능력(ability)'를 포함하게 되며(김성남, 2009), 개인에게 고용가능성이라는 개념은 개인이 갖고 있는 지식(knowledge), 기술(skill), 태도(attitude)와 인적자본 (human capital)에 따라 달라진다.

　　또한 최근에는 고용가능성의 개념을 개인의 경력개발 관점에서 보다 확장하거나, 개인이 지각하는 고용가능성(self-perceived employability)에 대한 자기보고식 측정을 통해 고용가능성을 새로운 관점에서 접근하려는 시도가 이루어지고 있다(김성남, 2009). 먼저 Rothwell과 Arnold(2007)는 고용가능성을 '현재의 직업을 유지하거나 원하는 직업을 얻을 수 있는 능력'으로 정의하였다. 이들은 Hillage와 Pollard (1998)가 정의한 고용가능성의 개념이 너무 다차원적이며, '잠재력의 실현'과 같은 모호한 표현이 있음을 지적하며 경력(career) 대신에 직업(job)이라는 용어를 사용하여 개념정의를 보다 분명히 하였다. 또한 고용가능성에 대한 정의를 기반으로 '내적 노동시장(internal labour market)과 외적 노동시장(external labour market)' 및 '개인적 속성(personal attribute)과 직업적 속성(occupational attribute)'의 두 가지 개념 축을 제시하고 자기보고식(self-reporting) 측정도구를 개발하여 개인이 지각하는 고용가능성 척도를 개발하였다.

　　그리고 Thijssen과 Van der Heijden 그리고 Rocco(2008)는 생애 고용가능성

(lifelong employability)을 강조하며 '평생 고용가능성(lifetime employability)'을 '모든 경력단계에서 변화하는 노동시장에 대처하기 위한 자격(qualification)을 획득·유지하고 활용하려는 행동경향'으로 정의하였다. 이들은 고용가능성의 개념을 개인이 일생동안 평생에 걸쳐 자격을 획득하고 유지하고 활용하기 위한 능력을 갖추는 지속적 행위로 규정하며 평생고용가능성에 대한 자기보고식 측정도구를 개발하였다.

김성남(2009)은 고용가능성을 '노동시장 및 직업세계의 변화에 유연하게 대응하면서 고용을 획득하고, 지속적으로 유지하며, 이를 통해 자신의 직업적 성공이 가능할 수 있도록 개인에게 요구되는 역량'으로 규정하였다. 그리고 대학생의 고용가능성 수준을 진단하기 위해 구직준비도(employment readiness) 및 고용적합능력(employability skills)의 두 영역으로 구분하였다. 구직준비도는 '대학 졸업 후 노동시장 진입을 위해 구직 목표를 설정하고, 이에 대한 정보를 탐색하며, 이를 바탕으로 구직을 위한 전략을 수립하고 실행한 정도'를 의미하며, 고용적합능력은 '고용환경 전반에 적합한 능력으로서, 고용의 획득·유지·발전 및 적응에 공통적으로 요구되는 능력'을 의미한다. 구직준비도와 고용적합능력 두 영역에서 각각 하위영역 4개와 5개를 설정하여 대학생의 고용가능성 척도를 개발하였다. 이러한 고용가능성에 대한 개념을 종합적으로 정리하면 〈표 5-3〉과 같다.

이와 같은 고용가능성의 정의를 종합적으로 살펴보면, '고용', '대처', '획득', '능력'과 같은 개인적 속성이 공통적으로 강조되고 있음을 알 수 있다. 그리고 '노동시장', '환경', '조직' 등 개인을 둘러싼 환경적 속성이 언급되고 있다. 이는 고용가능성이 외부환경의 변화에 대처하기 위해 개인이 갖추어야 할 능력과 역량의 속성을 갖고 있음을 나타낸다. 따라서 고용가능성의 개념은 '개인이 노동시장의 변화에 대처하기 위해 전 생애에 걸쳐 고용을 획득하고 지속적으로 유지시키기 위한 역량'으로 정의될 수 있다. 이 때 고용가능성은 고용관련 기회를 지속적으로 확인하고 실현하는 구직활동과 미래 변화된 노동시장에서 경쟁력을 갖추기 위한 인적자원개발 활동을 포함한다.

| 표 5-3 | <<< 연구자별 고용가능성에 대한 정의 |
| --- | --- |
| 연구자 | 정    의 |
| Fugate, Kinicki and Ashforth(2004) | 근로자가 경력 관련 기회를 확인하고 실현할 수 있게 하는 일과 관련된 적극적인 적응력 |
| Van der Heijde and Van der Heijden(2006) | 자신의 역량(competencies)을 최대한으로 활용하여 계속적으로 일을 수행하고, 일을 획득하거나 만들어내는 것 |
| Confederation of British Industry(1999) | 개인이 고용주 및 고객들의 변화되는 요구를 충족시키기 위해 요구되는 자질과 역량을 소유하고, 이를 통해 일에 있어서의 자신의 포부(aspiration)와 잠재력(potential)을 실현하게 하는 것 |
| Canadian Labour Force Development Board(1994) | 개인이 고용주 및 고객들의 변화되는 요구를 충족시키기 위해 요구되는 자질과 역량을 소유하고, 이를 통해 일에 있어서의 자신의 포부(aspiration)와 잠재력(potential)을 실현하게 하는 것 |
| Hillage and Pollard(1998) | 최초의 고용을 획득하고, 고용을 유지하며, 한 조직 내에서 다양한 역할을 수행하고, 필요한 경우 새로운 고용을 획득함으로써, 궁극적으로 안정적이고 실현가능한 일을 확보하는 개인의 능력(ability) |
| Rothwell and Arnold(2007) | 현재의 직업을 유지하거나 원하는 직업을 얻을 수 있는 능력 |
| Thijssen, Van der Heijden and Rocco(2008) | 모든 경력단계에서 변화하는 노동시장에 대처하기 위한 자격(qualification)을 획득·유지하고 활용하려는 행동경향 |
| 김성남(2009) | 노동시장 및 직업세계의 변화에 유연하게 대응하면서 고용을 획득하고, 지속적으로 유지하며, 이를 통해 자신의 직업적 성공이 가능할 수 있도록 개인에게 요구되는 역량 |

## 3) 대학생의 고용가능성 구성요소

대학생의 고용가능성을 구성하는 요소는 다양하다. 선행연구에서 제시한 고용가능성의 구성요소를 종합적으로 분석하여 대학생의 고용가능성 구성요소를 구분하면 크게 개인의 심리적 요소, 개인의 능력, 노동시장에 대한 감각, 대학에 대한 인식의 4가지로 분류할 수 있다.

### (1) 개인의 심리적 요소

대학생의 고용가능성을 구성하는 첫 번째 요소는 개인의 심리적 요소이다. 여기에는 자기이론과 자아효능감, 경력정체성과 같은 것이 포함된다. 먼저 Knight와

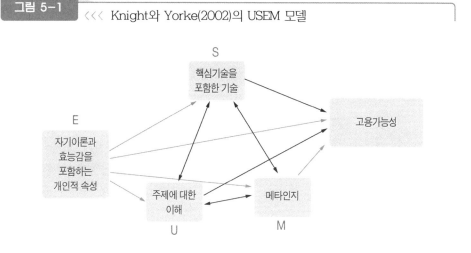

그림 5-1  ≪≪≪ Knight와 Yorke(2002)의 USEM 모델

출처: Knight and Yorke(2002). p. 265.

Yorke(2002)는 대학졸업자의 고용가능성과 대졸자 수준의 고용 사이의 관계를 탐색하는 연구를 진행하여 [그림 5-1]과 같은 USEM 모델을 제시하였다. USEM 모델은 U(주제에 대한 이해), S(핵심기술을 포함한 기술), E(자기이론과 효능감을 포함하는 개인적 속성), M(메타인지)으로 구성되며, 모든 학생들과 졸업생들을 포괄할 수 있는 자기이론과 개인적 속성에 기반한 모델이다(Knight & Yorke, 2002). Knight와 Yorke(2002)는 고등교육(higher education)이 '상징적인 분석가(symbolic analysts)'를 양성하는 기능도 있지만 '경제 발전(economic development)'에도 기여해야 함을 주장하며 고등교육을 통해 특정한 지식과 기술에 대한 이해와 증진을 도모해야 함을 강조하였다. Knight와 Yorke(2002)가 제시한 USEM 모델 가운데 E(자기이론과 효능감을 포함하는 개인적 속성) 영역은 대인관계적 측면을 포함하는 모든 상황에서 개인의 태도(manner)에 대한 중요한 자산(asset)을 나타낸다. 이러한 자기이론과 자아효능감은 고용가능성의 다른 요소는 물론 고용가능성에도 직접적인 영향을 미치는 요인으로 밝혔다. 즉 자신에 대해 객관적으로 바라보는 것과 자기 자신에 대한 효능감이 고용가능성을 구성하는 가장 기초가 되는 요소임을 규정한 것이다.

다음으로 Fugate와 Kinicki 그리고 Ashforth(2004)는 고용가능성의 개념을 일과 관련된 개인의 적극적인 적응력(adaptability)으로 정의하며 경력정체성(career identity), 개인적 적응력(personal adaptability), 사회적·인적 자본(social and human capital)의 세 가지 구성요소를 제시하였다. 이 가운데 개인의 심리적 요소와 관련된 요소는 '경력정체성'으로 이는 경력과 관련된 맥락 속에서 개인이 스스로를 정의하는 방식으로 나타나며, 경력기회를 탐색하는 데 사용되는 '인지적 나침반'의 역할을 하는 것으로 개념화된다. 그리고 '나는 누구인가(Who I am)' 또는 '나는 어떤 사람이 되고 싶은가(Who I want to be)'와 같은 질문에 대한 답으로 인식될 수 있으며, 특정한 직업적 맥락 안에서 사람들이 스스로를 정의하는 방식과 관련된 역할 정체성(role identity), 직업적 정체성(occupational identity), 조직적 정체성(organizational identity) 등의 개념과 유사하다.

그리고 Rothwell과 Herbert 그리고 Rothwell(2008)이 제안한 고용가능성의 네 가지 구성요소 중 '자기 신념' 역시 학업과 학문적 성취에 대한 몰입, 자신의 기술과 능력에 대한 자신감을 의미한다. 이는 개인의 심리적 요인이 고용가능성을 구성하는 주요변인임을 확인한 것이다. 따라서 대학생의 심리적 요인이 고용가능성을 형성하는 기초적 요소임을 알 수 있다.

### (2) 개인의 능력

대학생의 고용가능성을 구성하는 두 번째 요소는 개인의 능력이다. 개인의 능력은 흔히 K·S·A(Knowledge, Skill, Attitude)로 대변되는 개인의 지식, 기술, 태도를 의미한다. 이와 관련해 Hillage와 Pollard(1998)는 고용가능성이 자산(asset), 전개(deployment), 제시(presentation), 맥락(context)의 네 가지 요소로 구성됨을 제안하였다. 여기에서 '자산(asset)'이 개인의 능력과 관련된 요소이다. Hillage와 Pollard (1998)는 '자산(asset)'을 개인이 갖고 있는 지식, 기술, 태도 등으로 규정하고, '기초자산(baseline assets)', '중간자산(intermediate assets)', '높은 수준의 자산(high level assets)'으로 구분될 수 있다고 하였다. 기초자산은 기본 기술 및 성실성, 정직성 등과 같이 개인이 가진 기본적 능력과 특성을 의미한다. 중간자산은 특정한 직업적 기술 및 의사소통능력, 문제해결능력, 동기 및 자기주도성 등과 같은 핵심기술(key skills)을 나타난다. 그리고 높은 수준의 자산은 팀워크, 자기관리 등과 같이 조직적 차원에서 조직의 성과에 기여할 수 있는 기술을 의미한다.

그리고 Knight와 Yorke(2002)가 제시한 USEM 모델에서 S영역은 '핵심기술을 포함한 기술'을 의미하는 것으로 대학졸업자의 고용가능성과 대졸자 수준의 고용 사이의 관계를 탐색하는 연구에서 높은 영향력을 갖는 요소로 분석되었다. 그리고 McQuaid와 Lindsay(2005)가 제시한 고용가능성의 요소에서도 개인의 능력이 중요한 것으로 분석되었다. McQuaid와 Lindsay(2005)는 고용가능성을 노동시장 정책을 위한 중요한 개념으로 설정하고 고용가능성의 세 가지 요소로 개인적 요인(individual factors), 개인적 상황(personal circumstances) 그리고 외부적 요인(external factors)의 세 가지를 제시하였다. 여기서 개인적 요인 가운데 '고용가능성 기술 및 속성(employability skills and attributes)'이 개인의 능력과 관계된 요소이다. 한편 McQuaid와 Lindsay(2005)는 '고용가능성 기술 및 속성'이 고용가능성의 협의의 개념을 대부분 포함한다고 제시하였다.

다음으로 Van der Heijde와 Van der Heijden(2006)의 연구에서도 개인의 능력을 고용가능성의 구성요소로 제시하였다. Van der Heijde와 Van der Heijden(2006)은 고용가능성을 '자신의 역량(competencies)을 최대한으로 활용하여 계속적으로 일을 수행하고, 일을 획득하거나 만들어내는 것'으로 정의하며 직장인을 대상으로 역량기반적(competency-based)이고 다차원적(multidimensional)인 고용가능성 척도를 개발하였다. 이들이 제시한 고용가능성의 다섯 가지 요소 가운데 '직업적 전문성(occupational expertise)'이 개인의 지식, 기술, 태도 등이 능력을 의미한다. 먼저 Van der Heijde와 Van der Heijden(2006)은 '직업적 전문성'을 직장인에게 긍정적인 경력 결과(career outcome)를 위한 전제조건으로 제시하며 Boudreau와 Boswell 그리고 Judge(2001)와 Onstenk와 Kessels(1999)의 주장과 같은 맥락에서 직업적 전문성을 고용가능성의 필수적인 요소로 강조하였다. 이를 통해 대학생이 보유하고 있는 지식, 기술, 태도와 같은 휴먼웨어(humanware)와 능력이 고용가능성을 구성하는 핵심적 요소임을 알 수 있다.

## (3) 노동시장에 대한 감각

대학생의 고용가능성을 구성하는 세 번째 요소는 노동시장에 대한 감각이다. 노동시장에 대한 감각이란 대학생이 외부 노동시장의 변화를 감지하고 능동적으로 대처할 수 있는 능력을 의미한다. Hillage와 Pollard(1998)가 제시한 고용가능성의 네 가지 요소 중 '제시(presentation)'가 여기에 해당한다. 이는 고용을 확보하기 위한 핵심요소로서 개인이 보유하고 있는 '자산(assets)'을 효과적으로 노동시장에 표현하는 능력과 관련된 것으로, 이력서 작성, 자격증 취득, 인터뷰 기술, 일 경험 등을 포함한다(Hillage & Pollard, 1998). 또한 Knight와 Yorke(2002)가 제시한 고용가능성의 USEM 모델에서 M은 메타인지를 의미하는 것으로 핵심기술을 포함한 기술(S)과 주제에 대한 이해(U)를 바탕으로 외부 노동시장의 변화에 대비하여 본인의 기술 획득에 대해 인지하는 것을 나타낸다.

  그리고 Fugate와 Kinicki 그리고 Ashforth(2004)의 연구에서도 노동시장에 대한 감각을 고용가능성의 요소로 설정하였다. Fugate와 Kinicki 그리고 Ashforth(2004)는 아래 [그림 5-2]와 같이 개인적 적응력, 경력정체성, 사회적·인적자본의 세 가지로 구성되는 고용가능성 모델을 제시하였는데, 이 가운데 '개인적 적응력'이 노동시장에 대한 감각을 의미한다. Fugate와 Kinicki 그리고 Ashforth(2004)에 의하면 '개인적 적응력'은 환경의 변화에 대응하여 개인의 행동, 감정, 사고를 변화시키려는 의지와 능력을 나타내며, 낙관주의(optimism), 학습성향(propensity to learn), 개방성(openness), 내적 통제 소재(internal locus of control), 일반적 자기효능감(generalized self efficacy)의 다섯 가지 요인이 가장 중요한 영향을 미친다. 그리고 '사회적·인적자본'으로 설정한 요소 역시 노동시장에 대한 감각과 유의미한 관계가 있다. 이 중 특히 노동시장에 대한 감각과 관련되는 요소는 '사회적 자본'이다. 사회적 자본은 고용가능성의 대인관계적(interpersonal) 측면을 반영하는 것으로 공식적·비공식적인 사회적 네트워크(social network)를 활용하는 것을 의미한다(Fugate, Kinicki & Ashforth, 2004). 이러한 사회적 자본은 네트워크 크기(Seibert, Kraimer & Crant, 2001)와 네트워크 강도(Higgins & Kram, 2001)가 진로 관련 기회에 접근하는 데 있어 중요한 두 가지 요소이다. 즉 사회적 자본은 개인의 진로 개발에 있어 다양한 기회를 확인하고 실현시킬 수 있는 개인의 능력을 확장시키는 역할을 하게 된다(Higgins & Kram, 2001). 주로 네트워크, 신뢰, 규범으로 구성되는 사회적 자본은 대학생이 노동시장에 진입하기 위해 인맥과 네트워크를 형성하고 외부 노동시장의 규범을 확인하여 신뢰로운 인간관계와 정보망을 구축하는 것을 의미한다.

**그림 5-2**  <<< Fugate 등(2004)이 제시한 체험적 고용가능성 모형

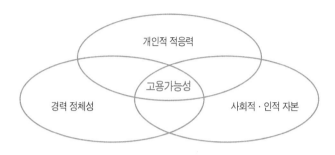

출처: Fugate, Kinicki, and Ashforth(2004). p. 19.

다음으로 Van der Heijde와 Van der Heijden(2006)이 제시한 고용가능성 요소에서도 노동시장에 대한 감각이 포함되어 있다. Van der Heijde와 Van der Heijden (2006)은 직장인을 대상으로 역량기반적(competency-based)이고 다차원적(multidimensional)인 고용가능성 척도를 개발하였으며, 고용가능성을 '자신의 역량(competencies)을 최대한으로 활용하여 계속적으로 일을 수행하고, 일을 획득하거나 만들어내는 것'으로 정의하였다. 그리고 고용가능성의 다섯 가지 요소로 '직업적 전문성(occupational expertise)', '기대와 최적화(anticipation and optimization)', '개인적 유연성(personal flexibility)', '기업적 감각(corporate sense)', '고용주와의 관계에 있어서의 균형(balance)'을 제시하였다. 이 가운데 '기업적 감각'은 조직적 시민 행동 개념(organizational citizenship behavior)으로 확장된 개념으로서 (Podsakoff, MacKenzie, Paine, & Bachrach, 2000) 조직, 작업팀, 직장 커뮤니티, 기타 네트워크 등과 같은 다른 작업집단(workgroup)에 참가하고 성과를 도출하는 것을 의미한다.

또한 Rothwell과 Herbert 그리고 Rothwell(2008)이 제안한 고용가능성의 요소 중 '외부 노동시장의 상태' 역시 노동시장에 대한 감각을 의미한다. 이들은 '외부 노동시장의 상태'를 외부 노동시장에서의 기회 인식과 외부 노동시장 상황에 대한 인식으로 정의하며, 대학생이 고용가능성을 높이기 위해서는 해당 전공 영역에 대한 외부 노동시장의 요구를 적극적으로 탐색할 것을 강조하였다.

(4) 대학에 대한 인식

대학생의 고용가능성을 구성하는 네 번째 요소는 대학에 대한 인식이다. 이는 본인이 속한 대학이 노동시장에서 인식되는 위치와 명성과 관련된 것을 의미한다. 즉 대학생들이 본인이 속한 대학 혹은 본인이 전공하는 학과가 외부 노동시장에서 인정을 받고 유망한 학과이며 취업이 잘 되는지에 대해 인식하는 정도가 고용가능성에 영향을 미친다는 것이다. Hillage와 Pollard(1998)가 제시한 고용가능성의 요소 중 '맥락(context)'은 이와 같은 대학에 대한 인식을 내포하고 있다. '맥락(context)'은 장애, 가정형편과 같은 개인적 환경(personal circumstances)과 경제적 상황, 노동시장 수요 등과 같은 외부적 요인(external factors)을 포함하는 개념으로 개인의 고용가능성을 현실화하는 데 있어 중요한 영향을 미치는 요소가 된다고 규정(Hillage & Pollard, 1998)하였는데, 이를 대학상황에 적용하면 대학에 대한 인식으로 설명될 수 있다.

그리고 Rothwell과 Herbert 그리고 Rothwell(2008)이 제안한 고용가능성의 요

그림 5-3 <<< Rothwell 등(2008)이 제시한 대학생의 지각된 고용가능성

대학의 특성

| 자기신념 | 학업과 학문적 성취에 대한 몰입 | 대학 명성의 강도에 대한 인식 | 내 전공 영역에서 우리 대학의 명성 | 전공영역 |
| | 내 기술과 능력에 대한 자신감 | | 내 전공 영역의 상황과 신뢰도 | |
| | 외부 노동시장에서의 기회 인식 | 외부 노동시장의 상황에 대한 인식 | 내 전공 영역에 대한 외부 노동시장의 요구 | |

외부 노동시장의 상태

출처: Rothwell, Herbert & Rothwell(2008). p. 3.

소 중 '대학의 특성'과 '전공 영역'의 두 가지가 대학에 대한 인식을 의미한다. Rothwell과 Herbert 그리고 Rothwell(2008)은 Hillage와 Pollard(1998)가 제시한 고용가능성의 정의인 '최초의 고용을 획득하고, 고용을 유지하며, 한 조직 내에서 다양한 역할을 수행하고, 필요한 경우 새로운 고용을 획득함으로써, 궁극적으로 안정적이고 실현가능한 일을 확보하는 개인의 능력(ability)'을 기반으로 대학생이 지각하는 고용가능성을 측정하기 위한 척도를 개발하였다. 그들은 대학생이 지각하는 고용가능성을 '자신의 능력 수준에 적합한 고용을 지속하기 위해 지각된 능력'으로 정의하였다. 그리고 고용가능성의 네 가지 요소로 [그림 5-3]과 같이 자기신념, 외부 노동시장의 상태, 대학의 특성, 전공영역을 제시하였다.

　　Rothwell과 Herbert 그리고 Rothwell(2008)은 각 영역이 독립적이 아니라 상호작용을 하며 고용가능성을 형성한다고 제안하였는데, 대학의 특성과 전공영역 역시 학업과 학문적 성취에 대한 몰입, 대학 명성의 강도에 대한 인식, 내 전공 영역에서 우리 대학의 명성, 내 전공 영역의 상황과 신뢰도, 내 전공 영역에 대한 외부 노동시장의 요구 등 여섯 가지 구성요소로 이루어진다. 이는 대학생이 본인이 속한 대학의 명성과 해당 전공 영역에서 대학이 가진 장점과 강점을 인식하는 것이 고용가능성에 영향을 미친다는 것을 의미한다. 즉 본인이 속한 대학이 해당 분야에서 전문성을 인정받고 교육과정이 실용적이고 실천적으로 구성되어 외부 노동시장에서 해당 전공 졸업생을 선호한다면 학생이 인식하는 고용가능성은 높을 것이다. 하지만 해당 대학이 외부 노동시장에서 인정을 받지 못하고 졸업생의 취업률도 낮으며 전공 분야의 명성도 낮으면 학생이 인식하는 고용가능성은 낮아진다. 이렇듯 대학이 가진 명성과 해당 분야에서의 지명도 등과 같은 특성은 대학생의 고용가능성을 구성하는 핵심적 요소이다.

## 참고문헌

■ 김성남(2009). 대학생의 고용가능성 진단 도구 개발. 박사학위논문. 서울대학교.

■ 박주성·김종호·신용섭(2003). 대학교육 서비스품질 요인이 학생만족, 재입학의도 및 구전효과에 미치는 영향. 한국마케팅저널, 4(4), 51-74.

■ 유연숙(2006). 교육서비스 품질이 학생만족과 진로탐색활동에 미치는 영향에 관한 연구: 전문대학 비서학과를 중심으로. 석사학위논문. 이화여자대학교.

■ 이경오(2000). 대학교육서비스 마케팅모형 구축에 관한 연구. 박사학위논문. 경남대학교.

■ 이상환·이재철(2001). 서비스마케팅. 서울: 삼영사.

■ 최상두(2005). 교육서비스품질 연구의 META분석. 석사학위논문. 경상대학교.


■ Bateson, J. E. G.(1977). Do we need service marketing?, Marketing consumer services: New Insights. Cambridge, MA: Marketing Science Institute, Report #77-115.

■ Berry, L. L.(1980). Service marketing is different. Business, 30(May-June), 24-28.

■ Bitner, M. J., & Valarie, A. Z.(1998). Service marketing. Seoul: Sukjung.

■ Booms, Bernard, H., & Bitner, M. J.(1981). Marketing strategies and organization structures for service firms. Marketing of Services, J. Donnelly and W. George, eds, Chicago: American Marketing, 47-51.

■ Boudreau, J. W., Boswell, W. R., & Judge, T. A.(2001). Effects of personality on executive career success in the United States and Europe. Journal of Vocational Behevior, 58(1), 53-81.

■ Canadian Labour Force Development Board.(1994). Putting the pieces together: towards a coherent transition system for Canada's labour force. Ottawa: Canadian Labour Force Development Board.

■ Confederation of British Industry.(1999). Making employability work: An agenda for action. London: CBI.

■ Forrier, A., & Sels, L.(2003). The concept of employability: A complex mosaic.

International Journal of Human Resources Development and Management, 3(2), 102-124.

■ Fugate, M., Kinicki, A. J., & Ashforth, B. E.(2004). Employability: A psycho-social construct, its dimensions, and applications. Journal of Vocational Behavior, 65(1), 14-38.

■ Heskett, J.(1986). Managing in the service economy. Harvard Business School Press.

■ Higgins, M. C., & Kram, K. E.(2001). Reconceptualizing mentoring at work: A developmental network perspective. Academy of Management Review, 26, 264-288.

■ Hillage, J., & Pollard. E.(1998). Employability: Developing a framework for policy analysis. DfEE Research Briefing NO. 85. Institute for Employment Studies.

■ Knight, P. T., & Yorke, M.(2002). Employability through the curriculum. Tertiary Education and Management, 8, 261-276.

■ Langeard, E., Bateson, J. E., Lovelock, C. H., & Eiglier, P.(1981). Service marketing: New insights from consumer and managers. Cambridge, MA: Marketing Science Institute.

■ Lovelock, C. H., & Charles, B. W.(1985). Marketing challenges: cases and exercises. New York: McGraw-Hill.

■ McQuaid, R. W., & Lindsay, C.(2005). The concept of employability. Urban Studies, 42(2), 197-219.

■ OECD.(2008). Higher Education to 2030: What futures for quality access in the era of globalizasion. OECD/France Conference. 8-9 December 2008.

■ Onstenk, J., & Kessels, J.(1999). Employability: arbeidsmarkt, brede vakbekwaamheid en burgerschap, Comenius, 19(2), 113-132.

■ Parasuraman, A., Zeithaml, V. A., & Berry, L. L.(1985). A conceptual model of service quality and its implications for future research. The Journal of Marketing, 49(4). 41-50.

■ Podsakoff, P. M., Mackenzie, S. B., Paine, J. B., & Bachrach, D. G.(2000). Organizational citizenship behaviors: A critical review of the theoretical and empirical literature and suggestions for future research. Journal of Management,

26(3), 513-563.

■ Rothwell, A., & Arnold, J.(2007). Self-perceived employability: Development and validation of a scale. Personnel Review, 36(1), 23-41.

■ Rothwell, A., Herbert, I., & Rothwell, F.(2008). Self-perceived employability: Construction and initial validation of a scale for university students. Journal of Vocational Behavior, 73(1), 1-12.

■ Seibert, S. E., Kraimer, M. L., & Crant, J. M.(2001). What do proactive people do? A longitudinal model linking proactive personality and career success. Personnel Psychology, 54(4), 845-874.

■ Thijssen, J. G. L., Van der Heijden, B. I. J. M., & Rocco, T.(2008). Toward the employability-link model: Current employment transition to future employment perspectives. Human Resource Development Review. vol. 0:pp.1534484308314955v1.

■ Upah, G. D.(1980). Mass marketing in service retailing: A review and synthesis of major methods, Journal of Retailing, 56(Fall), 59-76.

■ Van der Heijde, C. M., & Van der Heijden, B. I. J. M.(2006). A competence-based and multidimensional operationalization an measurement of employability. Human Resources Management, 45(3), 449-476.

■ Versloot, A. M., Glaude, M. T., & Thijssen, J. G. L.(1998). Employability: een pliriform arbeidsmarktfenomeen [Employability: A multiform labor market phenomenon]. Amsterdam: MGK.

(주) 본 장은 저자의 박사학위논문의 내용을 일부 발췌, 수정, 보완한 것임.

# 02 Part

## 일자리와 기업인 교육리더십

# chapter 06

# 일자리와
# 21세기 경력개발 이슈

박 용 호

　본 장에서는 기업교육마당을 구성하는 영역 중 하나인 경력개발과 관련하여 최근 논의가 되고 있고 또한 논의가 되어야 할 몇 가지 개념 및 이슈들을 제시하고자 한다. 이를 위해 먼저 경력과 경력개발의 개념 및 기업교육마당에서의 경력개발제도와 관련된 문제를 살펴보고, 이후 최근의 이슈로서 주관적 경력성공, 이동성 혹은 자기주도성이 강조된 새로운 경력개념(new careers), 일과 삶의 균형, 그리고 경력역량 등을 살펴 볼 것이다. 마지막으로 '경력'과 '진로' 사이의 차이점 등을 살펴보고자 한다. 이러한 일련의 논의들은 경력개발을 학문적으로 논의하고자 하는 학자들에게는 경력관련 연구주제에 대한 제언을 제공할 것으로 기대되며, 기업교육마당의 실천가들에게는 전략 혹은 경력개발제도 수립에 실제적인 제언을 제공해 줄 것으로 기대된다.

## C 1. 경력과 경력개발의 의미

　　경력개발(career development)을 논의하기 위해서는 우선 경력의 의미를 명확히 규정할 필요가 있다. 경력개발이라는 용어가 경력(career)이라는 개념과 개발(development)이라는 개념의 유기적인 통합을 통해 이루어진 개념이기 때문이다. 다양한 학문의 분야에서 논의가 되어왔던 경력의 의미를 Arthur, Hall 그리고 Lawrence(1989)는 심리학, 사회 심리학, 사회학, 인류학, 정치학 등의 학문분야별로 정리한 바 있다. 예를 들어 심리학 분야에서는 경력을 자아실현의 수단이나 직업 등으로 정의하고 있다는 사실을 Arthur 등은 밝히고 있다. 특히, 경력에 대한 이러한 심리학적인 관점에 근거하였을 때, 지금까지의 경력과 관련된 논의들은 주로 개인과 경력관련 이슈들 사이의 연계(matching)의 입장에서 논의가 가능하다고 Hall(2002)은 주장한 바 있다.

　　Hall은 1950~60년대의 경력과 관련된 연구는 주로 개인과 직업을 연계하는 데 초점을 맞추고 있다고 분석하였다. 즉 특정한 개인에게 어떠한 직업이 가장 적합할 것인지를 파악하는 데 주된 학문적 논의의 관심이 주어졌다는 것이다. 이러한 입장에서는 개인의 특성 및 직업적 흥미를 파악하고 이를 직업과 연계시키는 시도들이 매우 유용한 접근이 될 수 있을 것이라고 논의된 바 있다. 1970년대 이후에는 이러한 직업(occupation)과의 연계를 뛰어넘어 보다 주체적인 직무(job)와의 연계를 모색하는 학문적인 시도들이 존재하였다고 하였으며, 조직풍토에 대한 논의가 활발해진 1980년대 이후에는 개인과 조직의 연계가 보다 중요한 학문적인 이슈가 되었음을 밝히고 있다. 경력관련 연구의 일련의 시대를 구분한 Hall은 최근의 이슈는 보다 주관적인 경력관련 문제들에 초점이 맞추어지고 있다고 규정하고 개인과 그 스스로가 진정으로 희망하고 바라는 것이 무엇인지를 파악하고 이를 연계하는 개인과 자기 자신(self)과의 연계가 최근의 이슈임을 밝히고 있다.

　　최근 개인들의 경력을 둘러싼 환경의 변화는 경력과 관련된 논의가 왜 중요한가를 다룸에 있어 근거가 된다고 할 수 있다. 대표적인 경력을 둘러싼 환경의 변화는 1) 전문화되고 구체화되는 일터에서의 업무의 성격변화, 2) 직장 혹은 직업 간의 이동이 활발해지는 경계의 모호함 증가, 3) 높은 조직의 위계구조에서 보다 수평적이고 평평한 조직 구조로의 변화, 4) 세계화 및 지식경제의 도래, 5) 인종적, 세대적 인적자원의 다양성 증대, 그리고 6) 일과 삶의 균형에 대한 개인들의 요구 증대 등을 크게 꼽을 수 있다. 이러한 환경 속에서 경력과 관련된 논의는 그 중요성을 점차 더 하고 있다. 첫째, 예전과는 다른 잦은 경력의 이동은 경력과 관련된 논의가 양적·질적으로 확대되는 계기를 결정적으로 제공하고 있다고 할 수 있다. '평생직장'의 개념이 퇴조하고 '평생직업'의 개념이 등장하면서, 개인들은 일생 동안 적게는 4~5회에서 많게는 10여 회의 경력의 이동을 경험하게 되는 것이다. 둘째로 이러한 잦은 경력의 변화 속에서 개인의 입장에서는 본인 스스로의 역량개발을 위해, 조직은 효율적인 인사관리의 측면에서 경력을 중요한 전략적 이슈로 이해하기 시작하였는데 이에 따라 경력과 관련된 활발한 논의가 이루어지게 되었다고 볼 수 있다. 셋째, 경력은 한 개인이 일터에서 경험하는 지식, 기술, 태도의 집합체로서 이해되고 있다는 측면에서 개인의 삶과 무관할 수 없고, 따라서 개인의 일생에서 자신의 역량을 개발하는 문제와 관련하여서도 중요성이 증대되고 있다고 할 수 있다. 또한 취업, 이직, 퇴직 등의 경력과 관련된 이슈는 거시적으로는 사회적인 이슈이며 정치적인 이슈라는 측면에서도 그 중요성은 강조되고 있다고 할 수 있다.

이러한 일련의 상황적인 측면을 바탕으로 경력의 정의를 살펴보면 다음과 같다. Hall(2002)은 경력과 관련된 다양한 관점을 바탕으로 일상생활 혹은 학문적 논의에서 경력이 다양한 관점으로 정의되어 왔음을 지적한 바 있다. Hall에 의하면 일상생활에서 경력은 대체적으로 승진(advancement) 혹은 전문직(profession)으로 이해되고 있다고 규정한다. 이는 조직에서 승진을 하거나 전문직이라고 여겨질 수 있는 직종에 종사하는 것만이 경력을 쌓는 것이라고 바라보는 입장이라고 할 수 있다. 그러나 Hall에 의하면 경력을 이렇게 규정할 경우 너무 협소하게 정의하게 되며 따라서 보다 타당하고 활발한 경력과 관련된 실천적, 학문적 논의를 제한하는 한계를 가지게 된다는 점을 지적하였다. 따라서 Hall은 경력을 마치 일생에 걸친 일련의 직업(마치 이력서에 명시하는 직업과 관련된 개인의 경험의 총합)이나 혹은 삶의 여러 다양한 역할과 관련된 경험(교사, 남편, 사위, 할아버지 등등)으로 경력을 규정하는 것이 옳다고 하였다. Greenhaus, Callanan 그리고 Godshalk(2000)도 경력의 의미를 다음과 같이 구분하여 정리할 수 있다고 하였다. 첫째, 어떤 직업 혹은 조직과 관련된 일련의 경험으로서의 경력. 둘째, 발전 혹은 승진의 의미를 내포하는 경력. 셋째, 전문성을 의미하는 용어로서의 경력. 넷째, 직무나 직업에 깊이 관여하는 상태를 규정하는 말로서의 경력. 그리고 마지막으로는 안정적이고 연속성이 있는 업무의 형태로서의 경력으로 나눌 수 있다고 하였다. 이러한 선행연구들의 다양한 정의들을 종합하여 최근의 학자들은 경력을 '평생에 걸친 일과 관련된 모든 개인 경험의 종합체'라고 규정하고 있다. 이러한 정의는 앞서 Hall이 언급한 경력과 관련된 네 가지 관점을 기준으로 보았을 때, 경력을 '일생에 걸친 일련의 직업'으로 보는 관점과 '삶의 여러 다양한 역할과 관련된 경험'으로 인식하는 관점의 절충점에서 만들어진 결과물이라고 할 수 있을 것이다.

이러한 다양한 경력과 관련된 정의를 바탕으로 경력개발(career development)도 다양하게 논의가 되어 왔다. Greenhaus와 그의 동료들은 경력개발을 인생의 단계와 관련하여 정의한다. 사실 많은 발달심리학자들의 논의를 기반으로 하였을 때, 경력은 하나의 발달과정 중 하나로 인식되어 온 것이 사실이다. 이러한 학문적인 논의를 토대로 Greenhaus, Callanan 그리고 Godshalk(2000)은 경력개발을 '평생에 걸쳐 독특한 주제와 내용 그리고 과업으로 특징지어지는 일련의 단계를 통해 진행되는 개인적이고 지속적인 발전의 과정'으로 묘사하였다. 즉 그들은 인간이 일생을 통해 경험하게 되는 각각의 단계를 거치면서 발전하는 과정을 경력개발이라고 정의하였다. 개인들은 인생의 특정한 단계에서 특정한 과업이나 주제와 관련되는 인생의 과정을 밟게 되고 이러한 단계를 통해 지속적이고 미래지향적인 과정을 진행한다고 하였다.

보다 조직 안에서의 경력개발의 개념에 초점을 맞추었던 Hall(1993)은 평생에 걸쳐 일어나는 개인의 변화를 업무 현장에서 개인들이 경험하는 경력단계로 재구조화하여 모형을 제시하고자 하였다. Hall은 최근의 기술의 변화가 급격하여 기술혁신의 주기가 짧아지는 점을 감안하고 개인들이 조직간 혹은 직업 간 이동이 증가되는 현실을 감안하여, 경력개발을 논의하여야 한다고 주장하였다. 즉 개인은 하나의 조직 혹은 직무에서 탐색, 시도, 확립, 숙달의 과정을 거치며 자신의 경력을 개발해 나아가지만, 다른 조직이나 다른 직무로 이동할 경우에는 이러한 일련의 경력개발의 주기를 다시 반복하여 밟아 나아가게 된다고 주장하였다. 아래의 [그림 6-1]은 이러한 경력개발의 단계모형에 대한 Hall의 주장을 요약하여 제시하고 있다. 특히 이러한

**그림 6-1**　<<< Hall의 경력개발의 단계 모형

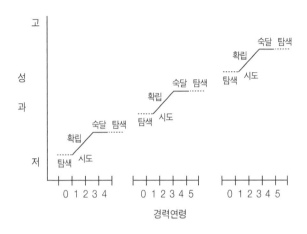

경력과 관련된 환경 속에서 개인들의 생물학적(혹은 신체적) 연령보다는 본인의 경력연령(career age)을 고려하고 논의하는 것의 중요성을 Hall은 강조하였다.

경력개발과 관련하여 국내의 학자 중 김흥국(2000)은 개인들의 심리적 변화에 초점을 두고 경력개발을 정의하면 '한 개인이 일생에 걸쳐 일과 관련하여 얻게 되는 경험을 통해 자신의 직무관련 태도, 능력 및 성과를 향상시켜 나가는 과정'으로 경력개발을 정의할 수 있다고 하였다. 그러나 이러한 개인 차원에서의 정의는 조직의 입장에서 바라보는 경력의 의미를 내포하지 못하다는 점에서 한계가 있다고 주장하였다. 특히 현대사회의 개인들의 경력개발에서 조직이 가지는 중요성을 고려할 때 조직차원의 경력개발의 의미가 강조될 필요가 있다고 주장하며 경력개발을 '한 개인이 입사로부터 퇴직에 이르기까지의 경력경로(career path)를 개인과 조직이 함께 계획하고 관리하여 개인 욕구와 조직 목표를 달성해 가는 총체적 과정'으로 규정한바 있다. 개인과 조직의 관점을 융합하고자 한 권대봉(2003)은 경력개발을 '한 개인이 인생의 단계를 거치면서 일과 관련되어 겪게 되는 경험으로 개인차원에서는 자아실현, 조직차원에서는 성과향상이라는 두 가지 목표를 달성하기 위한 방법'으로 규정한 바 있다. 인적자원개발 분야에서 경력개발은 지속적으로 개인과 조직의 접점에서 일어나는 활동으로 규정되고 왔고, 경력개발의 책임 또한 개인과 조직에게 함께 주어져

있다는 점에서 개인과 조직, 두 주체의 입장을 고려하는 것은 이론적으로, 실천적으로 필요한 접근이라고 평가될 수 있다.

 ## 2. 기업교육마당에서의 경력개발프로그램

기업교육 마당에서의 경력개발프로그램(career development program: CDP)은 종종 경력개발제도 혹은 경력개발시스템과 혼용되어 사용된다. 경력개발프로그램은 경력개발의 개념을 조직의 인재육성이라는 장기적인 목표를 위해 구체적인 각각의 경력개발의 활동을 제도화시켜 종합한 것을 말한다. 즉 개인이 조직에 입사하여 퇴직하기까지의 경력의 경로(career path)를 개인과 조직의 협력하여 계획(planning)하고 관리(management)하는 종합적 인적자원개발활동 활동 혹은 시스템이라고 규정할 수 있다. 이러한 경력개발프로그램은 최근 인재관리(talent management)의 입장에서 논의가 되고 있는데, 이는 보다 포괄적이고 종합적인 관점에서 조직 내부의 인적자원에 대한 경력개발활동이 필요함을 보여주는 예라고 할 수 있다.

Gutteridge(1986)의 논의 이후에 조직의 경력개발(career development)은 개인차원의 경력계획(career planning)과 조직차원의 경력관리(career management)로 구성되는 것으로 논의가 진행되어 왔다. 물론 용어에 대한 사용에 있어서 학자들 간의 이견은 있으나 Gutteridge의 개인적 차원과 조직적 차원에 대한 논의는 조직에서의 경력개발프로그램(혹은 시스템)은 개인적 차원과 조직적 차원의 일련의 활동을 함께 고려해야 함을 시사하였다는 측면에서 이후의 학문적, 실천적 논의에 제공하는 의의가 있다고 할 수 있다. 실제로 여러 학자들은 경력개발과 관련된 구체적인 활동을 개인적 관점과 조직적 관점에서 논의해 왔다. 이를 종합해 보면 다음의 〈표 6-1〉과 같다. 아래의 표는 '모든' 경력개발프로그램의 예를 제시하고 있지는 않지만, 개인적 관점의 활동과 조직적 관점의 활동의 예를 제시함으로서 조직 내에서 경력개발제도가 실질적으로 어떤 활동들로 이뤄지고 있는지를 탐색가능하게 한다고 할 수 있다.

| 표 6-1 | <<< 경력개발프로그램의 주체별 구분 |
| --- | --- |

| 개인적 관점 | 조직적 관점 |
| --- | --- |
| 생애계획의 설정 | 전략적 인력활용계획 수립 |
| 직업정보의 탐색 | 인적자원의 잠재력 평가 및 개발 |
| 직업 및 구직 상담 | 승계계획 수립 및 운용 |
| 직업과 조직의 선택 | 합리적 경력경로의 설계 |
| 직무선호도 탐색 | 직무이동의 기준 설정 |
| 자기계발의 추구 | 효율적 교육훈련 제공 |
| 자기진단을 통한 자기이해 | 경력상담센터 운영 |
| 조직내 경력개발 기회 탐색 | 전직지원서비스 제공 |

실제 조직에서 활용할 수 있는 경력개발프로그램의 예로서는 경력상담센터 (career counseling center), 전직지원서비스(outplacement), 그리고 평가센터 (assessment center) 등이 있다. 경력상담센터는 경우에 따라 경력개발센터(career development center) 혹은 경력자원센터(career resource center) 등의 명칭으로 운영되기도 한다. 조직 구성원들에게 경력개발과 관련된 다양한 이슈와 관련하여 정보와 서비스를 제공하는 물리적인 공간으로서 경력상담센터를 규정할 수 있는데, 주로 조직에 의해 운영되고 개인의 자발적인 필요에 의해 활용되는 형태를 띠게 된다. 경력계획과 관련된 자료를 제공하고, 자기계발의 다양한 프로그램을 제공하며, 다양한 교육훈련 정보를 제공하는 등의 서비스를 제공하는 기업 내 경력상담센터는 조직 구성원들이 자신의 미래 경력개발의 기회를 탐색하고 현재의 경력역량을 평가하여 경력과 관련된 합리적이고 효율적인 의사결정을 할 수 있도록 지원하는 것이 그 운영의 목표가 된다.

전직지원서비스(outplacement)는 주로 비자발적 퇴직으로 인한 부작용을 최소화하기 위해 조직의 지원을 바탕으로 운영되는 제도로서 미국에서 2차 세계대전이후 제대군인의 취업을 지원하기 위한 상담서비스로부터 비롯되었다. 현재는 주로 구조조정 등으로 인한 조직의 감원대상 직원을 대상으로 정신적 안정감을 제공하고 업무능력과 선호도를 파악하여 새로운 경력을 개척할 수 있도록 지원하는 서비스로 규정되고 있는데, 우리나라에서는 주로 1990년대 이후부터 활용되어 왔다. 기업측면에서는 조직의 이미지제고와 잔류인력에 대한 긍정적인 메시지 전달이라는 측면에서, 퇴직자 측면에서는 실질적인 경력개발의 서비스 확보 및 향후 경력개발의 가능성 탐색이라는 측면에서, 그리고 잔류인력의 측면에서는 조직에 대한 충성심(loyalty) 및 심리적인 안정감 제고라는 측면에서 그 유용성을 논해볼 수 있다. 주로 기업의 인사부서와 외부 전문 컨설팅업체와의 연계하에 전직지원서비스는 실시가 되나 경우에 따라서는 기업의 인사부서 혹은 전문 컨설팅업체에 의해 단독적으로 운영되기도 한다.

조직의 경력개발프로그램의 또 다른 사례로서는 평가센터(assessment center)를 꼽을 수 있다. 자칫 '센터'라는 용어 때문에 기관 혹은 조직으로 오해할 수도 있으나 평가센터는 다수의 평가프로그램 기법을 바탕으로 피평가자의 행동을 평가하는 '평가기법(evaluation method)'이라고 할 수 있다. 즉 물리적인 공간이 아닌, 평가절차(process)나 평가체계(system)의 개념으로 규정하는 것이 옳다고 할 수 있다. 주로 평가자(내/외부 평가전문가), 관찰자(평가프로그램이 원활이 수행되도록 돕는 역할 수행), 피평가자(평가대상자), 그리고 평가프로그램(평가프로그램 상황 및 관련자료) 등의 구성요소로 이뤄지는 평가센터는 미래의 관리자를 선별하고 개발하는 데 유용하게 활용될 수 있는 경력개발프로그램의 예라고 할 수 있다.

조직에서 활용 가능한 경력개발프로그램은 위에서 언급한 경력상담센터, 전직지원서비스, 그리고 평가센터 이외에도 다양한 예들을 찾아볼 수 있다. 위에서 언급한 경력개발프로그램을 포함하여 다양한 경력개발프로그램을 운영함에 있어서 최근 기본적인 원칙은 조직은 프로그램을 운영하기 위한 제도적 혹은 물리적 지원을 하고, 실제로 이러한 프로그램을 활용하는 것은 개인의 결정에 맡겨야 한다는 점이다. 이는 경력개발의 주체로서 개인의 책임이 강조되어야 함을 말하는 것이라 할 수 있다.

## 3. 경력개발과 관련된 최근의 이슈

본 절에서는 최근 평생인적자원개발의 기업교육마당에서 경력개발과 관련하여 최근 활발히 논의되고 있는 다섯 가지의 이슈를 다루고자 한다. 이러한 이슈들은 기

업교육마당에서 실천적으로 어떤 논의가 중요성을 더해 가고 있는지에 대한 방향성
을 제공해 줄 것이며, 또한 학문적으로 탐색이 필요한 주제들은 무엇인지를 제언해
줄 것으로 기대된다.

## 1) 주관적 경력성공

경력과 관련된 기존의 연구에서 경력성공(career success)은 개인의 경력과 관
련된 경험의 최종 산물로서 많은 관심을 받아 온 것이 사실이다(Vos & Soens,
2008). 경력성공은 '일과 관련된 경험의 산물로서 한 개인이 심리적 혹은 업무에서의
성과에서 이뤄낸 긍정적인 결과물'이라고 규정할 수 있다(Seibert et al., 1999). 특
히 이러한 경력의 성공은 객관적 경력성공(objective career success)과 주관적 경력
성공(subjective career success)으로 구분되어 논의가 되어왔다. 객관적 경력성공이
란 승진, 더 높은 보수, 의사결정권이 있는 직위로의 이동 등을 말하는 것으로 대부분
의 사회에서 경력에서의 성공을 나타내는 척도로서 사용되어 왔으며, 많은 학문적인
연구에서도 활발히 논의가 되어온 개념이라고 할 수 있다. 전통적으로는 경력의 성
공은 주로 이러한 객관적인 차원의 척도를 중심으로 논의되어 왔다고 해도 과언이
아니라고 할 수 있다.

반면, 주관적 경력성공은 개인들이 일과 관련된 경험에서 주로 심리적으로 느끼
고 인식하는 자신의 일과 관련된 경험에 대한 내적인 평가라고 할 수 있다. 본인이 느
끼는 심리적인 만족감, 상대적인 비교를 통한 경력에서의 성취감, 직무 만족도, 개인
이 느끼는 자신의 고용가능성(employability) 등을 말할 수 있다. 앞서 언급한 바와
같이 기존의 경력과 관련된 연구들은 주로 객관적 경력성공과 관련된 논의에 그 초
점이 놓여져 있었던 것이 사실이다. 그러나 최근에는 많은 경력성공과 관련된 연구
들은 주관적 경력성공을 그 논의의 중심으로 삼고 있는 것으로 분석되고 있다
(Heslin, 2005; Parker et al., 2004). 이는 지식과 기술의 발전이 급격하여 경력의
이동이 활발히 일어나는 현실에서 개인들의 경력에서의 성공을 측정하고 평가할 객
관적인 기준을 수립하는 것이 힘들게 된 현대의 경력환경과 무관하지 않다고 할 수
있다. 또한 Nabi(2001)는 현대의 경력환경 속에서 개인들은 객관적인 경력성공을 경
험한다고 할지라도, 그러한 경험이 자연스럽게 주관적인 경력성공으로 이어지는 것

은 아니라는 실천적·학문적 경험을 바탕으로 주관적 경력성공과 관련된 논의의 중
요성을 강조한 바 있다. 주관적 경력성공의 중요성이 강조되는 또 다른 이유는 개인
들의 경력에서의 경험을 평가함에 있어서 가장 적합한 평가자(evaluator)는 바로 그
자신이라는 논의에서도 찾을 수 있다(Hall, 2002). 이는 개인의 권리와 책임을 강조
하는 현대사회의 흐름과도 무관하지 않다고 할 수 있다.

개인이 주관적 경력성공을 추구한다는 것은 다른 말로 표현한다면 일터에서 자
신의 소명(calling)을 추구하는 것이라는 말로도 표현될 수 있을 것이다. 여기서의 소
명(calling)은 신으로부터 부여된 종교적인 의미의 부름(calling)을 의미하기 보다는
진정한 자기 스스로의 마음으로부터의 부름(혹은 마음에 부합하는 길; path with a
heart)을 의미한다고 할 수 있다(Hall & Chandler, 2005). 이러한 소명은 때로 일에
대한 개인의 마음가짐으로도 논의가 되고 있는데, Wrzesniewski(2002)는 일터에서
개인은 자신의 일을 삶을 영위할 금전적인 수단을 확보하는 통로(work as a job)로
이해하거나, 이후의 보다 나은 직업으로의 이동을 위한 발판으로 생각하거나(work
as a career), 혹은 세상을 보다 긍정적인 곳으로 만들기 위해 노력하고 이를 통해 만
족감을 얻는 통로(work as a calling)로 인식한다고 하였다. 여기서 자신의 일을 소
명으로 생각하는 입장을 견지하는 사람들은 경력성공을 규정함에 있어서 보다 주관
적인 기준에 초점을 맞춘다는 점을 Wrzesniewski는 논의하였는데, 미국사회의 경우
911테러사태 이후 실천적으로 개인들이 이러한 주관적인 경력성공에 많은 관심을
나타내고 있다고 주장하였다.

주관적 경력성공과 관련된 연구들은 주로 이에 영향을 미치는 요인이나 주관적
경력성공을 구성하는 하위 요인이 무엇인지에 초점을 맞춰왔다. 예를 들어, Ng 등
(2005)은 주관적 경력성공에 영향을 미치는 요인을 크게 네 가지로 구분하여 설명하
였는데, 개인적인 특성, 인간자본관련 변인, 조직의 지원, 그리고 사회통계학적인 변
인들(성별, 학력, 인종 등)로 나눌 수 있다고 하였다. 향후 연구들은 이러한 주관적 경
력성공을 어떻게 정의하고 어떤 하위 변인이 존재하며, 이를 측정할 도구는 어떻게
개발할지와 관련하여서도 보다 관심을 쏟아야 할 것으로 보인다. 또한, 최근에는 일
터에서의 영성(spirituality)의 문제를 언급하고 있는 학문적인 연구들을 종종 볼 수
있는데, 앞서 언급한 바 있는 소명의 개념에 대해서도 보다 다각적인 접근이 필요해
보인다고 할 수 있다.

## 2) 경력의 이동성 강조

앞서도 잠시 언급된 바 있지만, 현대사회의 경력환경에서 개인들은 조직간 혹은 직무간 활발한 이동을 경험하고 있는 것이 사실이다. 과거 종신고용이 가능하던 경력환경이 변화함에 따라 이러한 이동성은 더욱 증가하고 있는데, 현대사회에서 이러한 경력의 이동성(movement)을 강조하는 새로운 경력개념을 DeFillippi와 Arthur (1996)는 무경계경력(boundaryless career)이라고 명명하였다. 지식기반 산업의 중요성이 더욱 강조되면서 이러한 무경계경력의 개념은 현대사회 개인들의 경력개발의 현실을 보다 타당하게 그려내고 있다고 평가되고 있다.

기존의 일터에서의 이동은 주로 한 단위 조직 안에서의 이동을 그 논의의 중심으로 해 왔던 것이 사실이다. Schein(1971)은 조직 내의 다양한 이동을 세 가지의 유형으로 구분하였는데 수직적·수평적, 그리고 방사형 이동을 논한 바 있다. 수직적 이동은 아래의 [그림 6-2]의 원추에서 상위 또는 하위로 움직이는 이동이다. 직위가

---

**그림 6-2**   <<< Schein의 경력이동의 3차원 모형

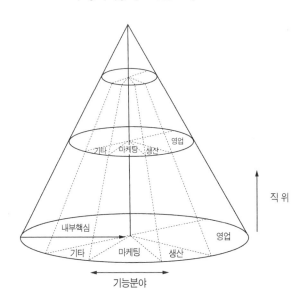

상위로 이동하거나 하락하여 수직선상에서 이동하는 것을 말하는 것인데, 상향적 수직이동은 승진을 의미하며, 하향적 수직이동은 조직에서의 퇴출 등으로 이해될 수 있다고 하였다. 특히 상향이동을 위해서는 특정한 시험(승진 시험) 또는 검증 절차(성과평가)를 거치게 된다. 수평적 이동은 부서간 또는 직무영역간의 이동이라고 할 수 있다. 마치 인사부서에서 재무부서로 옮기는 것을 말하는 것인데 조직 내에서는 주로 직무순환의 일환으로 수평적 이동이 발생할 수 있다. 마지막으로 방사형이동은 원추의 주변부에서 중앙부로 이동하는 것을 말하는 것이다. 아래의 그림에서 조직의 중심으로 이동하는 것은 보다 조직의 의사결정권과 가까워지는 것을 의미하며 보다 핵심적 위치로 이동하는 것을 말한다. 이러한 방사형 이동은 승진이라는 수직적 이동과 함께 일어나기도 하지만, 경우에 따라서는 같은 직급에서(수직적 이동이 없이도) 보다 조직의 핵심부서에 배치되는 경우에도 일어난다고 할 수 있다. Schein의 3차원 경력이동 모형은 조직 내의 다양한 경력 이동을 3가지의 유형으로 설명하고 명시하였다는 점에서 의미 있는 시사점을 제공하고 있다.

그러나 현대의 경력환경에서는 이러한 하나의 조직, 즉 하나의 원추(cone)만을 대상으로 경력의 이동을 논의하는 것이 부적합하다는 평가가 내려지고 있다. 개인들은 개별기업의 경계들을 넘나들며 자신의 경력을 쌓고 있으며, 이러한 이동성의 증가는 이미 주요한 하나의 경력개발전략으로 자리매김되었다는 것이다(Arthur & Rousseau, 1996). 즉 개인은 하나의 원추(조직) 안에서만 이동하는 것이 아니라 한 원추의 영업부서에서 다른 원추의 인사부서로 이동하며 자신의 경력을 개발할 수 있고 이것이 매우 효과적이고 유용한 경력개발의 전략으로 활용되고 있다는 것이다. 이는 Schein의 경력의 이동모형이 보다 복합적으로 이해되어야 함을 지적하고 있는 것이라고 할 수 있다.

개인의 경력개발과 관련하여 이런 이동성을 강조하는 현대의 경력환경에서는 승진도 중요하지만 업무에서의 성취도가 더욱 강조되며, 한 조직에서의 성공보다는 노동시장에서의 개인의 가치(value)가 중시되는 경향이 있다. 또한 조직 내외부와의 네트워킹, 즉 사회적 자본이 중요한 경력성공의 요인이 되는 것도 간과할 수 없는 변화라고 할 수 있다. 이러한 개인의 경력개발의 한 전략으로서의 무경계성(boundarylessness)에 대한 실증적인 연구들은 지속적으로 필요하며, 특히 문화적 특수성과 경영환경의 변화를 고려하여 우리나라 기업교육마당에서의 무경계경력에 대한 다양한 실천적·학문적 논의가 필요하다고 평가할 수 있다.

## 3) 경력개발에서의 개인의 책임 강조

현대사회 개인들의 경력개발의 형태를 규정한 또 하나의 개념이 있다면 프로티언 경력(protean career)을 꼽을 수 있다. Douglas Hall(1976)에 의해 주장된 이 개념은 경력개발에 있어서 무엇보다 개인의 책임을 강조하는 개념이라고 할 수 있다. 영어단어 'protean'은 '변화무쌍한'의 의미를 가지는 말로서 그리스 신화 프로테우스에서 유래된 말이다. 프로테우스는 자신의 의지대로 어떤 형태로든지 자신의 모습을 바꿀 수 있는 능력을 가진 존재였는데, 이러한 신화를 바탕으로 프로티언 경력은 환경의 변화에 대응하기 위해 자유자재로 자신을 변화시킬 수 있는 능력을 갖춘 경력을 의미한다고 할 수 있다.

프로티언 경력을 이러한 변화에 초점을 맞추어 규정하면 앞서 언급한 무경계경력과 유사한 논의의 초점을 가진 개념으로 이해하기 쉽다. 그러나 Hall(2002)은 프로티언 경력을 설명함에 있어서 심리적 계약(psychological contract)을 통해 기존 개인들의 경력개발의 행태에 비추어 프로티언 경력이 보다 개인의 책임에 초점을 맞추고 있음을 설명하였다. 여기에서 심리적인 계약이란 고용주(조직)와 피고용인 사이에 맺게 되는 암묵적인 거래를 의미한다. 문서화된 계약은 아니지만, 개인이 조직을 위해 업무에 몰입하여 성과를 내었을 때, 조직은 이에 대해 더 높은 지위로의 승진이나 장기 계약과 같은 보상을 할 수 있다는 식의 서로간의 암묵적인 거래가 이뤄질 수 있는데 이것을 심리적인 계약이라고 할 수 있다. 이는 공식적인 고용계약의 근거가 되는 것으로 쌍방의 기대가 충족되는 정도에 따라 피고용인의 보상과 조직에 대한 기여(contribution)가 결정된다고 할 수 있다. 보다 쉽게 이해하자면 고용주와 피고용인간의 '관계'를 말하는 것인데, Hall에 의하면 이러한 조직과 개인사이의 심리적인 계약이 현대사회에서 큰 변화를 겪고 있는 것으로 파악되고 있다. 기존의 심리적인 계약은 장기간의(long-term) 관계적(relational)인 계약이었다면, 현대사회의 조직과 개인의 관계는 보다 단기적인(short-term) 거래적(transactional)인 계약으로 변화되고 있다는 것이다. 그리고 무엇보다도 기존의 심리적인 계약이 조직중심(organizational)의 성격을 띠었다면, 최근의 심리적인 계약은 개인의 주관적인 경력성공이 중심이 되는 프로티언(protean) 계약으로 변모되고 있다는 것이 큰 변화라고 Hall은 주장한다. 이러한 프로티언 경력은 경력개발 분야에서 약 30년간 논의가 되어온 개념이다.

현대사회의 개인들이 나타내어야 할 유효한 경력개발의 태도로서 프로티언경력을 주장한 Hall에 의하면 경력은 개인에 의해 관리(manage)되는 것이지 조직에 의해 관리되는 것이 아니라는 분명한 입장을 밝히고 있다. 즉 경력개발의 주체가 개인이 되어야 하며 경력개발의 권한과 책임도 개인이 가져야 함을 명확히 하였다. 경력관리는 조직이 해 주는 것이 아니라 개인이 해 주는 것이라는 입장인 것이다. 또한 프로티언경력은 개인들이 지속적이고도 자기 주도적인 학습을 통해 자신을 개발해 나가야 함을 강조하였는데, 이러한 입장은 평생인적자원개발과 관련하여 프로티언 경력이 가지는 논의의 타당성을 보여주는 것이라 할 수 있을 것이다. Park(2009)은 프로티언 경력이 갖는 가장 중요한 세 가지 논의의 출발점으로 첫째, 경력개발의 책임은 개인에게 있다는 점, 둘째, 지속적이고도 자기주도적인 학습이 개인의 경력개발에 중요한 원천이 된다는 점, 그리고 셋째, 주관적인 경력성공이 일터에서의 성취를 평가하는 기준이 된다는 점을 밝힌 바 있다. 특히 Hall(1996)은 자신의 저서의 제목으로 'career is dead, long live career'라는 문구를 사용하고 있는데, 첫 번째 career 앞에는 '조직의(organizational)'라는 용어가 생략되었고, 두 번째 career 앞에는 '프로티언(protean)'이라는 용어가 생략되었다고 하며, 이제 경력개발의 책임이 개인에게 있음을 강조하였다.

그러나 모든 책임이 과연 개인에게 있는가와 관련하여서는 의문을 제기할 수 있다. 물론 경력개발과 관련하여 개인의 책임을 강조한 것은 현재의 경력환경에 대한 매우 정확한 지적임에는 틀림없다고 할 수 있다. 그러나 과연 경력개발의 '모든' 책임이 개인에게 있는 것처럼 설명한다면, 현대 사회에서 개인의 경력개발을 자신들의 사업적 성공과 연계하려는 조직의 노력은 설명이 힘들어지는 것이 사실이다. 이러한 비판에 대한 답변으로 Lips-Wiersma와 Hall(2007)은 경력개발과 관련하여 개인의 자기주도적인 경력개발의 태도가 중요하지만, 여전히 조직의 책임 또한 간과할 수 없다는 입장을 밝혔는데, 그들이 논문의 제목을 '조직중심의 경력개발은 죽지 않았다(organizational career development is not dead)'라고 한 것은 이러한 입장을 표명한 단적인 예라고 할 수 있다. Hall은 자신이 1990년대 후반에 조직중심의 경력개발이 종언을 고했다는 자신의 주장을 이 연구를 통해 일부 수정하였다고 할 수 있다.

프로티언 경력과 관련하여서는 실증적인 연구를 가능하게 하는 측정도구도 개발되어 있으며, 최근 여러 변인들과의 관계를 중심으로 다양한 학문적인 시도들이 이뤄지고 있다. 개인의 특성변인 및 조직의 환경적 변인 등과 프로티언 경력태도가 어떤 관계를 가지고 있는지를 논의함으로써 프로티언 경력과 관련된 보다 종합적인 이해를 해 볼 수 있을 것이다. 또한 실천적으로 과연 우리나라의 현재 개인들의 경력개발의 현상을 프로티언경력의 개념이 얼마나 정확하게 묘사하고 있는지를 살펴보는 것도 의미 있는 시도가 될 것으로 판단된다.

## 4) 일과 삶의 균형 강조

일과 삶의 균형(work-life balance: WLB)을 꾀하는 것은 기업에서 인재의 확보와 유지, 지속적인 생산성 향상에 중요한 영향을 미치는 요인이라고 할 수 있다. 구체적으로 조직의 입장에서는 조직의 유연성(flexibility) 유지 및 유능한 직원들의 선발과 보유(retention), 그리고 보다 좋은 일터를 만드는 일과 직결되는 일이기도 하다. 개인의 입장에서는 자신의 삶의 균형을 유지하는 문제이기도 하며, 개인적으로 주어져있는 역할들 간의 균형을 어떻게 유지할 것인지에 대한 논의를 제공하기도 한다. 이러한 일과 삶의 균형이 깨지면 자신의 업무에 대한 몰입이나 조직에 대한 헌신의 정도가 낮아지며 이는 생산성의 저하로 직결될 수 있다는 점에서 경력개발의 중요한 이슈 중 하나로 다뤄져야 할 것이다.

Bolles(1981)는 이미 1980년대 초에 삶의 균형과 관련하여 일(work)과, 개인적인 삶(play)과, 학습(learning)의 균형이 필요함을 주장하였다. 인생의 특정한 어느 시기에만 일하거나, 학습하거나, 삶의 여유를 갖는 것이 아니라 전 인생(whole life)에 걸쳐 적절한 균형을 유지하는 것이 필요함을 Bolles는 주장하였다. 이러한 주장은 개인은 평생에 걸쳐 학습하고 자신을 개발해야 한다는 평생인적자원개발의 기본적인 가정과도 잇닿아 있다고 할 수 있다.

이미 일과 삶의 균형은 여려 다른 관점(예를 들면 일과 삶의 갈등; work-life conflict)을 포괄하여 매우 광범위하게 조직행동(organizational behavior)분야에서

는 논의가 되고 있다. 작게는 단위 일터에서의 일과 삶의 균형을 논하는 것에서 크게
는 정책적인 이슈로의 일과 삶의 균형이 다뤄지기도 한다. 특히 단위 일터에서의 일
과 삶의 균형의 문제는 주로 양적인 균형이 다뤄지던 기존의 접근방식에서 최근에는
질적인 균형을 논의하는 쪽으로 옮겨가고 있다는 점도 연구자 혹은 실천가들이 주목
할 만한 문제라고 할 수 있다. 기업교육의 마당에서는 이러한 일과 삶의 균형의 문제
가 아직 그렇게 활발히 다뤄지고 있지 않다. 그러나 이 문제에 대한 보다 깊은 이해는
단위 일터(기업)에서의 인적자원개발전략의 수립이나 실행에 매우 의미 있는 공헌을
할 것으로 보인다.

## 5) 경력역량에 대한 관심 증가

현대 사회 경력개발과 관련된 또 다른 이슈 중 하나로 꼽을 수 있는 것이 개인
들이 자신들의 경력을 개발하기 위해 갖추어야 하는 역량(competency)은 과연 무
엇인지를 논하는 것이라 할 수 있다. 역량은 대개 '고성과자들에게 발견되는 행동
특성'으로 규정되어 왔다. 이러한 정의를 기반으로 하면, 경력역량이란 '개인들이
자신들의 경력을 개발하기 위해 발휘할 수 있는 내적인 특성의 총합'으로 규정할
수 있다. 이러한 경력역량(career competency)과 관련하여서는 Hall(2002)의 경력
메타역량(career metacompetency), Arthur, Inkson과 Pringle(1999)의 경력자본
(career capital), 그리고 Van der Heijde와 Van der Heijden(2006)의 고용가능성
(employability)과 관련된 논의를 살펴볼 필요가 있다. 먼저 Hall은 현대 사회의 경력
환경에서 개인들에게 필요한 근원적인 경력역량으로 정체성(identity)과 적응력
(adaptability)을 꼽고 있다. 이러한 두 개의 역량을 근원적인 역량으로 본 Hall은 따
라서 이 두 가지 역량이 경력개발을 위한 메타역량(meta competency)이 될 수 있음
을 규정하였다. 이러한 두 가지 역량을 습득한 개인들은 개인개발을 위한 구체적인
다른 역량들을 습득하는 데 있어서 중요한 토대를 마련할 수 있다고 본 것이다. 자신
이 누구인지(정체성) 그리고 현재의 경력환경이 어떻게 변화하고 있는지(적응력)를 살
펴보는 것의 중요성을 언급한 Hall의 경력메타역량과 관련된 논의는 기본적인 경력
개발 혹은 진로교육(career education)의 논의에서 살펴볼 수 있는 주요한 두 가지
핵심 전략을 모두 포함하고 있다고 평가할 수 있다.

Arthur, Inkson과 Pringle이 말한 경력자본의 개념은 세 가지 학습의 방법 (three ways of learning)을 기초로 하고 있다. 이들은 현재의 경력환경에서 개인들은 모두 경력자본가(career capitalist)가 되어야 한다고 주장한다. 즉 자신들의 경력 개발을 위해 지속적인 학습을 바탕으로 한 투자가 이뤄져야 함을 강조하며, 경력개발을 위한 역량으로서의 방법지 역량(knowing-how competency), 의미지 역량 (knowing-why competency), 그리고 관계지 역량(knowing-whom competency) 등의 필요성을 주장하였다. 특히 Arthur, Inkson과 Pringle은 이러한 각각의 역량은 서로 영향을 주고받으며 개발될 수 있다고 주장하였는데 예를 들어 누군가를 만나서 관계를 형성함으로써(knowing-whom competency) 자신의 업무와 관련된 지식 및 기술(knowing-how competency)의 향상을 꾀할 수 있다고 하였다. 마지막으로 살펴볼 Van der Heijde와 Van der Heijden(2006)의 고용가능성(employability)과 관련된 논의는 평생직장의 개념이 퇴조되고 평생직업의 개념이 강조되는 경력현실에 매우 타당한 논리적 근거를 제공해 주고 있다고 볼 수 있다. Van der Heijde와 Van der Heijden(2006)은 고용가능성을 역량의 입장에서 논의할 수 있다고 하였다. 이들은 고용가능성이 직업적 전문성(occupational expertise), 기대 및 낙관(anticipation and optimization), 개인적 융통성(personal flexibility), 기업의식(corporate sense), 그리고 균형(balance) 등의 하위 요소로 이루어져 있다고 하였다. 고용가능성과 관련된 이들의 논의는 경력개발을 위해 어떤 세부 역량을 키워야 하는지와 관련된 실질적인 시사점을 제공해 주고 있다고 할 수 있다. 고용가능성을 비롯하여 앞서 언급한 경력메타역량 및 경력자본과 관련된 논의는 아직까지 우리나라 학계에서 활발히 논의가 되고 있지 않으나, 이후 기업교육마당과 관련된 연구에서 논의가 매우 필요한 개념들로 여겨진다.

## ◖ 4. 맺음말

경력을 표현하는 영어 단어인 'career'가 다양한 입장에서 논의가 되어 왔음을 탐색해 보았다. 특히 경력개발과 관련되어 최근의 여러 이슈들을 살펴보는 것은 향후 전개될 학문적인 논의와 관련된 여러 가능성들을 살펴본다는 점에서 의미가 있다. 마지막으로 추가하여 논의하고자 하는 점은 최근 학교교육현장에서 일어나는 진로교육과 관련된 관심의 증가와 관련한 부분이다. 우리나라에서는 영어단어인 'career'를 '경력'으로 번역하기도 하지만, 한편으로는 '진로'라고도 번역되고 있는 것이 사실이다. 주로 학교교육현장에서 '진로'라는 용어로 경력개발의 이슈가 다뤄지고 있다. 특히 최근에는 진로교육상담교사의 배치, 특성화고등학교 등에서의 취업 전담 인력(취업지원관)의 확충 등이 이루어지면서 다양한 '진로'와 관련된 논의가 펼쳐지고 있다. 그런데 한 편에서는 경력으로, 다른 한 편에서는 진로로 읽고 있기에 서로 다른 무엇인가를 논의하고 있는 것으로 인식되고 있는 것이 현실이라고 할 수 있다. 넓은 의미에서 일생을 걸쳐 축적하게 되는 일과 관련된 경험으로서의 경력을 다룬다는 점에서 그리고 하나의 개념에서 출발하였다는 점에서도 이러한 진로와 경력 간의 학문적인 논의에서의 간극은 향후 보다 좁혀질 필요가 있다고 하겠다. 이는 기업교육의 마당에서 발생하는 많은 경력과 관련된 (특히 개인적인) 실천적 이슈들이 그 근원을 찾아갈 때 상당부분 진로교육에서 그 출발점을 발견할 수 있다는 점에서도 의미 있는 작업이 되리라 생각한다. 끝으로 인적자원개발 분야에서 상대적으로 다른 구성요소들(예를 들면 개인개발이나 조직개발 등)에 비해 논의가 부족했던 경력개발 분야를 보다 종합적이고 적극적으로 다루기에 본 장에서 살펴본 이슈들은 의미 있는 시사점을 던지고 있다고 하겠다.

■ 권대봉(2003). 인적자원개발의 개념변천과 이론에 대한 종합적 고찰. 서울: 원미사.
■ 김흥국(2000). 경력개발의 이론과 실제. 서울: 다산출판사.

■ Arthur, M. B., & Rousseau, D. M.(1996). The boundaryless career: A new employment principle for a new organizational era. New York: Oxford University Press.
■ Arthur, M. B., Hall, D. T. & Lawrence, B. S.(1989). Generating new directions in career theory. In Handbook of career theory. Cambridge: Cambridge University Press.
■ Arthur, M. B., Inkson, K., & Pringle, J. K.(1999). The new careers: Individual action & economic change. Thousand Oaks, CA: Sage.
■ Bolles, R.(1981). The three boxes of life. Thousand Oaks, CA: Ten Speed Press.
■ DeFillippi, R. J., & Arthur, M. B.(1996). Boundaryless contexts and careers: A competency-based perspective. In M. B. Arthur, & D. M. Rousseau (Eds.), The boundaryless career: A new employment principle in a new organizational era. New York: Oxford University Press.
■ Greenhase, J. H., Callanan, G. A., & Godshalk, V. M.(2000). Career management (3rd ed.). Fort Worth, Texas: Harcourt College Publishers.
■ Gutteridge, T. G.(1986). Organizational career development systems: The state of the practice. In D. T. Hall (Ed.), Careers development in organizations. San Francisco: Jossey-Bass Publishers.
■ Hall, D. T.(1976). Careers in organizations. Glenview, IL: Scott, Foreman.
■ Hall, D. T.(1993). The new "career contact": Wrong on both counts. Technical report, Executive Development Roundtable, School of Management, Boston University.
■ Hall, D. T.(1996). Protean careers of the 21st century. Academy of Management Executive, 10(4), 8-16.
■ Hall, D. T.(2002). Careers in and out of organizations. Thousand Oaks, CA: Sage.

- Hall, D. T., & Chandler, D. E.(2005). Psychological success: When the career is a calling. Journal of Organizational Behavior, 26, 155-176.
- Heslin, P. A.(2005). Conceptualizing and evaluating career success. Journal of Organizational Behavior, 26, 113-126.
- Lips-Wiersma, M., & Hall, D. T.(2007). Organizational career development is not dead: A case study on managing the new career during organizational change. Journal of Organizational Behavior, 28, 771-792.
- Nabi, G. R.(2001). The relationship between HRM, social support and subjective career success among men and women. International Journal of Manpower, 22, 457-474.
- Ng, T. W. H., Eby, L. T., & Sorensen, K. L.(2005). Predictors of objective and subjective career success: A meta-analysis. Personnel Psychology, 58, 367-408.
- Park, Y.(2010). The predictors of subjective career success: An empirical study of employee development in a Korean financial company. International Journal of Training and Development, 14(1), 1-15.
- Parker, P., Arthur, M. B., & Inkson, K.(2004). Career communities: A preliminary exploration of member-defined career support structures. Journal of Organizational Behavior, 25, 489-514.
- Schein, E. H.(1971). The individual, the organization, and the career: A conceptual scheme. Journal of Applied Behavioral Science, 7, 401-426.
- Seibert, S. E., Crant, J. M., & Kraimer, M. L.(1999). Proactive personality and career success. Journal of Applied Psychology, 84, 416-427.
- Van der Heijde, C. M., & Van der Heijden, B. I. J. M.(2006). A competency-based and multidimensional operationalization and measurement of employability. Human Resource Management, 45, 449-476.
- Vos, A. D., & Soens, N.(2008). Protean attitude and career success: The mediating role of self-management. Journal of Vocational Behavior, 73, 449-456.
- Wrzesniewski, A.(2002). It's not just a job: Shifting meaning of work in the wake of 9/11. Journal of Management Inquiry, 11, 230-234.

(주) 본 장은 인천대학교 사회과학연구원의 사회과학송도논집 제3호에 발간된 필자의 '현대사회의 경력개발이슈'를 기초로 작성되었음.

chapter 07

# 휴먼웨어의 전수와
# 직무교육적 가치

신 범 석

## 1. 서 론

　　기업에서 직원들을 대상으로 직무교육을 하는 이유 중의 하나는 선배들이 현업으로부터 축적한 경험의 전수 때문이다. 이러한 직무경험은 가시적으로 드러난 明示的 知識보다는 暗黙知的 性格이 강하여 이를 전수하는 것에는 많은 난점이 있다. 더더욱 문제인 것은 이를 전수하지 않을 경우 그것을 가지고 있는 선배 개인의 지식으로 머물 가능성이 매우 커진다는 점이다. 실제 기업현장에서는 이러한 문제를 극복하고자 업무매뉴얼을 만들거나 체계적인 OJT매뉴얼을 만들어 개인지식으로 끝날 수 있는 선배들의 직무경험을 조직지화하지만, 그것조차도 수많은 현업경험 가운데 일부만을 다루기 때문에 여전히 근본적인 문제는 해결되지 못하고 있는 실정이다. 업무매뉴얼을 만들어 선배들의 현업경험을 명시적인 지식이나 조직지식으로 전환한다하여도 여전히 ‘그 일부’만을 다룰 뿐 근본적인 문제는 해결되지 않는 이유는 무엇일까? 그것은 ‘현업경험 자체의 속성’일까? 아니면 ‘현업경험의 전수방법’ 때문일까?

이 질문에 대한 대답은 현업경험 자체의 속성을 밝히는 것과 더불어 현업경험의 전수방법상의 특성을 찾아보는 것으로부터 얻을 수 있다.

　이러한 질문과 대답에 한 가지 해결가능성을 제시하는 단서는 '휴먼웨어'의 개념에서 찾아볼 수 있다. '휴먼웨어'라는 개념은 권대봉(1992)에 의해 조어되어, '휴먼웨어개발론'(1992)으로 발전되었다. 아무리 동일한 하드웨어와 소프트웨어가 있다하더라도 휴먼웨어에 따라 그 결과 달라지는 경우를 통해, 휴먼웨어의 중요성을 강조한 이론이다. 가령, 동일한 레시피(소프트웨어)로 요리를 한다고 할 때, 정량의 재료(하드웨어)와 시간을 지켜서 요리를 한다하더라도 음식맛이 달라지는 경우를 흔히 볼 수 있는데, 그 이유는 소위 손맛(휴먼웨어) 때문인 것으로 분석된다. 그러다 보니, 지금도 많은 기업이나 기관에서 '휴먼웨어'를 '인적자본' 또는 '인적자원'의 대체개념으로 사용하고 있다.

　기업에서 사람을 자원이나 자산으로 인정한 것은 인적자본론(Schultz, 1961; Mincer, 1984), 인적자원개발론(Nadler, 1989) 등이 주장되어 가능해진 현상이다. 이러한 이론이 본격적으로 대두된 배경에는, 경제성장의 요인을 전통적인 방식으로 측정한 노동 및 자본 투입량의 증가분만으로 산출량의 증가수준을 설명할 수 없었다는 점이 자리잡고 있다(Mincer, 1984; 김경근, 1995). 즉 물적자본의 투입량 증가나 노동의 투입비율 증가가 곧 산출량의 증가와 비례하는 것은 아니라는 것을 밝혀낸 것이다. 그 이유는 물적자본으로는 설명되지 않는 인간이 가진 인적자본의 존재성 때문이라는 것이다. 이처럼 인적자본론이나 인적자원개발론은 물적자원 중심의 경제성장이론을 비판하고 경제·경영활동에 있어 인간의 중요성을 일깨웠다는 점에서 획기적인 공헌을 하였다고 할 수 있다(신범석, 2001). 그러나 그러한 공헌에도 불구하고, 인적자본론이나 인적자원개발론은 인간을 생산성 향상이나 투자의 대상 또는 효용을 높이기 위해 선택해야 할 것으로 봄으로써, 다시금 인간을 물적자원과 동등하게 취급하는 등 인간의 인격성을 소홀히 취급하였다는 비판을 받고 있다(권대봉, 1996). 권대봉(1992)이 주창한 휴먼웨어개발론은 인간을 자원 또는 자본으로서보다는 인격체로서 파악하려는 시도이다. 그 인격체적 특성은 휴먼웨어가 사람 속에 통합적으로 내재되어 있기 때문이며, 그것을 가지고 있는 사람 속에 黙示的으로 존재하고 있다(신범석, 2001). 몇 십 년 동안의 직무수행을 통해 습득한 현업경험은 노하우의 형태로 인간 속에 내재되어 있다. 그러한 深層的 屬性을 배제할 때, 직무교육은

겉으로 드러난 몇몇 절차를 전달하는 것에 그치며, 실무를 하는 데에 결정적으로 필
요한 실제 노하우는 전달되지 못하는 문제를 갖게 된다. 휴먼웨어는 현업경험자들의
몸속에 피부속에 내재되어 있기 때문에, 그것의 직접적 전달은 매우 어려울 수밖에
없다.

　　본 연구에서는 휴먼웨어는 왜 直接的 敎授를 통해 전달되기 어려우며 間接的 傳
授를 통해서 이루어져야 하는지를 휴먼웨어의 속성을 통해 밝혀 보고자 한다. 또한,
그러한 '휴먼웨어' 또는 '휴먼웨어의 속성'이 직무교육에 대해서는 어떠한 價値를 가
지는가를 살펴보고자 한다.

## 2. 휴먼웨어의 개념과 默示的 屬性

### 1) 휴먼웨어의 개념 정의

　　'휴먼웨어(humanware)'라는 개념은 하드웨어나 소프트웨어와 같이 과학 기술
의 발달에 따른 여러 가지 성과물들을 집약적으로 표현하고 있던 개념에 착상하면서
도 이들 개념들로는 설명되지 않는 사람이 보유하고 있는 사람의 기술로 정의되고
있다. 휴먼웨어(humanware)에서 human은 '사람'을 가리키는 말이고, -ware는 '작
품이나 제품'을 가리키는 말이다(시사영어사, 1994). 그런 점에서 휴먼웨어에 대한 사
전적 정의는 '사람의 作品'이라고 할 수 있다. 이 경우 '사람의 작품'이라는 것은 사람
이 어떠한 노동력을 투여해 그 결과로 만든 작품으로 해석하기보다는 그것을 만드는
데 동원한 '사람의 技術'이라고 이해하는 편이 옳을 듯 싶다. 휴먼웨어를 처음으로 조
어한 권대봉은 다음과 같이 정의하고 있다.

　　휴먼웨어는 사람이 하드웨어와 소프트웨어를 이용하여 상품이나 서비스를 제공할 때 보
유하고 있는 제자원을 적절한 양으로 적절한 때에 적절한 순서로 적절히 활용하는 기술과,
여기에 사람들과 잘 어울리고 섞이는 인간관계기술까지 포함하는 사람의 기술이다(1992).

휴먼웨어에 대한 정의를 통해 볼 때, 휴먼웨어의 개념 속에는 하드웨어와 소프트웨어에 대한 사람의 活用技術이라는 의미가 내포되어 있다. 하드웨어는 일을 하는 데 필요한 기기 및 기재, 장치 및 설비의 총칭(민중서림, 1986)이고, 소프트웨어는 기계 또는 상품의 부가가치를 높이기 위한 수단, 방법 내지 컴퓨터 프로그램 체계의 총칭(민중서림, 1986)인데, 두 가지 모두 인간과 독립된 구체적이고 가시적인 物的 屬性을 가진 것이다. 반면에 그것들을 활용하는 기술인 휴먼웨어는 철저하게 사람 속에 내재된 人的 屬性을 가지고 있고, 그것이 사람 속에 내재된 사람의 기술이라는 점에서 사람 속에 프로그램화된 기술이라고 할 수 있다. 성능이 우수한 컴퓨터(하드웨어)와 상세하게 설명된 매뉴얼(소프트웨어)을 가지고 있어도 이를 다룰 수 있는 사람의 기술(휴먼웨어)이 없다면 이들 컴퓨터와 매뉴얼은 무용지물에 불과하다. 물론 우수한 하드웨어와 소프트웨어가 있다면 일을 더 잘 할 수 있지만 그렇다고 해서 그것이 곧바로 성과를 보장하는 것은 아니다. 무엇보다 중요한 것은 이러한 하드웨어와 소프트웨어를 활용하고 통제할 수 있는 사람의 기술, 즉 휴먼웨어가 갖추어져 있느냐 없느냐라고 할 수 있다.

## 2) 휴먼웨어의 묵시적 성격

### (1) 자원의 활용기술로서의 속성

이것은 하드웨어와 소프트웨어를 다루는 기술에 해당된다. 휴먼웨어를 가진 사람과 그렇지 않은 사람의 차이는 하드웨어와 소프트웨어를 활용하되 자신이 보유한 자원을 얼마나 적절하게 조절하느냐의 여부, 즉 적절한 양, 적절한 시기, 적절한 순서, 적절한 방법의 사용여부에 달려 있다. 그런데 여기에서 '적절하다는 것'은 무엇인가하는 의문이 생긴다. 이 의문을 다시 나누어 보면, 適切하다는 것이 客觀的으로 確認가능한 것인가하는 점과 主觀的으로 判斷될 수밖에 없는 것은 아닌가 하는 점이다. 객관적으로 확인가능하다는 것은 적절하다는 것을 판명하는 명시적인 기준이 있다는 것을 의미하고, 주관적으로 판단될 수밖에 없다는 것은 적절하다는 판단의 준거가 그것을 알고 있는 사람속에 붙박혀 있다(Oakeshott, 1933; 김안중, 1988)는 것을 의미한다. 객관적인 명시적 기준이 있는 경우는 상품이나 서비스의 제공과정에서 수많은 시행착오를 거쳐 이루어진 경험의 산물들을 규칙이나 명제의 형태로 표현한 것이다. 가령, 'A/S를 하는데 TV의 소모성 부품은 무상으로 서비스하고, 핵심부품은 1년 이상된 제품부터 유상으로 한다.'라는 소위 규칙은 제품을 살 때, 약관 같은 곳에 명시되어 있고, A/S기사들의 매뉴얼에 명시되어 있다. 이것은 가전사가 A/S를 하면서 경험적으로 얻은 사실들을 바탕으로 규칙화해 놓은 것이다. 즉 시행착오를 거치면서, 어떻게 하는 것이 가장 합리적인 것인지에 대한 명제들이 만들어지고 규칙의 형태로 가시화된 것이다. 조직구성원들은 이러한 규칙에 의거하여 행동을 하게 된다. 신입사원 역시 회사의 수많은 명시적 지식과 기술을 접하게 되고 이 바탕 위에서 업무를 수행하게 된다. 그에게 있어서 그러한 명시적 지식이나 기술은 업무를 수행하는 데 필요한 적절성을 일러주는 표준이 된다. 그러나 이 신입사원은 명시화된 수많은 일처리 기준들이 있으면서도 일을 제대로 처리하지 못할 수 있다. 그것은 바로 그가 업무상황에서 무엇을 언제 어떻게 어느 정도로 수행해야 하는가에 대한 그 자신의 主體的 '判斷'이 부족하기 때문일 것이다. 이처럼 휴먼웨어는 드러나 있는 것이 전부가 아니고 그것은 명시적인 것의 심층에 黙示的으로 假定되어 있으며, 이것이 부족하면 무엇인가를 할 수 없게 된다는 것을 알 수 있다.

휴먼웨어의 정의에서 자원의 활용기술에 해당되는 '사람이 하드웨어와 소프트웨어를 이용하여 상품이나 서비스를 제공할 때 보유하고 있는 제자원을 적절한 양으로 적절한 때에 적절한 순서로 적절히 활용하는 기술'(권대봉, 1992)이라는 것은 資源活用의 適切性이 사람속에 內在하고 있음을 설명하려는 것이다. 앞서 예를 든 요리를 가지고 말한다면, 요리 책(명시지)을 보고 같은 재료로 요리를 하지만 요리하는 사람의 손맛에 따라 음식맛이 달라지는 경우에서 확인할 수 있다. 그것은 요리하던 당시의 재료상태나 재료의 양, 요리하는 장소, 요리시간 등을 손맛을 가진 사람이 상황에 맞게 통제하였기 때문이다. 적어도 요리책이라는 명시지에는 요리하는 상황의 독특성까지 표현하지는 못하는 것이다. 그런 점에서 음식맛의 차이는 明示知의 차이가 아니라 바로 暗黙知(Polanyi, 1958; 1969)의 차이이다. 즉 일을 하는 특수한 상황속에서 확보된 제자원을 적절하게 활용하는 기술은 사람의 암묵지에 의해 좌우된다.

그러한 암묵지는 수많은 경험사례를 통하여 사람의 판단속에 내재된 것이다. 물론 그러한 경험들을 객관화하여 일부의 것들은 정보의 형태로 명시화된 것도 있으나, 더 많은 경우는 각각의 행동주체속에 암묵지의 형태로 내재되어 있다(Polanyi, 1975). 역사적 문헌속의 상당부분은 이러한 경험사례에 대한 기록이지만, 그것의 많은 부분은 기록되지 못했거나 기록될 수 없어서 사라져 버렸다고 할 수 있다. 이러한 경험사례들은 경험지의 형태로 전해지다가 비슷한 사례들이 쌓이면서 정보가 되고 그것이 과학에 의해 입증되면서 지식으로 발전한다. 그러나 시간이 흐르고 활동 공동체의 상호교류가 활발해지면서 정보의 형태로 명백하게 기술되고 학문으로 입증되지만, 그러한 것들의 적절성을 '판단'하는 人間的 知識은 여전히 체험이나 경험의 형태로 내재한다. 이 점은 그러한 인간적 지식을 가진 사람이 자신이 목격하거나 체험한 다양한 경험사례를 드러내려는 노력이 중요하다는 것을 보여주는 것이기도 하다.

자원을 활용하여 적용하는 적절성은 狀況依存的(때, 장소) 經驗的(양, 정도) 實踐的(방법, 활용) 기술이다. 즉 어느 현업현장에서 어떠한 직무에 종사하면서 습득한 것이냐에 따라 질적으로 다른 의미를 갖는 철저하게 실천적인 성격을 띠고 있다(권대봉, 1998). 그런 점에서 그것은 現象學的 存在價値(윤명로, 1984)를 가지고 있다. 그것은 다른 것으로 쉽게 환원될 수 없으며 획일적인 언어로 규정될 수 없다. 같은 직무, 가령, 건설회사의 토목직에 근무했다 하더라도 어느 건설회사에서 근무했느냐가 중요하고, 같은 건설회사에서 근무했다 하더라도 어느 현장에서 근무했느냐가 중요하다. 토목직에 근무하면서 똑같이 하저터널을 뚫는 현장의 관리감독을 했다하더라도 한강 밑의 터널을 뚫는 것과 삽교호 밑의 터널을 뚫는 것은 그 脈絡性이 완전히 다르다. 한강의 하저, 그것도 여의도에서 마포 사이의 지리적 지형적 특성과 삽교호 하저의 지리적 지형적 특성은 다른 것이다. 같은 하저터널 공법을 적용하더라도 적용의 구체적인 노하우는 서로 다르다. 일정 기간 후 두 공사가 끝나고 난 후 얻게 되는 경험과 체험의 질은 상당부분 다르다. 그것이 다르기 때문에 소중한 것이고 서로의 차이만큼 고유한 것이다. 체험의 질이 다르다고 그것은 특정한 개인이 특이하게 경험한 것이라고 할 수 없는 것은 그러한 체험의 전제가 활동의 共同體 속에서 이루어진 公的 體驗이기 때문이다. 비록 체험의 질은 다른 사람과 다르지만 그것은 활동 공동체의 입장에서 보면 너무나 소중한 지식이다. 그것이 온전하게 다른 사람들에게도 전해지기 위해서는 본질적으로 표현이 불가능하다고 하지만, 그것을 최대한 드러내려고 노력해야 한다. 체험을 통해 적절성을 '판단'하는 보다 적합한 방법을 찾았을 경우에는 그것을 공유해야 한다. 이처럼 제자원을 적절하게 활용하는 기술은 사람의 관계를 전제로 해서 습득되고 공유되는 그러한 것이다. '資源活用 技術'의 基盤은 共

同體요, 사람의 關係이다.

## (2) 사람의 관계기술로서의 속성

휴먼웨어를 가진 사람은 다른 사람과 잘 어울리고 섞이는 人間關係技術까지 함께 가진 사람이다. 여기에서 말하는 인간관계기술은 단순한 인간적 교류기술이 아니라 각 개인의 人格的 價値를 바탕으로 한 人格的 만남을 의미한다(권대봉, 1996). 여러 사람을 사귀기 위하여 사교술을 배우고, 다른 사람 앞에서 말을 잘 하기 위하여 웅변을 배우고, 고객에게 친절을 보여주기 위하여 예절교육을 받는다 하더라도, 인격체로서의 준비가 되어 있지 않다면 그것은 일종의 속임수에 지나지 않는다고 할 수 있다. 영업지점(또는 백화점) 직원들이 예절교육을 받은 후, 정문에 두 줄로 서서 인사하는 광경을 목격하지만, 그것을 통해 그들이 고객에게 진정으로 친절을 베푼다고 보기 어렵다. 그 이유는 '어서 오십시오.'라고 외치는 입과 30도로 굽혀진 허리가 인사를 하고 있다는 것을 보여주지만 그들이 그 순간 全人格을 건 行爲를 한다고는 할 수 없다. 全人格的 만남은 그러한 全人格性이 타인에게 感染되듯이 全存在的으로 느껴지는 것이다. 오히려 예절교육을 별도로 받지는 않았다 하더라도 백화점을 찾는 몸이 불편한 고객을 부축해 준다거나 상품에 대하여 자세하게 설명해 주는 직원으로부터 진정한 친절을 느낄 수 있는 것도 바로 그 때문이다. 이처럼 그것이 아주 작아 보이는 행동이라 하더라도 한 사람이 다른 사람과 잘 어울리고 섞인다는 것은 人格的인 相互作用을 한다는 것을 의미한다. 즉 전인격을 건 만남을 통해 타인과 하나가 되는 것이다. 강선보(1994)에 의하면 만남은 어떠한 이념이나 선입견에 의해 매개되지 않는 直接的인 것이며 그것을 방법화할 수 없는 表現不可能性을 띠고 있다. 그 만남의 모든 것은 나-너가 全存在를 걸고 하는 全人格的 行爲이다(강선보, 1994; Polanyi, 1958: 1974). 이렇게 본다면 만남은 몇 마디 언어나 방법으로 표현할 수 없는 黙示的인 性格을 띤다는 것으로 이해할 수 있다.

이처럼 휴먼웨어는 묵시적인 성격의 인격성을 내포하고 있다. 이 때 人格性은 도덕적 윤리적 의미도 내포하고 있고, 주체적 교육적 의미도 내포하고 있는 것으로 보아야 하는데, 후자가 전제되어 전자로 나아가는 그러한 관계를 가지고 있다. 휴먼웨어는 활동 공동체를 기반으로 하고 해당 공동체에서 통용되는 '行爲의 標準'(Winch, 1958)을 따르는 것이기 때문에, 거기에는 도덕적 윤리성의 의미가 포함되어 있다. 휴먼웨어는 '제자원을 적절하게 활용하는 기술'인데, 그것은 방법이 적절하다는 것뿐만 아니라 활용의 방향이나 토대가 올바르다는 의미도 함께 함축하고 있는 것으로 보아야 한다. 휴먼웨어 활동을 가치중립적으로만 보게 되면, 각종 기술을 사용하는 온갖 종류의 부정적 편법적 분야들도 그 범주속에 포함되는 것으로 오해 될 수 있다. 그런 점에서 휴먼웨어 활동은 요령이나 편법이 아니라 제대로 된 것을 제대로 된 방향으로 활용하는 人間的 技術로 이해되어야 한다. '적절하게 활용한다는 것'은 잘 사용한다는 의미에서 '合理性'의 개념을 함축하고 있지만, 이것은 가치중립적인 합리성이 아니라 活動 共同體의 행위의 표준을 따른다는 점에서 公的 合理性이다. 왜냐하면 행위의 표준은 특정한 개인의 주관적 체험만으로 구성되는 것이 아니라 활동 공동체를 통하여 역사적으로 합의되어 온 것이기 때문이다. 여기에서 말하는 '활동 공동체'는 같은 휴먼웨어 활동에 참여하고 있는 사람들의 공동체이다. 그것은 동일한 성격의 활동에 참여하는 사람들의 공동체라는 점에서 인간관계를 전제로 한다. 그러나 활동의 공동체는 국가와 같이 지리적인 영토를 가진 공동체가 아니라 동일한 성격의 휴먼웨어, 즉 활동영역을 가진 同志的 共同體이다. 그런 점에서 현시대의 사람만이 아니라 과거의 사람들도 구성원이 된다. 가령 '건축기술분야'는 '집'이라는 공통의 주제를 바탕으로 5,000년 이상을 고민해 온 공동체이다. 5,000년 전의 사람과 지금의 사람이 대화할 수 있다. 이 공동체는 아무에게나 회원자격을 주지 않는다. 즉 여기에 '참여'하려면 특정한 휴먼웨어의 활동의 의미를 체험하고 그 가치를 따라 살기를 스스로 맹세하는 경우에 한해서이다. 따라서 공적인 의미(윤리적 인격성)를 가지고 있는 특정한 활동 공동체의 참여여부는 주체성(주체적 인격성)이 전제되어야 한다. 主體性 역시 개인에 의해서 형성되는 것이 아니라 활동 공동체에 의해서 형성되는 것이다. 그럼에도 불구하고 '주체성'이 주체성인 이유는 공동체의 행위 표준이 외적인 강제규칙이나 명령이 아니라 自發性의 發露이기 때문이다. 이 공동체에서는 자기를 잃은 채 외적인 것만을 모방하는 객체적 개인은 단호히 거부한다. 오로지 자기의 판단과 자기의 결정으로 자발적이고자 하는 사람들만이 구성원이 된다. 그렇게 보면 앞서 언급한 '윤리적 인격성'은 '주체적 인격성'의 전제라고 할 수 있고, 전자가 토대가 되어 후자가 형성된다는 점에서 보면, 전자는 후자의 敎育的 基盤이라고 보아야 한다.

따라서 휴먼웨어의 정의에 나타난 '잘 어울리고 섞이는 인간관계기술'(권대봉,

1992)은 인간관계의 요령을 일러주는 인간관계스킬과는 구분해야 한다. 물론 인간관계기술을 교육하는 프로그램에서 제시하는 분석기법이나 관계스킬이 인간관계기술과 전혀 무관하다고는 할 수 없으나 그러한 요령이나 스킬이 전인격적 만남을 가능하게 하는 적절한 방법이냐는 것에는 여전히 의문이 남는다. 휴먼웨어의 인간관계기술은 아주 작은 행동이라 하더라도 그것이 그의 주체적 판단과 의지에 의해서 나오는 全人格的인 行動이어야 한다는 점을 의미한다. 그러한 만남의 이면에는 그의 행동을 전인격적으로 지지하고 책임지는 獻身性이 존재하고 있는 것이다(Polanyi, 1958; 장상호, 1994; 엄태동, 1998b).

## (3) 전인격적 통합체로서의 속성

휴먼웨어는 인간이 가진 기술 기능적 측면 자체보다는 그것들의 전인격적인 통합에 초점을 맞춘 개념이다. 기술이나 기능은 뛰어나되 그것이 그의 인격적 실체와 결합되지 않는다면 그것은 로보트의 프로그램화된 기술이나 기능과 다를 바 없다. 인간의 '휴먼웨어'가 로보트의 기술 기능과 다른 점은 소유한 기술 기능이 인격체의 주체적 고민과 경험으로 인격체 자체와 하나가 되었다는 데에 있다.

휴먼웨어의 개념을 구성하는 두 가지 기술, 즉 '자원활용 기술'과 '사람의 관계기술'은 서로 별개의 기술이 아니라 하나이다. 그것은 개념적으로 구분했을 때를 제외하고는 서로 나누어지지 않는 휴먼웨어 그 자체이다. '자원활용 기술'은 '사람의 관계기술'을 토대(기반)로 해서 형성되며, 그것을 통해서 전파(공유)된다. 그러면서도 '자원활용 기술'은 '사람의 관계기술'에 구체성과 내용성을 부여하는 相補的 關係를 갖고 있다. 즉 '자원활용 기술'이 '사람의 관계기술'을 토대로 하지 않는다면 그것은 한 개인만의 독특한 체험으로 끝날 것이고 '사람의 관계기술'이 '자원활용 기술'의 구체성에 의존하지 않는다면 공허한 관계가 될 것이다. 사람의 '관계'는 서로 다른 생물학적 개체가 욕구를 실현하기 위하여 한시적으로 공생하는 것이 아니라 인격체가 서로의 체험적 가치를 공유하기 위해서 永續的으로 만남을 맺는 그러한 關係이다. 즉 인격체에 의해서 체험된 가치('자원활용 기술')를 인격적 만남('사람의 관계기술')을 통하여 공유하려는 인격체적 관계이다. '사람의 관계'에 구체성을 부여하는 '자원활용 기술'에서 적절성의 '판단'은 인격주체의 몫이지만 그것은 활동 공동체에 의해서 역사적으로 합의되어 온 것('행위의 표준')을 기반으로 한다. 오늘도 그러한 기반 위에

서서 '관계'를 맺고 다시 그 관계를 통하여 새로운 '기술'을 창조하는 善循環過程이 계속되고 있다. 그 중심에 '인격체'가 있다.

이처럼, '휴먼웨어'는 그것을 가진 사람과 떼려야 뗄 수 없는 관계에 있다. 이것은 휴먼웨어가 별도의 물질적 성분을 가진 채 인간의 몸속에 들어가 퍼져있다는 의미가 아니라 '인간'이라고 하는 것의 실체, 즉 생각하고 말하고 행동하고 무엇인가를 할 수 있는 것 등 모든 것이 휴먼웨어 그 자체와 하나가 되어 있다는 것을 의미한다. 그런 점에서 '휴먼웨어의 개발'은 특정한 신체의 부분(예: 손, 손가락, 발, 머리 등)만을 집중적으로 반복 훈련시켜서 특정한 기능만을 향상시키는 것보다는 지식과 기술을 가르치면서 그것의 이면을 보게 하는 것, 작은 것을 가르치더라도 그것이 全存在的 關與로 이어지는 것, 겉으로 드러난 것만이 아니라 심층을 체험하게 하는 것을 의미한다. '휴먼웨어'에 대한 교육은 회사가 명령을 내려 이루어지는 것이 아니라 휴먼웨어를 가진 사람들의 自發的 發露로 시작된다. 특정한 휴먼웨어의 활동의 가치를 체험한 사람이 그것의 가치를 다른 사람에게 전파하려고 하는 데에서 교육이 잉태된다. 더구나 휴먼웨어 활동의 가치를 아는 사람은 누구의 명령에 의해서가 아니라 그 스스로 밤을 새워 연구하기도 하고 그것을 잘 아는 다른 전문가를 찾아가 자문을 구하고 토론을 한다. '휴먼웨어적 인간'은 기능만이 뛰어난 인간이 아니고 지식만이 뛰어난 인간이 아니다. 기능이든 지식이든 그것을 자기의 인격으로 소화한 사람이다. 자기의 입으로 말하고 자신의 행위를 빌어 몸으로 표현한다. 일을 하면 손이나 발만을 살짝 걸친 채 마지못해 주저하듯 하지 않고 온몸을 걸고 전인격적으로 몰입한다. 그럼에도 불구하고 그는 자신이 가치를 알게 된 활동 공동체의 행위표준을 따른다. 해당 휴먼웨어 분야가 역사를 통하여 축적한 기반 위에서 활동한다. 이것은 그가 자연인 '개인'이 아니라 이미 해당 휴먼웨어 분야의 역사를 알고 정신을 아는 '공인'이 된 것임을 의미한다. '공인'으로서 스스로 휴먼웨어 활동에 헌신과 책임을 다한다.

휴먼웨어 활동의 의미는 겉으로 명시화된 말이나 글 또는 행위의 이면에 묵시적인 심층으로 존재한다. 이것은 묵시적인 심층이 명시화된 말이나 글과는 별개로 존재한다는 뜻이 아니라 그것들의 가정으로 존재한다는 뜻이다. 겉으로 드러나지 않은 묵시적 심층은 휴먼웨어 활동을 하면서 말과 행위를 통하여 간접적으로 포착될 수밖에 없다. 그것은 말하는 것의 이면에 놓인 암묵지를 통해, 또는 행위하는 것의 이면에 놓인 실제지를 통해, 그리고 그러한 말이나 행위를 하는 과정에서의 열정적 태도를 통해 '보이지 않게' 드러난다. 그러한 암묵지나 실제지를 가진 사람의 태도는 상대방에게 '자기도 모르게' 感染되듯 전해진다. 휴먼웨어의 가치는 보이는 것보다는 보이지 않는 것에, 黙示的 側面으로 內在되어 있다.

　'휴먼웨어'는 전신체에 내재되어 있는데 이것은 특정한 신체기관의 기능적 능력이 아니다. 만약 '휴먼웨어'에 능력이라는 말을 붙인다면 그것은 전신체적 능력이라고 해야 할 것이다. 즉 휴먼웨어의 개념에서는 마음과 몸을 별개로 보지 않으며, 따라서 마음이라는 것이 있다면 그것은 곧 휴먼웨어이고, 몸이라는 것이 있다면 그것은 곧 휴먼웨어인 그런 것이다. 휴먼웨어는 주체화된 주체적 능력으로서 보유한 지식이나 기술을 '적절한 양으로 적절한 시점에 적절한 순서로 적절하게 활용'하는 '사람의 기술'이다. 앞의 기술은 책이나 자료에 명시된 기술이라면, 뒤의 기술은 구체적인 누군가에 의해 체험되고 이해되어 주체에 녹아 들어간 그러한 기술이다. '휴먼웨어'를 가진 사람은 다른 사람의 도움으로 일하지 않는다. 스스로의 判斷과 選擇으로 일한다. 適切性의 判斷은 오로지 主體의 몫이다. 그럼에도 불구하고 그의 판단은 늘 活動共同體의 行爲標準을 假定하고 있고, 그것을 늘 指向한다.

　'휴먼웨어'는 하루아침에 별안간 생겨난 개인의 천재적 능력이 아니다. 먼저 개인의 입장에서 보면, 그것은 현업의 일을 통해서 경험하는 수많은 고통과 난관을 뚫고 시행착오의 결과 형성한 것이다.[1] 실천적 상황속에서 주체의 全存在를 건 參與만이 그러한 시행착오의 결과를 체험으로 승화시킨다. 일을 하는 현장에 '있었다는 것' (이 경우는 놓여져 있었다는 것에 해당됨)이 중요한 것이 아니라 그 현장에서 자신의 모든 것을 걸고 '참여하고 있었다는 것'이 중요하다. 누군가가 일을 하고는 있었으나 일에 몰입하지 않고 다른 생각을 하였다든지, 현장에는 있었으나 일을 하지 않았다든지, 일을 하기는 하였으나 신체기관만을 살짝 걸치고 있었다든지 하는 경우는 아무리 많은 시간을 일의 현장에 있었다 하더라도 '휴먼웨어'가 형성되지 않는다. 그런 점에서 '휴먼웨어론'에서는 얼마나 근무했는가보다는 얼마나 體驗했는가 또는 무엇을 體驗했는가를 중요하게 여긴다. '휴먼웨어'의 개념에 입각해서 보면 입사해서 오랜시간을 보냈다고 그 시간만큼 經歷이 쌓이는 것은 아니라는 것을 알 수 있다.

　다음으로 공동체의 입장에서 보면, '휴먼웨어'는 활동공동체의 역사적 사회적

---

1 물론 일을 통한 시행착오나 경험에는 일을 알고 능숙하게 일을 하는 선배나 전문가의 도움이 전제되어 있다. 즉 100% 순수한 개인만의 노력의 결과라고 볼 수 없다는 것이다.

산물이다. 이제 막 생겨난 분야라면 개인의 노력이 곧 사회적인 의미를 띠겠지만 우리가 알고 있는 대부분의 휴먼웨어의 활동분야는 오랜시간을 두고 역사적으로 발전되어 온 것이다. '하루아침'에 형성된 것이 아니라는 것은 그것이 특출난 천재에 의한 것도 아니요 지금 이 순간 만들어진 것도 아니라는 의미이다. 그런 점에서 '휴먼웨어'에는 역사적인 의미와 사회적인 의미가 내재되어 있다. 가령 항공우주기술은 조그마한 비행기를 만들려는 노력으로 시작되어 우주로켓을 발사하는 단계까지 발전해 왔다. 오늘날의 우주왕복선은 '날아가는 것'의 분야에 자신의 정열을 쏟았던 수많은 사람들의 노력의 결정체이다. 우주왕복선에는 역사가 내재되어 있다. 더불어 우주왕복선은 오늘 이 순간에도 '항공우주기술'분야에서 연구하고 실험하는 세계 각지의 수많은 사람들로부터 나온 기술이 집약된 것이다. 우주왕복선에는 공간적이고 사회적인 의미가 내재되어 있다. 이러한 역사와 사회를 갖는 동일한 활동 분야는 활동 공동체를 이루고 있다.

이처럼 '휴먼웨어'는 하루아침에 천재와 같은 개인에 의해서 만들어진 깜짝 기술이 아니다. 그것은 활동 공동체에 입문하여 활동하는 특정한 개인에 의해 구체적으로 소유되고 발휘되지만 그것의 의미들은 공동체를 통하여 모아져서 새로운 지식과 기술로 집약되는 그러한 과정을 거쳐 발달해 온 것이다.

이 세상에는 '휴먼웨어'의 다양한 활동분야가 있다. 예컨대 의학기술분야, 정밀공학분야, 컴퓨터 하드웨어기술분야, 소프트웨어 기술분야, 도예분야, 판소리분야, 영화녹음분야, 기계가공분야, 자동차설계분야, 상품디자인분야, 마케팅분야, 인사관리분야, 산업교육분야 등 이루 헤아릴 수 없는 수많은 활동 분야들이 있다. 이처럼 '휴먼웨어'의 활동 분야는 다양하지만, 그것들의 고유성은 전문성으로 연결되어 역사가 흐를수록 다시 더 세분되고 더 깊어지는 추세에 있다. 물론 다른 한편으로는 고유성이 유지되던 관련분야간에 통합이 이루어지는 경우도 볼 수 있다. 그러한 통합은 이전의 분야와는 질이 다른 새로운 분야를 만들어내면서 전문가들에게 끊임없이 연구하고 몰입하기를 요구하고 있다. 특히 기업체의 경우 주력하는 상품의 생산과 판매에 필요한 복합적인 지식이나 기술이 요구되면서 그러한 통합현상이 나타나고 있다. 가령 자동차기술에는 엔진동력성능, 충돌안전, 시트, 소음진동, 연비, 내구평가, 머플러, 오디오, 전자, 섀시 등의 세부기술분야가 있다. 이 세부기술들은 과거에는 별도의 기술들이었다가 '자동차'라는 복합성 제품의 출현으로 그리고 자동차 성능의 향상으로 하나의 큰 기술속에 묶여지게 되었다. 더구나 이러한 경향은 서로 다른 공동체를 넘나드는 복합전문가들에 의해 가속화된다.

이처럼 '휴먼웨어'의 활동분야를 넓게 보면 기술분야를 중심으로 우리의 일상생활분야, 예술분야, 학문분야 등이 포함된다. '휴먼웨어'의 개념은 인간의 總體的인 發展을 위해 進步하고 있는 모든 인간의 활동분야에 적용되는 개념으로 이해할 수 있다. 다만 이러한 분야들의 수준은 차이가 날 수 있다. 그것은 각 분야의 역사가 다르고 공동체의 특성이 다르며 요구되는 기술수준이 다르기 때문이다. '도배기술'처럼 한 달이면 기초기술 정도는 마스터할 수 있는 분야가 있는가 하면 '문화재 복원'처럼 30년을 해도 일정수준 이상을 넘기 힘든 그런 분야가 있다. 이처럼 휴먼웨어 활동들은 다양한 수준에 놓여 있지만 대부분의 경우는 나름대로의 공동체를 따라 계속적으로 진보하고 있어서 기술수준이 높아지는 추세에 있다. 상이한 수준을 가지고 있는 활동들 간에는 당연히 내부의 발달경로가 있지만 그 수준에 따라 서로 다른 양상을 보인다. 어느 분야에서는 시작한 지 1년도 안 된 사람이 숙련자로 대접받고 또 다른 분야에서는 30년이 되었는데도 중급수준을 벗어나지 못한 그런 경우는 얼마든지 있을 수 있다. 그럼에도 불구하고 정도의 차이는 있을지언정 '휴먼웨어'의 개념적 속성이나 의미에는 커다란 차이가 없다. 즉 휴먼웨어는 '인격체'에 의해서 발휘되고 '인격체'간의 만남에 의해서 교통하는 인간적 의미를 갖는다는 점이고, 그것은 역사적 사회적 과정을 통해 형성되고 교류되는 것이라는 점이다.

## 3. 휴먼웨어의 傳授

휴먼웨어의 묵시적 속성은 그것을 가진 사람의 온몸에 체득되어 있어서 말이나 글로 명시화하여 가르치기가 어렵다. 그것은 '가르치는 자'의 온몸을 건 직접시범과 체험을 통해서 제대로 傳授될 수 있다. 그렇다고 해서 말이나 글로는 어떠한 것도 가르칠 수 없다는 뜻이 아니라 휴먼웨어의 묵시적 속성상 직접적인 시범이 가장 적합하다는 것을 뜻한다. 차라리 '가르치는 자'의 모든 것(직접실천 시범, 말, 글 등)을 통해서 가르친다고 하는 편이 맞을 것이다. '가르치는 자'는 그의 시범을 통하여 특정한 휴먼웨어 활동의 심층을 드러낸다. 가장 먼저, '배우는 자'에게 포착되는 것은 그러한 휴먼웨어 활동에 열중하고 그것을 소중히 여기는 '가르치는 자'의 태도이다. 그러한 태도는 별도로 가르쳐지는 것이 아니라 행위와 말 등 '가르치는 자'의 겉으로 드러난 가르침의 요소들 속에 묻어서 전해진다. 즉 간접적으로 傳授(imparting)되는 것이다(Oakeshott, 1933; 김안중, 1988). 더구나 '가르치는 자'가 활동에 관한 규칙이나 명제를 일러주는 경우 그는 그것을 나열하는 것이 아니라 그러한 규칙이나 명제가 어디에 쓰여지는지, 그것은 어떠한 이유에서 그렇게 논의되는 것인지 등 그러한 규칙과 명제를 가지고 구체적으로 적용하고 활용하는 맥락과 '판단'을 함께 가르친다. 그러한 '판단'은 '가르치는 자'의 스타일을 통해 묵시적으로 배어 나온다.

　이것은 '가르치는 자'가 그의 스승을 통해 '배우는 자'의 위치에서 존재변화를 겪으면서 그 모든 체험들을 주체적으로 통합하였기 때문에 가능한 것이다. 즉 그는 한 마디의 말과 한 가지의 행위에서도 그의 모든 것을 실어 표현한다. 그의 표현방향은 오로지 '배우는 자'를 고려한 상대적인 것이다. 그런 점에서 그의 스타일은 그 구체성에 있어서 '배우는 자 A'를 가르칠 때와 '배우는 자 B'를 가르칠 때가 서로 다르다. 이것은 특정한 교사가 X라는 교실에 가서도 Y라는 교실에 가서도 똑같은 말을 똑같은 스타일로 판박이처럼 되내이는 것과는 정반대의 경우이다. '가르치는 자'는 자신의 스타일을 담아 행위를 보여주고(시범), 그것에 대한 '배우는 자'의 반응을 살핀다. '가르치는 자'의 시범행위는 신체의 특정한 기관만이 작용하는 기능적 동작이 아니라 신체의 모든 부분이 관여하는 '전신체적 관여'(Collingwood, 1938)이다. '배우는 자'는 아직은 휴먼웨어 활동의 가치를 모르고 있는 상태이기 때문에 추상적인 글이나 말보다는 '가르치는 자'의 '온몸'을 건 시범에 모든 것을 몰두한다. 그나마 그가 몰두할 수 있는 것은 생소한 것을 처음 보았을 때 저것이 무엇인가하는 것을 궁금해하는 단순한 호기심 때문이기도 하지만, 보다 유력한 것은 '가르치는 자'와의 인간적 관계 또는 '가르치는 자'로부터 전해진 인간적 배려 때문이다. '가르치는 자'는 온몸을 던지는 기투행위를 시작으로 그것들을 보다 구체적으로 표현해 간다. 그가 '배우는 자'를 가르치기 위해 표현해 가는 행위나 말은 교재를 가지고 교안을 만들 듯이 사전에 준비한 것이 아니다. 가르치는 상황에서 '배우는 자'와의 상호 운동과정을 통해 직접적으로 나오는 것이다. 이것은 그러한 휴먼웨어 활동에 대하여 죽기 전에 자신의 모든 것을 걸고 글로 표현하려 했던 모든 사람들이 거쳤던 과정이기도 하다. 그들은 글로 자신의 휴먼웨어의 심층을 표현하되 마치 직접적으로 특정한 '배우는 자'를 앞에 놓고 가르치는 것처럼 그렇게 하였다. 그것의 직접성이 강하면 강할수록 또는 자신이 그것을 표현하지 않으면 모든 것이 사라진다는 절박감이 크면 클수록 문헌에 남겨진 그의 휴먼웨어는 더 큰 생명력을 갖는다. 후대의 '배우는 자'가 그들의 문헌을 대하는 일은 살아 있는 구체적인 스승을 대하는 것과는 다르지만, 그 오래전 스승들과 대면하는 것 또한 불가능한 것은 아니다. 다만 '배우는 자'의 묵시적 측면의 수준이 높을수록 그러한 가능성은 점점 더 커진다. 살아 있는 스승을 직접 대면할 때에는 생명력이 직접 전해져 오면서 그 스승의 정서가 감염되어 오지만 책을 읽을 때에는 그러한 정서를 상상으로 떠올려야 한다. 이것은 '배우는 자'에게는 글이라는 상징을 통하여 글쓴이가 해 보이려고 하는 것을 상상해야 하는 작업이다. 그리고 상상을 통하여 애초에 글쓴이가 전하려고 하였던 것, 즉 살아 있는 '가르치는 자'라면 직접 온몸으로 보여 주었을 것과 같은 것을 찾아내야 한다. 완전히는 아니지만 죽은 스승의 '정서'가 '배우는 자'에게 감염되는 놀라운 일이 벌어진다. '글'이라는 것은 상당히 많은 한계를 가진 매체이지만 글쓴이의 '상상적 경험'을 접할 수 있는 유일한 통로이다(이홍우, 1994). '배우는 자'가 글속에 내재된 의미를 얼마나 포착하는가는 글쓴이의 글이 얼마나 구체적이냐에 달려 있지만 많은 부분은 '배우는 자'의 노력과 그의 묵시적 수준에 달려 있다. 그러한 문헌은 그것에 관하여 어떠한 의미도 내면화하지 않은 사람에게는 매우 생소한 외국어와 같은 것이지만 수준있는 '배우는 자'에게는 그 스승의 문헌은 글의 모음이 아니라 그가 마치 직접 '배우는 자'를 상대로 가르치는 것처럼, 얼굴표정과 손가락과 팔, 다리의 움직임을 포함한 온몸을 던진 기투행위로 이해된다. 이처럼 글을 통한 전수도 전혀 불가능한 것은 아니다. 그러나 불가피한 상황이거나 직접전수를 보완하는 것으로 이해하는 편이 더 나을 것이다. 휴먼웨어의 묵시적 측면은 살아 있는 '가르치는 자'에 의하여 가르쳐질 때 직접적으로 생생한 생명력이 함께 전해진다. 이러한 생명력은 휴먼웨어를 가르치는 모든 교육적 활동의 '교육적 토대'이다.

휴먼웨어의 묵시적 측면의 의미가 전체적으로 전수되기 위해서는 '배우는 자'의 직접적인 체험이 필수적이다. '가르치는 자'는 '배우는 자'의 신체가 그의 주체적인 정신과 유리된 채 동작만을 따라하지 않도록 유의해야 한다. 이것은 '가르치는 자'의 시범이 파편적인 몸동작으로 비춰져서 그러한 몸동작만을 따라하기 때문에 발생하는 것이다. '가르치는 자'가 시범을 보인 것은 파편적인 몸동작이 아니라 일련의 행위과정을 보여준 것이다. 즉 전체를 보여주고 있는 것이다. 이것 또한 직접적인 말로 설명되는 경우도 있지만 대부분의 경우는 '가르치는 자'의 행위과정에 묻어 나오는 것이다. 이렇게 하여 '배우는 자'는 '가르치는 자'로부터 특정한 휴먼웨어 활동의 정신을 배우게 된다.

 **4. 휴먼웨어의 職務敎育的 價値**

### 1) 직무교육의 소재로서의 가치(교육내용의 寶庫)

휴먼웨어의 묵시적 속성은 심층적 수준이라는 깊이와 높이를 가지고 있는데 각 수준별로 구체적인 사람을 통하여 나타난다. 기업조직의 경우, 한 직무 내에서도 다양한 수준을 가진 사람들이 동일한 활동에 종사한다. 이것은 가르치는 자의 입장에서는 가르치는 자, 본인의 모범만이 아니라 그것과는 상이한 수준의 구체적인 시범까지도 자유자재로 보여 줄 수 있다는 점에서 職務敎育의 寶庫라고 할 수 있는 것이다.

기업의 직무교육에서 '가르치는 자'와 '배우는 자'는 학교에서처럼 항상 고정화되어 있는 것은 아니다(Bernick, 2005). 그 이유는 휴먼웨어의 활동이 특정한 영역 내에서만 존재한다면 수준이 높은 사람이 수준이 낮은 사람을 반영구적으로 지도할 수 있지만, 기업조직은 다양한 분야의 활동들이 한 부서 내에도 뒤엉켜 있으며 한 사람 내에서도 뒤엉켜 있는 경우가 많기 때문이다. 예컨대, 중견기업 인사부서의 부장이 주로 정통 인사관리(채용-평가-승진-임금-보상 등)쪽에서만 일을 해 와서 그 부서 내에 함께 있는 교육쪽을 잘 모르는 경우가 그렇고, 중소기업의 인사담당자가 인사관리, 교육, 노무관리까지를 한꺼번에 하는 경우가 그렇다. 전자의 경우, 부장은 교육담당자로부터 구체적인 교육에 대하여 배워야 하고, 교육담당자는 인사관리의 전반적인 과정이 교육과 어떠한 관련이 있는지를 부장으로부터 배워야 한다. 후자의 경우, 자신이 가장 부족한 분야부터 사외의 전문가를 찾아서 배워야 할 것이다. 이러한

기업의 현실은 바로 '학습생태'를 의미한다. '가르치는 자'와 '배우는 자'가 나름대로
의 환경적응적 맥락을 만들어 놓고 자신들의 독특한 생태적 관계를 구축하고 있는
것이다(Davey, 1989; 한승희, 1999). 그것은 끊임없이 서로가 서로를 가르치고 배우
는 학습생태적 공간이다. 더불어 동일분야 내에서도 수준이 서로 달라서 다양한 수
준의 양태를 보여준다. 이것은 해당분야에 입사한 초보자가 특정한 해당분야의 전문
가에게 포착되어 '배우는 자'가 되었을 때 그를 위해 '자연스럽게' 만들어진 학습공간
이다. 이 공간은 그 어떤 '인위적 교육공간'보다 생생하며 구체적인 자료와 증거와 행
위로 가득찬 교육내용의 寶庫이다. '가르치는 자'는 자신의 판단으로 가장 적절한 예
나 자료를 비교적 손쉽게 언제든지 얻어 쓸 수 있다.

　　이러한 학습생태는 휴먼웨어 활동의 구체성과 특수성을 따라 구축되어 있다. 이
러한 구체적인 휴먼웨어 활동에 대해 연수원에서 교재를 통해 가르칠 때, 그 과정이
나 결과가 만족스럽지 못한 이유는 학습생태의 차이 때문이다. 활동이 이루어지는
공간과 별도의 학습공간간에 생태적 차이가 날 때, 교육의 유효성은 의심받을 수밖
에 없다(한승희, 1999). 이것은 맥락을 가진 문제를 맥락으로부터 떨어뜨려 놓았을 때
발생하는 것이다. 그러나 이러한 지적은 '연수원의 교육'이 가치가 없다는 것이라든
가 '연수원의 교육내용'을 현장의 것으로 교체하라든가의 요구라기보다는 교육내용
이 토대를 두고 있는 '현장이라는 맥락'을 존중하라는 요청으로 받아들여야 한다
(Jennifer & Cassandra, 2009). 적어도 직무교육에서 '현장'은 직무교육의 컨텐츠이
자 그러한 컨텐츠의 寶庫인 것이다.

　　휴먼웨어의 활동의 교육은 구체적인 삶을 가진 '가르치는 자'와 '배우는 자'의
상호작용과정이다. 이들은 나름대로의 관계를 통해 교육적 상황을 구성한다. 이것은
일반적으로 '가르치는 자'는 이러이러한 존재이고 '배우는 자'는 저러저러한 존재이
다라고 획일적으로 규정할 수 없는 독특하고도 살아 있는 생태적 상황이다. 그들의
삶이 결부되어 그들의 살아 있는 몸과 마음이 작용하고 삶의 공간이 어우러져 학습
생태를 구성하는 것이다. '가르치는 자'와 '배우는 자' 모두를 특정한 시각이나 개념
으로 규정하고 그러한 논리에 따라 그렇게 행동하기를 요구하는 것은 그들의  실질
적인 생명활동을 소홀히 취급한 결과이다. 이 문제는 의무교육이 바탕이 된 학교교
육에서 조차도 자율성과 자정성을 침해한다는 이유로 비판의 대상이 된 지 오래이
다. 이것은 자발적 참여가 전제된 휴먼웨어의 활동에 대한 교육(성인교육)에서는 더더

욱 비판받아야 할 문제이다.

생태학적 관점에 따르면 학습은 유기체가 속한 환경과의 관계속에서 생태학적으로 발생하는 것이다. 그리고 그러한 환경은 단편적인 것이 아니라 총체적이다. 휴먼웨어 활동의 묵시적 측면에 대한 교육은 일이 이루어지는 현업현장을 바탕으로 한다. 현장학습의 상황은 단편적이고 부분적이기보다는 전체적이다. 설사 그것이 하나의 작업원리를 습득하는 것이라 하여도 그것은 작업원리가 적용되는 상황전반과 떼려야 뗄 수 없는 하나의 덩어리를 형성하고 있다. 즉 현장학습은 현장이라는 상황의 총체적인 생태가 함께 작용하는 학습생태하에서 이루어지는 것이다. 현장에서의 학습이 학습생태하에서 이루어질 때 그것에는 드러난 부분보다는 드러나지 않은 부분이 더 많게 되고 그러한 상황에서 이루어지는 학습은 묵시적인 형태로 '배우는 자'의 전신체에 내재하게 된다. 여기에서 묵시적인 형태로 내재된다는 것은 일하는 상황에 익숙하게 되었을 때 가능한 것이다. 그것은 익숙한 환경일수록 환경을 구성하는 하나 하나의 요소에 집착하지 않게 되기 때문이다. 물론 익숙하지 않은 환경이라면 그것을 구성하는 하나하나의 요소에 집중하게 되고 그러다 보면 전체적인 것을 놓치게 되는 것이다.

'배우는 자'가 특별하게 의도를 가지고 학습하려 하지 않아도 '저절로' 또는 '자기도 모르게' 학습되는 것은 '가르치는 자'의 '특별한 배려'를 바탕으로 한 학습생태의 '전체성'을 보기 때문이다. 가르치는 자의 '특별한 배려'는 인간적 친숙함과 정서적 유대를 의미한다. 이것은 마치 처음 가는 시골동네에서 아는 사람을 만나서 그 동네사람들과 쉽게 친해지는 것과 마찬가지의 배려이다. '가르치는 자'의 인간적 친숙함을 바탕으로 '배우는 자'는 학습생태를 '자연스럽게' 관조할 수 있다. 그 반대로 그가 낯선 동네에 갔는데 아는 사람이 아무도 없었다면, 그 동네 전체를 관조하기란 쉽지 않을 일이다. 우선 만나는 사람마다 낯선 사람이라고 쳐다보고 가는 그 사람들의 표정에 신경을 써야 하고, 그들의 말 한 마디에 신경을 쓰고, 생소한 물건들 하나 하나가 눈에 확 들어오는 등, 극히 부분적이고 단편적인 것에 신경을 곤두세울 수밖에 없다. 아는 사람을 만나 그의 인도와 안내를 받으면 소위 '마음이 편하기 때문에' 그러한 부분적인 것들보다는 전체적인 분위기나 이미지를 자연스럽게 보게 되는 것과 마찬가지로 '가르치는 자'의 배려, 또는 그와의 정서적 유대는 '배우는 자'가 휴먼웨어 활동을 생태적인 전체성으로 또는 생태적인 자연성으로 포착하는 데에 결정적인 역할을 하는 것이다.

'가르치는 자'가 이러한 배려를 통해 가르치려는 것은 휴먼웨어 활동의 심층이다. 휴먼웨어 활동은 겉으로 드러난 것의 이면에 드러나지 않는 묵시적 심층이 존재한다. 이것은 하루아침에 만들어진 것이 아니라 장고의 세월 동안 특정한 휴먼웨어의 활동 공동체를 통하여 축적되어 온 것이다. 휴먼웨어의 묵시적 심층에는 역사적 깊이가 존재한다. 그러한 역사적 깊이는 전통을 토대로 한다. '전통'은 과거의 고리타분한 구습이 아니라 현재 이 순간에도 '나' 개인은 물론 '사회' 곳곳을 움직이는 우리의 '삶의 기반'이다. 가장 가까운 의식주가 모두 전통의 산물이다. 내가 입고 있는 옷, 밥, 집 모두 전통의 산물이다. '밥'을 예로 들어보자. '밥'의 원료인 쌀은 하늘에서 떨어진 것이 아니다. 쌀은 땅에서 나는 것이지만 저절로 그렇게 되는 것이 아니라 쌀의 씨앗을 쌀로 만드는 농부에 의해서이며 농부의 농사짓는 방법은 그가 천재적으로 알아 낸 것이 아니라 5,000년 이상을 이어온 쌀농사분야의 전통으로부터 배운 것이다. 그렇게 해서 얻어진 쌀을 익히는 전기밥솥이나 가마솥 역시 해당분야의 역사로부터 이어져 온 전통의 산물이다. 또한 밥을 먹기 위해 사용하는 수저나 그릇 역시 전통의 산물이고, 수저를 쥐는 방법, 밥을 씹는 방법 등 모든 것이 전통의 산물이다. '밥'이라는 너무나 자연스러운 오늘날의 일상에도 전통의 힘은 곳곳에 배어 있는 것이다. '집'도 마찬가지이며 '옷'은 말할 나위도 없다. TV도 그렇고, 책은 물론이며, 학교도 그렇고, 기업도 마찬가지이다. 어느 것 하나 전통의 기반에 토대를 두지 않은 것이 없다. 전통은 고리타분한 과거의 구습이 아니라 오늘 우리의 삶의 기반이며 그것은 박제화되어 박물관에나 있을 법한 것이 아니라 오늘도 꿈틀거리며 우리의 삶의 모든 것에 구체적 이익을 주고 있다. 5,000년 이상의 삶을 살아오면서 그 많은 선조들이 고민하고 시행착오를 겪으며 겨우 찾아낸 것들을 그것이 '합리적'이라고 해서 외래제도나 방식으로 대치하는 것은 역사만이 아니라 전통에 토대를 두고 오늘을 살고 있는 우리 모두를 상대로 한 기만이다(차미란, 2000). 이처럼 휴먼웨어의 묵시적 측면은 주체적으로는 학습생태를 기반으로 공동체적으로는 '전통'을 기반으로 하는데, 이들 기반은 교육을 구체적으로 이끄는 교육내용의 寶庫인 것이다.

## 2) 직무교육의 방법상의 가치

휴먼웨어의 묵시적 속성은 겉으로 교수되는 것이 아니라 默示的으로 傳授된다. 이 때 가르치는 자의 말과 글, 행위만이 아니라 그 이면에 교육내용(특정한 휴먼웨어의 활동)에 대한 태도가 함께 전달된다. 특히, 태도는 가시적인 의도나 목적을 가지고 배우는 자에게 전달되는 것이 아니기 때문에 감염되는 것이라 할 수 있다. 그런데 감염은 그것을 따로 떼어내어 별도의 시간에 따로 가르치는 것이 아니라 가르치려는 의도를 가졌던 교육내용을 전달하는 과정에서 자연스럽게 이루어지는 것이기 때문에 가르치는 자의 태도에 묻어 전달된다. 가르치는 자가 교육내용, 즉 휴먼웨어 활동을 신체의 부분만을 동원하여 건성으로 보여준다거나 연기하듯 하는 시늉만 하게 되면 그것은 배우는 자에게 고스란히 감염(이 경우는 오염)되어 편법과 요령만이 전달된다. 반면, 가르치는 자가 휴먼웨어 활동을 보여주면서 자신의 모든 것을 걸고 열의와 성의(땀을 흘리고 몰입하고 너무나 좋은 것을 전해주는 사람으로서 행복해 하고 그러면서도 진지한 것)를 다한다면, 그것은 구체적인 교육내용이 전달되는 과정에서 함께 감염된다.

여기에서 '배우는 자'가 '자연스럽게', 즉 '자기도 모르게' 감염된 것은 '가르치는 자'의 인간적 배려 때문이다. '가르치는 자'는 '배우는 자'가 가장 편안하게 가르치는 내용에 모든 것을 집중할 수 있도록 조건을 조성해준다. 더구나 '가르치는 자'의 '배려'는 그 배려조차도 '배우는 자'가 자신이 '배려'되고 있다는 것을 알지 못하게 하는 식으로 제공된다. 그 배려는 겉으로 드러나서 제3자가 보기에도 '특별하다'는 의미에서의 배려가 아니라 인간적 만남이 전제된 것이다. 이 만남은 지배와 복종의 관계와 같은 권위주의적 관계가 아니라 동등한 구도자로서의 동반자적 관계이다(강선보, 1994). 그것은 오로지 가르치는 것만을 위한 목적으로 향하고 그것을 위해 의도된 설정이 존재하는 그런 관계가 아니라 가르치되 가르치는지 모르고 배우되 배우는지 모르는 자연스러운 관계이다. 이것은 그들의 관계가 가장 기초적인 의미의 자연스러운 인간적 관계를 토대로 하기 때문이다. 휴먼웨어의 개념에서 '사람의 관계기술'은 '자원활용 기술'의 토대라고 한 것도 바로 이와 같은 의미에서이다. 그러한 관계가 가능한 것은 가르치는 애용으로서의 '현장기술'이 해당 직무분야의 실천공동체 내에서 통용되는 행위의 표준을 따르기 때문이다.

　이러한 만남을 기초로 '가르치는 자'는 자신의 행위를 시범보인다. 이 시범은 하나의 동작만을 떼내어 그것만을 반복 훈련시키는 것이 아니라 일련의 행위를 하도록 하는 것을 말한다. 작은 행위라 하더라도 시범은 신체기관의 부분적인 기능을 향상시키는 데에 목적이 있지 않으며, 그것은 일련의 행위, 즉 행위와 행위를 연결하여 모종의 '전체'를 보여주는 것이다. 더불어 여기서 말하는 시범은 동작만을 반복하여 보여주는 것이 아니라 행위의 이면에 놓인 가치를 묻혀서 보여주는 것이다. 이것은 '가르치는 자'의 시범보이는 태도에 묻어 나온다. 그것을 하는 순간에 '가르치는 자'의 열정이 담겨지고 진지함과 인간적 성의가 흘러나온다. '배우는 자'는 일련의 행위는 물론 그것에 붙박힌 '가르치는 자'의 태도를 함께 느끼는 것이다. 시범이 끝나면 '가르치는 자', '배우는 자'가 현재 가진 자신의 지식이나 경험으로 가르치는 내용에 접근하도록 연습시키고 학습기회를 배려한다. '가르치는 자'는 '배우는 자'의 몸동작이나 말보다는 태도를 더 중시한다. 물론 그렇다고 아직 활동의 가치를 모르는 '배우는 자'에게 '가르치는 자' 수준의 태도를 요구한다는 것이 아니라 '배우는 자' 수준에서의 진지함을 요구한다. 이것은 해당 직무분야의 '작은 전체'를 체험해야 휴먼웨어 활동의 '전체'를 이해하게 된다는 입장에서 그렇게 하는 것이다.

　'가르치는 자'의 입장에서 볼 때 휴먼웨어의 묵시적 속성은 자신과 배우는 자의 사이에 존재하는 간극을 메울 수 있는 구체성의 寶庫이다. 그것은 '가르치는 자'로부터 떨어져 나가 있는 구체성의 기록(가령, 사례집 속의 사례)이 아니라 그에 의해 체험된 주체적 구체성이다. 기록을 가지고 구체성을 설명하거나 보여주려면, 다시 그 기록이 어느 행위에 적합한 것인지를 유추해야 한다. 또한 그것은 '가르치는 자'가 직접 체험한 것이 아니어서 전달되는 과정에서 체험자만이 드러낼 수 있는 열정이나 진지함은 함께 전해지지 않는다. 반면에, '가르치는 자'의 주체적 구체성은 별도로 설명되거나 인위적인 유추를 거칠 필요가 없이 행위에 묻어서 바로 나온다. 결과적으로 보면 '어쩌면 그렇게 예를 적절하게 잘 드는가'하는 것처럼 가장 적절하면서도 '알맞게' 체험적 구체성을 드러낸다. '알맞게' 구체성을 드러낸다는 것은 '배우는 자'의 입장을 철저하게 고려한다는 것을 의미한다.

　이처럼 휴먼웨어의 묵시적 속성은 직무교육상에서 새로운 방법상의 제안을 하게 만든다. 즉 직무교육은 직무관련내용을 알고 있는 선배('가르치는 자')의 체험적 구체성이 전달되는 바람직하다. 따라서 교육내용을 교재에 표현하여 설명하는 直接 敎

授보다는 직무경험을 보유한 선배('가르치는 자')의 시범을 따라하는 間接 傳授로 이루어지는 것이 적절하다는 것이다. '간접 전수'는 선배('가르치는 자')의 시범을 후배('배우는 자')가 따라하면서 '자기도 모르게' 감염되듯이 스며드는 교육방법이다. 즉 글자로 된 기록이나 교재를 활용하여 언어적으로 암기하거나 인위적으로 내면화하는 것이 아니라 '자기도 모르게' 스며들듯이 전달된다는 점에서 간접적인 성격을 띠는 것이다. '간접 전수'를 통하여 전달되는 선배('가르치는 자')의 직무경험은 후배('배우는 자')의 몸 속에 피부 속에 정신 속에 스며들기 때문에 실무를 수행하는 데에 도움을 줘야 한다는 교육효과 측면에서도 의미가 있다. 직무교육의 효과가 높아지려면, 단순히 직무수행상의 절차나 프로세스를 가르치는 것이 아니라 직무수행상에 필요한 실제행위와 그에 필요한 정신을 가르쳐야 한다(Aguinis & Kurt Kraiger, 2009). 이처럼 휴먼웨어의 묵시적 속성에 대한 이해는 '직무교육'의 효과적인 방법으로서의 '間接 傳授'의 중요성을 상기시켜 준다는 점에서 의의가 있다.

## 3) 직무교육의 판명기준으로서의 가치

휴먼웨어의 묵시적 속성은 그것이 무르익으면 그것을 보유한 사람의 全身體에 내재된다. 그것은 그 사람의 특정한 신체(가령, 손이나 발)에만 머무는 것이 아니라 그 사람의 모든 것에 偏在한다. 그것은 신체전체에 그냥 퍼져 있다는 것이 아니라 철저하게 주체의 인격적 중심에 통합되어 있다. 그런 점에서 휴먼웨어의 묵시적 속성을 통합하고 있는 全身體는 '주체 그 자체'라고 할 수 있다. 그렇다면 이렇게 전신체에 편재하는 휴먼웨어를 알아보고 그것이 맞는지 틀리는지 어떻게 判明할 수 있는가? 결론부터 말하면 그것의 '판단'은 휴먼웨어를 가지고 있는 사람에 의해서 가능하다는 것이다. 그 이유는 특정한 분야의 휴먼웨어를 알아보는 것은 '특정한 휴먼웨어'로 세상을 보는 사람에 의해서 가능하기 때문이다. 다만, 이 때의 '휴먼웨어를 가진 자'는 '흉내내는 자'가 아니라 휴먼웨어를 전체적으로 체득한 진정한 그 분야의 전문가라는 것은 전제로 해야 한다. 그 이유는 '흉내내는 자'는 직무분야 실천공동체의 행위의 표준을 모를 뿐더러 그것을 따르지 않는 사람인데 반하여, '휴먼웨어를 가진 자'는 철저하게 실천공동체의 행위의 표준을 따르는 사람이기 때문이다.

휴먼웨어에 대한 교육여부의 판명은 '가르치는 자'의 몫이지만, 그것의 판명기준은 전신체적 체험이냐 아니냐 하는 것과 활동의 전체를 이해했는가 아니면 부분만을 이해했는가에 의해서 좌우된다. 즉 휴먼웨어의 묵시적 속성을 학습했는가의 여부는, 부분적으로  신체기능만이 향상되었는가 아니면 전신체적 體得 또는 理解를 하였는가를 의미하는데, 그것의 학습된 상태는 후자를 말한다. 더구나 특정한 정보만을 부분적으로 습득하여 요령이나 절차만을 열거하는 것인지, 그 이면에 놓인 '主體的 判斷'까지를 할 수 있는 것인지를 판명한다. 물론 요령이나 절차를 열거하는 것도 그렇지 않은 사람보다는 한 걸음 나아가 있는 것이지만, 그것만으로는 직무수행상황의 구체적인 사태를 만났을 때, 그러한 절차를 자신의 주체적 역량을 모두 담아 실행해 보일 수는 없기 때문이다.

휴먼웨어와 관련해서 '판명'의 문제를 생각해 보면 보다 중요한 것은 규칙이나 명제를 습득했다는 것이 아니라 그것을 적절하게 활용할 줄 알아야 한다는 점이다. 그것은 그러한 규칙이나 명제가 어디에 해당되는 것이고, 그것들은 어떠한 의미가 있으며, 그러한 규칙을 어떤 상황에서 적용해야 하는지를 아는 것이다(Oakeshott, 1933). 규칙은 명시적으로 드러난 것이기 때문에 그러한 규칙과 관계가 있는 모든 사태를 다 설명해 줄 수는 없다. 그것은 마치 판사가 존재하는 이유와 같다. 아무리 상세한 법전이라도 이 세상의 모든 것을 규율할 수는 없으며, 따라서 그러한 법전의 이면에 흐르는 법정신을 전체적으로 이해한 법관이 필요한 것이다. 그는 법이라는 활동 공동체의 정신을 토대로 한 자신의 '판단'에 따라 다양한 사태를 해석하고 그에 맞게 판결을 내린다. 물론 이 판결은 재차 활동 공동체에 의해 걸러져서 보다 공적인 형태로 제시된다. 마찬가지로 휴먼웨어의 묵시적 측면을 교육했는가를 판명하는 것도 '가르치는 자'의 판단을 존중하는 방향으로 이루어지는 것이 바람직하다. 물론 특정한 활동 공동체내에서 반드시 '배우는 자'를 가르친 바로 그 '가르치는 자'에 의해서만 교육적 판단을 할 필요는 없다. 다만 가능하면 '배우는 자'를 가르친 사람에 의해 판명하도록 배려해야 한다. 일단은 그에게 일차적인 판명의 책임이 있다. 그리고 나서 다른 전문가로부터 좀더 정확한 판명을 해 볼 수는 있을 것이다. 이것은 '배우는 자'에 대한 판단을 '제3자'에게 맡기는 것과는 질적으로 다른 것이다. 여기에서 말하는 '제3자'는 특정한 휴먼웨어 활동의 밖에 있는 '보통사람'이다. '제3자'는 특정한 분야의 휴먼웨어 활동을 온전하게 평가할 수 없다.

특정한 휴먼웨어 활동(특정 직무분야의 직무수행 활동)에서 '배우는 자'를 평가하는 가장 중요한 목적은 그에게 긍정적인 피드백을 해주기 위해서이다. 긍정적인 피드백은 판명의 결과로 나온 것을 존재의 우열을 구분하기 위해서가 아니라 학습을 개선하기 위하여 사용하도록 배려하는 것이다. 무엇이 미진한지에 대한 평가는 존재 자체를 규정(서열화, 우열구분 등)하기 위한 것이 아니라 존재를 변화(개발, 육성 등)시키기 위한 것이다. '가르치는 자'는 자기 나름대로의 스타일이 있는데 평가와 피드백 역시 그러한 스타일을 따라 이루어지는 것이 가장 바람직하다. 그렇게 돼야 '배우는 자'에게 적합한 방식으로 알맞게 피드백할 수 있다. 그리고 이러한 피드백과정 또한 '배우는 자'에게 학습되도록 함으로써 나중에 스스로를 끊임없이 모니터링하는데 바탕이 될 수 있다(Wood, 2004). 이상과 같은 판명, 평가, 피드백과정은 직무경험을 교육하는 동안 계속되는 것인데, 이러한 과정을 통해 '배우는 자'가 향하는 곳은 개인적인 차원에서 휴먼웨어의 최고수준(최고전문가의 수준 또는 대가의 수준)이지만, 조직적 차원에서는 휴먼웨어의 묵시적 속성에 토대를 두고 있는 해당 직무분야 실천공동체의 행위표준이다. 그렇게 될수록 특정한 휴먼웨어의 활동에 대한 부분적인 정보나 단편적 기술이 아닌 그것의 '정신'을 이해하게 된다.

## C 5. 결론 및 논의

휴먼웨어는 묵시적 속성을 가지고 있고 그것을 가진 사람의 전신체에 내재하는 것이어서 통상적인 교육을 통해서는 가르칠 수 없다. 휴먼웨어는 인간의 전신체에 내재하는 본질적인 특징때문에 말이나 글보다는 '몸의 표현', 즉 실천을 통해 직접 보여 주어야 한다. 상당부분은 '보여주는 것'을 통해 간접적으로 전수될 수 있다. 물론 제대로 보여주어야 한다. 부당한 방법이 아니라 '온전한 방법으로 올바르게' 보여주어야 한다. 휴먼웨어 활동을 제대로 올바르게 보여 줄 수 있는 사람은 '휴먼웨어 활동을 체득하여 전체를 획득(이해)하고 있는 사람', 즉 '가르치는 자'이다. '가르치는 자'는 작은 행위를 시범보여도 그것을 아무 생각없이 나열하는 것이 아니라 그 순간 '모든 것'을 건 행위를 한다. 모든 것을 건 확신에 찬 행위야 말로 '배우는 자'로 하여금 휴먼웨어의 활동에 관심을 갖게 하는 가장 중요한 교육적 요소이다. 자신이 확신하지 않는 것을 다른 사람에게는 설득시킬 수 없다. 자신은 발만 살짝 걸친 채 '배우는 자'에게 모든 것을 걸라고 하는 것은 역효과를 불러온다. '가르치는 자'가 휴먼웨어 활동에 대하여 가지고 있는 이러한 확신에 찬 태도는 '배우는 자'에게 '자기 모르게' 감염된다. 물론 그 반대의 경우도 있을 수 있다. 특정한 휴먼웨어의 활동을 보여주는 사람이 그것을 마지못해 한다든지, 편법적으로 한다든지, 자신의 신체기관의 일부만을 동원하여 흉내낸다든지 하는 것은 '배우는 자'에게 오염되어 특정한 휴먼웨어 활동을 정서적으로 싫어하거나 가치가 없는 것으로 여기게 되는 결과를 초래한다. '가르치는 자'는 이러한 진지하고도 확신에 찬 행위를 통해 교육내용을 온전하게 傳授한다.

휴먼웨어의 이러한 묵시적 속성과 간접 전수의 문제는 직무교육상에서 시사하는 크다. 첫째, 職務敎育의 關係的 轉換이 요구된다. 휴먼웨어의 묵시적 속성에 대한 교육의 이러한 특징은 기존 직무교육상의 '교육적 관계'를 보는 관점에 대해 수정을 요구한다. 즉 기존의 관점에서는 교육적 관계를 '가르치는 자-교육내용-배우는 자'의 순서인 교육내용이 가르치는 자와 배우는 자를 매개하는 것으로 설정하였다. 그 이유는 교육내용은 가르치는 자의 몸에 체득되어 있는 것이 아니라 기업에서 별도로 만들어 놓은 '직무교육교재'로 이해되기 때문이다. 그러나 휴먼웨어의 묵시적 속성을 설정해 놓고 보면 교육적 관계는 '교육내용-가르치는 자-배우는 자'의 순서인 가르치는 자가 교육내용과 배우는 자를 매개하는 것으로 설정된다. 그 이유는 배우는 자는 휴먼웨어의 심층을 모르는 사람이고 그런 점에서 가르치는 자와의 인격적 만남과 모든 것을 건 확신에 찬 행위을 토대로 휴먼웨어의 가치를 알게 되기 때문이다. 기존의 관점에서 교육적 관계는 가르치는 자가 이미 만들어진 교육내용을 근거로 그것을 전달하는 데 급급할 수밖에 없지만, 묵시적 측면의 교육적 관계는 가르치는 자의 책임과 헌신이 거의 절대적으로 요청되는 것이다. 더구나 휴먼웨어의 묵시적 측면을 놓고 보면, 교육은 휴먼웨어 활동의 심층에 다가감으로써 신체기능의 부분적인 향상이나 요령, 절차, 정보의 습득이 아니라 전신체적인 체험과 체득을 통한 휴먼웨어 활동의 전체적인 이해로 해석된다.

둘째, 職務敎育의 方法的 轉換이 요구된다. 휴먼웨어의 묵시적 속성은 구체적으로는 휴먼웨어를 가지고 있는 선배들의 경험적 심층을 의미하기 때문에 언어적 교수, 즉 直接 敎授(instructing)가 아닌 인격적 만남을 통한 間接(黙示的) 傳授

(imparting)라는 방법를 통해야 한다. 더구나 교육내용은 가르치는 자에게 완전하게 체득되어 있어서 배우는 자와의 인간적 관계가 구축되면 그것에 힘입어 '자연스럽게' 전달될 수 있다. 이 때, 가르치는 자는 배우는 자가 '자기도 모르게' 감염되듯 학습하도록 최대한 자기를 숨겨야 한다. 가르치는 자는 미리 무엇을 가르치겠다는 의도를 가지고 이를 계획하고 교육내용을 별도로 만들고 수업시간을 짜서 교육하는 것이 아니라 배우는 자와의 인간적 관계를 통해 배우는 자에게 가장 적합한 것으로 상황적 교육을 한다. 이것이 가능한 이유는 교육내용이 별도의 진도를 가지고 별도로 만들어져 있는 것이 아니라 가르치는 자의 몸속에 체득되어 '가르치는 자' 스스로 내용으로부터 자유로운 상태에 있기 때문이다. 그런 점에서 가르치는 자는 아무나 할 수 있는 것이 아니다. 개념적으로 볼 때 가르치는 자는 현업의 실무를 (완전히) 통달한 해당분야의 전문가이다. 그러면서도 그는 전문가 자체로만 머물지 않고 자기의 학생을 찾아 나서는 교사이다. 자기의 학생을 갖게 되면 그는 자신이 체험한 가치를 공유하고자 자기학생을 연구한다. 자기학생을 연구하면 할수록 그의 전수는 더 자연스러워진다. 더불어 이것은 학습생태라는 살아 있는 인간관계의 토대가 구축되어 있어야 가능한 것이다. 물론 그러한 적극적인 선배들의 자발적 노력이 우선적으로 필요하지만 현업에 바쁜 조직 내 선배들 입장에서는 시간적인 문제도 있기 때문에 그들의 '진정성' 어린 참여를 바탕으로 그들의 묵시적 경험들을 가시화하는 노력도 함께 병행되어야 할 것이다.

셋째, 職務教育의 內容上의 轉換이 요구된다. 이는 일하는 현장이 곧 교육하는 장소이고 학습의 生態寶庫임을 인식하는 데에서 출발한다. 전통적으로 보면 직무교육은 오로지 연수원 같은 곳에서 직무교육교재를 가지고 사내강사가 하는 것이라는 생각이 전제되어 있다. 이러한 고정관념은 지식은 대학교재나 전문서적에 나와 있는 것만이 지식이고, 교육하는 것은 그러한 지식을 습득하는 것이라는 생각을 고착화시켰다. 그러나 진정한 지식은 기업 바깥에 서점이나 도서관에 있는 것이 아니라 기업 및 직무 내의 선배들의 체험속에 있는 것이다. 그렇다면 대학교재에 앞서 체험지를 가진 현업의 전문가가 누구인지를 먼저 찾아야 한다. 아울러 교육은 늘상 새로운 정보만을 만들어 주는 것이 아니라 오히려 해당 휴먼웨어 분야의 공동체적 기반인 직무의 심층을 체험하게 하는 것으로 이해할 필요가 있다. 조직 내 일하는 현장이야말로 지식과 경험이 살아 움직이는 학습생태의 寶庫이다. 서로의 발전을 위해 지식과 경험을 나누는 살아 있는 공간이다. 그곳에 가기만 해도 생명줄을 느끼는 곳이다. 지금 우리의 조직은 어떠한가? 조직구성원들이 조직을 통해 생명줄을 느끼는가? 죽음줄을 느끼는가? 학습생태는 가르치는 자와 배우는 자가 거미줄처럼 엉켜있는 학습의 공간이다. 학습생태에서는 인위적인 교육보다는 보는 것 체험하는 것으로 '자연스럽게' 학습하는 곳이다. 그것을 의도적으로 강조해서가 아니라 그렇게 형성된 공간이다. 일을 하는 현장은 일을 통한 사람의 성장을 토대로 해야 한다. 직무현장은 학습의 소재이며, 컨텐츠이고, 학습의 寶庫이기 때문이다.

# 참고문헌

■ 강선보(1994). 마르틴 부버의 만남의 교육. 서울: 양서원.

■ 권대봉(1992). 휴먼웨어를 개발하자. 서울: 파고다.

■ 권대봉(1996). 산업교육방법연습. 서울: 학지사.

■ 김경근(1995). 인적자본과 교육, 가정의 형성 및 경제성장. 교육재정 경제연구. 4(2), 385~414.

■ 김안중(1988). 학교학습의 철학적 기초: 오우크쇼트의 학습과 교수 리뷰. 학교학습 연구. 서울: 교육과학사.

■ 민중서림(1986). 국어대사전.

■ 시사영어사(1994). 엘리트 영한사전.

■ 신범석(2001). 휴먼웨어의 묵시적 측면과 그 교육적 의미. 박사학위 논문. 고려대학교.

■ 엄태동(1998a). 키에르케고르 간접전달의 인식론적 의의: 인식론의 딜레마와 교육적 해결. 교육철학연구회. 1998년도 3월 월례발표회 발표원고.

■ 엄태동(1998b). 교육적 인식론 탐구. 서울: 교육과학사.

■ 윤명로(1984). 훗설에 있어서의 현상학의 구상과 지향적 함축. 현상학이란 무엇인가. 한국현상학회. 서울: 심설당.

■ 이홍우(1994). 교과와 생활의 관련. 교육이론, 7(1). 서울대학교 사범대학 교육학과.

■ 장상호(1994). Polanyi: 인격적 지식의 확장. 서울: 교육과학사.

■ 차미란(2000). 오우크쇼트의 교육이론 연구. 박사학위 논문. 서울대학교.

■ 한숭희(1999). 학습생태학적 입장에서 바라본 성인 학습.

■ 한숭희 교수 홈페이지(http://plaza.snu.ac.kr/~learn/).


■ Aguinis, H., & Kurt Kraiger(2009). Benefits of Training and Development for Individuals and Teams, Organizations and Society. The Annual Review of Psychology. 451~474.

■ Collingwood, R. G.(1938). The Principles of Art. Oxford University Press.

■ Davey, G.(1998). Ecological Learning Theory. 변홍규 외 역. 생태학적 학습이론. 서울: 학지사.

■ Dearden L., Howard Reed & John Van Reenen(2005). The Impact of Training on Productivity and Wages: Evidence from British Panel Data. London: The Institute for fiscal Studies.

■ Jennifer H. Sauer, Cassandra Burton(2009). Job Skills Training and Opportunities: Opinion and Perceptions of Alabama Workers Age 40+. AARP 2009 October Report. Alabama: AARP.

■ Mincer, J.(1984). Human Capital and Economic Growth. Economics of Education Review. 3. 195~205.

■ Nadler, L., & Nadler, Z.(1989). Developing Human Resources. 3rd ed. San Fransisco. CA: Jossey-Bass.

■ Oakeshott, M.(1933). Experience and its Modes. Cambridge University Press, Learning and teaching. R. S. Peters(ed.)(1967). The Concept of Education. Routledge and Kegan Paul. 156-176. 차미란(역)(1992). 학습과 교수(상). 교육진흥. 봄. 126~143. 차미란(역)(1992). 학습과 교수(하). 교육진흥. 여름. 155~169.

■ Polanyi, M.(1958). Personal Knowledge: Towards a Post-Critical Philosophy. London: Routledge & Kegan Paul.

■ Polanyi, M.(1969). Knowing and Being. Chicago: The University of Chicago Press.

■ Polanyi, M.(1974). Scientific Thought and Social Reality. F. Schwartz(ed.). Psychoiogical Issues. Vol. 8. Monograph. 32. New York: International University Press.

■ Polanyi, M., & Prosch H.(1975). Meaning. Chicago: The University of Chicago Press. 김하자, 정승교 역(1992). 「지적자유와 의미」. 서울: 범양사.

■ Schultz, T. W.(1961). Investment in Human Capital. American Economic Review, 51(1), 1~17.

■ Shaikh, K. H. et al.(2011). Impact Analysis of HEC-based Training Programs on the Performance of the Unversity Teachers in Pakistan. Australian Journal of Business and Management Research, 1(6), 35~40.

■ Wood. S.(2004). Fully on-the-job training. Experiences and steps ahead National Centre for Vocational Education Research. Australian National Training Authority, 4~24.

chapter **08**

# 유비쿼터스 시대의
# 휴먼웨어의 무형식 학습

이성엽 · 권양이

 **1. 들어가며**

'나 자신이 납득할 수 있는 교육에 대한 정의는 없다 … 특수한 장소에서 모든 수단을 사용하면서 행해지도록 누군가가 설계한 과정이 아니라는 것이다 … 주변세계와의 교류에 의해 그 전보다 사물을 알고 현명하게 되며 사물에 관심을 가지고 능력이나 기능도 몸에 익혀 자각적으로 되는 과정이라고 말하고 싶다. 즉 나는 매우 많은 것을 공부하고 있는데 이는 내가 살아가고 일하며 놀고 친구들과 함께 있는 과정을 통해 공부하는 것이다. 그 과정에 단절은 없다. 그 전체가 하나의 과정이다(A. Falbel, 1993, Learning? Yes of course. Education? No thanks, GrowingwithoutSchooling, p. 13~14).'

'아이는 어떻게 배우는가?(How Children Learn)'와 '학교를 넘어서(Instead of Education)'라는 명저로 유명한 미국의 교육학자 J. Holt는 학교라는 공간이 아닌 삶의 전반이 공부의 과정이라고 이야기 한다. '학교 없는 사회(Deschooling Society)'라는 자신의 저서에서 '학교는 사람들을 체계적으로, 그리고 근본적으로 노예로 만든다'는 독설을 던진 Ivan Illich는 '대부분의 공부는 우연히 얻는 것이고, 심지어 대부분의 의도적 공부도 계획적으로 가르친 결과가 아니다. 보통 아이들은 자신의 국어를 우연히 배운다. 물론 그들의 부모가 관심을 가지면 더 빨리 배울 수 있는 것은 사실이다. 대부분의 사람들이 외국어를 배우는 것도 우연한 사정에 의한 것이지, 연속적인 가르침에 의한 것이 아니다(Deschooling Society, 2003)'라고 이야기 하면서 제도권교육보다는 삶 속에서의 학습의 중요성을 강조한다. 이처럼 교육학 분야에서 제도권 밖 교육의 대한 중요성에 담론은 꾸준히 제기되어 오고 있다.

　　이러한 양상은 최근 기업교육분야에서도 심도 있게 논의되고 있다. 바로 무형식학습에 대한 논의다. 전통적으로 교육학에선 교육의 3요소를 교육구성의 중요한 요소로 본다. 즉 가르치는 자, 배우는 자, 그리고 학습의 내용이 그것이다. 허나 무형식학습에선 배우는 자가 학습의 가장 중요한 그리고 유일한 요소가 된다. Watkins와 Marsick은 무형식 학습을 '경험을 통한 학습에 기반하고, 조직 상황에 편입되고, 실천 지향적이고, 비일상적인 조건이 지배를 받고, 반드시 명시적으로 드러나야 하는 암묵적 특징을 다루고, 일의 특성 문제가 구성되는 방식, 그 일을 수행하는 개인의 업무 능력에 따라 한계가 정해지고, 주도성, 비판적인 성찰, 창의성을 통해 증진되는 학습'이라 정의하고 있다. 이성엽(2009a; 2009b; 2008)에 따르면 일터에서의 무형식학습은 '가슴 벅찬 체험, 관찰하기, 비교하기, 흉내내기, 열린 대화' 등의 방법으로 이루어지며, '상호신뢰와 존중, 개인의 학습의지, 반성적 성찰' 등이 중요한 촉매요소라고 한다. 한 마디로 무형식학습의 핵심개념은 학습자가 주체가 되어 삶의 전 영역에서 경험 등을 통해 무엇인가를 배울 수 있다는 것이다. 특히 기업교육에서 무형식학습의 중요성에 대한 논의는 일터에서의 학습의 70~90%는 무형식학습을 통한 것이라는 연구(Conlon, 2004; EDC, 1998; Sorohan, 1993) 또는 ROI평가측면에서 매우 효율적이라는 연구(Conlon, 2004; Skule, 2004) 등에 의해 강화되고 있다.

　　2010년 이후 국내에서도 무형식학습의 연구는 활발하다. 최근 3년간의 연구를 중심으로 살펴보면, '무형식학습 영향 요인에 관한 통합적 문헌고찰(박혜선·이찬, 2012), '대기업 연구 개발인력의 무형식학습과 학습지원환경 및 학습도구활용의 관계(송선일, 2011)', 'SNS를 활용한 직장인의 무형식학습 사례연구(김경숙·이성엽, 2011)', '대기업 근로자의 온라인 사회적 네트워크와 무형식학습의 관계(김미애, 2011)', '초기경력자의 무형식학습이 직업기초능력에 미치는 영향(윤지혜, 2010)',

'중소기업 근로자의 무형식 학습활동과 학습전이의 관계에서 사회적 네트워크 접근성의 조절효과(배을규 외, 2011)', '중소기업 근로자의 무형식학습과 관련 변인(문세연·나승일, 2011), '성찰적 무형식 학습을 통한 전환적 경험에 관한 연구(이윤하·이기성, 2010)' 등 무형식학습의 모습이나 요소에 대한 연구가 주종을 이루며, 성과에 대한 연구는 '기업의 무형식 학습이 비재무적 성과를 매개로 재무적 성과에 미치는 영향(박선민·박지혜, 2012)' 또는 '비서의 일터에서의 무형식학습에 관한 질적연구(이윤주·박지연, 2011)', '간호사들의 무형식학습 양상에 관한 사례연구(김혜영·이희수, 2009)' 등 특정 직무에 대한 연구 등이 있다.

무형식학습을 촉진시키는 것은 크게 학습자 개인적 요인과 환경적 요인으로 구분해 볼 수 있다. 그간의 연구를 보면 개인적 특성으로서는 개인이 기본적 역량, 경쟁심, 자기효능감, 직무만족, 자기주도성, 개인의 선행성취경험, 구체적인 목표, 학습전략의 존재, 학습에 대한 강한 동기 등이 중요한 요소다. 환경적 요인으로는 관리자의 학습지원, 권한위임, 학습문화지향적 기업문화, 조직구조 등이 무형식학습을 촉진하는 요인으로 학습시간의 부족, 과도한 업무 부담감, 업무의 다양성, 자율성 없는 업무, 보상의 부재 등은 무형식학습을 방해하는 요소로 발견되었다(김경숙·이성엽, 2011; 박종선, 2011; 정미현, 2011; 이성엽, 2009a; 이성엽, 2009b; 이동명·안성익, 2009; 문세연, 2010; 위영은, 2010; 이성엽, 2008; Skule, 2003; Lohman, 2005; Ellinger, 2005).

아쉬운 것은 대부분의 연구가 무형식학습의 유효성, 작용방법, 촉진 요인 및 효과에 대한 연구라는 점이다. 이는 무형식학습의 대부분의 논의를 경영학적 관점에서의 성과라는 단편적이고 획일적인 기준에서 바라보기 때문이며, 미시적인 관점에서의 요인과 결과라는 미시적인 인과관계에 집중하고 있기 때문이다. 기업교육이 근로자의 역량강화를 통한 조직의 성과창출이라는 경쟁우위목적(race)만을 가지고 있는 것이 아니라, 학습자로서의 근로자 각자가 새로운 자신을 만나는 과정을 포함하는 여정(journey)이라고 한다면 무형식학습을 교육학적 측면 특히 교육철학적 측면에서 바라볼 필요가 있다.

##  2. 휴먼웨어, 무형식학습을 만나다

기업교육을 어떻게 바라볼 것인가? 무형식학습이란 무엇이고 어떤 의미인가?를 논의하기 위해선 그 학습의 주체와 객체가 되는 인간을 어떻게 바라보느냐가 중요한 핵심이다. '교사는 가르치기만 하고 학생은 가르침을 받기만 한다. 교사는 사고를 하고 학생은 사고의 대상이 된다. 교사는 주체이고 학생은 단지 객체에 지나지 않는다'며 기존의 학교교육을 비판한 프레이리(Freir)의 말을 빌리지 않아도(Herder & Herder, 1970), 기업교육 역시 학습에 참가하는 주체인 학습자로서의 근로자를 어떻게 바라보고 지원하고 평가하느냐는 논의를 탄탄히 하기 위해선 교육철학의 힘을 빌려야 한다.

'무형식학습이란 무엇인가?'라는 철학적 질문에 대한 대답에 있어 '기업교육의 주체와 객체가 되는 인간을 어떻게 볼 것인가?' 하는 질문은 기본이다. 여기에 교육철학적 해답과 힘을 주는 것이 권대봉의 휴먼웨어개념(권대봉, 1992)이다. 그는 서울대학교에서 강의하면서 들렀던 인문관 교수 휴게실에서 차를 한잔 타 마시면서 깨닫는다. 즉 같은 커피, 같은 설록차라도 제조하는 이의 취향에 따라 맛이 달라지는 것이다. 불을 사용하여 물을 끓이는 하드웨어, 소프트웨어, 기술은 발전하고 있지만 중요한 것은 설탕, 커피, 프림, 물이라는 원초적 투입요소가 아니라, 적절한 양을 적절한 순서대로 적절하게 잘 섞어주는 자원으로서의 사람을 뛰어넘은 사람 휴먼웨어(humanware)라는 것이다(권대봉, 1998).

'사람이 하드웨어와 소프트웨어를 이용하여 상품이나 서비스를 제공할 때에 보유하고 있는 제자원을 적절한 양으로 적절한 때에 적절한 순서로 적절히 활용하는 기술과 여기에 잘 어울리고 섞이는 인간관계기술까지 포함하는 사람기술(권대봉, 1992)'로 정의되는 휴먼웨어는 '직장에서 하고 있는 일의 일부가 학습활동임을 스스로 알고 있는 사람(권대봉, 1998)'이며, '여가를 즐기면서도 스스로 배우거나 혹은 남을 가르치거나 남으로부터 배우는(권대봉, 1998)' 평생학습시대의 주인공이다. 무형식학습을 휴먼웨어의 관점으로 바라볼 때 나아가 교육의 철학적 관점에서 무형식학습이 가지고 있는 교육학적 가치를 느끼고 찾아낼 수 있을 것이다.

　교육은 사람을 우선적으로 전제한다. 그러한 측면에서 휴먼웨어와 무형식학습의 만남은 단순히 경영과 교육의 효율성을 뛰어넘는 교육학적 가치를 가진다. 기업교육부문은 과학(science)인가? 아니면 예술(art)인가? 과학적 접근에 의한 지식은 사물이 어떻게 존재하는가라는 것을 밝히는 것에 불과한 것이다. 다시 말해 과학적 접근은 사물이 존재해 있는 사실을 있는 그대로 연구하여 밝히는 데 지나지 않는다. 무엇이 좋고 옳으며, 어떻게 하여야 할 것인가 하는 가치나 당위의 문제를 과학이 결정할 수 없는 것이다. 교육적 가치를 논하는 것은 철학적 원리다. 우리는 이러한 철학의 원리를 통해 우리는 무엇을 할 것인가, 어떠한 의미가 있는가 등을 결정하게 된다. 기업교육의 마당에 있어서도 그 주체와 객체가 근로자, 즉 사람(human being)이라는 데 이의가 없다면, 이러한 사람에 관한 철학적 접근은 기업교육의 제도 및 방법을 선택하는 것의 기준이자 기초가 될 것이다. 철학의 본질을 특수한 것, 부분적인 것, 이러한 끝없는 모든 것을 넘어서 그 존재 자체를 탐구하는 것이라고 할 때 철학적 논의의 대상인 사람을 논할 때 객관적인 것과 주관적인 것의 모든 것을 포괄하고 있는 하나의 전체적 존재로 봐야 한다(이석호, 2001). 이러한 논리를 넓게는 경영 좁게는 기업교육분야에서의 바라보는 인간에 대한 관점에까지 통일적으로 접근해볼 필요가 있다.

　무형식학습이 가지는 매력은 휴먼웨어를 빛나게 해준다는 것이다. 인재육성이란 화두를 논할 때 교육학은 논리실증주의에 매몰되어 있는 경영학이나 교육공학과는 차별화되는 깊이 있는 관점을 제공할 수 있다. 특히 인간의 본질을 철학적 관점에서 전체적, 전면적, 총체적으로 파악하고자 하는 교육철학적 관점에서 바라보는 교육은 사람, 즉 휴먼웨어를 교육의 객체일 뿐만 아니라 동시에 스스로 학습을 해내는 교육환경의 주체로 본다. 따라서 무형식학습은 기존의 형식학습에서 분절적으로 바라보는 교과내용, 교수방법을 학습자의 입장에서 바라본다. 교육, 학습 또는 배움을 둘러싼 개인의 상황은 온전히 학습을 위한 실재(實在)의 장으로 바라보는 것이다.

　또한 무형식학습은 휴먼웨어의 실존적 학습이다. 결코 '난 탐험가가 아니거든. 나는 탐험가와는 거리가 멀단다. 지리학자는 도시나 강과 산, 바다와 태양과 사막을 돌아다니지 않아. 지리학자는 아주 중요한 사람이니까 한가로이 돌아다닐 수가 없지. 서재를 떠날 수가 없어. 서재에서 탐험가들을 만나는 거지. 그들에게 여러 가지 질문을 하여 그들의 기억을 기록하는거야.'라고 이야기하는 어린왕자에 나오는 여우 같은 관념적 학습이 아니다(Saint-Exupery, 2007). 경험을 토대로 성찰을 과정을 거쳐 완성되는 학습의 여정(process)는 '해변에 우두커니 서서 물거품이 이는 파도를 쳐다보아서는 지식을 얻지 못한다. 모험을 하여 네 자신이 바다 속으로 뛰어들어 혼신의 힘으로 헤엄쳐야만 한다. 비록 의식을 잃더라도 말이다. 이렇게 해야 당신은 인간학적 통찰에 이를 수 있다(강선보, 1999 재인용)'라는 실존주의 교육철학을 기반으로 한다. 이는 마치 동양 철학자이자 한의사인 도올 김용옥이 2002년 문화일보 그리고 2009년 중앙일보의 일선기자라는 새로운 일을 시작하면서 단순히 사실의 전달을 하는 기자보다는 객관적인 사실에 자신의 주관(철학)을 가미한 춘추필법을 구사하는 기자가 되겠다며 다짐하는 것과 같은 실존적 주관을 필요로 하며, 사물이 보편적으로 실재한다고 믿는 논리실증주의적 관점이 아니라 보는 눈에 따라서 사물이 달리 인식된다고 믿는 구성주의철학적 관점을 견지하는 것이기도 하다. 인식은 누구나 할 수 있는 것이지만 휴먼웨어로서 무형식학습을 해낸다는 것은 휴먼웨어의 인식이 실존으로 들어가야만 해석할 수 있고 배울 수 있는 것이다.

## 3. '휴먼웨어'를 도약하게 하는 무형식학습

소위 HRD로 대변되는 기업교육의 현장에서 인간은 객관적인 객체로 존재하기 십상이다. 경영학 또는 심리학에서 바라보는 시각의 실패는 인간의 사물화(事物化)와 인간을 소위 경영, 즉 매니지먼트(management)의 대상으로 전제한 것이다(최동석, 2001). 데카르트가 추구했던 진리의 문제는 주체와 객체의 분리를 통한 객관화에 기반을 둔다. 나 이외의 모든 것을 객관화 시키는 논리실증주의 성장의 과정에서 안타깝게도 결코 상대화 되어서는 안 되는 인간을 사물화시켜 버린 것이다. 인간의 사물화 현상은 인간을 경영의 주체로 생각하지 않고 오로지 객체로만 인식되기 때문에 그러한 것이며 이는 기업교육의 영역에 있어서도 개발되고 만들어지는 객체로서만 자리매김 되는 수준으로 격하시켜버렸다. 타이어가 펑크 나면 갈아끼우는 것처럼 인간도 철저히 도구적 자원(resources)으로만 측정되는 객체가 된 것이다. 경영학의 논의는 결국 인간을 이익이라는 목표를 위한 조작(manipulation)의 대상으로 자리매김한다. 마치 토지, 자본과 같은 가용자원에 인간이란 객체가 추가된 것이다. 이제 인간은 더 이상 인간이 아니라 만들어지고, 다듬어지고, 개발되는 자원이 될 뿐이다. 기업교육현장의 많은 논의들은 가치와 당위 신념과 정체성 또는 교육적 훈육의 문제를 다루지 않고 인간의 행동양태를 몇 개의 변수들로 환원시켜 계량화된 모델로 파악한다.

기업교육부문을 포함한 경영의 측면에서는 인간을 어떻게 바라보고 있는지에 대한 것을 살펴보는 것은 의미 있는 일이다. 현재 우리 한 사람 한 사람이 처한 상황을 거시적으로 살펴보는 것은 인간을 테마로 하여 일(task)이 이루어지는 기업교육부문을 담당하는 사람으로 더 나은 교육을 위해 필수이기 때문이다. 미래의 기회를 창조하고, 현재의 과제를 주도적으로 수행하는 데 도움이 될 수 있는 기업교육을 위해 이러한 철학적 고민은 전제되어야 한다는 생각이다. 이러한 측면에서 무형식학습은 인적자원이란 객체에게 인간성을 회복시켜 휴먼웨어로 거듭나게 하는 귀한 주제라 할 수 있다.

그간 기업교육을 둘러싼 논의는 객관적인 기준으로 목표를 정하고, 그 목표를 달성하기 위한 작업조건과 환경을 표준화하고 평가하는 과업관리의 연장선에서 이루어 졌다고 할 수 있다. 소위계량화(計量化)로 대변되는 과학적 관리기법(Scientific Management)의  연장선에서 기업교육은 인간을 그저 관리가능 한 객체로 인식한 것이다. 조직개발의 이론적 기초인 행동과학은 자극(stimulus)과 반응(response)이라는 간단한 심리학이라는 이름의 도식을 통해 인간의 관찰 가능한 행동을 보고 환원시켜 해석하는 연구다. 즉 자극에 대한 개인의 반응 또는 행동양상을 관찰하고 해석함으로써 어떠한 자극을 주느냐에 따라 인간의 행동을 설명하고 예측하며 통제할 수 있다는 신념을 전제하는 것이다. 수많은 기업이 이러한 OD(Organization Development)를 교육훈련의 기법으로 활용하고 있고 ASTD에서도 HRD의 중요한 구성요소로 OD를 정의하고 있다. 하지만 이러한 과학이라는 이름의 논의에서 빠진 것이 있다. 인간의 가치와 주관적 결정에 대한 정신이다. 결코 관찰하기 용이하지 않은 그러나 가장 중요한 인간의 내면을 도외시한 상태의 어떤 논의도 교육학자의 입장에선 동의하기 어렵다. 아무리 행동과학적 수단을 사용한 교육훈련의 일환이라 하더라도 조직구성원들을 조작적 수단(manipulative tactic)과 통제적 수단으로 바라볼 수밖에 없는 경영학적·심리학적 입장의 접근은 궁극적으로 변화에 대한 진정성 있는 동의를 얻기는 어려운 것이다.

　이러한 인적자원의 개발 한계를 한 단계 도약할 수 있도록 하는 것이 휴먼웨어의 무형식 학습이다. '사람이 하드웨어와 소프트웨어를 이용하여 상품이나 서비스를 제공할 때 보유하고 있는 제자원을 적절한 양으로 적절한 때에 적절한 순서로 적절히 활용하는 기술과 여기에 잘 어울리고 섞이는 인간 관계 기술까지 포함 한 것(권대봉, 1994)'이라는 초기의 정의에서 '치열한 경쟁이 펼쳐지고 있는 글로벌시대에 있어 기업의 최첨단의 하드웨어와 소프트웨어를 자유자재로 적절하게 활용 할 수 있는 역량을 지님과 동시에, 사람들로부터 존경 받고 사람들을 이끌 수 있는 내적성격(Character)은 물론, 사람들과 함께할 수 있고 어울릴 수 있는 외적성격(Personality)까지 갖춘 인재로서 진정한 만남의 삶을 사는 사람'이라고 정의되는(이성엽, 2003) 휴먼웨어는 스스로 경험하고 스스로 배워가는 무형식학습의 주체로서 적절한 정의이기 때문이다. 휴먼웨어를 가진 인간은 인간이 가진 고유한 인격체의 개념을 가지고 있다(신범석, 2001). 휴먼웨어는 스스로 동기부여(Be motivated) 할 수 있고, 스스로 삶과 일의 목표를 설정(Be directed) 할 수 있어 매우 주도적인(Be Proactive) 생활을 하는 스스로 자립(self-leading)할 수 있는 사람이다. 휴먼웨어는 단순한 차원의 기술이 아닌 인간관계에 있어 총체적인 '능력'이라는 의미이며 휴먼웨어가 있는 사람은 인격성을 가진 인간인 것이다. 이러한 휴먼웨어는 다른 사람과 어울리고 섞일 때 어떠한 선입견이 없는 직접적인 만남을 하고, 어떠한 이해 없는 순수하고 열정적인 만남을 하며, 서로가 전존재를 거는 전인격적 만남을 한다(이성엽, 2003). 더더욱 기존에 논의되던 인간자본(Human Capital) 또는 인적자원(Human Resource)의 개념과는 달리 기업교육측면에서 휴먼웨어(Humanware)과 무형식학습과의 만남이 매력적인 것은 휴먼웨어가 바라보는 인간관은 단순히 교육훈련에 투자할 만한 자산(capital)도 가공하고 개발하는 자원(resource)도 아닌, 기업경영의 주체로서 기업교육의 장에서도 역시 객체이자 주체가 되는 인간관이기 때문이다.

## C 4. 성찰, 무형식학습의 완성

사람은 무엇으로 자라는가?
(박노해, 2002)


사막에서 새 풀을 찾아
쉴새없이 달리는 양들은
잠잘 때와 쉴 때에만
제 뼈가 자란다

푸른 나무들은
겨울에만 나이테가 자라고
꽃들은 캄캄한 밤중에만
그 키가 자란다

사람도 바쁜 마음을 멈추고
읽고 꿈꾸고 생각하고 돌아볼 때만
그 사람이 자란다
그대여, 이유 없는 이유처럼
뼈아프고 슬프고 고독할 때
감사하라, 내 사람이 크는 것이니

힘들지 않고 어찌 힘이 생기며
겨울 없이 어찌 뜨거움이 달아오르며
캄캄한 시간들 없이 무엇으로
정신의 키가 커 나올 수 있겠는가


시인 박노해의 노래처럼 우리는 바쁜 마음을 멈추고 돌아볼 때 성장한다. 이렇게 돌아보는 성찰(省察), 사전적 의미는 '자신의 마음을 반성하고 살핌'이다. 구태여 Piaget나 Kolb를 언급하지 않아도 우리는 그간 온몸으로 느껴오며 체험했다. 혼자만의 조용한 시간을 가진 것이든, 일기와 같은 소위 성찰저널(reflective journal)을 쓰면서 스스로 분석, 반성의 기회를 독백을 한 것이든 또는 타인과 대화(dialogue)로 무엇인가 깨달은 것이든 스스로 사색하며 경험을 반추해보는 성찰을 통해 한 뼘씩 커져간다. 스스로의 독백인 생각, 느낌, 경험을 반추해봄으로써 스스로 개선과 성장의 여지를 만들어내게 된다.

Dewey의 경험학습이론에서 시작되고, Knowles(1950)의 Informal Adult Education에서 처음 소개되었으며 이후 Thomas(2004), Graham(2001), Chivers(2001), Watkins 및 Marsick(1992) 등 여러 성인학습자들에 의해 주창되어온 개념인 무형식학습의 논의에는 성찰이 중요한 위치에 자리매김하고 있다. 성찰은 자기주도학습(self-directed learning), 구성주의학습의 기본요소일 뿐만 아니라 무형식학습을 우연학습(incidental learning), 경험학습(experiential learning) 또는 상황학습(situated learning)과 구분 짓고 이해의 폭을 넓히는 데 중요한 요소가 된다. 나아가 암묵지(tacit knowledge)학습의 깊이를 결정짓는 기준이 되기도 한다. 예컨대 Marsick과 Watkins(1990)는 무형식학습을 비의도성(non-intentional)으로 형식학습과 구분하고, 학습자의 학습에 대한 의지를 기준으로 우연적학습(incidental learning)과는 구별하면서 무형식학습을 좀더 세밀하게 정의하는데 여기서 성찰은 중요한 기준이 되기도 한다.

또한 그간 무형식학습에 대한 연구에서 성찰은 무형식학습을 구성하는 가장 중요한 요건이다. 자기주도학습, 네트워킹, 코칭, 멘토링, 업무수행의 계획처럼 개인의 의지가 담겨있는 활동이든, 학습의 방법에 있어 참여를 통한 학습, 실수를 통한 학습, 실천을 통한 학습, 동료의 행동에 대한 관찰을 통한 학습 같은 비의도적 활동이든 모두 성찰은 약방의 감초처럼 학습을 위해 존재해야 하는 필수 고정요소다. 기업에서의 회의, 고객과의 접촉, 상사와의 대화, 팀내 조직원과의 인간관계, 동료와의 의사소통, 업무상의 질문, 선배들의 일처리 방법 관찰, 관련된 문서읽기, 현장방문, 직장내 훈련, 문서작업, 멘토링, 코칭활동, 조직에서의 경험, 회의참가, 일상활동에서의 동료들과의 대화, 진솔한 피드백을 받는 것, 어떠한 정책에 참가하는 것, 닮고 싶은 동료에 영향을 받는 것, 이문화의 체험, 다른 이의 도움을 받는 것, 정보수집활동 등 거의 대부분의 활동에 있어 성인의 학습과 성장에 결정적인 영향을 끼치는 중요하게 논의되는 이론의 큰 배경이 바로 '성찰'이다(이성엽, 2005; 이성엽,

2009; 이성엽, 2010a; 이성엽, 2010b, 김경숙·이성엽, 2011; EDC, 1998; Brooks, 1989; Thomas, 2004; Graham, 2001; Chivers, 2001; Watkins & Marsick, 1992).

　성찰을 기반으로 하는 무형식학습은 단순히 근로자에게 일터에서 필요로 하는 정보나 기술을 습득하는 데 그치지 않는다. 자신을 돌아보고 자아를 발견하는 귀한 도구까지 된다. 자신의 삶 속에서 전형성과 독특성을 찾아내는 무형식학습은 객관적인 명제와 그것의 증명보다는 스스로가 필터(filter)가 되어 자신의 삶 속에서 무엇인가를 배워나가는 것이기에 그 학습의 범위와 영역은 전방위적이다. 교수자의 설명에 귀를 기울이거나 정해진 교과서를 암기하는 것 또는 설문지에 반응하는 공부가 아니라 무지의 상태에서 현상을 관찰하고 배워가는 무형식학습은 왕성한 호기심을 가지고 때로는 미련하게 때로는 집요하게 진행된다. 그리고 그 결과는 정보나 지식의 익힘만이 아니라 눈에 보이지 않는 것까지 배우게 한다.

## 5. 유비쿼터스 시대의 무형식학습[1]

### 1) 유비쿼터스 러닝

　유비쿼터스 러닝이란 언제 어디서나 학습한다는 의미로서 가장 널리 알려져 있다. 유비쿼터스 러닝은 휴대 기기 간의 네트워크를 기반으로 단말기와 사물에 이식된 각종 센서, 칩, 태그, 라벨 등을 통해서 학습자의 상황정보는 물론 해당 사물의 정보를 실시간으로 인식할 수 있다(변영계 외, 2010).

　최근 학습자들은 다양한 장비들을 가지고 있고 학습자와 컴퓨터의 일대일 관계가 가능해졌다. 그러한 스마트폰, 랩탑 혹은 E-Book들은 다른 유비쿼터스 컴퓨팅 장비들과 결합해서 학습을 지원할 수 있다. 다양한 모바일 복합기구와 환경에 확산적으로 장착된 센서와 주변부 장비들을 통해 학습자들은 교실 내외의 환경과 언제든지 연결될 수 있고 어느 곳에서든지 자기주도적 학습을 할 수 있는 유비쿼터스 러닝 환

---

1 이하는 졸저(2012). 『청소년 및 성인학습자를 위한 유비쿼터스 러닝시대의 통합적 평생교육방법론』의 제11장의 내용을 가져온 것이다.

경 속에 살고 있다. 더불어 모바일과 유비쿼터스 컴퓨팅 환경은 동료 학습자 및 학습 상황을 인식하는 과정을 통해 사회적 학습을 가능하게 했다(Liu & Milrad, 2010). 이렇듯 유비쿼터스 러닝에서의 학습자는 기존 교실 수업과는 달리 자기 혼자서 학습을 시작하고 마쳐야 하는 한계가 있어서 자기 동기화가 잘 되어야 하며 이를 위해 학습지원시스템에서 학습자들이 러닝의 자원을 효과적으로 사용하고 스스로 학습활동을 촉진해야만 한다.

유러닝에서는 모든 교실에 정보기기뿐만 아니라 유비쿼터스 네트워크와 센서, RFID 등과 같은 아주 작은 컴퓨터가 심어진다. 학습은 컴퓨터와 네트워크 또는 인터넷에서만 이루어지는 것이 아니라 교실 내에 있는 각종 사물을 통해서도 이루어진다. 이 사물들에는 이미 센서와 RFID 등이 이식되어 있어 살아 있는 컴퓨터처럼 움직인다. 예를 들어 교실의 온도와 습도 등을 센서가 감지함과 동시에 공기조화설비가 가동되어 최적의 학습환경을 유지한다. 학생들은 학교나 교실에 들어서는 순간 옷이나 가방에 부착된 RFID를 통해 출석이 확인되고 확인된 출석여부는 모바일 단말기를 통해 학부모에게 전송된다. 수업은 인공지능 전자칠판과 전자북, 전자책걸상 등을 통해 이루어진다(박정환 외, 2007).

유비쿼터스 러닝은 조만간 우리의 일상이 될 것이다. 데스크탑에 이어 노트북, 아이패드와 갤럭시 탭 등의 등장으로 지하철이나 버스 어디에서고 학습을 자유롭게 할 수 있기 때문이다. 원격교육은 이러닝, 모바일 러닝, 유비쿼터스 러닝으로 진화되어 가는 양상을 띤다. 유러닝의 초기단계는 진정한 의미의 편재성(ubiquitous)이나 내재성보다는 이동성을 강조하는 경향이 있으며 이동성을 강조하는 엠러닝은 유비쿼터스 컴퓨팅 기술이 발전하면서 자연스럽게 유러닝 쪽으로 통합·발전될 가능성이 있다(임철일, 2011). 즉, 유러닝은 기존의 이러닝이나 엠러닝과 완전히 구분되거나 대체되는 개념이 아닌 기술의 발전으로 교육관련 개념이 변화하여 발전해가는 학습형태를 의미한다(백영균 외, 2010). 김찬옥(2008)은 유비쿼터스 러닝의 3가지 특성을 살펴보았다. 첫째, 자연적 이동성, 학습자의 이동이나 디바이스의 변경과 상관없이 최적화된 콘텐츠를 제공한다. 둘째, 맥락 인식성으로 학습자가 의도적으로 시스템에 접속하지 않더라도 실제 세계의 보이지 않는 다양한 센서를 통해 학습자의 위치를 확인한다. 셋째, 지능적 컴퓨팅으로 학습자의 환경정보, 개인정보, 학습포트폴리오 등에 기초한 개별화된 학습지원이 가능하다. 이처럼 모바일 기기를 이용한 학습과 유비쿼터스 러닝은 서로 구분이 되는 개념이 아니다. 유비쿼터스 러닝은 모바일 러닝, 확산적 러닝(pervasive learning) 그리고 상황 인지적 러닝을 포함하고 있다 (Shih et al., 2012). 국내 원격평생교육이 이러닝, 모바일 러닝, 유비쿼터스 러닝, 스마트 러닝으로 진화한다고 보는 견해가 있지만 이상의 논의에서 알 수 있듯이 모바일 러닝은 유비쿼터스 러닝과 완전히 구분되어 이분법적으로 설명되는 개념이 아니고 유비쿼터스 러닝의 한 유형이라고 보는 것이 타당하다.

우리나라 모바일 러닝의 역사를 살펴보면 1990년대의 데스크탑 위주의 ICT 활용 교육에서 2000년대 초의 이러닝 시대로 접어들면서 인터넷을 활용한 교육으로의 전환과 더불어 학습자들의 학습 이력을 관리하는 학습관리시스템(Learning Management System)이 개발되어 단순하게 일차적인 학습으로 끝나지 않고 지속적인 학습 형태가 체계화되는 교육이 이루어지는 단계로 발전하였다. 이러한 이러닝 시대는 2005년 이후 유비쿼터스라는 개념이 도입되면서 모바일 기기와 더불어 모바일에 가능한 콘텐츠의 개발이 함께 이루어져 시간과 공간을 초월한 학습환경의 기반이 마련되었다. 휴대기기, 스마트폰, PDA의 경계선이 사라지고 있다. 핸드 헬드 PDA 컴퓨터(hand-held PDA computer)와 전통적인 휴대폰기기가 점진적으로 통합되고 있기 때문이다. 이와 같이 휴대가 편리한 스마트폰은 전화, 이메일, MP3, 전자책, 음성녹음, 캠코더, 카메라, 일정, 게임, SMS(Short Message Service), 인터넷 등 매우 다양한 서비스를 제공하고 있다.

스마트폰 시장 규모는 2010년부터 4년 동안 연평균 33.5%씩 증가할 것으로 전망되고 있으며(이종만, 2012) 국내 스마트 폰 가입자 수가 2011년 3월에 이미 1,000만 명을 돌파하는 등 스마트 폰을 포함하여 갤럭시 탭, 아이패드 등과 같은 다양한 스마트기기들이 국내에 빠르게 보급되고 있어 모바일 러닝에 대한 관심의 귀추가 주목된다. 특히 2012년에 스마트폰 시장규모는 개인용 컴퓨터 시장규모를 추월할 것으로 전망되고 있어 정보통신기술과 교육이 융합된 모바일 러닝은 최근 신성장 원동력이 되고 있다(문철우·김재현, 2011).

## 2) 무형식학습으로서 모바일 러닝의 교수학습이론

Sharples 외(2005)에 따르면 대부분의 교수학습 이론들은 교수와 학습이 교실에서 발생한다는 기본 전제하에 기초하고 있다. 그러나 실제로 성인학습의 51%는 집이나 사무실에서 이루어지고 있다(Sharpels 외, 2005). 이렇듯 전통적인 교실수업은 오늘날의 교수학습과정을 대표하는 것이 아니기에 모바일 러닝에 대한 이론을 개발시킬 필요가 있다. 우선 학습자들은 항상 움직인다는 것이다. 그러므로 고정되어 있는 커리큘럼으로 규정하여 제한할 필요가 없다. 교실상황에서 배울지라도 교실 외에 학습한 것을 가지고 나와 동료 학습자들과 무형식적인 토의를 할지도 모르고 이러한 것은 이미 학습한 것에 대한 성찰 혹은 반복학습이 될 것이다. 이렇듯 반복을 할 때 인터넷으로부터 다운로드한 관련된 자료가 추가로 조사될 필요가 있을지도 모른다. 즉, 새로운 지식이 구성되는 것이다(Nordin 외, 2010).

현재 모바일 러닝 이론들은 행동주의, 인지주의, 구성주의, 상황학습, 문제중심 학습, 상황인식 학습, 사회-문화적 이론, 협동학습, 대화형의 학습, 평생학습, 무형식 학습이론이다. 행동주의 학습 이론의 예는 대체로 연습, 피드백, 강화가 주어지는 영어학습 애플리케이션, SMS, MMS, 음성 녹음 소프트웨어, 모바일 반응 시스템 등이다. 반응과 자극의 연합의 적절한 강화로 학습이 일어나는 원리이다. 인지주의의 예는 팟캐스팅, 모바일 TV, 멀티미디어, SMS, MMS, 이메일 등이다. 인지주의적 학습은 인간 과정과 정보 저장을 통한 인지적 구조의 재조직화 혹은 습득이다. 구성주의적 학습으로 설명되는 것은 모바일을 통한 게임, 시뮬레이션, 가상현실, 상호작용적인 팟캐스팅과 SMS가 대표적이다. 구성주의 학습이론에서 학습은 활동적인 과정이다. 그 안에서 학습자들은 현재와 과거의 지식에 기반하여 새로운 아이디어나 개념을 구축하게 된다(Keskin & Metcalf, 2011). 이러닝 방법들과 접근법들은 모바일 러닝 환경에 구성주의적 학습과 대화이론을 통합하는 애플리케이션에 매우 유용하게 사용될 수 있다(Motiwalla, 2007).

이렇듯 모바일 러닝 이론들은 대부분의 교수학습이론에 기반하여 설명될 수 있고 이론에 기초하여 설계, 개발되고 활용될 수 있다. 편재성, 접근성, 유연성(언제, 어디서건), 자율성, 확실성(대화의 촉진과 사회적 네트워킹)은 모바일 러닝의 장점이다(Ljungdahl, 2011). 이러한 편재성, 접근성, 유연성과 자기주도적인 측면 때문에 무형식학습으로서 모바일러닝은 성장가능성이 매우 큰 분야이다. 나날이 발전하고 있는 테크놀로지와 노동시장의 형태 및 인력의 변화는 이러한 가능성에 더욱 힘을 실어주고 있다.

우리나라는 스마트폰 보급률과 무선인터넷 환경을 고려할 때 모바일 러닝을 구현하기에 최적의 장소라 할 수 있다. 특히 웹 1.0의 단방향적인 정보 소통방식에서 정보소비자가 정보제공자가 되는 웹 2.0으로 대표되는 SNS는 집단지성, 소셜지성을 기반으로 소셜 미디어를 대중화시켰다. 소셜 미디어를 기반으로 하는 모바일 러닝의 학습환경은 시공간의 제약, 대상의 제약, 콘텐츠의 제약 없이 어느 누구나 수평적인 관계에서 함께 지식을 창출, 공유, 흡수할 수 있다는 장점이 있다. 이렇듯 의사소통방식, 정보의 접근과 활용, 정보의 생산과 재조합 등에 있어서 커다란 변화를 가져왔다. 이로써 교육에서도 교수학습방법, 콘텐츠 모형에 커다란 변화를 가져와 새로운 교육을 실현할 수 있게 된 것이다(이응달, 2012). 모바일 러닝이 평생학습의 지평을 더욱 확대시키고 평생학습 역사에 새로운 획을 긋게 될 것인지 그 귀추가 주목된다.

미국 시장조사 업체 스트래티지애널리틱스(SA)에 따르면 2012년 한국은 스마트폰 보급률 67.6%를 기록, 스마트폰 보급률 1위 국가가 됐다. 한국의 뒤를 이어 노르웨이(55%), 홍콩(54.9%), 싱가포르(53.1%)가 위치했다. 스마트폰 보급률 1위인 한국의 보급률은 67.6%로 세계 평균 보급률인 14.8%보다 4배 이상 높다. 이렇듯 스마트폰과 소셜미디어의 확산으로 학습자 중심의 무형식 평생학습(informal lifelong learning)이 증가할 전망이고 인터넷 환경이 데스크 탑에서 스마트폰을 중심으로 빠르게 변화하고 있어 원격교육 시장 성장세를 모바일이 대체할 수 있을 것으로 관측된다(정윤호, 2011). Bahr와 Pendergast(2007)에 따르면 생활의 모든 영역에 컴퓨터 테크놀로지가 침투한 시대에 성장한 밀레니엄 세대는 컴퓨터가 규범이 되는 세대로서 이 세대가 살고 있는 사회·경제영역의 고유한 특성은 흔히 글로벌화, 개인주의, 다원주의로 묘사된다. 글로벌 경제로 인하여 인터넷과 같은 새로운 의사소통 기술이 확산되는 추세이고 전통적인 시·공간의 구분이 사라지는 지구촌이 형성되고 있다(권양이, 2013). 이렇듯 다양한 모바일 기기인 스마트폰, 아이패드, 소셜미디어를 가지고 친구들과 의사소통을 하며 학습을 한 세대인 밀레니엄 세대 학습자들이 가까운 시일 내에 조직에 진입할 것으로 예상되고 있어 모바일 러닝 실천을 위한 역량을 준비하고 개발할 필요성이 절실해졌다(조대연, 2012). 기업에서 제공되는 교육훈련은 대학에서 제공되는 교육보다 종종 더 반응적이고 기업조직은 신기술을 빠르게 도입하여 대학처럼 오랜 타당성 검증 절차를 필요로 하지 않고 빠르게 코스를 제공할 수 있다. 기업들은 대학보다 코스의 '투자수익률(ROI: Return on Investment)' 문

| 표 8-1 | <<< 모바일 러닝의 기술 |
|---|---|

| 기 술 | 설 명 |
|---|---|
| SMS(Short Message Service) | 모바일 폰 사용자끼리 (텍스트 메시지) 160자 까지 주고 받을 수 있게 하는 서비스 |
| MMS(Multimedia Messaging Service) | SMS와 비슷한 목적이나 차이점은 그래픽을 첨가할 수 있다는 점이다. |
| WAP(Wireless Application Protocol) | 컴퓨터나 모뎀을 거치지 않고 휴대전화나 개인정보단말기(PDA), 무선터미널 등 이동형 단말기에서 인터넷에 접속할 수 있도록 하기 위해 고안된 통신규약으로, 무선으로 자료를 전송하고 받을 수 있는 국제적 프로토콜로서 대화에 필요한 통신 규약이다. WAP는 GSM, TDMA, CDMA, CDPD 등을 포함한 모든 무선 네트워크에 연결할 수 있는 모빌컴퓨터용 아키텍처(하드웨어와 소프트웨어를 포함한 컴퓨터 시스템 전체의 설계방식)다. |
| GPRS(General Packet Radio Service) | 빠른 연결(171kb/s) 속도를 제공하기위해 인터넷 연결하는 5세대 이동전화기술. GPRS는 빠른 속도를 바탕으로 데이터 전송에 적합하도록 설계된 기술로 GSM의 채널당 통신속도를 9600bps에서 14400bps까지 향상시킨다. 또 데이터 압축기술을 통해 기존의 GSM망 환경에서 115,000bps의 전송속도를 구현한다. GPRS 단말기는 현재 GSM 방식의 이동전화기술보다 2배 이상 빠른 속도로 무선인터넷에 접속할 수 있게 해주며 인터넷에 계속 연결된 상시접속 상태를 유지해 주는 장점을 갖췄다. |
| 블루투스 (Bluetooth) | 10미터 내외 범위의 단거리 무선 시스템이다. 무선기기들 간에 정보를 주고받을 수 있는 근거리 통신망 표준이다. 블루투스의 기본 개념은 휴대용 장치간 양방향 근거리 통신을 케이블 없이 저 가격으로 구현하기 위한 근거리 무선통신 기술로서 2.4GHz의 ISM(Industrial Scientific Medical) 밴드를 사용하고 장애물이 있을 시 무선데이터 통신을 사용한다. |
| 3G, 4G 폰 | 4세대 모바일 폰은 멀티미디어 전송을 위해 1초당 100메가바이트까지 제공한다. |
| PDAs | PDA(Personal Digital Assistant)는 큰 PC의 기본 기능을 많은 부분을 수행할 수 있는 Palm OS 나 MS 포켓 PC 작동시스템을 사용하는 미니 PC로 발전되었다. 개인용 단말기로서 휴대성과 성능이 비교적 뛰어나고 무선 네트워크를 이용한 인터넷 접속으로 최근에도 다양하게 많이 사용되고 있지만 자체 입력을 위한 인터페이스가 불편한 것이 무엇보다 큰 단점이다. |
| MP3s | 파일을 효과적으로 압축하고 공유가 가능하게 만드는 오디오 파일 포맷이다. |
| CAMs | 모바일 폰이나 PDAs에 장착된 비디오 카메라이다. |

출처: Hashemi 외(2011).

제를 더 잘 인식하고 있다(Kukulska-Hulme & Traxler, 2005). 이와 같이 모바일 러 닝 사례는 그것이 단기간 내에 지역적 효율성 획득과 비용 절감을 창출해야 한다는 명백한 필요성에 입각하여 이루어지기 때문에 기업교육에서 더욱 빠르게 확산될 전 망이다.

## 3) SNS와 무형식학습

많은 성인학습자들이 일상에서 그리고 일터에서 SNS의 온라인과 모바일이라는 장점을 활용하여 전통적인 학습의 선을 넘어선 무형식학습을 하고 있다(김경숙·이성 엽, 2011; 안병룡·김혜의, 2012). 온라인과 모바일을 통한 직장 내 학습네트워크는 SNS내에 관심사가 같은 직원들끼리 자연스럽게 학습동아리를 만들어 학습하고 있어 (김경숙·이성엽, 2010) SNS를 활용한 무형식학습이 직장인들의 일상이 되어가고 있 는 실정이다. 더욱이 필요한 학습을 즉시적(just in time)으로 하고 사회적 학습 (social learning)을 선호하는 밀레니엄 세대들이 노동시장에 진입하기 시작하면 SNS를 활용한 무형식 학습은 하나의 학습형태로 확실하게 자리매김할 것으로 전망 된다. 소셜 네트워크는 개개인으로 하여금 유용한 정보를 제공함으로서 문제를 해결 하는 것을 돕는다. 그러므로 학습을 위한 모바일 소프트웨어의 중요성은 많은 연구 자들에 의해 지지되어 왔다.

소셜 네트워크 서비스(SNS: Social Network Service)는 사람과 사람, 콘텐츠 사이를 연결해주는 사회적 연결망으로서 소셜 미디어와 소셜 소프트웨어가 있다. 소셜 미디어에는 블로그, 위키, 팟캐스트 등이 있으며 소셜 소프트웨어는 사용자와 데이터를 공유할 수 있게 상호작용하는 소프트웨어 시스템의 범위로 마이페이스, 트위터, 페이스북, 유투브, 플리커, 아마존, 이베이 등의 개방형 API(Application Programming Interface) 등을 일컫는다(임철일, 2011). 다음은 무형식 학습으로서 의 모바일 러닝을 지원하는 소셜 네트워크 서비스를 정리한 표이다.

| 표 8-2 | <<< 무형식학습을 지원하는 소셜 네트워크 서비스(SNS: Social Network Service) | | |
|---|---|---|---|
| | | | 장단점 |
| 블로그<br>(Blog) | 블로그는 웹(Web)과 로그(Log)를 합친 낱말로 웹 1.0시대의 일반 웹페이지와 대비되는 대표적인 웹 2.0서비스 형태이다. 웹상에 일종의 일지(log)를 작성하는 형태의 기술을 말하며 시간의 흐름에 따라 장(page)수가 더해지는 히스토리를 가지고 컴퓨터 용어 로그(log)와 같이 시간의 역순으로 기록되는 특성이 있다. 블로그는 자신의 생각 등을 올리고 다른 사람도 보고 읽을 수 있게 열어놓은 글모음으로 개인마다 소유와 관리가 손쉽고 그에 비해 인터넷을 통해 발휘할 수 있는 힘이 크기 때문에 1인 미디어라고도 불리운다. 댓글과 트랙백, 다른 블로그에 자신의 글을 보내거나 반대로 다른 블로그의 글을 자신의 블로그에 보내는 기능을 달아 블로그 독자들과의 의사소통이 확장되도록 발전하였다. | | 토론, 글쓰기 연습이 용이함/공개적임 |
| 페이스북<br>(Facebook) | 지인들과의 대화와 정보교류를 도와주는 소셜 네트워크 웹사이트로 국내의 싸이월드, 미국의 마이스페이스, 영국의 베보와 같은 개인 가상공간이다. 교육적 활용이 가능한 이유는 트위터와 달리 Docs 앱, Slide Share, Scribd 앱을 설치함으로써 문서공유가 가능하다는 점이다. | | 가상공간에서 사회적 상호작용이 가능함/개인정보 유출의 문제 |
| 트위터<br>(Twitter) | 140자 한도 내에서 트위터 웹사이트로 보낼 수 있다. | | 제한된 언어 |
| 위키<br>(Wiki) | 하와이어로 '빨리빨리'란 뜻을 가진 WikiWiki에서 유래되었다. 즉 위키에 의해서 만들어진 것이 바로 위키피디아이다. 위키는 웹 브라우저에서 간단한 마크업언어(markup language)를 활용하여 공동문서를 저장할 수 있고 사용자들이 내용을 추가할 수 있는 웹페이지 모음으로 문법이 쉽고 글을 고치는 자격이 따로 있지 않아 누구나 함께 글을 써내려갈 수 있다. | | 접근성이 좋고 글의 수정 보완이 용이/정보의 정확성에 문제 |
| 팟캐스팅<br>(Podcasting) | 인터넷을 통하여 시청하려는 사용자들이 원하는 팟캐스트(Podcast)를 선택하여 정기적 혹은 새로운 내용이 올라올 때마다 자동으로 구독할 수 있도록 함으로써 방송을 전달하는 방법을 의미한다. 모바일 기기나 개인용 컴퓨터에서 플레이하도록 인터넷을 통해 음악이나 스피치 등의 멀티미디어 파일을 배포하는 방식이다. 팟캐스트는 아이팟(iPod)의 pod과 방송(broadcast)의 cast가 합쳐진 단어이다. 초기에는 오디오를 중 | | 유연성과 휴대성으로 언제 어디서고 들을 수 있음/텍스트가 아니라 검색하기가 불편함 |

| | 심으로 발전하여 오디오캐스팅이라고 불렸으나 최근에는 비디오까지 그 영역을 확장하여 비디오캐스팅이라는 말과 함께 사용된다. 교육적으로 활용된다면 자신에게 필요한 강의 등이 게시된 사이트를 매번 방문할 필요없이 인터넷만 연결되어 있다면 언제든지 새로운 내용을 전달받아 iPod, MP3, laptop, 컴퓨터나 휴대용 장치를 통해 이동 중에 학습할 수 있다는 장점이 있다. | |
| 포토 스토리<br>(Photo Story) | 포토 스토리는 학습자들이 디지털 카메라를 사용하여 캡처된 자신들의 사진으로부터 비디오 스토리를 생성하거나 혹은 웹으로부터 자유롭게 다운로드 할 수 있게 해준다. 간단한 몇 단계를 통해 학습자들은 자신들의 사진을 편집하고, 타이틀을 삽입하며 나레이션을 녹음, 배경음악 효과를 넣을 수도 있다 | |

출처: 권양이(2012).

## 6. 무형식학습으로서 모바일 러닝 사례분석

### 1) 기업의 모바일 러닝 사례

기업들의 모바일 오피스 구축에 대한 관심이 뜨거워지고 있다. KT경제연구소에서 발표한 국내 모바일 오피스 시장 전망 보고서에 따르면 2009년에 2.9조원이 모바일 오피스 환경 구축에 투자되었으며 2014년에는 그 두 배에 달하는 5.9조원이 모바일 오피스 구축을 위해 사용될 것으로 보인다. 국내의 삼성, 코오롱, SK, KT와 같은 대기업들은 전사적으로 모바일 오피스를 도입하여 업무와 모바일 통한 학습에 활용하는 추세이다(조남재 외, 2012).

신한은행은 선도적으로 모바일 러닝 학습환경을 구현하고 적극적으로 실천하고 있는 대표적 한국기업이다. 모바일 러닝을 위해 직원들에게 스마트폰을 제공하고 학습을 독려하고 있으며 그 결과 2012년 현재 3,000여 명의 직원들이 접속하여 학습하고 있다. 주요 사용시간대는 출근시간대인 오전 7시부터 8시와 퇴근 시간대인 오후 4시부터 5시 사이이다. 학습초기에 콘텐츠에 만족하지 않은 사용자들은 이후로 다시 접속하지 않는 경향이 있었다(안병룡·김혜의, 2012). SK그룹은 정보기술(IT) 업계의 리더답게 2010년 하반기부터 전 직원에게 스마트폰을 나눠주면서 모바일 오피스를 도입했다. 스마트폰을 통해 사내 메일 작성 및 전송은 물론 전자결재도 가능하게 해 불필요한 시간 낭비를 최소화한 것이다. 특히 SK텔레콤은 구성원의 업무 효율을 높이기 위해 태블릿PC 기반의 '페이퍼리스 오피스(Paperless Office)'를 도입했다. '페이퍼리스 오피스'는 언제 어디서나 문서를 자신의 태블릿PC에 내려받아 열람할 수 있는 '싱크보드', 업무매뉴얼, 교육자료 등 사내 출판물을 전자 매거진 형태로 제공하는 '인포보드', 태블릿PC를 통해 카탈로그를 제공해 보다 설득력 있는 고객 컨설팅을 지원하는 'T 비즈 카탈로그' 등 총 3개의 서비스로 구성됐다.

SK텔레콤은 구성원들에게 50기가바이트(GB)의 클라우드 저장 공간을 제공해 직원들이 개인 컴퓨터로 언제 어디서나 업무와 관련된 문서들에 접근할 수 있다(동아일보, 2012. 5. 31).

**표 8-3** <<< 국내기업들의 모바일러닝 도입현황

| 분야 | | 도입기업 | 도입내용 |
|---|---|---|---|
| 원격근무 (영상기반 원격협업) | 그룹 추진형 | KT | 수도권 10개 지역에 '위성오피스'구축 및 본사, 대전연구소 간 실감형 영상회의 시스템 구축 및 운영 |
| | | 현대 모비스 | 본사 및 국내외 지사 간 화상회의를 실시하여 국내지사 및 해외지사 간 출장 감소 |
| | | 삼성 석유화학 | 생산 공정 정보시스템을 구축하여 관리자가 서울 본사에서 원격으로 현지 공장의 업무 진행사항을 파악 |
| 모바일 러닝(스마트폰 기반) | 전사 추진형 | 포스코 | 스마트폰을 활용한 '스마트 팩토리'를 구축하여 생산현장 혁신 및 신속한 의사결정 지원 |
| | | 한국IBM | 시간·장소에 관계없이 필요한 업무를 수행할 수 있는 '모바일 오피스' 도입 통합 커뮤니케이션 기능 그룹웨어 서비스 제공 |
| | | 아모레퍼시픽 | 영업활동, 고객관리업무 |
| | | 서울도시철도공사 | 운영 정보시스템 업무 |

| | | |
|---|---|---|
| | 서울아산병원 | 환자리스트 검사 결과 |
| | 신영증권 | 고객관계관리 업무 |
| | 녹십자, 드림파마, 휴온스, 한미약품, 안국약품, 경남제약, 대웅제약 | 영업활동지원, 제고조회, 주문 수금 실적조회, 전자결재, 자료 검색 |
| | 대우건설 | 현장 협업 지원 |
| | 청정원 | 그룹웨어 연동, 영업정보, 전사자원관리업무 |
| | 행정안전부 | 전자결재, 행정 서비스 제공 |
| | 기상청 | 기상관련특화 서비스 제공 |
| | 현대중공업 | 설계도면 조회, 공정 입력 등이 가능한 '와이브로 조선소'를 구축하여 현장에서 실시간 업무처리 |
| | 미래에셋생명 하나대투증권 대우증권, 삼성증권 | 고객정보, 매매정보 제공 전자결재, 이메일 기능 홈트레이닝 업무 |
| | 신한은행 | 주로 출퇴근 시간이나 직무관련 자격증 과정을 중심으로 모바일 러닝시스템인 '스마트 에듀'를 2년 전부터 운영 중임. |
| | CITI 은행 | 기본적인 동영상 강의 이외에도 SNS(Social Network Service)기능을 활용한 씨티트위터와 씨티피디아 메뉴를 개설하고 각종 학습관련 전달사항을 스마트폰을 활용하여 제공함. |
| | 삼성SDS | 스마트폰과 태블릿 PC에 걸맞는 미래형 학습 콘텐츠를 조만간 상용화하고 있으며 모바일 기기에서 쓸 수 있는 모바일 LMS(Learning Manage System)인 학습관리시스템(강의, 토론, 상담관리 등 토털 서비스 제공)이 핵심 |

출처: 국가정보화전략위원회(2010); 조남재 · 김지연(2011). 2010년 12월 기준 참조함.

## 2) 대학의 모바일 러닝 사례

국내 대학에서는 캠퍼스 전체에 무선랜을 설치하여 모바일 도서관을 구축하고 있다. 도서관에 물리적으로 방문하지 않고서도 학내에 설치된 기기나 인터넷에 접속하여 언제 어디서나 자료검색 및 정보 습득이 가능하고 여러 가지 정보들을 학생 개인의 휴대용 단말기로 전송받을 수 있는 것이다(송재신 외, 2011). 대학교에서는 U-캠퍼스라는 내용으로 캠퍼스의 유비쿼터스화를 꾀하고 있다. 2차원 바코드, RFID, 모바일 디바이스 등을 중심으로 구축하고 있으며, 학생증, 출입증, 현금카드를 통합하고 수강정보, 학사행정 등을 교내 어디에서나 편리하게 제공하는 모바일 학사행정 시스템 형태로 만들고 있다.

모바일 학습에 대한 관심과 전략이 대학가에서도 뜨겁다. 무엇보다 개인 모바일폰 소지율의 증가로 모바일 러닝의 성장가능성이 더욱 낙관적으로 전망되고 있다. 2005년 영국의 15세에서 16세의 연령대는 95%가 모바일 폰을 소지하고 있는 것으로 나타났고 2009년 말레이시아의 18~21세의 대학생들은 100% 모바일 폰을 가지고 있다(Nordin 외, 2010). Perkins와 Saltsman(2010)에 따르면 Abilene Christian 대학은 2008년 모든 신입생들에게 아이폰(iPhone)과 아이포드(iPod)를 제공한 후 Mobile Learning Fellow 프로젝트를 수행했다. 결과는 대학에서 교수법 실험 및 혁신의 대학문화를 형성하게 되었다는 점이다. 영국의 개방대학(Open University)은 2008년 대학의 특성상 일찍이 가상학습환경 시스템에 모바일 접근을 매우 강도 높게 시작하였다. 학습자들의 의견과 요구를 반영하였으며 대학의 교육공학 연구소에서 2009년 주도한 모바일 학습 안내서는 주로 교수들과 모듈 팀에게 실행에 있어서의 어드바이스와 모바일 러닝에 대한 소개로 구성이 잘 되어 있다(Kukulska-Hulme, 2012). 지역 사회적 접근법을 사용한 Wright State 대학에서는 학습 사회 환경을 구축하고 교수들이 그들의 학습환경에 모바일 학습 전략(팟캐스팅과 디지털 스토리텔링에 초점을 둔)을 실행하는 것을 도왔다. 교수자들로 하여금 테크놀로지 사용에 익숙하게끔 하고 학습 자원을 형성하는 데 있어 다양한 새로운 기술을 익히도록 하는 데 그 목적이 있다(Kukulska-Hulme, 2012). Seo 외(2010)의 연구에 따르면 내용을 전달하기 위한 전략으로서 팟캐스팅은 원격교육과 전통적 교실수업 모두에서 새로운 모바일 학습 사회를 구현하는 데 유용하였다.

　　Gikas와 Grant(2013)는 대학생들의 모바일 러닝에 대한 인식을 연구한 결과, 매우 흥미로운 사항들을 발견하였다. 대학생들이 인지하는 모바일 러닝의 장점은 언제, 어디서고 빠르게 교육과정 자료에 접근, 업로딩, 포스팅을 할 수 있다는 점으로서 QuickPolls와 Twitter와 같은 소셜미디어로 인하여 과정의 내용에 즉각적인 피드백이 가능해졌으며 과정의 전문가와도 긴밀하게 상호작용할 수 있다는 점들이다. 웹 2.0의 응용을 통해 학생들은 교실 밖에서도 교육과정내용에 대해 의견을 주고 받았고 그들이 교실을 떠났다고 하여 학습이 중단된 것이 아니기 때문에 교수자들은 학습에 테크놀로지를 통합하는 페다고지와 커리큘럼을 사용할 필요를 느꼈다. 결론적으로 모바일 기기의 유용성으로 인하여 협동적인, 소셜미디어 도구들, 학생들의 학습은 교실을 떠남으로서 시작된다. 즉 학생들은 친구들과 협력하여 할 수 있고 그들의 환경과 긴밀하게 상호작용한다. 또한 대학생의 개인적 정체성과 모바일 기기 사이의 경계선도 흐릿해졌다. 학생들은 자는 동안에도 옆에 두고 있으며 학습하는 동안에도 자료 검색 등을 위해 늘 가까이에 두고 있어 폰이 자신의 신체 일부처럼 느껴진다고 보고한다.

　　잘 작동되지 않을 수 있을지도 모르는 위험부담, 타이핑하기 불편한 키보드 등 여러 가지 제약점에도 학생들은 모바일 기기로 인해 그들의 학습에 변화를 가져왔다고 인지한다. 즉 대학생들은 형식과 무형식 학습의 경계선이 흐릿해졌음을 인식한 것이다.

　　2013년 현재 우리나라 청소년 10명 중 8명이 스마트폰을 쓰고 있으며 이들의 하루 평균 사용시간은 2시간 36분인 것으로 나타났다. 청소년들의 스마트폰 의존율은 생각보다 훨씬 심각하다. 청소년들의 스마트폰 중독률이 인터넷 중독율보다 훨씬 높게 나타났다. 인터넷 중독률이 10.4%인 데 반해 스마트폰 중독률은 11.4%인 것으로 나타났다. 또한 청소년들의 스마트폰 중독률은 성인보다 더 높은 것으로 나타났다. 중독률을 연령대로 세분화해서 보면 10대가 11.4%로 가장 높았으며 20대 10.4%, 30대 7.2%, 40대 3.2% 순으로 나타났다(고영삼, 2013). 모바일을 활용하여 무형식 학습의 지평이 확대되는 것은 분명 바람직한 일이긴 하나 십대, 이십대에게는 학습에 이용하는 것과 더불어 과도한 소셜네트워크서비스 사용이 자칫 중독성 있는 소일거리가 될 수 있어 주의가 요망된다.

## 3) 공공기관의 모바일 러닝 사례

경기도 여성능력개발센터의 온라인 경력개발센터(http://m.dream.go.kr)에서는 모바일을 통해 IT, 여성창업분야 교육과정을 지원하고 있다. 경력개발을 위한 상담과 코칭도 직접 면대면 하지 않는 온라인 커리어 코칭(online career coaching)을 하고 있다는 점이 센터의 특징이다(조정아·김선영, 2012). 서울도시철도공사는 모바일 오피스 시스템을 통해 직원들의 이동시간(10%)과 행정시간(10%)을 현저히 줄일 수 있었고 그로 인해 근무시간의 대부분(80%)을 필요한 작업에 효율적으로 활용할 수 있게 되었다. 업무 생산성의 증가는 원가절감으로 이어졌고 무엇보다 중요한 지표인 지하철의 안전도를 대폭 향상시켰다(조남재 외, 2012). 이렇듯 공공부문의 경우는 행정안전부, 기상청, 서울도시철도공사, 한국전력공사 등에서 점진적으로 모바일 오피스 도입을 추진하고 있다. 행정안전부는 전자결재, 메모 보고, 이메일 등의 행정 서비스를 제공하고 관련 보안, 연동 및 서비스 표준 규격을 마련하고 있다. 기상청은 인터넷 전화 교환기 구축 및 FMC(Fixed Mobile Convergence)모듈 스마트폰을 통해 음성기반 FMC 서비스를 제공 중이며 기상관련 특화 서비스 사업자와의 그룹웨어 연동을 추진하고 있다. 서울도시철도공사의 모바일 오피스 도입 초기 구축시 효율성 제고라는 긍정적 측면보다는 직원들의 일거수일투족을 감시하는 족쇄가 될지도 모른다는 두려움이 앞서 노조 측의 반대가 심했다. 따라서 직원들을 강압적으로 설득하지 않았고 이를 위해 IT기획팀, 전산개발팀, 기술분석팀을 통합, 정보화기획단을 구성하였고 업무특성을 반영하여 공동 개발하기로 하였다. 이에 직원들을 각종 IT관련 교육과정에 참여시키는 것은 물론 일주일에 한 번씩 직접 개발한 내용을 발표하는 시간을 갖고 발표한 개발 정보를 전 부서가 공유하게 해 필요한 부서에서 적극 활용할 수 있도록 하였다. 시스템은 사용자들의 업무적 특성을 고려하여 KT와 공동 개발되었다(조남재 외, 2012).

이상 모바일 러닝을 실천하고 있는 사례들을 살펴보면 무엇보다 무형식학습의 주요 특성인 휴먼웨어의 자기주도성과 자율 및 모바일 러닝이 업무의 지속적인 연장이 되지 않는 개인적 생활과의 분리 등 휴먼웨어 주체본연의 진정성을 훼손하지 않는 인본주의적 측면이 강조되어야만 한다. 또한 학습자의 초기관심을 유지시키고 지속적으로 그들을 유인할 만한 양질의 모바일 러닝의 콘텐츠도 지속적으로 업데이트

되어야 한다. 초기의 학습자를 지속적으로 유인하기 위해서는 모바일 러닝 콘텐츠를 지속적으로 개선하고 양질의 콘텐츠를 개발·보급하는 일이 무엇보다 중요한 일이기 때문이다. 이와 같이 모바일 러닝에 대한 개선점은 여전히 남아 있는 상태이다. 기존의 콘텐츠 변환도 고비용을 발생시키는 원인으로 작용하고 있으며 신규 콘텐츠 제작 시 수요가 부족할 가능성, 학습사이트 관리 및 개선점에 대한 사항은 앞으로 풀어나가야 할 숙제라고 보인다(정윤호, 2011).

## C 7. 나가며

휴먼웨어로 무장한 직장인에게 학습자로서의 무형식학습은 성장을 위한 유용한 도구다. 과거 휴먼웨어의 일상에 대화, 체험, 관찰, 모방 등의 방법으로 무형식학습으로 내재화되었다면 이제는 테크놀로지의 발달과 노동시장의 인력세대교체로 인해 매우 다양한 양상을 띠고 있다. 따라서 본문에서는 유비쿼터스 시대, 휴먼웨어의 무형식 학습에 대한 새로운 단상과 방법에 대한 논의를 제시해 보고자 했다. 이러한 목적을 달성하기 위하여 무형식 학습의 개념, 휴먼웨어와의 관계를 고찰하였고 유비쿼터스 시대, 무형식 학습으로서의 모바일 러닝의 최근동향을 살펴보았다.

모바일 러닝은 직장, 지역사회, 집 장소를 막론하고 스스로 무형식 학습을 할 수 있다는 점에서 매우 유용하다. 특히나 지식의 생명주기가 날로 단축되는 특성을 가진 지식정보화시대를 맞이하여 일과 학습의 경계를 구분하지 않고 끊임없이 학습하는 무형식 평생학습(informal lifelong learning)에 대한 중요성은 아무리 강조해도 지나치지 않을 것이다. 이러한 면에서 무형식학습으로서의 모바일 러닝은 매우 유용한 학습 패러다임이다. 자발적이고 휴대가 가능하기 때문에 모바일 러닝을 통한 학습은 언제 어디서고 이루어질 수 있는 유비쿼터스적 성격을 띠고 있다. 즉, 모바일 러닝의 주요 특성은 편재성, 휴대성, 사적(개인성), 블랜디드 러닝, 상호작용성, 즉각적 정보, 협동적이라는 면에서(Ozdamli & Cavus, 2011) 교육적 활용도가 높다고 할 수 있다

유비쿼터스 시대, 무형식 학습으로서의 모바일 러닝은 교육훈련 예산이 책정되

어 있는 선택된 기업만이 고려해 볼 수 있는 사항은 아니다. 미래를 내다보는 조직들은 반드시 모바일 러닝을 탐색해봐야 한다. 현재 밀레니엄 세대는 노동인구의 22퍼센트를 차지하고 있지만 2014년이 되면 이들은 노동인구의 거의 47퍼센트를 차지하게 된다. 이들은 테크놀로지와 스피드를 좋아하는 세대로서 학습 전달방식의 이동성, 접근성을 요구할 것이다. 밀레니엄 세대들은 다른 어떤 테크놀로지보다도 모바일 폰을 선호한다(Biggs & Justice, 2011). 그러나 모바일 러닝의 테크놀로지의 교육적 사용은 아직 걸음마 수준이고 여러 가지 가능한 장애요소들을 배제할 수 없는 현실이다(Ljungdahl, 2011). 또한 모바일 러닝의 학습의 효과 또한 공식적으로 검증된 것이 없다(Lykins, 2012). 이러한 단점 이외에도 모바일 학습자인 종업원들이 언제 어디서나 배우고 훈련을 받아야 한다는 압박감을 느낄 수 있고 위치인식 기술이 그들의 움직임을 감시한다고 느낄 수 있다. 그들은 또한 개인적, 전문적 차원의 약속, 과제, 연락처 등을 보관하는 모바일 기기들이 그들의 프라이버시를 위협할 뿐만 아니라 단지 그들의 전문 지식을 컴퓨터에 입력하는 것이 그들을 단순 작업자로 만든다고 느끼게 할 수 있다(Kukulska-Hulme & Traxler, 2005). 또한 인터넷 브라우저는 웹 강의에 참여하기 위하여 필요한 장치이고 미디어 플레이어는 웹 강의의 서면 자료와 함께 오디오-비주얼 학습기기가 사용될 수 있게 지원하기 때문에 모바일 러닝 학습자는 인터넷 브라우저와 미디어플레이어가 갖추어진 스마트폰이나 대부분의 모바일 기기의 표준인 포켓 PC를 필요로 한다. 이러한 제반환경이 갖추어지지 않은 학습자들에게는 모바일 러닝의 접근성이 낮다고 할 수 있다. 김찬옥(2008)은 KT사의 모바일 러닝 적용사례의 단점으로 3~5인치의 적은 단말기 화면, 자료입력의 불편, 네트워크 접속 불안정, 학습 수요 지속적 감소, 학습사이트 관리 및 개선 관심도 저하 등을 지적하였다. 특히 제도적으로 고용보험 환급 지원이 안 된다는 점은 모바일 러닝의 확산을 위한 제도적 뒷받침이 시급함을 시사해주는 대목이다. 대학에서의 활용 시 단점을 살펴보면 교수학습을 진행하기에는 너무 짧은 대화형식, 팟캐스트 내용이 유용하기는 하나 모바일 러닝 학습의 연장선에서 보기는 어렵다는 점, 비밀보장과 윤리적인 문제 등을 들 수 있다(Kukulska-Hulme, 2012).

유비쿼터스 러닝 시대의 모바일 러닝은 무형식학습의 가능성을 극대화시키고 평생학습의 지평을 확대시키는 데 매우 유용한 학습 패러다임에는 분명하나 본문 초기에 논의했던 학습주체인 휴먼웨어의 본질과 그 의미를 퇴색시키거나 휴먼웨어의 진정성을 상실하는 방향으로 나아가서는 안 될 것이다. 이미 도래한 평생학습 시대에 이젠 더 이상 학교든 기업이든 기존의 제도권 교육만으로는 인간다움을 향유하며 살기는 쉽지 않다. 변화에 대응하고 극복하기 위한 생존을 위한 평생학습을 넘어, 배움 그 자체에 대한 열망은 휴먼웨어, 즉 전인적 인격체로서의 인간이 가진 고유의 권리이자 특권이다. 따라서 더 이상 단체급식처럼 배급되는 교육에의 참여보다는 스스로 학습자가 되어 경험하고 생각하고 배우는 무형식학습은 휴먼웨어를 더욱 빛나게 도약하게 할 수 있다. 언제나 그렇듯이 사람만이 희망이고 사람이 중심이 되어야 하기 때문이다.

# 참고문헌

■ 강선보(1989). 마르틴 부버의 '만남'의 교육철학에 관한 연구. 박사학위 논문. 고려 대학교.
■ 강선보(1999). 마르틴 부버의 만남의 교육. 서울: 양서원.
■ 강영안(2002). 인간의 얼굴을 가진 지식. 서울: 소나무.
■ 권대봉(1994). 국제화시대에 인재만들기; 휴먼웨어 개발의 이론과 실제. 서울: 명진 출판.
■ 권대봉(1998). 산업교육론. 문음사
■ 권대봉(2002). 평생학습의 다섯마당. 서울: 학지사.
■ 권양이(2012). 청소년 및 성인학습자를 위한 유비쿼터스 러닝 시대의 통합적 평생 교육방법론. 서울: 도서출판 원미사.
■ 권양이(2013). 청소년 프로그램 개발과 평가. 서울: 박영사.
■ 고영삼(2013). 청소년의 스마트폰 사용, 어떻게 하면 좋을까? 오늘의 청소년, 254호, 5, 6, 24~27.
■ 김경숙·이성엽(2011). SNS를 활용한 직장인의 무형식학습 사례연구: Facebook활 용을 중심으로. HRD연구, 13(4), 31~61.
■ 동아일보(2012). 5. 31일자[SMART 혁명/하이테크특집]SK그룹, 스마트 워크—오피 스 통해 업무 효율 극대화.
■ 문세연(2010). 중소기업 근로자의 무형식학습과 학습동기, 학습전략, 대인관계 및 직무특성의 인과적 관계. 박사학위논문. 서울대학교.
■ 박노해(2002). 나눔문화 소식지 2002년호.
■ 박정환·김형준·조정원(2007). 알기쉬운 유러닝. 서울: 학지사.
■ 박종선(2011). 대기업 근로자의 무형식학습과 권한위임, 자기효능감 및 학습동기의 인과적 관계. 석사학위논문. 서울대학교.
■ 백영균·박주성·한승록·김정겸·최명숙·변호승·박정환·강신천·김보경(2010). 유 비쿼터스 시대의 교육방법 및 교육공학. 서울: 학지사.
■ 변영계·김영환·손미(2010) 교육방법 및 교육공학. 서울: 학지사.
■ 송재신·김유리·김정원·노정민·명창훈·문무상·백종명·변태준·서정희·신명호·

이창훈·정광훈·정의석·정지윤·조용상·채보영·홍철기(2011). 최신 교육정보화론. 서울: 교육과학사.

■ 신범석(2001). 휴먼웨어의 묵시적 측면과 그 교육적 의미. 박사학위 논문. 고려대학교.

■ 안병룡·김혜의(2012). 전략적 스마트러닝 시스템 구축 및 운영사례 연구. 2012 한국산업교육학회 연차학술대회. 181~202. 서울: 한국산업교육학회.

■ 위영은·이희수(2010). 개념지도 작성에 근거한 무형식학습 개념이 형성과정 탐구. 평생교육학연구, 16(4), 107~130

■ 이석호(2001). 인간의 이해. 서울: 철학과 현실사.

■ 이성엽(2003). 만남철학의 기업교육학적고찰. 석사학위논문. 고려대학교 교육대학원.

■ 이성엽(2005). 기업내 HRD관점에서 본 성인상담과 HRD. NLP상담학연구, 1(1), 117~125.

■ 이성엽(2008). 은행신입사원들의 무형식학습의 방법에 대한 연구. 한국교육학연구, 14(1), 271~299.

■ 이성엽(2009a). 무형식학습에 영향을 미치는 요인에 대한 연구. 한국교육학연구, 15(1), 133~185.

■ 이성엽(2009b). 무형식학습의 방법에 대한 연구. 인력개발연구, 11(1), 1~51.

■ 이성엽(2010). 경영환경변화와 HRD트랜드. Semicon HR Review, 2010. 5. 25.

■ 이응달(2012). 방과후학교의 스마트교육 도입 전략과 방안. 민간 차원의 방과후 스마트스쿨 프로그램 중심으로. 제1회 한국 방과후 학교학회 춘계학술대회. 141~160. 서울: 한국방과후학교학회.

■ 이종만(2012). 스마트기기 이용자의 이러닝 서비스 사용 동기에 관한 실증적 연구. 한국인터넷정보학회논문지, 13(2), 119~126.

■ 이학종(1999). 한국기업의 문화적 특성과 새 기업문화 개발. 서울: 경세사.

■ 이학종(2000). 전략적 인적자원관리. 서울: 경세사.

■ 임철일(2003). 원격교육과 사이버교육 활용의 이해. 서울: 교육과학사.

■ 정윤호(2011). 우편원격훈련기반 스마트러닝 개발 및 운영사례. 2011년 한국직업능력개발원·한국인력개발학회 공동 춘계학술대회. 111~118. 서울: 한국직업능력개발원·한국인력개발학회.

■ 조남재·최정인·오승희(2012). IT기반의 공공서비스 혁신: 서울도시철도공사의 모바일 오피스 사례. 한국경영정보학회, 14(1), 67~84.

■ 조대연(2012). 2012 ASTD Debriefing. 2012년 한국인력개발학회 춘계학술대회. 15~26. 서울: 한국인력개발학회.

■ 조정아·김선영(2012). Application of collective intelligence in e-learning. 2012 한국산업교육학회 연차학술대회. 233~251. 서울: 한국산업교육학회.

■ 최동석(2001). 경영관리의 위기. 서울: 비봉출판사.

■ Antoine de Saint-Exupery. Le Petit Prince. 김화영(역)(2007) 어린왕자. 서울: 문학동네.

■ Biggs, B., & Justice, R.(2011). Mobile learning: the next evolution. Chief Learning Officer, 10(4), 38~41.

■ Conlon, T. J.(2004). A Review of Informal Learning Literature, Theory and Implications for Practice in Developing Global Professional Competence. Journal of European industrial Training, 28(2/3), 283~295.

■ Cseh, M., Watkins, K., & Marsick, V.(1998). Informal and Incidental Learning in the Workplace, In Torraco, R. (ed.), Proceedings of the Annual Conference of the Academy of Human Resource Development, Acadmy of Human Reosurce Development, BatonRouge, LA.

■ Cseh, M., Watkins, K., & Marsick, V.(1999). Reconceptualizeing Marsick and Watkins' Model of Informal and Incidental Learning in the Workplace, In Kuchinke, K. P. (ed.). Proceedings of the Annual Conference of the Academy of Human Resource Development, 1(349). Baton Rouge, LA.

■ D. J. O'Connor. An Introduction to the Philosophy of Education. 유인종·주영흠 (역)(1991). e교육철학을 위한 사색. 서울: 양서원.

■ Ellinger, A. D.(2005). Contextual factors influencing informal learning in a workplace setting. Human Resources Development Quarterly, 16(3), 389~416

■ Gikas, J., & Grant, M. M.(2013). Mobile computing devices in higher education: students perspectives on learning with cellphones, smartphones & social media. Internet and Higher Education, 19, 18~26.

■ Hashemi, M., Azizinezhad, M., Najafi, V., & Nesari, A. J.(2011). What is mobile learning? Challengs and capabilities. Procedia-Social and Behavioral Sciences, 30(2011), 2477~2481.

■ Illich, Ivan.(2000). Deschooling society. 박홍규(역)(2009). 학교 없는 사회. 서울: 생각의 나무.

■ Keskin, N. O., & Metcalf, D.(2011). The current perspetives, theories and practices of mobile learning, The Turkish Online Journal of Educational

Technology, 10(2), 202~208.

- Kukulska-Hulme, A.(2012). How should the higher education workforce adapt to advancements in technology for teaching and learning? Internet and Higher Education, 15(4), 247~254.

- Kukulska-Hulme, A., & Traxler, J.(2005). Mobile learning: A handbook for educators and trainers. 장은정·정영란·이영민(공역). Jinhan M&B.

- Ljungdahl, L.(2011). Mobile Technologies: Enhancing teaching in Australian literature. The International Journal of the Book, 8(3), 77~85.

- Lohman, M. C.(2005). A survey of factors influencing the engagement of two professional groups in informal workplace learning activities. Human Resource Development Quarterly, 16, 50~527.

- Lykins, L.(2012). Creating a viable mobile learning strategy remains a challenge. T+D, 66(6), 26~26.

- Michael Polanyi(1974). Meaning. 김하자·정승교(역)(1992). e지적 자유와 의미. 서울: 범양사출판부. Michael Polanyi(1974). Personal Knowledge; Towards a Post-Critical Philosophy. Chicago: The University of Chicago Press.

- Motiwalla, L. F.(2007). Mobile learning: A framework and evaluation. Computers & Education, 49(3), 581~596.

- Nordin, N., Embi, M. A., & Yunus, M. M.(2010). Mobile learning framework for lifelong learning. Procedia Social and Behavioral Sciences, 7(C), 130~138.

- Ozdamli, F., & Cavus, N.(2011). Basic elements and characteristics of mobile learning. Procedia Social and Behavioral Sciences, 28(2011), 937~942.

- Seo, K. K., Curran, A., Jennings, N. A., & Collins, C. M.(2010). Creating a new mobile learning community with podcasting. International Journal of Continuing Engineering. Educational and Life Long Learning, 20(1), 103~114.

- Shih, W. C., Tseng, S. S., Yang, C. C., Lin, C. Y., & Liang, T.(2012). A folksonomy-based guidance mechanism for context- aware ubiquitous learning: a case study of Chinese scenic poetry appreciation activities. Educational Technology & Society, 15(1), 90~101.

- Skule, S.(2004). Learning conditions at work: A framework to understand and assess informal learning in the workplace. International Journal of Training and Development, 8(1), 8~20.

chapter **09**

# 수행공학을 활용한 기업교육

이 진 구

 **1. 수행공학의 등장배경**

오늘날 세계 경제는 급격한 변화, 치열한 글로벌 경쟁, 전례 없는 생산성 향상 노력 등으로 대변되는 신경제 체제하에 들어서 있다. 이러한 신경제 패러다임에서는 더 좋은 기계, 고성능 컴퓨터, 또는 비용절감 노력만으로 경쟁력을 키우고 생산성을 향상시키는 데에는 한계가 있다. 왜냐하면 가장 큰 생산성 향상은 세상에서 가장 중요한 자원인 바로 사람을 통해 달성되기 때문이다(권대봉, 2001; Van Tiem, Moseley, & Dessinger, 2004). 전통적으로 기업교육은 훈련(Training) 및 개발(Development)을 통한 조직구성원 개인의 지식, 스킬, 태도의 증진에 초점을 맞추어 왔다. 그러나 기존의 이러한 기업교육이 조직의 요구에 부응하지 못하면서 기업교육의 패러다임은 '학습(learning)' 중심에서 '성과(performance)' 중심으로 급격히 이동하고 있다(이진구, 2011; 정재삼, 2000).

기업교육 측면에서 이러한 '성과' 패러다임은 두 가지 관점에서 이해할 수 있다.

첫째는 학습을 통한 성과와의 연계성 강화다. 기존의 기업교육에서 추구하던 훈련 및 개발의 궁극적인 목적은 구성원 개인의 행동 변화를 통한 성과 향상이었다. 그러나 실제 기업교육 현장에서는 학습전이의 문제(transfer problem) 등으로 인해 교육이 구성원들의 실질적인 행동변화를 유발하지 못한 측면이 있기 때문에, 기업교육은 액션러닝(action learning)과 같이 조직의 실제 문제를 대상으로 이를 실천적으로 해결하는 과정에서 성찰적인 학습이 이루어지게 함으로써 개인의 성장 및 조직의 성과 향상에 기여해야 한다는 것이다. 둘째는 성과향상을 위해 기업교육은 학습으로 해결 가능한 해결책만을 활용해야 한다는 기존의 인식에서 벗어나 기업교육이 학습이외의 해결책까지도 활용함으로써 성과향상에 주도적인 역할을 해야 한다는 기업교육의 근원적인 역할변화이다. 기존의 기업교육은 교수체제설계(ISD) 이론에 따라 교육으로 해결 가능한 문제만 해결하려고 하였다. 하지만 이러한 접근은 기업교육의 기능을 학습에 한정시켜 오히려 기업교육의 역할을 축소시키면서 조직의 성과개선에 적극적인 영향을 주지 못하는 현상을 초래하였다. 그리고 이러한 문제점에서 출발해 지속적으로 대두되고 있는 개념이 바로 수행공학(HPT: Human Performance Technology)이다. 수행공학은 성과에 영향을 미치는 다양한 요인들을 분석하여, 성과가 나지 않는 근본 원인을 학습 및 학습이외의 해결책을 통해 제거함으로써 성과를 향상시키고자 하는 것이다(Rothwell, Hohne, & King, 2007).

오늘날 기업의 인적자원개발(HRD: Human Resource Development) 조직의 임무는 '교육훈련'에서 '성과개선'으로 바뀌고 있다(나일주·임철일·이인숙, 2003; Reise & Dempsey, 2002). 이러한 흐름 속에서 수행공학은 기업교육 담당자들에게 매우 중요한 성과개선의 방법이므로 여기에서는 수행공학의 정의를 비롯한 전반적인 개념과 시사점을 논해 보고자 한다.

 ## 2. 수행공학의 정의와 특징

수행공학의 정의를 논하기에 앞서 수행공학과 내용은 유사하나 달리 사용되는 용어들을 먼저 살펴보아야 할 필요가 있다. Rothwell과 Hohne 그리고

King(2007)에 의하면 정의나 초점에 미세한 차이가 있기는 하지만 수행공학은 Human Performance Improvement(Rothwell, 1996), Performance Engineering(Gilbert, 1978; Dean, 1994), Human Performance Enhancement(Rothwell, 2005), Performance Consulting (Robinson & Robinson, 1995) 등의 용어와 혼용되어 사용되고 있다. 일례로 미국의 ISPI(International Society for Performance Improvement)는 북미지역의 HPT 전문협회로서 HPT라는 용어를 줄곧 사용해 왔으며, 반면에 ASTD (American Society for Training and Development)는 Rothwell(1996)이 수행한 'HPI에 대한 모델 연구' 이후 HPT 대신에 HPI라는 용어를 공식적으로 채택하여 사용하고 있다. 하지만 이들 용어의 구체적인 정의 및 프로세스를 살펴보면 두 용어는 거의 동일한 개념이라는 것을 알 수 있다. 따라서 여기에서는 ISPI의 개념을 기준으로 수행공학의 정의와 특징을 살펴보고자 한다.

　　ISPI(2012)에 의하면 수행공학이란 '사람의 수행(performance)과 관련된 기회(opportunities)의 실현을 목적으로 문제를 해결하는 전략으로서, 생산성과 역량향상을 위해 일련의 도구와 절차를 활용하는 체계적인(systematic) 접근법을 말한다. 좀 더 구체적으로 말하자면, 수행공학은 인간의 행동(behavior)과 성취(accomplishment)에 영향을 주는 가장 비용효과적인 프로그램들을 선택, 분석, 설계, 개발한 후 실행 및 평가를 하는 프로세스로 이루어진다. 여기서 수행분석(performance analysis), 원인분석(cause analysis), 해결책 선택(intervention selection) 등의 3가지는 수행공학의 근본적인 프로세스로 개인, 그룹, 조직 차원에 적용될 수 있다. 수행공학은 행동주의 심리학, 교수체제 설계, 조직개발, 그리고 인적자원관리 등을 포함한 다양한 학문분야에서 가져온 광범위한 해결책들을 활용한다. 또한 수행공학은 현재와 바람직한 수준의 성과에 대한 치밀한 분석을 강조하며, 성과 차이(gap)에 대한 원인들을 밝히는 데 초점을 맞추며, 성과를 향상시킬 수 있는 다양한 해결책을 제안하고, 변화관리 프로세스를 통해 실행하고, 마지막으로 그 결과를 평가한다(ISPI, 2012).'

| 표 9-1 | <<< 수행공학의 정의와 초점 | | |
|---|---|---|---|
| 학 자 | 정 의 | 초 점 | 용 어 |
| Gilbert (1978) | 사람의 잠재력을 자본으로 전환하는 일련의 절차를 통해 인적자본을 증가시키는 것 | 인적자본 증가 | Performance Engineering |
| Rosenberg (1990) | 사람의 수행과 관련된 문제를 해결하기 위한, 또는 기회를 실현하기 위한 일련의 방법 및 프로세스 | 방법 및 프로세스 | Human Performance Technology |
| ASTD (1994) | 적절하고 다양한 해결책의 사용을 통해 일터에서의 수행을 분석하고, 향상시키고, 관리하는 체제적인 접근법 | 체제적 접근법 | Human Performance Improvement |
| Harless (1992) | 사람의 가치있는 수행에 대하여 적절하면서도 비용효과적인 해결책을 분석, 설계, 개발, 테스트, 실행, 평가하는 프로세스 | 프로세스 | Human Performance Technology |
| Robinson & Robinson (1995) | 비즈니스 목표 달성을 위해 일터에서의 최적화된 전략적 결과물을 도출하기 위한 고객과 컨설턴트 사이의 프로세스 | 프로세스 | Performance Consulting |
| Rothwell (1996) | 중요한 수행의 차이를 발견하고 분석하며, 수행향상을 위한 계획을 세우고, 수행의 차이를 줄이기 위해 비용효과적이고 윤리적으로 정당한 해결책을 설계하고 개발하며, 해결책을 실행한 후, 재무적·비재무적 결과를 평가하는 체계적인 프로세스 | 프로세스 | Human Performance Improvement |
| Stolovitch & Keeps (1999) | 업무수행자들로부터 바람직한 업적을 얻기 위한 공학적인 접근법. 수행공학자들은 수행의 차이에 대해 시스템적인 관점을 적용하여, 가장 바람직한 방법으로 그 차이를 줄이기 위해 체계적으로 차이와 시스템을 분석하며, 분석한 데이터·과학적 지식·선례 등에 근거해 비용효과적이고 효율적인 해결책을 설계하는 사람들임 | 공학적인 접근 | Human Performance Technology |
| Van Tiem, Moseley, & Dessinger (2004) | 비즈니스 목표와 전략을 목적달성에 책임이 있는 종업원들과 연결시키는 체계적인 프로세스. 수행공학자들은 일터에서의 성과증진을 위한 절차를 연구하고 설계하며, 수행의 문제 및 원인을 체계적으로 분석하고 우수수행자를 밝혀냄 | 프로세스 | Human Performance Improvement |
| Pershing (2006) | 결과지향적, 포괄적, 체제적으로 효과적인 해결책을 설계·개발함으로써 조직의 생산성을 향상시키는 연구이자 윤리적인 실제 | 연구· 실제 | Human Performance Technology |

| ISPI (2012) | 사람의 수행과 관련된 기회의 실현을 목적으로 문제를 해결하는 전략으로서, 생산성과 역량향상을 위해 일련의 도구와 절차를 활용하는 체계적인 접근법을 말한다. 좀 더 구체적으로 말하자면, 수행공학은 인간의 행동과 성취에 영향을 주는 가장 비용효과적인 프로그램들을 선택하고 분석하고 설계하고 개발하고 실행한 후 평가하는 프로세스 | 프로세스 | Human Performance Technology |
| --- | --- | --- | --- |

여기서 HPT의 'H(Human)'는 조직을 구성하는 개인이나 그룹을 의미하며, 'P(Performance)'는 행동(activities)과 측정가능한 결과(measurable outcomes)를 나타내며, 'T(Technology)'는 현실적인 문제해결을 위한 체계적(systematic)이고 체제적(systemic)인 접근법을 의미한다. HPT에서 사용되는 모델과 실제 등은 많은 행동주의 전문가들의 저작들에 근거하여 이루어진 것이다(ISPI, 2012). Rothwell과 Hohne 그리고 King(2007)에 의하면 이외에도 수행공학은 학자들의 관점에 따라 〈표 9-1〉과 같이 다양한 정의와 모델이 존재한다. Stolovitch와 Keeps(1999)는 이러한 정의와 모델을 Rosenberg와 같이 절차(processes)나 방법(methods)에 초점을 둔 유형과 Gilbert처럼 최종 결과물(outcomes)에 초점을 둔 유형으로 나누면서, HPT에 대해서는 다양한 정의와 모델이 존재하지만 몇 가지 공통적인 속성이 있음을 주장하였다. HPT와 관련된 공통적인 특징들은 다음과 같다(Stolovitch & Keeps, 1999).

- HPT는 체계적(ststematic)이다.
- HPT는 체제적(systemic)이다.
- HPT는 과학적인 이론과 가장 실증적인 증거에 근거한다.
- HPT는 모든 수단(means), 방법(methods), 그리고 도구(media)를 활용할 수 있다.
- HPT는 업무수행자와 시스템 가치를 통한 성취(achievement)에 초점을 맞춘다.

3. 수행공학의 모델과 프로세스

1992년에 the International Society for Performance Improvement(ISPI)에서는 최초로 직무성과에 영향을 미치는 Human Performance Technology(HPT) 모델을 만들었다. 이 최초의 HPT 모델은 Deterline과 Rosenberg에 의해 개발되었고, ISPI에서는 직장 내 성과향상을 위한 필요한 절차들을 정리한 HPT 모델을 책으로 출

**그림 9-1**    <<< 정교화된 HPT 모형(Van Tiem 외, 2000)

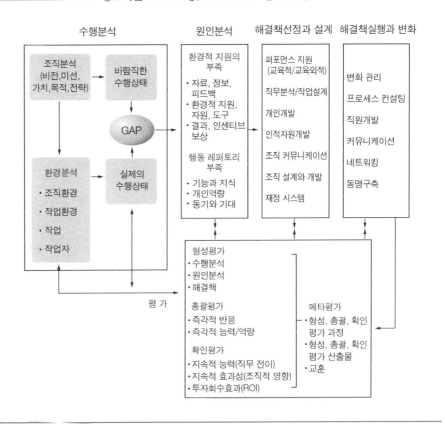

간하였다. 이 모델은 다시 2000년도에 Van Tiem과 Moseley 그리고 Dessinger에 의하여 정교화 되었으며 〈그림 9-1〉과 같다. 본 모형은 그림에서 보는 바와 같이 교수체제개발(ISD: Instructional System Design)의 접근틀을 활용하기에 ADDIE 프로세스와 유사한 형태를 가진다(나일주·임철일·이인숙, 2000). ADDIE의 분석 (Aanlysis)에 해당되는 것은 수행분석(Performance Analysis)과 원인분석(Cause Analysis), 설계(Design)와 개발(Development)에 해당하는 것은 해결책 선정과 설계 (Intervention Selection and Design), 실행(Implementation)에 해당되는 것은 해결 책 실행과 변화관리(Intervention Implementation and Change), 그리고 평가 (evaluation)에 해당되는 것은 HPT의 결과평가(Evaluation)에 해당된다. HPT는 이 외에도 학자에 따라 다양한 형태의 모델을 제시하고는 있으나 그 근간이 되는 프로 세스는 상기의 틀을 따르고 있다. 따라서 여기서는 ISPI의 모형을 중심으로 세부 프 로세스를 간략히 설명하기로 한다.

## 1) 수행분석(Performance Analysis)

수행분석(Performance Analysis)은 조직이 요구하는 성과 수준을 밝혀내고 그 것을 조직의 목표와 발전 능력에 견주어 비교하는 수행공학의 첫 번째 프로세스다. 이러한 수행분석은 방향성과 동인을 조사하는 것부터 시작한다(Van Tiem, Moseley, & Dessinger, 2004). 여기서 방향성이란 해당 조직의 리더들이 원하고자 하는 성과와 관점을 의미하며, 동인이란 성과를 방해하거나 도움을 주는 요인들 또 는 향후 성과를 방해하거나 도움을 주는 요인들을 말한다. 따라서 방향성은 조직의 노력의 범위에 대한 밑그림을 그리는 작업이고, 동인이 무엇인지를 분석하는 것은 성과, 사람, 그리고 조직을 성공적으로 개발하기 위해서는 무슨 일들이 행해져야 하 는지를 결정하는 작업이다. 이러한 조직의 방향성은 바람직한 또는 최적의 성과를 결정하는 성과 기준에 막대한 영향을 미친다. 또한 환경적 동인들은 현재 수준의 성 과에 막대한 영향을 미친다. 따라서 수행공학에서는 조직의 기대와 요구 사항을 이 해하고 수행분석의 결과물로서 현재 상황과 바람직한 상황 사이의 차이를 설명할 수 있어야 한다. 결과적으로 수행분석에서 초점을 맞추는 영역은 다음과 같다.

| 구 분 | 성과 요구(Performance Needs) | | |
| --- | --- | --- | --- |
| 성과 수준 | 목 표 | 설 계 | 관 리 |
| 조직 수준 | 조직 목표 | 조직 설계 | 조직 관리 |
| 프로세스 수준 | 프로세스 목표 | 프로세스 설계 | 프로세스 관리 |
| 직무수행자 수준 | 직무수행자 목표 | 직무 설계 | 직무수행자 관리 |

표 9-2 <<< 성과 해부도

- 바람직한 성과 상태
- 현재 성과 상태
- 바람직한 성과와 현재 성과와의 차이

이러한 수행분석을 위한 주요 방법 중 하나는 〈표 9-2〉와 같이 '성과 해부도 (Anatomy of performance)'를 보는 것이다. 성과 해부도는 아홉 가지의 성과 관련 변인들을 매트릭스 형태로 나타낸 개념이다. 성과 해부도의 좌측은 조직, 프로세스, 및 직무 수행자의 세 가지 성과수준을 나타낸다. 또한 상단은 세 가지 성과수준별 목표(Goals), 설계(Design), 그리고 관리(Management)의 퍼포먼스 요구(Performance Needs)로 나누어질 수 있다(Gilbert, 1978). 이를 통해 보이는 아홉 가지의 변인은 조직의 중요한 세 가지 상호 독립적인 성과 수준을 묘사하는 X-레이와 같다.

## 2) 원인분석(Cause Analysis)

수행공학의 두 번째 단계는 원인 분석으로 수행의 차이를 일으키는 과거, 현재, 또는 미래의 근본 원인이 무엇인지를 밝혀내는 프로세스이다(Van Tiem, Moseley, & Dessinger, 2004). Rosenberg(1990)는 원인분석은 수행분석과 도출된 수행차이를 제거하는 적절한 해결책 선정 사이의 중간 매개체 역할을 한다고 본다. 이러한 원인분석 단계에서는 과연 실제로 무엇이 수행차이를 초래하였는지 결정하기 위하여 Gilbert의 행동공학모형(BEM: Behavioral Engineering Model)을 중심으로 조직과 개인을 면밀히 살펴본다. Gilbert(1978)에 따르면 조직의 환경적 지원과 개인의 행동

| 표 9-3 | <<< Gilbert의 행동공학모형(BEM: Behavior Engineering Model) | |
|---|---|---|
| 정 보 | 도 구 | 동 기 |
| 데이터 | 도 구 | 인센티브 |
| 적절하고 빈번한 피드백<br>성과에 대한 묘사<br>성과에 대한 명확하고 적절한 가이드 | 업무 수행에 필요한 업무 도구<br>및 재료 | 금전적 인센티브<br>비금전적 인센티브<br>경력 개발 기회 |
| 지 식 | 능 력 | 동 기 |
| 과학적으로 설계된 훈련<br>적소 배치 | 업무 스케줄 유연성<br>인공 기관<br>신체적 모양<br>적응<br>선발 | 업무 동기 평가<br>적합한 사람의 채용 |

이라는 두 종류의 요인들이 사람의 성과에 영향을 미칠 수 있다. 수행공학 컨설턴트는 조직의 환경적 지원 측면에서 첫째, 종업원에게 제공되는 정보(Information), 자료(Data), 그리고 피드백(Feedback) 등을 면밀히 살펴보아야 한다. 둘째, 업무 성과를 내는데 필요한 충분한 자원 공급(Resources), 도구(Tools), 장비(Equipment) 등이 지원되는지를 분석하여야 한다. 그리고 셋째로 조직의 인센티브(Incentives), 보상(Rewards), 결과(Consequences) 등도 중요한 영향을 주기 때문에 이에 대해 살펴본다. 다시 말하면 조직 내 사람들이 바람직한 성과를 달성하기 위해서는 적절한 정보(Information), 장비(Equipment), 필요 물품(Supplies), 그리고, 긍정적인 업무 환경 등이 필요하다. 더불어서, 종업원들에게는 업무 목표 달성에 필요한 능력, 즉 필요한 지식, 스킬, 그리고 태도 등이 갖추어져 있어야 한다. 또한 그들에게는 끈기나 체력과 같은 타고난 심신의 능력(Capacity)도 필요하다. 마지막으로 종업원들은 업무 수행을 위해 충분한 개인적인 동기(Motive)와 추진력(Drive)도 필요하다. 원인분석은 성과와 연관된 상기의 요인들을 체계적으로 분석함으로써 성과의 차이를 줄이거나 없앨 수 있는 근본원인을 찾아내는 수행공학의 핵심과정이다. 만약 원인이 제대로 분석되지 못한다면 수행공학적 해결의 제시는 어렵기 때문이다(나일주·임철일·이인숙, 2000). 〈표 9-3〉은 Gilbert의 행동공학모형을 나타낸 것이다.

## 3) 해결책 선정과 설계(Intervention selection and design)

차이(Gap)와 원인을 분석한 다음 단계는 상황을 개선시키기 위해 무엇이 필요한지를 결정하는 것이다(Van Tiem, Moseley, & Dessinger, 2004). 이 단계에서는 원인제거를 위하여 다양한 방법을 활용할 수 있다. 따라서 모든 현안들을 다룰 수 있는 포괄적이고 총체적인 접근방법을 설계하는 것이 필수적이다. 즉 한 가지 이상의 해결책을 동시에 선택할 수 있다는 이야기이다(Rummler & Brache, 1988). 이러한 해결책은 조직과 종업원들을 대상으로 한 비용과 편익을 분석함으로써 선택될 수 있다. 예들 들면 지식과 스킬에 관련된 문제는 교육이나 업무 보조 도구(Job Aids) 등을 활용하여 해결할 수 있다. 직무는 심신의 건강함, 쾌적함, 인간공학적인 효율성 증진을 위하여 재설계될 수 있다. 개인의 성장은 코칭, 멘토링, 경력개발, 효과적인 관리 감독, 그리고 유용한 정보를 제공하는 피드백 등을 통하여 이루어 질 수 있다. 어세스먼트 센터, 역량 진단, 그리고 업무 성과 평가 등은 조직이 신뢰할 만한 방식으로 사람들에게 보상을 하고, 포상을 하며, 그리고 사람들을 평가할 수 있는 조직의 틀을 제공하여 준다. 그리고 조직 내 의사소통은 네트워킹과 협동, 지식경영관리, 갈등관리, 그리고 고충처리 및 제안시스템 등의 여러 가지 형태를 통해 증진될 수 있다. 마지막으로 조직 차원에서 조직문화를 개선하고, 조직 내 다양성을 존중하고, 문제해결을 위한 효과적인 팀을 구축하고, 다른 조직들을 벤치마킹하고, 그리고 미래를 위한 전략계획 등을 세우는 노력들을 할 수 있다.

수행공학 컨설턴트는 밝혀진 문제에 따라 가장 효과적으로 작용할 수 있는 해결책들을 선택해야 한다(Van Tiem, Moseley, & Dessinger, 2004). 해결책의 선택은 세부적인 수행분석과 원인분석들로부터 자연스럽게 나와야 한다. 컨설턴트가 가지고 있어야 하는 해결책 목록은 기본적인 교육적인 해결책 및 비교육적인 해결책을 포함하고 있어야 한다. 비록 전문가가 모든 해결책 영역 및 세부 영역에서 전문가일 것이라고 기대하기는 어렵다 하더라도 그들은 해결책에 관한 정보가 어디에 있는지에 관해서는 알 것이라고 기대할 수 있다. 수행공학 컨설턴트는 다양한 해결책들 특히, 교육, 인적자원, 재무, 마케팅, 조직 설계, 노동조합 등의 영역에 대한 기본적인 이해와 지식을 모든 이해관계자와 의사소통을 할 수 있을 필요가 있다. 〈표 9-4〉는 해결책 제시 단계에서 활용할 수 있는 목록을 나타내고 있다. Spitzer는 성공적인 해결책을 위해 다음과 같은 기준을 제시하였다(Van Tiem, Moseley, & Dessinger, 2004).

1. 설계는 포괄적인 상황에 대한 이해에 기반을 두어야 한다. 이것은 이전의 성과와 원인 분석이 같이 나오는 곳이다.

2. 해결책에 대한 대상(Target)은 주의 깊게 설정되어야 한다. 목표에 맞는 사람, 바람직한 환경, 그리고 적합한 시기를 대상으로 하여야 한다.

3. 해결책 실행을 위해서는 스폰서가 있어야 한다. 스폰서는 실행에 있어 프로젝트의 총괄 책임자가 될 수 있는 사람이어야 한다.

4. 해결책은 팀 접근법을 가지고 설계되어야 한다. 조직의 모든 영역으로부터 전문성을 이끌어내는 능력은 성공적인 해결책 선정에 반드시 필요하다.

5. 해결책의 설계는 비용을 고려하여야 한다.

6. 해결책은 포괄적이고 명확한 필요사항의 우선순위에 근거하여, 개인과 조직 모두에게 가장 중요한 것이 무엇인지에 근거하여 설계되어야 한다.

7. 새로운 해결책의 실행이 또 다른 비용을 초래할 수 있기 때문에 다양한 해결책의 선택권은 조사되어야 한다.

8. 해결책은 강력한 것이어야 한다. 장기 대 단기의 효과성을 고려하여 변화를 이끌어내기 위한 복수의 전략을 사용해야 한다.

9. 해결책은 지속되어야 한다. 이러한 생각들은 해결책에 문서화되도록 하여야 한다. 진정으로 성공적이기 위해서는 해결책은 조직의 문화 속에 깊이 심어지도록 해야 한다.

10. 해결책은 마음속에 개발과 실행이 되도록 설계되어야 한다. 해결책은 인적자원 및 조직의 지원이 필요하다.

11. 해결책은 반복적인 접근법을 사용하도록 설계되어야 한다. 다수의 개정은 해결책이 조직에 적합하게끔 만들어줄 때 이것은 사전 평가 단계에서 일어난다.

| 표 9-4 | ‹‹‹  해결책 목록 |
|---|---|

| 해결책 | 세부 해결책 |
|---|---|
| 성과 지원 | • 교육적 : 학습조직, 액션러닝, 자기주도 학습, 훈련, 지식관리<br>• 비교육적 : 업무 보조 도구, EPSS, 직무 명세서 및 표준 |
| 직무 분석/<br>업무 설계 | • 직무 명세서          • 가치 공학<br>• 직무 순환            • 인터페이스 설계<br>• 직무 확장            • 인간공학<br>• 작업 도구            • 사전적 유지보수<br>• 품질 관리            • 안전 공학<br>• 지속적 향상 |
| 개인 개발 | • 멘토링과 코칭         • 경력 평가<br>• 경력 개발            • 피드백 |
| 인적 자원 개발 | • 선발과 배치          • 평가<br>• 복리후생            • 어세스먼트 센터 및 역량 평가<br>• 교양               • 승계 계획 및 경력 경로<br>• 퇴직 계획           • 리더십 및 경영진 개발<br>• 건강 및 건강함        • 관리 및 감독 개발<br>• 동기부여 (인센티브 및 보상) |
| 조직의 의사소통 | • 네트워킹 및 협동       • 제안 및 고충처리 시스템<br>• 정보 시스템          • 갈등 해결 |
| 조직설계 및 개발 | • 전략 계획 및 전략 경영<br>• 환경 스캐닝<br>• 글로벌화<br>• 벤치마킹<br>• 리엔지니어링, 리얼라인먼트, 리스트럭쳐링<br>• 팀빌딩 전략<br>• 문제해결 및 의사결정<br>• 문화와 다양성<br>• 윤리<br>• 직업 정신 |
| 재무 시스템 | • 재무 예측<br>• 자본 투자<br>• 현금 흐름 분석<br>• 인수합병 및 조인트 벤쳐 |

## 4) 해결책 실행과 변화관리(Intervention implementation and change)

분석과 해결책 설계가 수행공학의 성공에 아주 중요한 요소이기는 하지만 실제 성과는 해결책 실행과 변화관리 프로세스를 통해 얻을 수 있다(Van Tiem, Moseley, & Dessinger, 2004). 해결책 실행과 변화관리 프로세스는 매우 중요하다. 왜냐하면 해결책이 실행됨에 따라, 변화가 개인, 그룹, 조직에 영향을 미치기 시작하기 때문이다. 어떤 변화는 바람직하고 기대가 된다. 하지만 많은 변화 노력들이 실제로 발생하는 곳은 계획된 변화에 사람이 적응할 때 나타난다. 수행공학 컨설턴트는 해결책이 바람직한 방향과 일치되게 실행되고 있는지를 확인하고, 그러한 해결책들이 개인과 그룹의 성과를 달성하는 데 도움을 주는지를 확인해 보아야 한다. Rothwell(1996)은 아무리 훌륭한 해결책이라도 제대로 실행되지 못하면 무용지물인 해결책일 수밖에 없다는 것을 지적하였다. 실행 및 변화관리를 위한 네 가지 전통적 방법은 다음과 같다(Van Tiem, Moseley, & Dessinger, 2004).

- 가장 빠르면서 가장 기본적인 방법은 효과적인 의사소통, 네트워킹, 그리고 동맹 관계 구축을 통한 지지기반을 만드는 것이다. 의사소통은 명확한 조직의 방향과 변화노력에 대한 이해를 구축하고 유지하는 데 중요하다. 네트워킹과 동맹은 개인과 조직이 이미 바람직한 결과를 얻은 다른 사람들과 팀을 이루게 하는 것을 가능하게 한다.
- 종업원 개발은 훈련, 직무 순환, OJT, 멘토링, 그리고 업무 보조 도구 등과 같은 학습활동을 포함한다. 종업원 개발은 구조화된 방식으로 경쟁우위를 유지하기 위하여 또는 미래 조직에게 요구되는 지식과 스킬을 준비하기 위하여 인적자원의 역량을 강화시킨다.
- 변화관리는 구조화된 문제해결 방식을 통한 점진적인 개선을 일컫는 말이다.
- 프로세스 컨설팅은 프로세스를 개선을 가져오고, 전체 조직의 리엔지니어링이나 리스트럭쳐링을 포함한다.

해결책 실행과 변화관리의 첫 번째 스텝은 경영층, 일선 현장 관리자, 회사 노동력의 대표자와 같은 이해관계자들의 적절한 참여를 담보하는 것이다. 여기에는 충분한 주인정신, 자원, 시간, 에너지 등이 있어야 한다. 모든 이해관계자들은 역할, 목적, 전략, 그리고 절차에 대한 명확한 동의가 있어야 한다. 변화에 대한 저항은 굉장한 걸림돌로 작용할 수 있다. 경영층과 종업원들로부터의 강력한 지지는 중요하다.

## 5) 평가(Evaluation)

수행공학에서 결과를 측정하고 보고하는 것은 매우 중요하다. 해결책의 실행 초기부터 모든 성과향상을 위한 노력 들이 의도하고자 했던 목적을 달성했는지를 확인하기 위해서는 해결책들의 효과에 대한 평가가 반드시 이루어져야 한다(Van Tiem, Moseley, & Dessinger, 2004). 수행공학에서 평가는 의도와 결과를 비교하고, 바람직한 결과를 위한 방법과 가용 자원의 유용성을 조사하는 것이다. ISPI의 수행공학 모형에서 평가는 수행분석, 원인분석, 해결책 선정 및 설계, 실행 및 변화관리와 함께 수행공학의 기초 구성요소이다. 평가에는 사전, 사후, 확인이라는 세 가지 유형이 있고, 여기에 소위 '메타 평가' 문자 그대로 해석하면 평가를 평가한다는 프로세스를 더할 수 있다. 이 모든 평가를 집합적으로 사용하게 되면 분석부터 실행과 평가에 걸쳐 퍼포먼스 해결책의 순환 구조를 다룰 수 있을 뿐만 아니라, 왜, 무엇을, 언제, 어떻게 분석하는지를 포함한 의사결정 과정을 안내해 준다.

Rosenberg(1992)는 평가모델의 구성에 대해 언급하면서 '수행공학 해결책을 적용하거나 실행한 직후, 성과향상 및 조직에 대한 효과를 결정하기 위하여 실행결과를 모니터 하는 것은 매우 중요하다.'고 말한다. 더불어 일반적으로 평가의 목적은 의사결정에 영향을 미치는 것이라는 것이므로 수행공학에서도 평가에 대한 피드백을 통해 성과 또는 업무수행자 관련한 의사결정을 내릴 수 있다. 이를 위해 수행공학자는 다음의 하나 또는 둘 이상의 평가 목표에 초점을 둔다.

- 특정 절차나 처치가 처방으로써 실행되었는지를 확인한다.
- 처치를 계속하거나, 확장하거나, 제거할지 아닐지를 위하여 몇몇 처치나 해결책의 효과성을 보여준다.
- 현재 진행되는 사건들을 검사한다.
- 한 행동의 비용이 그것의 결과에 의하여 정당화될 수 있는지 아닌지를 결정한다.

**4. 수행공학과 유사한 접근들과의 차이점**

수행공학 프로세스는 전통적인 문제해결 프로세스의 접근법과 비교할 때, 문제를 발견하고, 문제의 근본원인을 찾아 해결한다는 점에서 유사성을 갖는다. 하지만 전통적인 문제해결 프로세스가 주로 특정 집단이나 부서가 가지고 있는 하나의 문제점에 집중하는 데 반해, 퍼포먼스 컨설팅은 조직의 복잡함을 이해하고 조직과 관련된 모든 요인들 사이의 상호 관계성에 초점을 맞춘다(Van Tiem, Moseley, & Dessinger, 2004). 즉 전통적인 문제해결 프로세스는 조직의 문화나 조직 내 업무처리의 복잡한 과정 등이 조직 구성원들의 업무관련 행동에 미치는 영향 들을 고려하지 않는 반면에, 수행공학은 조직 내 모든 문제관련 요인들을 주의 깊게 분석함으로써 조직 구성원들의 행동을 진단하고 조직에 미치는 영향 등을 이해하는 데 도움을 준다. 즉 수행공학은 조직 구성원들이 왜 그런 행동을 보이는가에 대한 물음을 함으로써 잠재된 원인을 찾아내어 총체적으로 해결하고자 한다는 점에서 전통적인 문제해결 프로세스와는 다르다고 하겠다. 조직 내 사람의 행동이라는 것은 조직의 문화와 인간 개개인이 가지고 있는 특성 간의 상호작용에 의해 크게 영향을 받는다. 따라서 수행공학은 성과향상을 위해 이 모든 요인들을 동시에 고려하여야 할 것이다. 그리고 이러한 수행공학이 성공을 거두기 위해서는 모든 컨설팅 프로젝트나 경영혁신 관련 노력들이 그러하듯, 조직 내 고위 경영자들의 지지는 필수적이라 하겠다(Van Tiem, Moseley, & Dessinger, 2004).

조직개발(Organization Development) 또한 수행공학 프로세스와 차이가 있다. 일반적으로 조직개발은 조직의 문화, 가치, 시스템, 행동 등과 같은 조직생활에서의 다양한 측면에 초점을 맞추면서, 프로세스나 운영 측면에서 계획된 해결책을 실행함으로써 조직의 효과성 및 건강성을 증진시키는 것을 목표로 한다. 일반적으로 이러한 조직개발의 요구는 한 조직이나 부서에 중요한 변화가 필요할 때 나타난다. 조직개발은 조직의 사람, 문화, 프로세스, 구조 등에 초점을 맞춘 차별화된 컨설팅 방법을 활용하며 상기의 모든 요소들이 조화를 이루고 굳건해지도록 조직 전체의 시스템을 최적화하는 데 목표를 둔다. 반면에 수행공학은 사람의 성과(people performance)

와 관련된 문제를 해결하거나 기회를 실현시키기 위한 일련의 방법 및 프로세스를 말한다. 이러한 수행공학은 개인, 팀, 조직 차원에 적용될 수 있다. 수행공학은 시스템적인 관점에서 수행차이를 분석하고, 근본 원인을 분석하고, 비용효과적인 해결책을 활용하여 차이를 없애는 학문분야이자 실제이다. 이 둘은 모두 성과를 향상시킨다는 것에 공통점이 있다. 하지만 조직개발은 조직이 제대로 기능하지 않을 때 또는 조직의 운영방식을 바꾸어야 할 변화의 필요성이 있을 때 조직의 전반적인 건강을 다룬다. 반면에 수행공학은 특정 직무의 수행차이를 밝히고 이를 줄이는 데 초점을 맞춘다. 수행공학은 직무에서 바람직한 성과가 도출되지 않을 때 사용하는 것이다. 즉 사람을 통한 성과향상에 활용한다(Stolovitch, 2009).

## 5. 기업교육 시사점 및 변화를 위한 과제

기업을 둘러싼 경영환경의 변화가 예측 불가능한 현실에서 기업의 HRD부서는 경영진에게 끊임없이 HRD부서의 가치를 보여주어야 하는 상황에 직면해 있다. 과거 HRD부서는 조직의 전략이나 비즈니스와 연계되지 못한 교육훈련(Training)에 초점을 맞추면서 조직 내에서 그 역할에 대한 중요성을 의심받게 되었다. 이에 대한 해결책으로 많은 수행공학자들이 주장한 것은 HRD의 역할이 '교육훈련에서 수행개선으로(from training toward performance improvement)' 변화해야 한다는 것이다(나일주·임철일·이인숙, 2003; Stolovitch & Keeps, 2004). 이러한 측면에서 수행공학은 기업교육에 몇 가지 시사점을 주고 있다. 첫째, 기업교육의 목적에 대한 명확화이다. 과거 기업교육은 조직구성원의 지식, 기술, 태도 향상을 위한 교육 프로그램 개발에 초점을 맞추어 왔지만 그러한 교육 프로그램들은 당초 기업교육 담당자들이 의도하던 성과로 연계되지 못한 측면이 있었다. 이에 반해 수행공학은 기업교육의 목적을 명확하게 성과향상이라는 것으로 옮겨놓았다. 즉 기업교육 담당자에게 성과와 연계되지 못한 교육은 무용지물이라는 인식을 고취시킴과 동시에 성과향상을 위해서는 교육 이외의 해결책까지도 같이 활용해야 한다는 성과중심 의식을 분명하게 심어주었다는 것이다. 둘째, 전략적 파트너로서의 역할에 대한 강조다. 기업교육이 조직

내에서 제 역할을 다하지 못했던 이유 중의 하나는 조직이 직면한 경영상의 이슈를 해결하는 데 있어 조직 내에서 전략적 파트너의 역할을 충분히 하지 못했다는 것이다. 사람을 통한 성과향상을 위해서 기업교육 담당자는 조직 내 성과와 관련된 이슈에 항상 촉각을 세우고 있어야 한다. 그렇기 때문에 수행공학은 기업교육 담당자의 역할을 자연스럽게 전략적 파트너의 역할로 바꾸면서 조직 내 주요 부서와의 의사소통 및 비즈니스 감수성의 중요성을 일깨우고 있다. 셋째, 기업교육 담당자의 직무 확대의 필요성이다. 수행공학을 실행하기 위해서 기업교육 담당부서 및 담당자는 기존과는 다른 차원의 역량을 필요로 한다. 예를 들면, 기존의 요구분석 대신에 수행분석 및 원인분석이 요구되고 교육 이외의 다양한 해결책에 대한 지식 및 각 분야의 전문가 집단과의 협력 등이 요구된다는 것이다. 이를 위해 기업교육 담당자는 역할은 기존의 교육담당자의 역할을 넘어 수행공학자로의 역할로 변모되어야 한다는 것이다.

하지만 여전히 기업교육 현장에서 이러한 역할의 변화는 쉽지 않아 보인다. 이러한 이유는 여러 가지 측면에서 찾을 수 있는데 기업교육 담당자는 수행공학으로의 역할 수행을 위해 다음과 같은 과제들을 조직 내에서 해결하기 위해 노력해야 한다. 첫째, 조직 내에서 기업교육 부서의 역할에 대한 고정관념을 타파할 수 있도록 해야 한다. 아직도 많은 회사는 기업교육 부서를 교육 프로그램 운영의 역할로 인식하고 있다. 이를 극복하기 위해 기업교육 담당자들은 기업교육 부서의 미션 및 비전을 재정립하고 이를 적극 대내외에 알리는 동시에 우선적으로 전략적 파트너의 역할을 수행할 수 있도록 지속적으로 노력해야 한다. 둘째, 수행공학의 기본 내용을 경영진 및 관리자에게 적극적으로 알릴 수 있도록 해야 한다. 이를 위해서는 지속적으로 경영진을 설득함과 동시에 성과향상 원리의 주요 포인트를 관리자에게 지속 교육을 시켜야 한다. 셋째, 수행공학을 실행하기 위한 최적의 교육 조직은 무엇인지 고민해야 한다. Robinson과 Robinson(1995)은 수행공학을 하기 위한 최적의 조직은 사업부 단위의 교육담당자가 수행공학가의 역할을 수행하는 것으로 제시하고 있다. 하지만 기업의 규모 및 기업교육 부서의 조직 내 구조에 따라 최적의 조직 구조는 달라질 수 있으므로 이에 대한 다양한 대안을 검토해 보아야 한다. 넷째, 수행공학을 성공적으로 안착시키기 위해서는 시행초기 적합한 과제를 찾는 것이 관건이다. Rothwell과 Hohne 그리고 King(2007)에 따르면 수행공학으로의 역할 변화를 모색할 때 수행공학의 과제는 측정가능한, 6개월 이내 실행가능한, 복잡하지 않은, 반드시 교육 이외의 해결책을 사용해야 한다고 주장한다. 이를 참고하여 조직 내에서 기업교육 부서의 역할 변화를 대내외에 홍보할 수 있는 과제들이 선정되어야 할 것이다.

# 참고문헌

- 권대봉(2001). 산업교육론. 서울: 문음사.
- 나일주·임철일·이인숙(2003). 기업교육론. 서울: 학지사
- 이진구(2011). HRD담당자의 조직역할인식에 따른 수행공학가로서의 역량 차이. 한 국HRD연구, 6(1), 115~134.
- 정재삼(2000). 수행공학의 이해. 서울: 교육과학사.

- American Society for Training and Development.(1994). Trends that will influence workplace learning and performance in the next five years. Training & Development, 48(5), 29~35.
- Gilbert, T. F.(1978). Human competence: Engineering worthy performance. New York: McGraw-Hill.
- Harless, J.(1995). Performance technology skills in business: Implications for preparation. Performance Improvement Quarterly, 8(4), 75~88.
- International Society for Performance Improvement.(2012). What is HPT? Retrieved September 18, 2012, from www.ispi.org.
- Pershing, J. A. (Ed.)(2006). Handbook of Human Performance Technology: Principles, practices, potential. San Francisco: Pfeiffer.
- Reiser, R., & Dempsey, J.(2002). Trends and issues in instructional design and technology. Upper Saddle River, NJ: Pearson Education.
- Rosenberg, M. J.(1990). Performance technology: Working the system. Training 27(2), 42~48.
- Robinson, D. G., & Robinson, J. C.(1995). Performance consulting: Moving beyond training. San Francisco: Berrett-Koehler.
- Rothwell, W. J.(2005). Beyond training and developing: The groundbreaking classic. (2nd ed.). New York: Amacom.
- Rothwell, W. J.(1996). ASTD models for human performance improvement: Roles, competencies, and outputs, 1st ed. Alexandria, VA: The American Society

for Training and Development.

- Rothwell, W. J., Hohne, C. K., & King, S. B.(2007). Human performance improvement: Building practitioner performance. (2nd ed.). Burlington, MA: Butterworth-Heinemann.

- Rummler, G., & Brache, A.(1988). The systems view of human performance. Training 25(9).

- Stolovitch, H. D.(2009). OD and human performance technology Retrieved October 4, 2012, from http://talentmgt.com/articles/view/od_and_human_performance_technology

- Stolovitch, H. D., & Keeps, E. (Eds.)(1999). Handbook of Human performance technology: A comprehensive guide for analyzing and solving performance problems in organizations. San Francisco: Jossey-Bass.

- Stolovitch, H. D., & Keeps, E.(2004). Training ain't performance. Alexandria: ASTD Press.

- Van Tiem, D., Moseley, J., & Dessinger, J.(2004). Fundamentals of performance technology: A guide to improving people, process, and performance. (2nd ed.). Silver Spring, MD: ISPI.

chapter **10**

# 서비스교육

박 혜 영

## 1. 서비스와 서비스교육

### 1) 서비스의 정의 및 특성

21세기에 들어서면서 기업의 경쟁력이 더욱 가속화되고 고객에 대한 서비스 문제가 중요하게 대두되었다. 고객만족을 통한 기업의 수익창출을 위해서 서비스가 기업경영의 핵심적 가치로 떠오르게 되었으며, 기업이 경쟁에서 살아남을 수 있는 수단이 되고 있다. 이러한 서비스의 개념은 기업부문뿐만 아니라 공공부문에 있어서도 고객서비스의 개념으로 사용되기 시작하였으며, 이러한 고객에게 만족감을 제고하기 위한 고객관계관리 개념이 등장하기도 하였다.

서비스 분야는 음식숙박, 통신, 교육서비스, 공공행정 등 다양하고 광범위하게 적용되고 있으며 현대사회가 복잡하고 다양해짐에 따라 서비스란 개념은 한마디로 정의하기가 어렵다. 따라서 서비스를 올바르게 이해하기 위해서 서비스의 정의를 정확하게 살펴볼 필요가 있다. 서비스라는 용어는 라틴어의 노예라는 의미의 'ser'에서 유래되었으며, '사람에게 시중들다'라는 의미의 'servant', 'servitude', 'servile'라는 단어로 발전되었다. 즉 노예로 예속되었다는 의미가 확대되어 상대방을 위해서 봉사한다는 의미로 바뀌게 되었다(이동진, 2007). 최근에 서비스란 일상생활 속에서 흔히 사용되는 용어이며 서비스의 의미가 덤이나 공짜의 개념으로 사용되기도 한다. 서비스는 본질적으로 무형적인 것으로 어떤 사람이 상대에게 제공하는 성과나 활동으로 어떤 것의 소유로 귀결되지 않는 것이라 하였다(Kotler, 1991). 따라서 서비스(service)의 사전적 의미는 타인의 필요를 충족시켜 주기 위해 행동하는 봉사, 만족 등의 행위를 의미한다고 볼 수 있다.

서비스는 크게 경제학적 개념과 경영학적 개념으로 구분될 수 있는데(이유재, 2004), 경제학에서는 서비스를 '용역'으로 이해하여 유형재인 제품과 구분하여 사용하고 있다. 그러나 이러한 경제학적 관점에서의 서비스는 축적되지 못하는 것으로 현대에 있어 서비스가 핵심적 가치로 부상되면서 서비스의 진정한 가치를 설명하지 못하여 시대에 맞지 않는 개념으로 퇴화되었다(김경단, 2008).

반면 경영학적 관점에서는 서비스에 대한 정의를 활동론적 정의, 인간 상호관계론적 정의, 봉사론적 정의, 속성론적 정의 등으로 구분하고 있다(이유재, 2004; 김경단, 2008; 이주연, 2011). 활동론적 정의는 미국마케팅학회(AMA)에서 1960년대 발표한 것으로 판매목적으로 제공되거나 상품판매와 연계하여 제공되는 모든 활동, 편익, 만족을 서비스로 정의하고 있다.

둘째, 인간 상호관계론적 관점에서 서비스는 서비스를 제공하는 사람과 고객의 접점에서 발생하며 고객의 문제를 해결하는 것이라 정의하고 있다(이유재, 2004).

셋째, 봉사론적 관점에서 서비스는 인간에 대한 봉사를 서비스의 전통적 개념으로 이해하면서 현대적 의미의 봉사는 인간의 노동을 기계로 대체하고 서비스의 산업화를 통해 기업의 효율성을 달성할 수 있다고 주장하였다(이상환·이재철, 2005).

넷째, 속성론적 관점에서 서비스는 시장에서 판매되는 무형의 상품이라고 정의하고 유형과 무형을 판단하는 기준은 손으로 만져질 수 있느냐의 여부에 따라 구분하였는데 서비스는 손으로 만질 수 없는 것이라 무형재로 파악하였다(Rathmell, 1966).

이러한 서비스에 대한 개념을 종합해 볼 때 서비스는 무형성(intangibility), 이질성(heterogeneity), 소멸성(perishability), 비분리성(inseparability) 등의 기본적인 특성을 가지고 있다(Zeithmal et al., 2006; 이유재, 2004; 김경단, 2008).

첫째, 서비스의 무형성은 지각적으로 인지되는 상품과 달리 보거나 만질 수 없음을 의미한다. 이러한 무형적 특성으로 인해 고객은 서비스를 경험하기 전에 서비스에 대해 판단하거나 평가하기 어려운 한계를 가지고 있다. 따라서 기업의 입장에서는 서비스가 눈에 보일 수 있도록 서비스의 내용과 기준을 제시하며 서비스를 이용할 경우 얻게 되는 편익을 더욱 강조하게 된다.

둘째, 서비스의 이질성은 제공자, 시공간, 고객유형 등에 따라서 서비스가 달라질 수 있다는 것을 의미한다. 즉 같은 서비스를 제공한다고 하더라도 서비스를 제공하는 사람에 따라 고객에 따라 달라질 수 있기 때문이다. 이러한 서비스의 이질성으로 인해 기업들은 서비스를 표준화하기 위한 노력과 동시에 고객유형에 따른 차별화된 서비스의 제공도 함께 고려해야 한다.

셋째, 서비스의 소멸성은 서비스를 보관하기 어렵고 사용하지 않으면 소멸된다는 것을 의미한다. 서비스에 대한 수요가 안정적일 경우 소멸성은 문제되지 않지만, 수요의 예측이 어려운 경우 서비스의 과잉생산으로 인해 손실이 발생하거나 과소생산으로 인한 수익창출의 기회를 놓칠 수 있다. 이를 위해 수요와 공급의 조화를 이룰 수 있도록 계획을 잘 세워야 한다.

넷째, 서비스의 비분리성은 서비스의 생산과 소비가 동시에 이루지는 것을 의미한다. 서비스 제공자에 의해 서비스가 제공됨과 동시에 고객에 의해 서비스가 소비되기 때문에 서비스 품질에 대한 통제가 어렵다. 따라서 공급자 차원에서 서비스에 대한 교육이 반드시 필요하다.

이러한 서비스의 네 가지 특성들을 기본으로 하지만 이 특성들로 서비스가 모두 설명되기는 어렵다. 또한 서비스의 좋고 나쁨에 대한 판단은 고객에 의해 주관적으로 이루어지고 서비스에 대한 품질평가는 보통 시간이 소요되지 않고 서비스가 생성됨과 동시에 즉시 이루어진다. 서비스의 수행과정에서 서비스는 고객이 직접적으로 참여함으로써 일어나며, 서비스는 서비스 기업 입장에서 생산계획을 정할 수 없고 대량생산이 불가능하다 등의 세분화되고 확장된 특성들을 더 가지고 있다. 즉 서비스는 사람을 위해 사람에 의해 생성되어지는 한 결코 기계로 대체될 수 없다는 결론을 내릴 수 있다(Grönfeldt & Strother, 2006).

## 2) 서비스교육의 개념과 중요성

서비스 산업의 환경이 빠르게 변화함에 따라 기업은 이에 대응하기 위해 개개인의 역량에 따라 평가를 실시하여 보상을 주는 체제로 바뀌어가고 있다. 조직의 구성원들은 자신의 역량을 향상시키고 서비스 전문인으로서 역할을 훌륭히 수행해내기 위해 지속적으로 서비스교육을 받아야 하는 실정이다. 따라서 서비스 기업들이 직면한 생존경쟁은 조직구성원들의 적응을 위해 서비스교육에 대한 수요가 급격하게 증가하고 있다. 또한 최근 서비스 분야의 다양화와 세분화가 이루어짐에 따라 서비스 인적자원을 관리하고 발전시키기 위해 서비스 교육과 더불어 서비스 품질관리를 위한 서비스직 종사자 자격관리제도의 필요성도 대두되고 있다(김수연, 2004).

서비스교육에 대한 정의는 학자에 따라 다양하게 이해되어 왔다. 이성식(2003)은 서비스교육은 기업의 직원들이 고객과 접촉할 때 발생하는 다양한 문제를 해결하기 위해 필요한 지식이나 기술을 습득하게 하여 그들의 능력을 최대한 발휘하도록 하는데 있다. 이러한 서비스교육을 통해 고객의 재방문을 유도하여 기업의 성장과 성과를 달성하고자 한다. 정민주(2005)는 서비스 직무에 있어 요구되는 지식과 기술을 습득하는 과정을 서비스 교육이라 하였고 서비스와 관련된 지식과 기술을 향상시키기 위해서는 문제해결능력, 태도, 행동 등의 변화가 필요하다고 주장하고 있다. 유시정 외(2008)는 조직 내에서 행해지는 경영교육의 하나로 보고 있으며 인적자원개발을 위한 조직원들의 직무성과 향상 및 경력개발을 위한 지식, 자질, 행동을 개발하는 것이라 하였다. 김경단(2008)은 서비스 교육을 기업의 궁극적 목적인 이윤달성을 위해 필요한 고객만족을 실현하고자 종업원의 능력과 자질을 향상시키는 기업교육의 한 형태라 하고 있다. 배중호(2010)는 서비스교육을 기업이 목적을 달성하기 위해 고용한 종업원의 업무능력을 향상시켜나가는 과정이며, 종업원의 자질을 계발하고 직무에 대한 적응성을 높일 수 있도록 유도하는 과정으로 정의하고 있다.

이상의 서비스교육에 대한 정의를 종합해 볼 때, 서비스교육은 기업의 수익을 창출하고 경쟁에서 생존하기 위해, 고객접촉에 있어 서비스를 향상시키기 위해 직원들의 서비스에 대한 지식과 기술을 습득하게 하는 과정으로 볼 수 있다. 이러한 서비스교육은 최근 한국의 경기침체와 세계적 경제 불황을 겪으면서 기업의 경쟁력 강화를 통한 수익창출에 있어 매우 중요한 부문으로 대두되고 있다. 이에 각 기업은 생존력을 강화하고, 수익을 높이기 위해 인적자원관리에 중점을 두고 있으며, 특히 인적자원개발을 위한 교육을 실시하고 있다.

특히 서비스를 판매하는 기업의 경우 고객의 충성심에 관심을 가져야 하는데 고객과 서비스 제공자와의 지속적 상호작용을 활발히 하고 고객의 만족을 이끌어내기 위한 지속적 노력을 기울여야 한다. 이러한 고객지향적 인력관리를 위해 적임자를 채용하고 이들에 대한 교육을 통해 고객에게 양질의 서비스를 제공하고 기업의 이미지 제고와 수익창출을 달성할 수 있을 것이다(Grönfeldt & Strother, 2006).

따라서 서비스교육은 고객만족을 위해 중요한 역할을 한다고 볼 수 있다. 서비스교육이 잘 이루어진 경우, 고객만족과 충성심을 확보하여 고객이 다시 기업을 재이용할 수 있도록 유인할 수 있다. 이러한 문제점을 해소하기 위해 서비스교육은 중요하며 고객에게 수준 높은 서비스 품질과 가치를 전달할 수 있을 것이다. 직원들이 서비스교육을 받지 못하면, 고객불만을 야기하여 막대한 비용이 지출되며, 고객을 경쟁업체에 빼앗기게 된다(John, 2000). 예로 1980년대까지만 해도 경영자들은 서비스를 측정하고 설계하고 발달시킬 수 없다고 생각했지만 1981년 스칸디나비아 항공사(SAS) 사장인 얀 칼슨(Jan Carlzon)에 의해 서비스의 중요성과 유효성이 알려지기 시작했다. 얀 칼슨은 최일선에서 근무하는 직원들이 고객과 만나는 최초 15초가 그 항공사의 인상을 결정하는 '진실의 순간'이라는 고객지향적 사고의 개념을 기업경영에 도입하였다. 고객서비스 관리를 실천한 결과, 8백만 달러에 달하는 회사의 적자를 7천 1백만 달러의 흑자경영으로 전환했다. 이 고객서비스 관리에는 전 직원들의 사고를 변화시킬 수 있는 서비스 교육훈련이 있었기 때문이다. 얀 칼슨 사장은 최일선에 일하는 직원들의 서비스교육의 중요성을 강조하였으며, 직원들은 서비스교육을 받음으로써 서비스접점에서 고객들을 대하는 진실의 순간에 잘 대처하여 회사의 큰 이익성과를 보았다고 할 수 있다. 이처럼 높은 서비스품질 경영을 하는 스칸디나비아 항공사 사례를 살펴보아도 서비스 교육이 서비스기업에서 차지하는 중요한 위치와 서비스교육의 중요성을 보여주고 있다(Patton, 2005).

다음은 국내 서비스교육을 실시하는 기업들의 서비스교육프로그램의 현황을 〈표 10-1〉에서 살펴본다. 서비스교육 프로그램에는 크게 서비스 기본프로그램과 서비스 리더십과정 그리고 서비스 특화프로그램으로 나누어지는 것을 알 수 있다.

**표 10-1**   <<<  기업의 서비스 교육프로그램

| 삼성에버랜드 서비스아카데미 | 서비스기본프로그램 | • CS기본 예절과정<br>• CS심화과정<br>• CS강사 양성과정 |
|---|---|---|
| | 서비스리더십 프로그램 | • 서비스 리더십 과정<br>• 서비스 팀리더십과정 |
| | 서비스 특화프로그램 | • 의료서비스 전문과정<br>• 감성서비스 과정<br>• 365행정서비스 과정 |
| 아시아나 서비스 컨설팅 | 아름다운 서비스 기본과정 | • Basic Attitude & CS Principles<br>• Tele-Communication  • NYP Communication<br>• 가슴 뛰는 세미나 PING  • 불만고객응대<br>• DISC  • 셀프리더십 아름다운 동행<br>• Natural Image Making |
| | CS 강사 양성과정 | • Presentation Skill & Mass<br>• 사내강사의 역할/강의 스킬<br>• NLP Communication   • 불만고객 응대<br>• 고객감동 행동예절 I, II, III<br>• 보이스 트레이닝<br>• 강의 실연을 통한 장단점 파악 및 성인학습 강의법 체득 |
| | 서비스 리더교육 | • CS리더의 서비스 마인드<br>• 소믈리에와 함께하는 WINE STORY<br>• Etiquette & Protocol<br>• Excellent Leadership   • 교류분석<br>• Performance based Coaching Skill |
| | 팀리더 과정 | • SERVICE MANAGEMENT<br>• 소믈리에와 함께하는 WINE STORY<br>• Excellent Leadership<br>• 상담 Skill   • 에니어그램 |
| | 1등석 First Class 서비스체험 | • Performance based coaching skill<br>• First Class서비스체험   • Wine & Table Manners<br>• UP-grade Image Making |

| | | |
|---|---|---|
| 힐튼<br>트레이닝센터 | 항공사 서비스체험 | • 고객만족 서비스 • IN FLT SVC Role play<br>• Emergency Landing & Dictching<br>• IMAGE MAKING • 새로운 출발을 위한 다짐 |
| | CS과정 | • 친절한 사람의 공통점(EQ)<br>• 개인브랜드 전략 • 표정과 인상<br>• 인사예절 • 자세와 안내 • 이미지메이킹<br>• 공감의 대화 • 전화예절 및 전화모니터링<br>• 가치관 진단을 통한 효과적인 커뮤니케이션<br>• 고객응대훈련 • 불만고객응대<br>• DISC • SPOT기법 • 매너와 에티켓 |
| | CS리더십과정 | • 자기계발<br>• 셀프리더십과정<br>• 스탠더드 설립, 실행 및 관리<br>• 효과적인 서비스커뮤니케이션<br>• 위임 • 동기부여 • 팀워킹 • 대립/갈등관리<br>• TRAIN-THE-TRAINERS<br>• 최상의 스탠더드<br>• 교육훈련과 오리엔테이션 |

## 2. 서비스교육 이론

### 1) 서비스교육의 목적

서비스교육을 통해 기업이 얻고자 하는 궁극적 목적은 직원들의 지식이나 기술, 그리고 태도를 교육훈련을 통해 향상시켜 기업의 수익을 창출하고 발전시키는 데 있다(Baldwin & Ford, 1988). 기업 내 인력에 대한 효과적인 개발을 통해 기업은 생산성과 경쟁력 향상을 가져올 수 있기 때문에 기업은 많은 노력과 투자를 하게 된다. 따라서 기업 내 인력에 대한 교육을 통해 효율적인 인력개발과 활용이 가능하게 된다. 또한 치열한 생존경쟁의 상황 속에서 기업 내 구성원들의 지속적인 학습과 경험의 습득을 통해 자신의 능력을 개발하고 경력을 관리하는 일이 더욱 중요해지고 있기 때문에 교육에 대한 관심과 필요성이 증대되고 있다(배중호, 2010).

기업에서의 교육은 종업원의 업무성과를 높일 뿐만 아니라 직원의 직무만족과 사기를 높이는 수단으로 작용하고 있다(Hass, 1991). 특히 기업의 서비스 부문은 인적 자원에 대한 의존도가 높기 때문에 직원들에 대한 서비스 능력을 향상시키는 것이 무엇보다도 중요하다. 이러한 서비스 지향적 인력관리를 위해 적임자의 채용, 유능한 직원의 확보 등이 필요한데, 양질의 교육을 받은 직원이 고객에게 최상의 서비스를 제공하게 되면 기업의 이미지 제고는 물론이며, 기업의 성과향상에 긍정적인 역할을 할 수 있다(Grönfeldt & Strother, 2006).

양질의 서비스 제공은 고객만족으로 이어지며, 이러한 고객만족은 기업에 대한 고객의 충성도 확보와 직결된다. 반대로 직원들이 고객에 대한 서비스 기술을 획득하지 못한다면 고객의 불만으로 이어지고, 이로 인한 마케팅 비용의 손실이 확대되게 된다. 고객의 입장에서 특정기업의 서비스에 대한 불만은 다른 경쟁기업으로의 전환을 의미하기 때문에 고객에 대한 서비스 기술과 고객지향성에 대한 교육은 기업의 입장에서 더더욱 중요한 의미를 가진다고 볼 수 있다.

따라서 기업이 서비스 교육을 실시하는 목적은 고객에게 탁월한 서비스 품질과 인지된 가치(perceived value)를 전달하기 위해 직원들을 대상으로 실시된다. 이러한 서비스 교육이 종업원에게 고객과의 접점에서 문제가 발생할 경우 이에 대한 해결방법과 지속적으로 고객과의 관계관리가 이루어지는 방향으로 실시된다. 결론적으로 서비스교육의 목적은 기업구성원들이 서비스 업무를 접할 때 좀 더 적극적이고 긍정적인 태도로 고객을 대하며, 그들의 적극적이고 창의적인 사고를 하는 데 도움을 주기 위한 것이다.

## 2) 서비스교육의 효과

기업에 있어 서비스교육은 직원들에게 고객지향성과 고객만족에 긍정적 영향을 미친다. 즉 서비스를 주로 생산하는 기업은 직원들에게 서비스교육을 제공하여 보다 나은 서비스를 고객에게 제공함으로써 고객의 증가를 가져와 기업경영에 직접적인 영향을 미치게 된다(이애주·김순하, 2006). 또한 서비스교육은 조직적 차원에서 기업의 생산성 제고뿐만 아니라 개인적 차원에서 직원들의 지식이나 기술을 향상시키는

| 표 10-2 | <<< 서비스교육의 효과 | |
|---|---|---|
| 차 원 | 목 적 | 서비스교육의 효과 |
| 조직<br>차원 | 인재육성<br>기술축적 | 수익성 제고에 대한 긍정적 태도<br>모든 직무에 대한 이해와 기술향상<br>노동운동에 대한 도덕성 제고 및 원활한 노사관계유지<br>개인목표와 조직목표의 일치성<br>기업의 이미지 개선 및 조직발전<br>확실성·개방성·신뢰성 증진<br>업무에 대한 지침으로 작용<br>조직의 효과적인 의사결정 및 문제해결능력 배양<br>구성원의 관리자로서 태도개발에 기여<br>생산성과 노동의 질제고<br>변화적응력 및 의사소통력 제고<br>갈등처리, 스트레스 완화 |
| 개인<br>차원 | 자기개발<br>욕구충족<br>동기유발 | 개인의 의사결정이나 효과적인 문제해결에 도움<br>안정감, 성취감, 성장, 책임감 등의 동기요인 내면화<br>자기발전과 확신을 가져옴<br>업무만족<br>학습을 통한 자기성장<br>새로운 업무에 관한 두려움 해소<br>상호작용 및 업무기술의 향상 |
| 대인<br>관계 | 의사전달<br>원활화<br>조직협력 | 집단과 개인의 대화력 향상<br>대인관계 기술의 향상<br>직원들의 새로운 일에 대한 적응력 배양<br>기업윤리의 제고<br>집단의 응집력 향상<br>조직분위기의 쇄신과 조직에 대한 신뢰증진 |

출처: 최유리(2002) 인적자원개발 교육훈련 담당자의 직무만족에 관한 연구. p. 30에서 인용.

역할도 담당하여 조직 및 개인의 필요 모두에 도움을 주는 방법이라 할 수 있다(Hass, 1991; 김경단, 2008).

　서비스교육은 가져오는 효과는 크게 조직차원, 개인차원, 대인관계 차원으로 구분해 볼 수 있다(이주연, 2011). 첫째, 조직차원에서 서비스교육은 인재육성을 위한 기술축적으로 수익성 제고에 대해 긍정적 태도를 가지게 되거나 생산성과 서비스의 질을 향상시킨다. 둘째, 개인차원에서 서비스교육은 자기개발의 욕구를 충족시켜 동기를 유발하며, 개인의 의사결정이나 효과적인 문제해결을 도와준다. 이를 통해 기업 내 개인은 자기발전과 자기확신을 제고시킬 수 있다. 셋째, 대인관계 차원에서 서비스 교육은 의사전달의 원활화를 통해 조직협력이 일어나며, 대인관계 기술을 향상시킨다. 서비스교육이 주는 효과를 구체적으로 살펴보면 다음과 같다.

　이와 같이 서비스교육이 직원들의 고객지향적인 태도 변화를 유도하거나 기업 생산성 향상에 기여하는 것이다. 서비스교육의 효과는 서비스교육을 받은 후 적어도 6개월 동안은 직원들의 태도와 행동에 긍정적인 영향을 미친다고 하였다(Miller, 1990). 따라서 직원들에게 정기적으로 서비스 교육이 실시되어야 한다는 재교육의 중요성을 알 수 있다. 서비스교육의 비용측면에서도 서비스교육을 통한 직원들의 유지는 서비스교육에 들어간 비용보다 적어도 5배 이상의 가치가 있다고 하는 효과를 보면(John, 2000), 인적자원이 무엇보다 중요한 서비스기업에서는 직원들의 서비스교육을 통하여 성과를 향상시키고 기업을 성장하는 데 기여한다는 것을 알 수 있다.

　결론적으로 개인의 입장에서 자기개발과 발전을 위한 기회를 제공하기 위한 것이며, 기업의 입장에서 보면 서비스의 질적 향상을 전제로 한 강력한 마케팅 수단으로서 성격을 지닌다.

## 3. 서비스교육의 성과

　기업이 종업원들을 대상으로 하는 서비스 교육의 성과는 교육만족, 고객지향성, 서비스 품질 등으로 나타난다. 즉 교육만족은 기업이 서비스교육을 실시할 경우 교육에 참여하는 직원의 입장에서 교육담당자의 자질이나, 교육내용, 시설, 교육방법 등에 대한 긍정적 감정을 의미하며, 고객지향성은 직원들이 교육에 대해 만족할 경우 결국 이는 고객지향적 태도로 나타나게 될 것이다. 결국 이러한 고객지향적 태도는 제공된 서비스가 고객의 기대를 충족시키는 서비스 품질의 향상으로 이어질 것이다. 다음에서 서비스교육의 성과로서 교육만족도, 고객지향성, 서비스 품질의 개념과 특성에 대해 살펴보고자 한다.

## 1) 교육만족도

서비스교육에 대한 만족도는 학습자의 다양한 요구를 수용하여 교육내용과 교육방법에 대한 만족뿐만 아니라 교육환경이나 직원에 대한 만족도 포함한다. 서비스교육의 피교육자는 다양한 요구를 가지고 있으며 우수한 교육내용과 방법을 제공한다 하더라도 교육시설이나 설비, 직원의 서비스, 인간관계 등이 충족되지 못한다면 불만족을 느낀다고 보았다(Smith & Offerman, 1989). 선행연구들을 바탕으로 보면 서비스교육에 대한 만족도를 교육내용, 강사, 교육환경, 교육과정, 교육방법, 교육시설 등의 중요한 요인으로 구분하고 있다.

또한 서비스교육에 대한 만족은 서비스교육을 담당하고 있는 운영자 측면과 강의를 담당하는 전달자 측면, 교육에 참여하는 수강생 측면에서 만족도를 볼 수 있다. 결국 서비스교육에 대한 만족도는 서비스교육에 참여하는 피교육자가 강사의 자질이나 교육과정에 대해 우호적으로 생성되는 정서나 감정태도를 의미한다.

구체적으로 서비스교육의 만족도를 운영자 측면에서 교육과정, 수강생 차원에서 태도, 그리고 전달자 측면에서 강사의 자질 등으로 구분하여 살펴보면 다음과 같다(최논산, 2007; 김지성, 2009). 첫째, 교육과정은 서비스교육의 목표를 극대화시키기 위하여 교육목적, 교육시간, 교과목 등을 설계하는 과정으로 서비스 교육을 실시하기 전에 체계적인 준비가 필요하다(허대중, 2005). 결국 서비스교육에 있어 피교육자는 교육과정을 통해 과거에 부족했던 서비스업무능력을 향상시킴으로써 교육에 만족할 뿐만 아니라 자신의 일에 대한 자부심과 직무만족으로 이어질 수 있다.

둘째, 수강생의 태도는 서비스교육의 실질적 성과를 거두기 위해 필수적인 것으로 아무리 교육시설, 강사, 시설 및 교육과정이 체계적으로 갖추어져 있어도 교육을 받는 수강생이 서비스교육에 무관심하거나 수동적인 태도를 보인다면 교육의 성과를 달성하기 어렵다. 특히 Rossett(1997)은 서비스교육의 성공을 위해서는 피교육자의 학습동기 및 교육내용에 대한 수강생의 태도가 중요하다고 보았다. 다시 말해 서비스교육에 임하는 참여자에 대한 동기부여가 서비스교육의 성공을 좌우한다고 볼 수 있다.

셋째, 전달자 측면에서 강사의 자질은 서비스교육의 성공에 영향을 주는 중요한 변수로 서비스교육의 강사는 교육에 필요한 전문기술과 지식을 갖추고 실제로 교육에서 성과를 거둘 수 있도록 부단히 노력해야 한다. 강사의 자질로 요구되는 조건으로는 교육훈련에 있어 의사전달능력의 강화, 교육성과의 제고노력, 중심적인 역할, 학습방향의 제시 등이다(Buckley & Caple, 2009). 이러한 교육강사의 역할은 시대와 상황에 따라 변화되어 왔으며 이들은 교육훈련의 성과를 결정하는 중요한 요인으로 작용한다.

## 2) 고객지향성

서비스교육을 통해 최종적으로 얻고자 하는 성과물은 서비스를 담당하는 직원들의 서비스 지향적인 태도로의 변화일 것이다. 서비스를 담당하는 직원들이 얼마나 고객지향적인 행동을 하느냐가 서비스의 품질을 좌우하게 되고 이는 기업의 경쟁력과 성공을 좌우하는 핵심요인이 될 것이다(Henning-Thurau, 2004). 일반적으로 기업은 서비스 교육을 통해 마케팅 차원에서 고객지향성을 확보하려고 한다. 고객지향성은 서비스접점 종사원이 고객의 필요한 요구를 충족하게 하는 구매의사결정을 함에 있어서 종사원과 고객과의 상호작용수준에서 구매에 도움이 되도록 노력하는 마케팅 개념의 수행정도를 말한다(Saxe & Weitz, 1982). 조직 내 구성원의 의사결정은 조직이 전반적으로 공유하고 있는 신념이나 가치에 기초하여 이루어지므로 결국 서비스교육은 고객지향성에 영향을 주게 되어 조직의 성과와 서비스품질에 긍정적 영향을 미치게 될 것이다.

고객지향성의 정의는 고객의 욕구를 파악하고 고객의 이해에 가장 부합되는 방향으로 충족시키는 기업과 서비스 제공자의 태도를 의미한다. 결국 고객지향성은 기업이 고객의 관점에서 바라보는 것으로 기업의 서비스교육은 직원들로 하여금 고객의 관점에서 이해하고, 고객의 이익을 최우선으로 여기면서 증진시키는 방향으로 사고하는 것을 도와준다. 일반적으로 종사자들은 기업이 요구하는 것과 고객이 요구하는 것의 차이에 의해 많은 갈등을 겪게 되고, 고객지향성이 높은 직원은 자신의 서비스를 잘 이해하며, 직무만족도가 높은 편이다. 따라서 이러한 직원의 경우 서비스교육을 통해 높은 성과를 낼 수 있으며 고객의 만족, 신뢰, 종사자와의 관계발전에 기여할 수 있다(김영진 외, 2012).

　이러한 고객지향성에 관한 접근방법은 크게 세 가지로 구분된다. 첫째, 판매관리적 접근방법으로 기업이 고객으로 하여금 경쟁회사의 제품보다 자사 제품을 보다 많이 구매하도록 설득하며, 이를 위해 이용가능한 모든 효과적인 판매활동과 촉진도구를 활용해야 한다고 보는 개념이다(Kotler, 1991). 둘째, 인간관계론적 접근은 인적 자원을 바탕으로 직원과 고객의 양자의 인간관계론적 시각에서 보는 것이다. 즉 고객에 대한 관심, 고객의 욕구의 이해, 고객과의 인간관계 구축, 판매 전 과정에서의 서비스 등을 의미하며, 이는 서비스 교육을 통해서 가능하다. 셋째, 서비스 품질적 접근은 서비스의 본질이 고객과의 접촉을 필요로 하고, 서비스에 대한 고객의 경험 또는 인식은 고객을 만족시키거나 고객을 불만족시키는 결과를 초래하여 고객의 재방문 또는 재구매가 이루어지는 데 직접적인 영향을 미친다는 것이다. 이러한 서비스 품질의 향상을 위해서는 서비스교육의 역할은 매우 중요하다(김경단, 2008).

　결론적으로 고객지향성은 고객의 필요와 요구를 만족시켜 경쟁사에 비해 경쟁 우위를 창출하는 조직구성원의 고객대면 행위로서 고객의 만족이나 이익을 가장 우선하는 사고방식이다. 따라서 기업은 서비스 지식교육과 서비스태도 교육을 통해 고객대응 능력의 향상뿐만 아니라 거시적으로 직원의 고객지향성을 높이고 기업의 경쟁력을 강화하려고 한다. 다양한 형태의 교육구성을 통해 직무적합도를 높이고 고객 응대 시 필요한 기본적 지식과 기술, 태도적인 면을 향상시켜 고객지향성을 높이고 자 한다.

## 3) 서비스품질

　서비스의 품질이 높을수록 서비스 직원들의 고객에 대한 태도가 긍정적으로 변화되어 기업의 이미지 제고에 기여할 수 있다. 따라서 서비스교육의 성과로서 서비스품질은 기업의 성패를 좌우하는 중요한 요인으로 볼 수 있다. 서비스교육의 성과로서 서비스 품질을 어떻게 개념화하고 측정할 것인가에 관한 연구는 선구자적인 Parasuraman과 Zeithaml 그리고 Berry에 의해 이루어졌다. 서비스품질이란 고객이 서비스기업에서 제공할 것이라 기대한 서비스와 실제로 자기가 지각한 서비스와의 차이의 정도를 말한다. 서비스품질이 좋은지 나쁜지를 판단하는 것은 서비스의

| 표 10-3 | <<< 서비스 품질의 5가지 차원 |
| --- | --- |

| 차 원 | 정 의 |
| --- | --- |
| 유형성(Tangibles) | 물리적 시설, 장비, 직원의 외모, 커뮤니케이션 자료 등의 외양적인 것 |
| 신뢰성(Reliability) | 약속의 정확한 임무수행과 같은 약속한 서비스를 정확하게 제공하려는 능력 |
| 응답성(Responsibility) | 고객요구에 즉각적으로 서비스를 제공하고 고객을 도우려는 의지 |
| 확신성(Assurance) | 회사와 직원의 지식, 정중함, 신뢰성과 믿음을 부여하려는 능력 |
| 공감성(Empathy) | 고객의 요구를 이해하고 서비스기업이 고객 개개인에게 제공하는 관심과 배려의 정도 |

수행을 받은 고객이 어떻게 지각하였는지 고객의 관점에 따라 달려있다. 따라서 고객들은 무엇이 측정되어야 하는지가 정확해야 하는데, 이러한 서비스품질 측정모델을 SERVQUAL척도라고 하며 다음은 서비스 품질을 평가할 때 사용하는 5가지 차원을 〈표 10-3〉에 제시하였다(Parasuman et al., 1988; 이유재, 2004).

서비스품질에 있어서 고객의 기대를 지속적으로 만족시켜야 한다면 기업의 차원에서는 고객의 기대와 지각 사이에 발생하는 차이를 줄여야 한다. SERVQUAL척도가 만족도를 측정하기 위해 지각서비스(perceptive service)에서 기대서비스(expected service)를 공제하는 식이기 때문에 Gap모델이라 부르기도 한다. Parasuraman과 Zeithaml 그리고 Berry(1985)는 고객의 기대와 고객이 실제로 인식한 서비스 차이에서 5가지의 Gap이 발생한다고 하였다. 따라서 Gap모델은 고객의 기대와 고객의 인식사이의 차이에서 발생하는 지점에서 그 원인을 밝혀내고 그 차이를 줄여나가는 해결방안을 마련하는 데 도움이 될 수 있다(Parasuraman et al, 1985; 이유재, 2004; 이상환·이재철, 2005).

- Gap1: 고객의 기대와 경영자의 인식의 차이가 발생함으로써 생기는 갭이다. 서비스는 무형적으로 경영자가 고객의 기대를 객관적이고 정확하게 평가할 수 있는 유형적인 단서가 없으므로 오는 차이이기 때문에 시장조사를 통한 고객과의 커뮤니케이션의 활성화가 필요하다.
- Gap2: 경영자의 인식과 서비스품질명세서의 차이에서 발생하는 것이다. 경영자들이 기업의 내부 사정이나 단기 수익률의 지향, 시장 상황 등으로 고객의

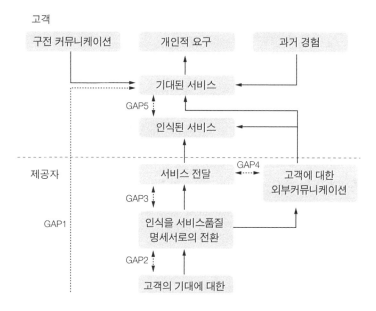

그림 10-1 <<< Gap 모델

출처: Parasuraman, A., Zeithaml, V. A., & Berry, L. L.(1985). A Conceptual Model of Service Quality and Its Implications for Future Research. Journal of Marketing, 49, p. 44.

기대를 알고 있지만 고객의 기대를 소홀히 함으로써 발생하는 갭이기 때문에 최고 경영자들의 서비스품질에 대한 헌신적인 노력이 필요하다.

• Gap3: 서비스품질명세서와 제공된 실제서비스가 차이가 남으로써 발생하는 갭이다. 고객의 기대를 정확히 파악한 품질명세서를 알고 있다 하더라도 서비스를 제공하는 종업원이 이를 정확하게 숙지하지 못하고 역할을 제대로 수행하지 못하는 데서 오는 갭이다. 이를 위해 종업원들의 역할갈등이나 역할모호성을 해결해 주고, 적합한 직무배치와 직무수행을 위해 필요한 도구나 기술의 지원, 팀워크의 향상 등이 필요하다.

• Gap4: 실제의 서비스 제공과 광고와 같은 외부커뮤니케이션과의 차이에서 발생하는 갭이다. 고객은 광고나 구전과 같은 외부커뮤니케이션을 통해 서비스품질을 인식하는 데 영향을 받고 기대를 가지게 됨으로써 소비자의 기대와 실

제로 제공하는 서비스와의 차이에서 발생한다고 할 수 있다. 따라서 기업은 수평적 커뮤니케이션의 활성화로 기업의 광고담당부서와 고객접점에서 일하는 종사자 간의 정확한 커뮤니케이션 등의 상호작용을 통해 과대한 약속을 하지 않도록 해야 한다.

- Gap 5: (Gap1 + Gap2 + Gap3 + Gap4)

Gap5는 Gap1에서 Gap4까지의 합으로 고객이 기대한 서비스와 인식한 서비스의 차이를 말한다. 기업은 고객이 느끼는 서비스의 기대치와 인식의 차이를 줄여나감으로써 서비스품질을 관리하고 향상시킬 수 있을 것이며, 서비스품질은 서비스를 제공하는 기업경영의 중심에 있어야 한다. 따라서 기업은 직원들의 서비스교육을 통해 인적 자원의 가치를 높이고 서비스품질을 향상시켜 고객만족을 이루게 되고 기업의 지속가능경영에도 이바지한다.

# 참고문헌

■ 김경단(2008). 서비스교육이 조직구성원의 고객지향성에 미치는 영향. 석사학위논문. 고려대학교 교육대학원.

■ 김수연(2004). 서비스 인적자원개발 교육체계 확립을 위한 기초연구. 비서학 논총, 13(1), 139~161.

■ 김영진·허양례·최동희(2012). 항공사 종사자의 근무형태에 따른 감정노동이 고객지향성에 미치는 영향. 호텔관광연구, 14(1), 286~298.

■ 김지성(2009). 서비스교육 만족도와 고객지향성에 관한 연구. 석사학위논문. 중앙대학교 산업·창업경영대학원.

■ 배중호(2010). 서비스 교육이 종업원의 고객지향성에 미치는 영향에 관한 실증적 분석. 석사학위논문. 경희대학교 경영대학원.

■ 유시정·양태식·오종철(2008). 조직특성과 서비스몰입이 서비스품질에 미치는 영향에 관한 탐색적 연구: 국내서비스업을 중심으로. 기업경영연구, 26, 1~24.

■ 이동진(2007). 콜센터의 서비스 품질경영 핵심요인이 서비스 성과에 미치는 영향. 박사학위논문. 청주대학교 대학원.

■ 이상환·이재철(2005). 서비스 마케팅. 서울: 삼영사.

■ 이성식(2003). 호텔기업 서비스 교육성과의 영향 변인에 관한 연구. 박사학위논문. 동아대학교 대학원.

■ 이애주·김순하(2006). 호텔한식당 직원의 교육훈련에 대한 지각이 직무만족과 조직몰입, 고객지향성에 미치는 영향. 호텔경영연구, 15(5), 119~135.

■ 이유재(2004). 서비스 마케팅. 서울: 학현사.

■ 이주연(2011). 서비스 교육 프로그램이 종업원의 직무만족과 고객지향성에 미치는 영향. 석사학위논문. 숙명여자대학교 여성인적자원개발대학원.

■ 정민주(2005). 서비스교육훈련이 직원만족과 서비스지향성에 미치는 영향에 관한 연구. 석사학위논문. 경기대학교 대학원.

■ 최논산(2007). 인천국제공항 서비스교육 시스템 개선방안 연구. 석사학위논문. 인하대학교 국제통상물류대학원.

■ 최유리(2002). 인적자원개발 교육훈련 담당자의 직무만족에 관한 연구. 석사학위논

문. 경희대학교 대학원.

■ 허대중(2005). 공무원 서비스교육훈련이 교육만족과 민원행정서비스품질에 미치는 영향. 석사학위논문. 전주대학교 대학원.


■ Baldwin, L. L., & Ford, J. K.(1988). Transfer of Training: A Review and Directions for Future Search. Personnel Psychology, 41, 63~105.

■ Buckley, R., & Caple, J.(2009). The Theory & Practice of Training. Six edition, Kogan.

■ Grönfeldt, S., & Strother, J.(2006). Service Leadership: The Quest for Competitive Advantage. SAGE Publication.

■ Haas, P. J.(1991). A Comparison of Training Priorities of Local Government Employees, and their Supervisors. Public Personnel Management, 20(2), 224~241.

■ Hennig-Thurau, T.(2004). Customer Orientation of Service Employees. International Journal of Service Industry Management, 15(5), 460~478.

■ John, T.(2000). Achieving Excellence through Customer Service. 서울. 박영사.

■ Kotler, P.(1991). Marketing Management: Analysis, Panning, Implementation, and Control. Englewood Cliffs, NJ: Prentice-Hall.

■ Miller, S. G.(1990). Effects of a Municipal Training Program on Employee Behavior and Attitude. Public Personnel Management, 19(4), 429~441.

■ Parasuraman, A., Zeithaml, V. A., & Berry, L. L.(1985). A Conceptual Model of Service Quality and Its Implications for Future Research. Journal of Marketing, 49, 41~50.

■ Parasuraman, A., Zeithaml, V. A., & Berry, L. L. (1988). SERVQUAL: A Multiple-Item Scale for Measuring Consumer Perceptions of Service Quality. Journal of Retailing, 64(1), 12~40.

■ Patton, M. E.(2005). Dancing Service: How to Teach an Elephant to Dance. 서울: 현학사.

■ Rathmell, J. M.(1966). What is Meant by Services? Journal of Marketing, 30(4), 32~36.

■ Rossett, A.(1997). That was a Great Class. Training and Development, July, 19~24.

- Saxe, R., & Weitz, B. A.(1982). The SOCO Scale: A Measure of the Customer Orientation of Salespeople. Journal of Marketing Research, 19(3), 343~351.
- Smith, D. H., & Offerman, M. J.(1989). The Management of Adult and Continuing Education. San Francisco: Jossey-bass Publishers.
- Zeithaml, V. A., Bitner, M. J., & Gremler, D. D.(2006). Services Marketing: Integrating Customer Focus Across the Film. 4th Edition. McGraw-Hill.

chapter 11

# 인적자원개발 활동의
# 평가모형

박 지 혜

 

 

지식의 중요성이 나날이 증가하는 지식기반사회에서 기업의 구성원들은 학교에서 배운 지식만으로 살아나갈 수 없으며, 많은 기업들은 구성원들의 지속적인 개발과 학습을 위해 노력을 기울이고 있다. 고용노동부(2011) 발표에 의하면, 직업능력개발 사업에 참여한 기관은 2005년 3,100여 개에서 2010년 6,900여 개로 증가하였고, 참여한 근로자의 수는 같은 기간 200만 명에서 400만 명으로 증가하였다. 5년 사이 참여기관이나 근로자의 수가 두 배 가량 증가한 것이다. 또한 2010년을 기준으로 직업능력개발 사업에 투자한 금액은 1조 3천억원에 달한다. 이러한 인적자원개발 활동에 대한 참여 및 투자의 급격한 증가는 인적자원개발 활동이 조직성과 향상에 기여할 것이라는 기대 때문이며, 이러한 기대의 실현 여부를 판단할 수 있도록 그 효과성과 효율성의 측정방법 개발에 대한 요구가 매우 높다(Swanson & Holton, 2009). Preskill과 Russ-Eft(2003)는 인적자원개발 영역에서의 평가는 교육훈련 효과성을 증명해 보일 수 있고, 교육훈련의 과정과 결과를 자세히 묘사할 수 있으며, 학습자의 반응 이상을 측정해야 하고, 투자금액이 교육훈련에 얼마나 잘 사용되었는가를 보여줄 필요가 있다고 하였다.

기업의 인적자원개발 활동은 매우 다양한 형태로 폭넓은 수준에서 이루어지고 있다. 예를 들어 OJT(On-the-Job Training)의 경우, 조직 구성원이 쉽게 인지하기 어렵게 비공식적인 형태로 이루어지기도 하고, 공식적이고 제도적으로 체계화되어 이루어지기도 한다. 따라서 그 효과성과 효율성을 무엇으로 볼 것인가에 대한 견해와 이론은 매우 다양하다. 이 장에서는 인적자원개발 활동에 대한 평가의 필요성을 바탕으로 제시되어 왔던 다양한 평가모형 중 Kirkpatrick의 4단계 모형, Phillips의 ROI 모형, Stufflebeam의 CIPP 모형, Brinkerhoff의 성공사례 모형, Preskill의 긍정적 탐구를 통한 평가 등 대표적인 다섯 가지 모형의 특성 및 장단점을 살펴보고 인적자원개발 활동 평가에의 활용가능성을 검토하고자 한다.

## 1. Kirkpatrick의 4단계 평가모형

Kirkpatrick의 4단계 평가모형은 조직 심리학 및 산업 심리학 영역에서 광범위하게 활용되어 온 모형이다(Cascio, 1987). 4단계는 각각 반응(reaction)평가, 학습(learning)평가, 행동(behavior)평가, 결과(result)평가를 의미하는데, 모든 평가는 반응에 대한 평가에서 시작되어 다음 단계로 순차적으로 이루어져야 하는 연속성을 갖는다(Kirkpatrick, 1959). 즉 전 단계의 평가가 다음 단계의 평가에 영향을 미치는 것을 전제로 하고 있다. 각 단계의 평가에 대한 구체적인 내용은 다음과 같다.

### 1) 반응평가

1단계 평가인 반응평가는 인적자원개발 활동에 참여한 참가자들이 이에 대해 어떻게 반응하는가, 즉 참가자들의 만족도를 측정하는 것이다. 이 단계는 종종 '미소 설문지(smile sheet)(Guerra, 2008)'라고 불린다. Kirkpatrick(2006)은 어떠한 인적자원개발 활동을 하더라도 1단계의 반응평가는 반드시 실행해야 한다고 주장하였다. 참가자들이 불만족한 상태에서 인적자원개발 활동을 마치게 되었을 경우, 이들은 다른 인적자원개발 활동에의 참여도 꺼리게 될 가능성이 높고, 해당 활동에 다른 사람들이 참여하는 것에도 부정적인 영향을 미칠 수 있다. 또한 참가자들의 만족도는 이후 단계의 평가내용인 학습, 행동, 결과평가 등에도 지속적으로 영향을 미친다. 반응평가가 단순히 참가자들이 인적자원개발 활동에 만족했는지 아닌지에 대한 정보를 제공하는 것이 아니라 향후 개선에 실질적 도움이 되도록 활용되기 위해서는 반응평가를 위한 평가문항을 어떻게 구성하느냐가 중요하다. Guerra(2005)는 반응평가를 위한 평가문항은 측정과 관찰이 가능하고 특정한 행동이나 사건에 기반을 두고 있어야 함을 강조하면서 다음과 같은 예시 문항을 제시하였다.

- 어떤 정보가 적절한가? 필요한가? 충분한가?
- 학습결과에 영향을 미치지 않는 범위 내에서 포함시키지 않아도 무방한 학습내용이 있는가?
- 교수활동의 순서가 적절한가?
- 시간을 줄이거나 혹은 늘리는 것이 필요한 세션이 있었는가?
- 학습활동 중 불필요하거나 혹은 추가해야 할 것이 있는가?

## 2) 학습평가

2단계 평가인 학습평가는 학습자의 단순한 반응을 넘어 학습자의 지식, 기술, 태도 변화의 정도를 측정하는 것이다. 즉 인적자원개발 활동에 참여하기 전 학습자의 지식, 기술, 태도의 상태와 참여한 후의 상태를 비교하여 변화 정도로 그 효과성을 판단하는 것이다. 학습평가는 다음 단계인 행동평가와 밀접하게 연관되어 있는 매우 중요한 단계이다. 그러나 Guerra(2008)는 사전검사에 참여하는 것만으로도 사후검사 결과에 영향을 줄 수 있음을 강조하고(시험효과), 측정 문항을 인적자원개발 활동의 실제적인 목표에 부합하도록 구성해야 함을 강조하였다. 잘못 설계된 측정문항은 타당하지 않은 자료를 수집하게 되고, 결국 잘못된 해석과 결론을 유도하여, 인적자원개발 활동과 성과 향상을 어떻게 할 것인가에 대한 잘못된 의사결정으로 이끌 수 있기 때문이다.

## 3) 행동평가

3단계 평가인 행동평가는 학습활동을 통한 학습자의 행동변화를 측정하는데 초점이 있으며, 학습자가 인적자원개발 활동을 통해 습득한 지식, 기술, 태도를 자신의 직무수행에 적용하는 정도를 의미하는 훈련전이(transfer of training)로 불리기도 한다. 훈련전이는 인적자원개발 활동의 효과성을 판단하는 주요 지표로 인식되어 왔으며(Broad & Newstrom, 1992), 인적자원개발 담당자들은 학습자들이 습득한 지식과 기술을 직무에 적용함으로써 조직의 수행능력이 향상되었음을 증명할 것을 요

| 그림 11-1 | <<< 평가전이 측정도구(예시) |
|---|---|

프로그램명: 성과를 위한 코칭(Coaching for results)

학습자에 대한 조사
*경험-사용해 본 적 있는가: 예 또는 아니오
*빈도-얼마나 자주 이용하는가: 전혀 이용하지 않는다 1 ◄───► 5 매우 자주 이용한다
*난이도-과업의 난이도를 평가하라: 매우 쉽다 1 ◄───► 5 매우 어렵다

| | 항 목 | 항 목 | 빈 도 | 난이도 |
|---|---|---|---|---|
| 1 | 업무나 나의 팀의 상호작용에 대한 세심한 관찰 | | | |
| 2 | '개인이 효과적으로 행동하는지 또는 행동하지 않는지, 개인의 행동이 팀의 목표나 목적 성취에 영향을 주는지, 행동이 다른 사람에게 영향을 주는지' 스스로에게 자주 질문함 | | | |
| 3 | 다른 사람을 탓하는 대신에 문제의 한 측면으로서 나 자신을 생각 | | | |
| 4 | 나의 팀 구성원들이 자신의 의견을 표현하는 데에 편안함을 느끼도록 만듦 | | | |
| 5 | 나와의 대화에서 팀원의 활발한 참여를 격려 | | | |
| 6 | … | | | |
| 7 | … | | | |

상사(supervisor)에 대한 조사
*경험-당신의 부하 직원이 사용하는 것을 본 적 있는가: 예 또는 아니오
*빈도-당신의 부하 직원은 얼마나 자주 이용하는가: 전혀 이용하지 않는다 1 ◄───► 5 매우 자주 이용한다
*난이도-그 또는 그녀가 그것을 수행할 때 과업의 난이도: 매우 쉽다 1 ◄───► 5 매우 어렵다

| | 항 목 | 항 목 | 빈 도 | 난이도 |
|---|---|---|---|---|
| 1 | 업무나 나의 팀의 상호작용에 대한 세심한 관찰 | | | |
| 2 | '개인이 효과적으로 행동하는지 또는 행동하지 않는지, 개인의 행동이 팀의 목표나 목적 성취에 영향을 주는지, 행동이 다른 사람에게 영향을 주는지' 스스로에게 자주 질문함 | | | |
| 3 | 다른 사람을 탓하는 대신에 문제의 한 측면으로서 나 자신을 생각 | | | |
| 4 | 나의 팀 구성원들이 자신의 의견을 표현하는 데에 편안함을 느끼도록 만듦 | | | |
| 5 | 나와의 대화에서 팀원의 활발한 참여를 격려 | | | |
| 6 | … | | | |
| 7 | … | | | |

청받는다(Garavaglia, 1993). 그러나 훈련전이는 매우 다양한 요인들이 연관되어 있는 복잡한 현상이기 때문에 측정하기 쉽지 않다. 따라서 평가결과를 신뢰할 수 있기 위해 다양한 자료수집방법을 활용할 필요가 있다(Guerra, 2008).

Baldwin과 Ford(1988)가 훈련전이에 대한 선행연구 분석을 통해 신뢰할 만한 측정도구의 부족을 지적한 이래, 다양한 측정도구들이 개발되어 왔다(Ford & Weissbein, 1997). 예를 들면 Gist와 Bavetta 그리고 Stevens(1990)는 교육훈련으로부터 습득한 전략들을 사용한 빈도로 훈련전이를 측정하였고, Kraiger와 Salas 그리고 Cannon-Bowers(1995)는 시뮬레이션 상에서의 수행 수준을 통해 측정하였다. 특히, Ford와 그의 동료들은 훈련을 통해 습득한 기술이나 지식을 실제 현업에서 활용할 수 있는 기회가 제공되었느냐의 여부가 매우 중요함을 강조하면서, 전이의 범위(breadth), 활용수준(activity level), 과업유형(task type) 등을 모두를 고려해야 한다고 하였다(Ford, Quinones, Sege, & Sorra, 1992). 이러한 전이의 세 가지 범주는 Wang(2000), Park(2005), Park과 Wentling(2007)에 의해서 활용되었다. [그림 11-1]은 Park(2005)이 훈련전이를 측정하는 데 있어 자기보고식 평가의 한계를 보완하기 위해 학습자 자신뿐 아니라 그들의 관리자들로부터 세 가지 차원에서의 전이수준을 측정한 설문의 예이다.

## 4) 결과평가

4단계 평가인 결과평가는 프로그램의 성공을 조직 수행의 차원, 즉 생산성, 비용절감, 고객불만감소, 영업이익 등으로 판단하는 것이다. 인적자원개발 활동의 결과를 기업의 손익분기점 차원에서 분석하는 것을 의미한다. 기업에서 인적자원개발 활동의 궁극적 목적이 기업의 생산성을 높이고 이익을 내도록 지원하는 데 있다는 점을 생각할 때, 4단계는 매우 의미 있는 평가단계이다. 그러나 이러한 중요성에도 불구하고 현장에서는 거의 이루어지고 있지 않는데, Kirkpatrick(1998)은 그 이유를 인적자원개발 담당자들이 그 측정 방법을 모르거나 많은 이들이 4단계의 평가가 실현가능하다는 것을 인식하지 못하기 때문이라고 하였다. 4단계 평가를 실시할 때 유념해야 할 것은 해당 인적자원개발 활동이 기업의 손익분기점에 반영될 수 있는 충분한 시간적 여유가 주어져야 한다는 것이다.

Kirkpatrick의 모형은 광범위하게 활용되었던 만큼 다양한 측면에서 비판받아 왔다. 특히 많은 학자들이 4단계의 순차성과 연속성에 대해 비판하였다. Alliger와 Janak(1989)는 Kirkpatrick 모형의 세 가지 가정, 즉 학습과 인적자원개발 활동은 직접적으로 변화를 이끌어내며, 각 평가단계는 다음 단계와 인과적인 관계를 갖고 있으며, 평가 단계들 간에는 정적인 상관관계가 있다는 가정에 대해 이를 신뢰할 만한 명확한 증거가 없음을 주장하였다. Holton(1996) 또한 평가 단계들 사이에 인과관계에 대한 가정을 비판하였고, Bates(2004)는 평가활동의 중요한 목적의 하나인 인적자원개발 활동의 개선을 위한 정보의 제공에 Kirkpatrick의 모형은 한계가 있음을 지적하였다.

Kirkpatrick의 모형은 비교적 개념이 간단명료하며, 인적자원개발 활동의 성공을 판단할 수 있는 명확한 평가지표로 구성되어 있고, 조직에서 널리 활용되어 왔기 때문에 쉽게 활용될 수 있다는 장점이 있다. 그러나 이 모형에서 제시한 4단계의 평가지표가 인적자원개발 활동의 성공여부를 판가름할 수 있는 모든 요소를 포괄한다고 하기 어렵고, 지나치게 단순화된 모형 때문에 평가에 대한 오해나 지나친 일반화를 초래할 수 있고, 대부분 현장에서 모형의 일부만 활용함으로써 불완전한 정보를 바탕으로 의사결정을 하게 되는 결과를 가져왔다는 한계점이 있다(Guerra, 2008). 또한 많은 의사결정권자들에게 반응, 학습, 행동, 결과 등에 대한 평가만이 좋은 평가라는 잘못된 인식을 심어주었다는 비판(Russ-Eft & Preskill, 2005)도 피하기 어렵다.

## 2. Phillips의 ROI 모형

Jack Phillips의 ROI(Return-on-inverstment) 모형은 흔히 5단계 모형이라 불린다. Kirkpatrick의 평가 4단계에 5단계 ROI 분석을 추가한 것으로 이해되기 때문이다. Phillips의 ROI 방법은 인적자원개발 활동의 결과를 도출한 후 이를 금전적 가치로 환산하고, 인적자원개발 활동을 위해 투입된 모든 비용을 계산하여, 비용대비 금전적 이익을 도출하는 데 핵심이 있다. ROI를 측정하는 공식은 다음과 같다.

$$ROI(\%)=\frac{\text{인적자원개발 활동의 순이익(인적자원개발 활동의 전체 이익 - 총 비용)}}{\text{인적자원개발 활동의 총 비용}}\times100$$

Phillips의 평가 모형은 크게 평가계획, 자료수집, 자료분석, 보고의 단계로 구성되어 있다([그림 11-2] 참고).

그림 11-2 〈〈〈 Phillips의 평가절차 (Phillips, 2003)

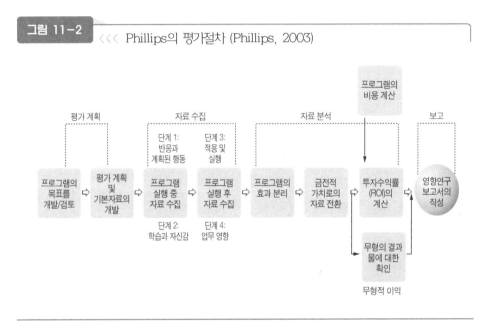

평가계획 단계는 HR 프로그램에 대한 목표수립과 평가계획수립으로 구성되는데, 목표수립은 학습자 반응을 높이기 위한 목표에서부터 ROI를 계산하기 위한 목표까지를 수립하는 것이고, 평가계획수립은 목표달성을 평가하기 위한 구체적인 평가계획을 수립하는 것이다. 자료수집은 평가하는 요소에 따라 프로그램 실행 중 혹은 프로그램 실행 후 두 단계로 나누어 이루어진다. 자료분석 단계에서는 프로그램의 효과분리가 매우 중요한데, 프로그램의 효과분리란 경영성과에 영향을 미친 여러 요인들 중에서 프로그램이 직접 기여한 정도를 정확히 분리해내는 것을 의미한다. Phillips(2003)가 인적자원개발 활동의 효과를 분리하기 위한 주요 전략으로 제시한 내용은 다음과 같다.

- 통제집단전략: 인적자원개발 활동의 효과를 검증할 때, 유용한 방법 중의 하나가 통제집단을 활용하는 것이다. 한 집단이 인적자원개발 활동을 받을 때, 이를 받지 않는 집단은 통제집단이며, 두 집단이 수행 능력에서 차이를 보일 때(특히 통제집단의 수행능력이 다른 집단보다 낮을 때), 이를 인적자원개발 활동의 결과로 귀인할 수 있다.

- 경향선(Trend lines)전략: 인적자원개발 활동이 이루어지지 않았을 경우 예상되는 수행지표 상의 결과와 인적자원개발 활동 이후 얻게 된 실제적 결과를 비교하는 시각 자료이다. 두 지표 사이의 차이가 인적자원개발 활동의 성과를 보여준다.

- 예측모델(Forecasing models)전략: 투입 변인과 결과 변인 사이의 관계가 수치로 표시될 수 있을 때 쓰기 적절한 전략이다. 이 모형은 어떤 인적자원개발 활동도 시행되지 않는다는 전제를 바탕으로 하고 있으며, 예측 모델을 바탕으로 결과를 예측하고 인적자원개발 활동 이후에 얻게 된 실제적인 결과를 예측 결과와 비교하는 방법이다.

- 참가자/관리자/전문가 평가: 프로그램의 참여자, 관리자, 혹은 전문가에 의해 인적자원개발 활동의 결과와 효과를 조사하고 예측하는 방법이다. 다소 주관적인 판단에 의존한다는 한계점이 있어, 한 집단에 대한 조사에 그치지 않고, 두 집단 이상의 의견을 조사함으로써 단점을 보완할 수 있다.

- 소비자 평가: 경우에 따라 소비자들에게 인적자원개발 활동이 해당 서비스나 제품을 지속적으로 사용하는 것을 결정하는 데 어느 정도 영향을 미쳤다고 생각하는지를 묻는 방법을 활용할 수가 있다. 사용할 수 있는 환경이나 상황이 매우 제한적이지만, 고객센터나 판매직 직원들을 대상으로 하는 경우 매우 유용하다.

다음으로는 이상에서 제시한 전략을 활용하여 분리해 낸 프로그램의 효과를 금전적 가치로 환산해야 하는데, 인적자원개발 활동 이후에 나타난 제품의 질적 향상은 비용 절감으로 계산될 수 있고, 참여자의 임금 자료는 투입된 시간에 대한 가치로 활용될 수 있다(Phillips, 2003). 인적자원개발 활동의 효과로 인한 결과물은 비교적 금전적 가치로 환산하기 쉬운 자료가 있는가 하면 매우 어려운 자료도 있다. 품질, 시간, 임금 등에 비해, 태도, 가치관, 문화 등의 자료는 금전적 가치로 환산이 어렵다. 원칙적으로 모든 자료가 금전적 가치로 전환되어야 하지만, 환산 과정이 지나치게 주관적이거나 부정확한 경우는 무형의 결과물로 나타내기도 한다.

ROI 산출에 있어 효과를 금전적 가치로 환산하는 것만큼이나 인적자원개발 활동의 비용을 철저하게 계산하는 것이 중요하다. Phillips(2003)는 프로그램을 설계하고 개발하는 데 드는 비용, 강사비용, 시설 이용비용, 참가자들의 이동이나 숙식비, 참가자들의 임금, 행정적 비용 등을 포함해야 한다고 하였다. 만약 어떤 지출이 인적자원개발 활동의 비용으로 포함되어야 할지 아닐지 의심스럽다면 최대한 보수적으로 판단하여 가능한 모든 비용이 포함되도록 하는 것이 신뢰할 수 있는 ROI 정보를 얻는 방법이다. Head(1994)는 인적자원개발 활동의 비용을 산출할 때, 학습자 비용, 교수자 비용, 교수설계 비용, 시설이용료, 유지보수비용 등의 범주하에 프로그램의 수명, 길이, 예상되는 학습자 수, 한 과정이 개설될 횟수, 프로그램이 실시되는 지역, 평균임금, 년간 생산일, 평균 이동 및 숙박 비용, 강좌당 교수자 수, 기회비용, 학습자료 비용, 개발 및 평가 비용 등의 세부내용이 포함되어야 한다고 하였다.

Phillips가 평가모형을 제시한 이후로, 많은 학자들과 실무자들이 이에 관심을 가졌다. Phillips의 모형은 Kirkpatrick의 4단계 모형에서 진일보하였고, 인적자원개발 활동의 재정적인 공헌과 이익창출을 계산할 수 있는 정교한 방법을 제공하였으며, 이미 조직에서 많이 활용하던 비용분석 공식을 활용함으로써 최고경영자들에게 익숙한 방식으로 인적자원개발 활동을 평가할 수 있는 방법을 제공하였다는 점에서 의의가 있다(Guerra, 2008). 그러나 Phillips의 측정 방식이 지나치게 주관적인 자기보고 방식에 의존하고 있으며, 시간과 비용이 많이 들고, Kirkpatrick의 모형처럼 평가 단계들 사이의 위계관계나 상관관계에 대한 분명한 근거없이 모형을 제시하였다는 점에서 한계가 있다(Guerra, 2008). Brinkerhoff(2005)는 수행능력은 다양한 요소들이 종합적으로 영향을 주기 때문에 인적자원개발 활동의 결과를 금전적 가치로 분리해 낸다는 것 자체가 모순된 발상임을 지적하였고, Bates(2004)는 인간의 수행능력은 단기적 혹은 장기적 요인들이 복합적으로 작용하여 나타나는 결과이기 때문에 ROI에 초점을 맞추게 되면 지속적 성장에 초점을 맞추는 인적자원개발 활동의 개발에 좋지 않은 결과를 미치게 됨을 우려하였다. 또한 인적자원개발 활동이 인간에게 미칠 수 있는 눈에 보이지 않는 효과를 간과하였다는 비판도 있다(Mankin, 2009).

## 3. Stufflebeam의 CIPP 모형

　Daniel Stufflebeam에 의해 제안된 CIPP 모형은 교육프로그램, 프로젝트, 산출물, 사람, 조직 등에 대한 형성적 평가와 총괄적 평가를 실행할 수 있는 포괄적인 모형이다(Stufflebeam & Shinkfield, 2007). CIPP는 평가의 주요 영역인 맥락평가(Context Evaluation), 투입평가(Input Evaluation), 과정평가(Process Evaluation), 산출평가(Product Evaluation)의 약자이다. 각 평가의 내용을 간략하게 살펴보면 다음과 같다(Stufflebeam & Shinkfield, 2007).

- 맥락평가는 평가대상, 즉 인적자원개발 활동의 미래 방향과 관련된 평가이다. 평가대상이 되는 인적자원개발 활동과 관련된 목적과 우선순위를 정하고, 평가를 통해 결과를 판단하는 데 도움이 되는 요구는 무엇이며, 어떠한 자원이나 자산을 가지고 있는지, 당면한 기회나 문제는 무엇인지 등을 측정하는 단계이다.
- 투입평가는 인적자원개발활동의 목적을 달성하기 위해 어떻게 자원을 활용할 것인가를 판단하는 데 초점을 둔다. 즉 맥락평가를 통해 선택된 목표 달성을 위해 예산을 어떻게 써야 하며, 실행계획을 어떻게 수립해야 하며, 인적자원은 어떻게 활용해야 하는지를 검토함으로써 가장 적합한 프로그램이나 해결책을 결정하는 데 목적이 있다(Guerra, 2008). Stufflebeam(2003)은 투입평가가 매우 중요하지만 상대적으로 매우 소홀하게 여겨져 왔다고 하였다.
- 과정평가는 인적자원개발 활동을 실제로 실행하는 과정을 평가하는 것이다. 즉 실제 활동내용과 지출한 비용 내역을 최초의 계획서와 비교·대조하고, 실행 상에서의 문제점을 기술하며, 인적자원개발 활동 실무자들이 이러한 문제점들을 얼마나 잘 해결하였고 어떻게 개선할 수 있는지 판단하는 것이다. 이는 담당자들이 인적자원개발 활동을 수행하는 데 필요한 피드백을 제공하고, 수행절차나 예산 사용절차를 어떻게 향상시킬 수 있느냐에 대한 정보를 제공하며, 활동의 결과를 해석하고 판단하는 데 도움을 준다.

* 결과평가는 인적자원개발 활동의 결과를 확인하고 측정하는 것이다. 여기에서 결과란 의도된 결과와 의도되지 않은 결과를 포함하며, 단기적 결과뿐 아니라 장기적 결과를 포괄한다. 또한 장기적 결과도 효과성, 지속성, 이동성 등 다양한 요소로 구성되는 개념으로 매우 포괄적이다.

Stufflebeam(2002)은 CIPP 모형을 적용할 때 활용할 수 있는 체크리스트를 제시하였다. 이는 1966년 최초로 발표된 이래 다섯 번의 중대한 수정을 거친 것이며, 결과평가에서 검토해야 할 요소들을 매우 세분화하여 제시하였다. 다음 〈표 11-1〉은 Stufflebeam이 제시한 체크리스트 내용 중 인적자원개발 영역에서 활용가능한 내용만으로 재구성한 것이다.

CIPP 모형은 어떤 특정한 프로그램이나 대상을 위해 제안된 모형이 아니며, 매우 포괄적이어서 다양한 현장이나 대상의 평가에 적용할 수 있고, 오랜 기간에 걸쳐 실제 평가 상황에 적용되어 오면서 모형의 완성도가 높다는 장점이 있다(Guerra, 2008). 또한 체계적인 피드백 정보를 제공하여 가용 자원을 최대한 활용하는 데 도움을 준다(송영수, 2008). 그러나 요구분석 절차와 구분이 모호하며, 기업 조직에서의 성과나 수행과 관련하여 폭넓게 사용되지 못했다(Guerra, 2008)는 점에서 인적자원개발 활동의 평가에 적용하는 데 한계가 있다.

**표 11-1** <<< CIPP 모형 적용시 활용가능한 체크리스트

| 구분 | 평가자 활동 (Evaluator Activities) | 체크(V) |
|---|---|---|
| 맥락 | 의도된 수혜자(예를 들면, 프로그램 참가자)의 요구와 자산(예를 들면, 강점, 경정, 현지 상태)에 대한 정보를 수집할 수 있다. | |
| | 수혜자의 요구, 자산, 프로그램의 잠재적 문제들에 대해 다양한 정보를 얻기 위해 프로그램 디렉터 다른 이해당사자들을 인터뷰한다. | |
| | 수혜자의 요구와 잠재적으로 유용한 자산을 고려하여 프로그램의 목표가 적합한지 평가한다. | |
| 투입 | 해당 프로그램의 모델이 될 수 있는 기존 프로그램(다른 프로그램에서 채점되고 있거나 내부의 다른 프로그램을 알아보고 조사한다. | |
| | 프로그램 전략이 액터단계에서 조사된 요구를 충족시킬 수 있으며 실현가능한가를 검토하고 평가한다. | |
| | 필요한 활동이나 작업을 하기에 충분한 예산이 있는지 평가한다. | |
| 과정 | 프로그램의 실행 계획과 스케줄을 실행 가능성에 비추어 평가한다. | |
| | 프로그램 실행을 모니터하고 관찰하고, 기록한다(프로그램의 최선 프로토콜을 유지한다). | |
| | 프로그램 진행을 평가하기 위해 수혜자, 프로그램 대다, 당장자를 장가적으로 인터뷰한다. | |
| 산출 | 영향 | 프로그램 담당자와 컨설턴트 모든 평가 팀 구성원으로 하여금 프로그램에 의해 수혜를 받는 개인과 그룹이 영안을 만들고, 그들이 요구와 그룹이 제공받고 있는 프로그램 서비스를 기록하도록 한다. | |
| | | 프로그램을 제공받은 개인이나 그룹이 원래 의도했던 프로그램의 수혜자인지를 판단하고 평가한다. | |
| | | 프로그램이 적절한 규모의 수혜자 그룹에게 전달되었는지를 판단한다. | |
| | 효과성 | 프로그램의 긍정적 및 부정적 결과를 알아내기 위해 수혜자, 프로그램 리더 및 스태프, 등과 같은 주요 이해관계자를 인터뷰한다. | |
| | | 선발된 수혜자의 심층 사례 연구를 실시한다. | |
| | | 수혜자에게 프로그램의 효과에 관한 범위, 깊이, 질, 그리고 의여를 알아보고 확인한다. | |
| | 지속 가능성 | 다른 유사 프로그램의 내용, 비용 그리고 성과에 대한 정보를 얻고, 확인된 경쟁 프로그램들과 비교함으로써 프로그램의 효과성을 판단한다. | |
| | | 어떤 프로그램의 성과가 지속되어야 하는지와 정보를 얻기 위해 프로그램 리더, 스태프, 프로그램 수혜자를 인터뷰한다. | |
| | | 어떤 프로그램 성과가 지속되어야 하는지, 지속될 수 있는지를 판단하기 위해 프로그램 효과성, 프로그램 비용, 그리고 수혜자의 요구에 관한 평가 자료를 검토한다. | |
| | 확산성 | 프로그램의 지속 가능성을 판단하기 위해 계획, 예산, 스태프 배치, 그리고 다른 관련 정보를 얻거나 조사한다. | |
| | | 프로그램 성과가 유지되는 정도를 측정하기 위해 장기적으로 프로그램을 재소한다. | |
| | | 잠재적 사용자의 표본을 조사한다.<br>(1) 잠재적 사용자들로 하여금 프로그램에 대한 내용과 평가 결과의 요약을 검토하도록 하고<br>(2) 그들이 상황에 프로그램이 적절한지 판단하도록 하고<br>(3) 프로그램의 질, 중요성(의야), 재현가능성을 판단하도록 하고<br>(4) 프로그램의 전체 혹은 일부를 그들이 이용하거나 사용할 개발이 있는지 아닌지를 더 고려하도록 요청한다. | |

## 4. Brinkerhoff의 성공사례 모형

Brinkerhoff의 성공사례 모형(Success Case Method)은 기존의 전형적인 평가모형의 한계에 대한 인식에서 출발하였다. Brinkerhoff(2005)는 기존의 전형적인 평가모형이 평가대상, 즉 인적자원개발 활동의 구성 요소에만 집중하고, 지나치게 복잡하고 번거로운 절차로 이루어져 있어 인적자원개발 활동을 평가하기에는 적합하지 않다고 하였다. 성공사례 모형은 조직의 관리자들이 인적자원개발 활동의 효과를 신뢰할 만한 방식으로 검증할 수 있으며, 짧은 시간에 적용할 수 있는 비교적 간결한 모형이다.

성공사례 모형은 인적자원개발 활동에 참여한 후, 그 내용을 현업에 적용하여 우수한 직무성과를 보이는 사례(success case)와 그렇지 못한 사례(nonsuccess case)를 찾아내어 이들을 비교·분석하고 이러한 차이를 나타내는 이유를 밝혀냄으로써 인적자원개발 활동의 향상을 위한 의사결정에 활용하는 평가방법이다. 이 모형의 적용 절차에서 가장 중요한 것은 인적자원개발 활동에의 참여 후 뛰어난 성과를 보이는 개인 혹은 집단의 성공사례와 그와 반대로 성공하지 못한 사례를 찾아내는 것이다. 성공 혹은 비성공 사례를 찾는 방법은 두 단계로 이루어지는데, 먼저 설문조사나 광범위한 문헌검토 등을 통해 포함될 수 있는 가능성이 있는 사례들을 수집한 후, 집중 인터뷰를 통해 활용할 수 있다고 판단되는 사례들을 찾아내어 두 집단의 특성과 성공 혹은 비성공의 이유를 비교분석하는 것이다.

성공사례 모형의 가장 큰 특징은 인적자원개발 활동의 결과를 단독으로 평가하는 것이 아니라 조직 내의 다른 수행 시스템 요인들과의 상호작용의 결과로 보고 총체적으로 접근한다는 것이다. 즉 학습과 수행능력은 분리될 수 없는 것으로 인적자원개발 활동의 효과를 판단할 때, 다른 수행 시스템 요인들과의 상호작용을 고려해야 한다. 인적자원개발 활동이 제대로 작동하였다는 것은 수행 시스템에 관련된 모든 구성원들이 자신의 역할을 충실히 했다는 것을 의미하며, 이러한 평가결과를 통해 밝혀진 성공요인들을 확인하여, 적절한 보상과 피드백을 제공하고, 제대로 작동하지 않는 부분들에 대해서는 문제를 개선하고 더 나은 결과를 도출하기 위한 정보로 활용하는데 초점이 있다.

Brinkerhoff(2003)는 성공사례 모형이 인적자원개발 활동의 효과성을 입증하고, 그 개선을 도모하며, 실제 직무에 성공적으로 적용하는 데 도움이 되는 정보를 제공할 수 있다고 하였다. 구체적으로 인적자원개발 활동을 홍보하고, 그 가치를 설득할 수 있는 성공사례를 만들고, 실제 효과를 입증할 수 있으며, 이러한 활동을 지속할 필요가 있는지를 판단할 수 있는 정보를 제공한다. 또한 실제 인적자원개발 활동에 참여한 참가자들의 경험에 기반을 둔 정보들을 수집하기 때문에 활동 내용을 정비하고 개선할 수 있으며, 학습한 내용을 직무에 적용하는 데 있어 도움이 되거나 방해가 되는 환경적 요인들을 밝혀내고, 도움이 되는 지원 역할을 수행하도록 하는 지침을 제공할 수 있다.

성공사례 모형은 인적자원개발 활동에 참여한 사람들로부터의 구체적인 경험에 기반을 둔 정보를 습득하기 때문에 인적자원개발 활동의 효과를 보다 설득력 있게 제시할 수 있으며, 구체적으로 어떤 내용이 실제 직무에 도움이 되었는지를 파악할 수 있어 실질적인 개선방안을 도출할 수 있다는 장점이 있다(최영준·이찬, 2011; Guerra, 2008). 또한 모형의 적용이 비교적 단순하기 때문에 조직에서 평가활동이 실행될 수 있는 가능성을 높였다는 점에서 의의가 있다(Guerra, 2008). 그러나 자료수집 방법이 질적 자료와 자기보고방식에만 의존하고 있어 자료수집에 많은 시간과 노력이 들며, 경험 중에서도 성공 혹은 비성공의 극단적인 사례에만 집중하고 있어 대다수의 일반 참가자들의 경험을 설명해 주지 못한다는 한계점이 있다(Guerra, 2008).

## 5. 긍정적 탐구(AI)를 활용한 평가(Appreciative Inquiry in Evaluation)

긍정적 탐구(AI: Appreciative Inquiry)는 David Cooperrider가 개념화한 조직개발이론이다. 즉 조직이 미래에 더 발전하기 위해 지금 현재 상태에서 가장 잘하고 있는 것이나 긍정적인 측면이 무엇인지 질문하고, 밝혀내고, 발전시키는 데 초점이 있다(Coghlan, Preskill, & Catsambas, 2003). 전통적인 조직개발 이론들이 조직이 당면하고 있는 문제를 발견하고, 분석하여, 해결책을 찾는 것에 집중하는 것과 달리, AI는 조직의 장점을 찾아 이에 대해 구성원들이 인식하게 함으로써 조직변화와 혁신의 동력으로 활용하고자 한다.

80년대 최초로 제시했던 AI의 원칙들에 대한 다양한 검토를 통해 Cooperrider와 Whitney(2001)가 제시한 수정된 AI의 원칙은 구성주의 원칙(constructionist principle), 동시성의 원칙(principle of simultaneity), 시적 원칙(poetic principle), 예측성의 원칙(anticipatory principle), 긍정성의 원칙(positive principle)이다. 그 내용은 다음과 같다.

- 구성주의 원칙: 이는 사회적 구성주의 이론에 입각한 개념으로, 실재는 객관적이고 가치중립적으로 존재하는 것이 아니라 관찰자의 인식수준과 의도에 따라 구성된다는 것이다. 따라서 한 시점에서의 사회적 질서는 오랫동안 구성원들의 대화와 참여를 통해 형성된 광범위한 사회적 동의의 결과이기 때문에 조직을 바꾸는 가장 좋은 방법은 구성원 사이의 대화를 통해서이며 대화를 통한 언어적 구성이나 활용이 바뀜으로써 실천에서의 변화를 초래할 수 있다는 것이다.
- 동시성의 원칙: 이는 변화의 원천은 의문을 갖고 던지는 질문 그 자체에 내포되어 있다는 Cooerrider와 Whitney(2001)의 주장에 가장 잘 드러난다. 즉 조직에 대해 탐구하고 질문하는 그 자체가 조직을 변화시킬 수 있는 개입이 될 수 있으며, 그렇기 때문에 어떤 질문을 던지느냐가 성패의 열쇠가 된다.
- 시적 원칙: 조직시스템을 개방된 책(open book)에 비유한다. 개방된 책은 내용이 미리 짜여져 있거나 고정되어 있는 것이 아니라 모든 구성원들이 내용을 끊임없이 첨삭할 수 있다. 즉 조직생활은 구성원들의 매일매일의 이야기로 구성되어 있는데, 이러한 이야기는 구성원들이 공저자로 참여함으로써 지속적으로 재구성된다.
- 예측성의 원칙: 조직 구성원들이 갖고 있는 조직 혹은 자신에 대한 미래상이 현재의 활동이나 행동을 이끄는 견인차 역할을 한다는 것이다. 즉 미래에 대해 긍정적인 이미지를 갖고 있을 때, 긍정적인 행동을 기대하고 초래할 수 있다.
- 긍정성의 원칙: 긍정심리학에 바탕을 두고 있다. 이상 행동이나 부적응에 초점

을 둔 기존 심리학적 이론들과 달리, 긍정심리학은 희망, 정신건강, 용서, 주관
적 안녕감 등에 초점을 맞춘다. 긍정심리학이 조직에 적용되었을 때 나타나는
제 현상을 연구하는 긍정조직학의 한 방법으로써, 이러한 긍정성은 개인에게
만 영향을 주는 것이 아니라 조직의 성과향상에도 영향을 줄 수 있다.

이러한 다섯 가지 원칙을 바탕으로 제시한 AI의 실행 모형은 다음의 [그림 11-
3]과 같다.

**그림 11-3** <<< AI 4-D 모형(Watkins & Mohr, 2001)

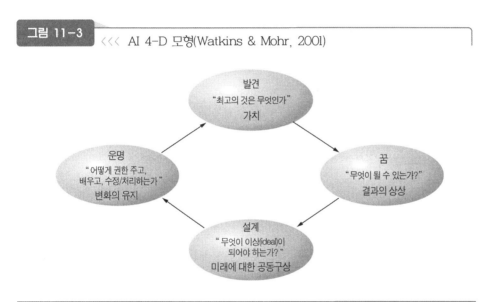

첫째, 발견 단계는 구성원들이 가지고 있는 탁월성에 대한 경험, 가장 좋은 것을
발견하기 위해 질문하고 조사하는 단계이다. 이 때 참여자들은 서로 서로를 인터뷰
하고, 자신들의 최상 경험(peak experience)을 공유하게 되는데, 인터뷰를 실시할
때 핵심적으로 물어야 하는 질문 내용은 다음과 같다(Cooperrider, Whitney, &
Stavros, 2008).

• 조직 내에서 경험하였던 최상의 순간(즉 당신이 가장 왕성하게 활동하고 적극적
  으로 참여했던 순간)을 기록하시오.

- 당신 자신, 당신의 일, 당신이 속한 조직에 대해 가장 가치 있다고 생각하는 점은 무엇인지 솔직하게 겸손해 하지 말고 말해보시오.
- 당신이 속한 조직에 활기를 불어넣는 핵심 요인들은 무엇인가?
- 당신이 속한 조직이 보다 활기차고 건강해지기 위해 당신이 갖고 있는 세 가지 바람은 무엇인가?

참가자들은 두 명씩 짝을 지어 자신의 이야기를 공유하고, 다음으로 전체 그룹과 공유한 후 이야기들에서 공통적으로 발견되는 핵심 주제를 추출한다. 이렇게 추출된 핵심 주제들을 바탕으로 새로운 인터뷰 문항들을 만들고, 이에 따라 다시 조직의 구성원들을 대상으로 인터뷰를 실시한다. 이 때 가장 이상적인 것은 구성원들이 서로 서로를 인터뷰하는 것이다.

둘째, 꿈의 단계는 발견 단계에서 실시한 인터뷰로부터 습득한 정보를 바탕으로 좀 더 가치 있고 바람직한 조직의 미래를 그려보게 하는 단계이다. 이 단계에서는 다양한 방법의 시각 자료를 활용하여 구성원들이 바람직한 미래에 대해 광범위하고 총체적으로 생각할 수 있도록 해야 한다. 이렇게 그려진 꿈은 다음 단계인 설계 단계의 바탕이 된다.

셋째, 설계 단계는 머릿속의 상상을 구체화하는 단계로, 꿈을 실현가능케 하는 전략, 과정, 방법, 시스템 등을 구성원 스스로 만들어 내는 단계이다. 긍정적 변화를 지속적으로 만들기 위한 구성원들 사이의 협력을 이끌어내는 것이 매우 중요하다.

넷째, 운명 단계는 꿈을 실현하기 위해 제시된 전략, 과정, 방법 등을 실천하고, 실천을 통해 이루어 낸 변화를 지속시키는 단계이다. 이는 구성원들이 지속적으로 변화를 수행하고, 그 변화가 진행되는 과정을 지켜보면서 또 다시 새로운 대화, 즉 긍정적 탐구에 참여가 끊임없이 지속되는 것을 의미한다.

AI가 조직개발 분야에서 출발하였지만, 프로그램 평가에서 활용될 수 있는 가능성을 발견한 학자는 Preskill과 그녀의 동료들이다(Coghlan 외, 2003; Preskill & Catsambas, 2006). AI를 활용한 프로그램 평가는 가능한 많은 이해당사자들이 평가 과정에 참여하여, 서로를 인터뷰하면서 프로그램에 대한 최상의 경험을 공유하고(발견단계), 프로그램이 나아가야 할 방향이나 이상적인 상태를 찾아내고(꿈의 단계), 프로그램이 이러한 이상적 상태에 도달하기 위해 어떤 절차, 과정, 방법 등이 필요한지 구상하고(설계 단계), 이를 달성하기 위해 지속적으로 노력하는(운명 단계) 순서로 시행될 수 있다.

최근 프로그램 평가에 대한 다양한 이론가들은 가능한 한 다양한 이해당사자(stakeholders)를 포함시켜, 그들로부터 다양한 의견을 듣고, 이해당사자들이 평가에의 참여를 통해 학습하게 되는 것에 관심을 기울이고 있다(예를 들어, Stake의 반응적 평가(responsive evaluation), Patton의 활용중심 평가(utilization-focused evaluation) 등). AI는 구성원들 스스로 질문을 만들고 상호작용을 하면서 긍정적인 변화를 이끌어내는 데 초점이 있는 만큼, 가능한 한 많은 이해당사자들을 참여시키는데 초점이 있는 프로그램 평가의 최근 추세에 부합하는 접근방법일 수 있다. 실제로 AI를 프로그램 평가에 적용한 사례들은 적지 않다(예를 들면, Elliot(1999), Mohr와 Smith 그리고 Watkins(2000) 등). Coghlan 외(2003)는 AI 접근방법을 평가에 적용할 필요가 있거나 효과가 나타날 수 있는 상황을 다음과 같이 제시하였다.

- 이전의 평가노력들이 실효를 거두지 못하였을 때
- 평가에 대해 회의감을 갖고 있을 때
- 평가 대상이 되는 프로그램에 대해서나 서로 서로에 대해 잘 알지 못하는 이해 당사자들로 구성되어 있을 때
- 구성원 간에 적대적인 분위기가 형성되어 있을 때
- 빠른 변화가 요구될 때
- 조직이 발전하는 데 서로간의 대화와 의사소통이 절실하게 필요할 때
- 실천 공동체 구성에 대한 요구가 강할 때

Patton(2003)은 평가과정에서 활용하는 핵심 평가질문에 대한 비교를 통해 AI 접근방법을 활용한 평가가 일반적인 평가와 크게 다르지 않음을 지적하였고, AI 접근방법이 지나치게 긍정적이고 문제 상황을 외면하고 있다는 한계점을 지적하는 이도 있다. 그러나 AI는 그 자체로서 하나의 평가모형이라기보다는 평가활동의 근본이 되는 철학이며 방법론으로 인식되는 것이 적합하다(Coghlan 외, 2003). 일반적으로 프로그램 평가는 프로그램의 단점을 찾아내서 개선하는 데 초점이 맞춰져 있다. 그러나 AI 접근방법을 적용한 프로그램 평가는 학습자들로 하여금 프로그램을 경험하

면서 느꼈던 최고의 순간, 최상의 결과들을 생각해 보게 하고, 상호교류하게 하며, 프로그램이 나아가야 할 이상적인 방향을 생각해 보게 하고, 최상의 프로그램이 되게 하기 위해 무엇을 어떻게 바꾸어 나가야 할 것인가를 구체화하게 한다. 평가에 대한 부정적이고 회의적인 시각에 긍정적인 관점을 불어넣을 수 있는 접근방법임에는 틀림이 없다.

지금까지 기업에서의 인적자원개발 활동에 대한 평가에 많이 활용되어 왔거나 관심을 받아왔던 평가모형들에 대해 살펴보았다. 실제 기업에서 인적자원개발 활동을 평가할 때는 어떠한 특정한 모형에 기반하기보다는 그 중에서 필요한 부분들을 중심으로 이루어진다. 예를 들어, Kirkpatrick의 4단계 평가 모형은 이론적으로 4단계가 서로 연관되어 이전 단계의 평가결과가 다음 단계의 평가결과에 영향을 주기 때문에 상위 단계의 평가를 수행하기 위해서는 이전 단계의 평가가 선행되어야 함을 주장하지만, 현장에서 실제 적용될 때는 4단계를 모두 적용하기보다는 그 중 필요한 단계들을 골라 적용할 가능성이 높다. 실제로 기업에서의 프로그램 평가가 대부분 반응평가에 그치고 있으며, 행동평가는 10%에 그친다(Baldwin & Ford, 1988)는 조사 결과는 평가모형의 일부가 활용되고 있음을 보여준다. 또한 Stufflebeam의 CIPP 평가모형을 기반으로 맥락, 투입, 과정, 결과의 측면에서 평가를 실시하되, AI의 긍정적 철학을 바탕으로 각 단계별로 무엇이 잘 된 점인가에 초점을 둘 수 있다.

중요한 것은 실제 평가활동을 수행할 때, 어떤 모형을 이론에 맞게 정확하게 활용하느냐, 어떤 모형이 인적자원개발 활동의 평가에 더 적합하냐가 아니라, 이러한 다양한 접근방법들이 가지고 있는 장점과 의도에 대한 정확한 이해를 바탕으로 인적자원개발 활동에 대한 평가활동이 추구하는 목적에 부합하는 적절한 평가방법을 활용하여 평가를 실행하고 그 결과를 활용하는 것이다. 일반적으로 기업에서의 프로그램 평가는 금전적 이익을 밝혀내는 것에 초점이 있고, 의미가 있다고 생각한다. 하지만 겉으로 드러나는 금전적 이익보다 구성원들 간의 공동체 의식이나 유대감 형성이 더 필요한 경우도 많다. 게다가 교육훈련에 의한 금전적 이익은 단시간 내에 밝혀질 수 있는 것도 아니며, 밝히기 어려운 것이 사실이다. 따라서 인적자원개발 담당자는 특정 모형에 한정하여 이를 적용하기보다는 다양한 평가모형의 장단점을 분명하게 인지하고 그에 대한 적절한 적용을 위한 전략을 수립하고 실행할 필요가 있다.

# 참고문헌

■ 고용노동부(2011). 직업능력개발사업현황. 서울: 고용노동부.

■ 송영수(2008). 대한 영어전용강좌(EMI)의 학습 만족도에 영향을 미치는 요인. 교육 정보미디어 연구, 14(3), 61~84.

■ 최영준·이찬(2011). Success Case Method를 활용한 직무 교육훈련 전이 핵심 성공 요인 탐색. 직업교육연구, 30(3), 303~326.

■ Alliger, G. M., & Janak, E. A.(1989). Kirkpatrick's levels of training criteria: Thirty years later. Personnel Psychology, 42(2), 331~342.

■ Baldwin, T. T., & Ford, J. K.(1988). Transfer of training: A review and directions for future research. Personnel Psychology, 41, 63~105.

■ Bates, R.(2004). A critical analysis of evaluation practice: The Kirkpatrick model and the principle of beneficence. Evaluation and Program Planning, 27(3), 341~347.

■ Brinkerhoff, R. O.(2003). Telling training's story. San Francisco, CA: Berrett-Koehler.

■ Brinkerhoff, R. O.(2005). The success case method: A strategic evaluation approach to increasing value and effect of training. Advances in Developing Human Resource, 7, 86~101.

■ Broad, M. L., & Newstrom, J. W.(1992). Transfer of training: Action-packed strategies to ensure high payoff from training investments. Reading, MA: Addision-Wesley.

■ Cascio, W. F.(1987). Applied psychology in personnel management (3rd ed.). Upper Saddle River, NJ: Prentice Hall.

■ Coghlan, A., Preskill, H., & Catsambas, T.(2003). An overview of appreciative inquiry in evaluation. New Directions for Evaluation, 100, 5~22.

■ Cooperrider, D. L., & Whitney, D.(2001). A positive revolution in change. In D. L. Cooperrider, P. Sorenson, D. Whitney, & T. Yeager(Eds.), Appreciative

Inquiry: An Emerging Direction for Organization Development(pp. 9~29). Champaign, IL: Stipes.

■ Cooperrider, D. L., Whitney, D., & Stavros, J. M.(2008). Appreciative inquiry handbook (2nd ed.). Brunswick, OH: Crown Custom Publishing.

■ Elliott, C.(1999). Location the energy for change: An introduction to appreciative inquiry. Winnipeg, Manitoba: International Institute for Sustainable Development.

■ Ford, J. K., & Weissbein, D. A.(1997). Transfer of training: An updated review and analysis. Performance Improvement Quarterly, 10(2), 22~41.

■ Ford, J. K., Quinones, M. A., Sego, D. J., & Sorra, J. S.(1992). Factors affecting the opportunity to perform trained tasks on the job. Personnel Psychology, 45, 511~527.

■ Garavaglia, P. L.(1993). How to ensure transfer of training. Training and Development, 47(10), 63~65.

■ Gist, M. E., Bavetta, A. G., & Stevens, C. K.(1990). Transfer training method: Its influence on skill generation, skill repletion, and performance level. Personnel Psychology, 43, 501~523.

■ Guerra, I.(2005). Developing useful questionnaire. In M. Silverman & P. Phillips (Eds.), The 2005 training and performance sourcebook. Alexandria, VA: ASTD Press.

■ Guerra, I.(2008). Performance evaluation: Proven approaches for improving program and organizational performance. San Francisco: Jossey-Bass.

■ Head, G.(1994). Training cost analysis: A how-to guide for trainers and managers. Alexandria, VA: ASTD Press.

■ Holton, E. F. III.(1996). The flawed four-level evaluation model. Human Resource Development Quarterly, 7(1), 5~21.

■ Kirkpatrick, D. L.(1998). Evaluating training programs: The four levels (2nd ed.). San Francisco: Berrett-Koehler Publishers.

■ Kirkpatrick, D. L.(1959). Techniques for evaluating training programs. Journal of the American Society of Training Directors, 13(11), 21~26.

■ Kirkpatrick, D. L.(2006). Seven keys to unlock the four levels of evaluation. Performance Improvement Journal, 45(7), 5~8.

■ Kraiger, K., Salas, E., & Cannon-Bowers, J. A.(1995). Measuring knowledge organization as a method for assessing learning during training. Human Factors, 37, 804~816.

■ Mankin, D.(2009). Human resource development. Oxford: Oxford University Press.

■ Mohr, B., Smith, E., & Watkins, J.(2000). Appreciative inquiry and learning assessment: An embedded evaluation process in a transitional pharmacceutical company. OD Practitioner, 32(1), 36~52.

■ Park, J.(2005). The Relationship Between Computer Attitudes, Usability, and Transfer of Training in Corporate E-Learning Settings (Doctoral dissertation, University of Illinois at Urbana-Champaign, 2005). (UMI No. 3182345).

■ Park, J., & Wentling, T. L.(2007). Factors associated with transfer of training in workplace e-learning. Journal of Workplace Learning, 19(5), 311~329.

■ Patton, M. Q.(2003). Inquiry into appreciative evaluation. New Directions for Evaluation, 100, 85~98.

■ Phillips, J.(2003). Return on investment in training and performance improvement programs (2nd ed.). Burlington, MA: Butterworth–Heinemann.

■ Preskill, H., & Catsambas, T.(2006). Reframing evaluation through appreciative inquiry. Thousand Oak, CA: Sage.

■ Preskill, H., & Russ–Eft, D.(2003). A framework for reframing HRD evaluation, practice, and research. In A. M. Gilley, J. L. Callahan, & L. L. Bierema (Eds.) Critical Issues in HRD: A New Agenda for the Twenty-first Century. Cambridge, MA: Perseus.

■ Russ-Eft, D., & Preskill, H.(2005). In search of the holy grail: Return on investment evaluation in human resource development. Advances in Developing Human Resources, 7(1), 71~85.

■ Stufflebeam, D. L.(2002). CIPP evaluation model checklist. Retrievd from http://www.wmich.edu/evalctr/archive_checklists/cippchecklist.htm

■ Stufflebeam, D. L., & Shinkfield, A. J.(2007). Evaluation theory, models, and applications. San Francisco: Jossey–Bass.

■ Stufflebeam, D. L.(2003). The CIPP model for evaluation. In T. Kellaghan & D. L., Stufflebeam (Eds.), The International Handbook of Educational Evaluation (p. 31~62). Norwell, MA: Kluwer.

■ Swanson, R., & Holton, E. F. III.(2009). Foundations of human resource development (2nd. ed.). San Francisco: Berrett-Koehler Publishers.

■ Wang, L.(2000). The relationship between distance coaching and the transfer of training. (Doctoral dissertation, University of Illinois, 2000). Dissertation Abstracts International, 61(10), 3855.

■ Watkins, J., & Mohr, B.(2001). Appreciative inquiry: Change at the speed of imagination. San Francisco: Jossey-Bass.

# 03 Part

# 일자리와 성인·노인 교육리더십

chapter **12**

# 성인학습이론의
# 변화 트렌드

조 대 연

## C 1. 들어가며

　우리에게 성인교육 또는 성인학습보다 평생교육 또는 평생학습이 더 익숙한 것
이 사실이다. 그러나 평생교육과 평생학습은 UNESCO와 OECD에서 출발하여 국가
정책적 차원에서 활용되는 용어이므로 학문영역(academic field of study)의 이름으
로는 성인교육과 성인학습이 역사적으로 볼 때 더 적합하다. 우리나라는 성인교육과
평생교육 그리고 성인학습과 평생학습이 서로 구분 없이 활용되고 있다. 평생교육과
평생학습을 연구하는 학자와 실천가들의 관심은 주로 성인학습자 개인과 지역사회
내 성인들에 초점을 두고 있다. 따라서 우리나라의 평생교육 또는 평생학습은 성인
교육과 성인학습으로 이해해도 좋을 듯하며 평생교육영역에서 학습이론들로 언급되
는 것들(예를 들면, 자기주도학습, 전환학습 등)이 대표적인 성인학습이론들이다.
　그렇다면 성인교육이 하나의 독립된 학문영역으로 인정받기 위한 조건 가운데
하나가 차별화된 연구영역에서 발생하는 현상을 설명할 수 있는 이론이 있는가이다

(Kerlinger, 1975). 성인교육 또는 성인학습이라는 연구영역에서 발생하는 다양한 현상은 주로 '어떻게 성인들을 잘 가르칠까'와 '성인들이 어떻게 잘 학습할까'의 문제로 귀결될 수 있다. 가르치는 것의 목표는 성인들의 학습촉진이므로 결국 성인교육에서 이론은 성인학습이론으로 관심이 집중될 수밖에 없다.

　　본 장은 90년대 이후 성인의 학습현상을 효과적으로 이해하고 설명하기 위한 이론들이 무엇이 있으며 어떻게 변화되었고 현재 강조되는 트렌드가 무엇인지를 살펴보고자 한다. 사실 모든 성인교육과 성인학습 관련 학술논문들이 이론적 배경을 갖고 있으므로 모든 논문들에서 강조되는 이론들이 성인학습의 이론이 될 수 있을 것이다. 그러나 본 장은 성인학습 현상을 잘 설명하고 이해를 도모할 수 있는 차별화된 이론에 집중하고자 한다. 왜냐하면 Knowles 이후 많은 성인교육자들은 일반적인 교육(다시 말해서 학생들을 대상으로 하는 학교교육과 차별화된 영역으로서의 성인교육)의 정체성을 찾고자 노력하였고 이를 위해서 성인의 학습현상만을 설명하는 데 기여할 수 있는 이론에 집중하였다. 이런 노력에 힘입어 'New Directions for Adult and Continuing Education[1]'이라는 학술지에서 90년 이후 3번의 성인학습 관련 이론들을 소개하였다. 본 장은 이들의 내용을 분석하여 성인학습이론의 변화와 트렌드를 분석해 보고자 한다.

## 2. 성인학습이론에 대한 3번의 update

　　1993년에 현재 University of Georgia의 교수인 Merriam 박사가 편집장을 맡아 New Directions for Adult and Continuing Education 57호, 'An Update on Adult Learning Theory'를 발표하였다. 이 호에 포함된 성인학습이론들은 안드라고

---

1　New Directions for Adult & Continuing Education은 1년에 4번 출판되는 학술지이다. 그러나 Adult Education Quaterly 등과 같은 학술지와는 차이가 있다. 즉 논문을 접수받거나 익명의 심사자에 의해 엄격히 심사하는 다른 학술지와 다른 모습을 보인다. 우선 Chief in Editor가 있고 Editorial Board가 구성되어 있다. 그러나 1년에 4번의 issue에 대한 주제를 먼저 선정한다. 그리고 그 주제에 정통한 전문가에게 editor를 맡기고 Chief in Editor들과 Editor가 원고를 각 주제 전문가들에게 의뢰하여 review 절차를 거쳐 출판하게 된다. 따라서 issue의 주제가 매우 다양하며 성인교육에서 최근 논의되는 주제들이 다루어지고 있기 때문에 대학원 교재로도 많이 활용되고 있다.

지, 자기주도학습, 전환학습, 인식과 학습, 상황인지이론, 비판이론, 페미니즘이었다. 즉 1990년대 초반 성인교육과 성인학습의 현상을 효과적으로 설명하고 실천가들에게 현상을 잘 이해할 수 있도록 도움을 줄 수 있는 7개의 이론들을 소개하고 있다. Merriam(1993)은 57호의 권두언(Editor's Note)에서 성인학습에 대한 우리의 이해가 어디에 있는가를 뒤돌아보고 평가하며 새롭게 성인학습이론으로 볼 수 있는 잠재성 있는 것들을 확인하기 위한 것이 목적이라고 하였다.

성인학습의 이론을 구축하기 위한 목적 중 하나는 초중등 학생의 학습과 구별되는 학습현상을 설명하기 위한 것이었다. 이와 같은 맥락에서 발생한 이론들이 전통적인 성인학습의 이론들이라고 할 수 있으며 안드라고지, 자기주도학습, 그리고 전환학습이 대표적이다. 반면, 인식과 학습, 상황인지이론, 비판이론, 그리고 페미니즘은 성인학습의 이해를 돕기 위해 다른 학문영역과 관점들에서 도입된 이론들이다. 이들 이론들은 성인교육과 성인학습의 현상이 매우 복잡하고 위에서 언급된 전통적인 하나의 또는 몇몇의 이론들로 성인교육 및 학습 현상을 설명하는 것이 어렵기 때문에 다른 학문영역으로부터 도입되어 성인교육에서 언급되는 대표적인 관점들이라고 할 수 있다. 즉 성인교육과 성인학습에 대한 전통적 관점들을 넘어 우리가 다른 각도에서 성인교육과 성인학습을 이해할 수 있도록 돕는 역할을 한다.

Boucouvalas(1993)는 '인식과 학습'의 장(chapter)에서 보다 직관적이고 변증법적이며 개인의 한계를 초월하는 내적인 인식(internal consciousness)을 통한 학습을 강조하였다. 반면 Wilson(1993)은 상황적 인식을 강조하였다. 즉 학습은 학습이 발생하는 사회적 상황이나 맥락내에서 이해될 수 있다는 것이다. Welton(1993)은 비판이론을 소개하면서 성인학습에 대해 우리가 기존에 알고 있는 또는 당연하다고 생각하는 기본가정이나 실천에 대해 비판적 시각을 갖게 함으로서 다른 각도의 관점을 제공할 수 있다고 하였다. 성인의 학습도 비판적 시각을 통해 새로운 앎(knowing)이 가능하다는 것이다. Tisdell(1993)은 페미니스트 페다고지의 관점을 소개하면서 좀더 힘을 갖기 위한 여성의 투쟁이 성인학습의 상황에서 어떻게 발생할 수 있으며 이것이 여성의 학습에 어떤 영향을 줄 수 있는지를 설명하였다.

이후 2001년 New Directions for Adult and Continuing Education의 89호에서 'The New Update on Adult Learning Theory'라는 제목으로 성인학습이론들이 소개되었다. 93년 이후 8년 만에 Merriam 박사가 다시 편집장을 맡아 11개의 이론

적 틀(framework)들이 다루어졌다. 89호에 포함된 성인학습이론들은 안드라고지, 자기주도학습, 전환학습, 비형식 및 무형식 학습, 여성학습관점(페미니스 페다고지와 동일), 상황기반학습, 비판주의와 포스트모던 관점, 감성, 뇌와 인식, 신체를 통한 학습과 나레이티브 학습이 포함되었다.

8년전 57호와 89호에서 포함된 이론들을 비교할 때 다음과 같은 특징이 있다. 첫째, 성인학습에서 전통적 이론이라고 할 수 있는 안드라고지, 자기주도학습, 그리고 전환학습과 함께 57호에서 새로운 관점으로 소개한 인식, 상황인지이론, 비판이론, 그리고 페미니즘이 포함되었다.

둘째, 새롭게 등장한 이슈들이 있다. 그러나 이 이슈들은 우리가 지금까지 고려하지 못한 완전히 새로운 세계로부터 온 것은 아니다. 예를 들면, 성인의 학습과정에서 '인식'의 역할을 연구하다보니 뇌(Brain)관련 이슈가 포함되었고, 페미니스트 페다고지의 범주가 여성학습으로 확대되었으며 비판이론은 맥을 같이 하는 포스트모던주의까지를 다루게 되었다. 즉 복잡한 성인학습의 현상을 보다 잘 이해하기 위해서 이론적 틀의 범주가 점진적으로 확대되었다고 볼 수 있다.

셋째, 무형식 및 우연적 학습, 감성, 신체학습 또는 체화된 학습, 나레이티브 학습 등 57호에서 언급되지 않은 새로운 이론들이 포함되었다. 넷째, 전통적 이론들 역시 제한된 역할을 넘어 지난 8년간 연구되고 시도되어 온 새로운 관점을 강조하였다. 결과적으로 성인학습이론의 양적 그리고 질적 진화를 확인할 수 있다.

안드리고지와 자기주도학습은 90년대에 큰 연구 이슈가 되지는 못했다. 그러나 여전히 성인학습의 중요한 그리고 기본적인 모델이면서 동시에 중심축으로서 역할을 수행하였다(Merriam, 2001). 성인학습이론 가운데 상대적으로 90년대에 가장 관심을 크게 받은 것은 전환학습이다. 이는 안드라고지, 자기주도학습, 그리고 전환학습을 성인학습의 전통적 이론으로 볼 때 안드라고지는 하나의 이론이나 이론적 틀이라기보다 성인학습자의 특성에 대한 기본 가정들(assumptions)이다. 자기주도학습 역시 안드라고지의 기본 가정 중 하나에서 발전한 성인학습의 대표적 이론이었으나 성인에게만 적용되는 학습이론이 아니다 보니 그 중요성이 감소하게 되었다. 결과적으로 90년대에 관심은 상대적으로 전환학습에 집중되었다. 특히 Mezirow가 제안한 전환학습은 비판적 사고가 중심에 있기 때문에 아동보다는 성인에 맞는 학습이론이었다.

57호와 비교해서 범위가 확장되거나 새롭게 언급된 성인학습의 이론적 틀들을 소개하면 다음과 같다. 무형식 및 우연적 학습의 경우 평생교육 트렌드가 강조되면서 형식적 학습만이 아닌 무형식 그리고 비형식 학습으로 학습의 범주가 넓어졌다. Marsick과 Watkins(2001)는 90년대에 조직내에서의 생활과 경험이 중심이 된 무형식 및 우연적 학습이 많은 관심을 받았다고 하였다. 이는 성인학습이론의 근간인 안드라고지의 구성요소들(예를 들면, 안드라고지에서 강조했던 경험의 중요성 그리고 자기주도학습은 대표적인 무형식 학습이다)에 바탕을 두고 있다. 특히 90년도 이후 HRD에서 큰 이슈였던 학습조직을 설명하면서 학습조직의 핵심은 무형식 및 우연적 학습임을 강조하였다. Hayes(2001)는 여성이라는 성(gender)은 학습자로서 차별화될 수 있는 특성이며 학습을 창출할 수 있는 요인 중 하나임을 강조하였다. 즉 기존 연구물들이 제안한 여성학습의 주류는 타인과의 상호작용, 직관적이고 정서적인 방법이었다. 그러나 Hayes는 젠더 측면을 학습이 발생하는 원천으로 보았다.

Hansmans(2001)은 성인학습이 도구(예를 들면, CoP, 도제 등)들이 사람간 상호작용과 결합하는 상황에서 발생함을 강조하면서 상황기반 성인학습을 소개하였다. 특히 학습자들이 자신의 학습활동을 설계, 실행, 평가하는 데 있어 타인과 공유할 수 있는 상황을 만들어줘야 한다고 하였다. Kilgore(2001)는 지식, 파워, 그리고 학습에 있어서 비판이론과 포스트모던 이론의 관점차이를 제시하였다. 또한 두 관점에서 공통점도 제시하였다. 지식은 도전의 대상으로 변화가능하며 지식은 현재 수준에서 파워의 표현이며 그 파워에 의해서 형성되고 학습은 우리가 믿는 진실에 대한 도전과정이고 지속적인 분해과정이다. 따라서 많은 진실 가운데 선택적으로 모자이크하는 창조적 그리고 생산적 열린 대화과정이 필요하다.

다음의 3가지 이론들은 57호에 포함되지 않는 새로운 이론적 접근을 소개하였다. Dirkx(2001)에 따르면 성인학습은 감성과 이미지에 의해서 경험의 의미를 구성할 수 있으며 의미 있는 학습이란 감성적 구성요소를 갖는다고 주장하였다. 이는 많은 성인학습이론들이 합리적이고 반성적인 인지적 과정에 초점을 둔 것에 반하여 감성과 이미지가 성인학습과정에 포함될 수 있음을 강조한 것이다. Hill(2001)은 뇌 연구에 관한 정보를 요약하면서 뇌 관련 지식들이 어떻게 학습, 기억, 감성, 마인드, 그리고 인식에 연결될 수 있는지 설명하였다. 특히 뇌와 의식 관련 지식은 성인학습의 이해를 촉진하는데 기여할 수 있다. 또한 뇌의 엄청난 유연성, 삶을 통한 학습에 반응

할 수 있는 뇌의 능력, 뇌 작용을 통한 감성과 감각경험은 학습과정에 기여할 수 있는
점, 인식은 개인 경험에 통합되어 학습으로 연결될 수 있는 점 등을 강조하였다. 끝으
로 Clark(2001)은 성인학습에 대해 새로운 시각을 제공하는 2가지 이론적 틀을 소개
하였다. 하나는 신체를 통한 학습(embodied learning)이며 다른 하나는 경험을 통한
스토리 형성과정을 통해 학습이 이루어지는 나레이티브 학습이다. 이들 학습형태는
기존 성인학습이론 영역 밖의 이슈들을 다루었다는 점에서 2001년에 적어도 성인학
습이 발생하는 mode의 확장으로 볼 수 있다.

2008년 New Directions for Adult and Continuing Education의 119호에서
'The Third Update on Adult Learning Theory'라는 제목으로 성인학습이론들이
소개되었다. 2001년 이후 7년 만에 이번에도 Merriam 박사가 편집장을 맡아 8개의
이론적 틀들이 포함되었다. 그 특징을 살펴보면 다음과 같다.

첫째, 1993년과 2001년에 포함되었던 안드라고지, 자기주도학습, 상황인지이
론, 비판이론, 그리고 페미니즘 학습이론과 2001년에 포함되었던 무형식 및 우연적
학습이 2008년 update에는 포함되지 않았다. 2008년 3번째 update에서는 보편적
인 성인학습이론들을 모두 포함하지는 않았고 좀 더 보편적인 성인학습이론이나 모
델들로 발전할 수 있는 가능성이 있는 것들을 포함하였다(Merriam, 2008). 따라서
3번째 update에서 포함되지 않은 이론들도 여전히 성인학습의 복잡한 현상에 대해
우리의 이해를 돕는 중요한 이론들임에 틀림이 없다.

둘째, 전환학습은 3번의 update에 모두 포함되었다. 전환학습이 AAACE에서
별도의 학술대회가 개최될 만큼 성인학습의 대표적 이론으로서 자리를 잡았고 이에
대한 연구가 2000년대에도 활발하게 진행된 결과로 볼 수 있다.

셋째, 2001년에 새롭게 소개되었던 이론적 관점들이 많은 연구결과에 기초하여
그 이론적 타당성을 갖추었다. 예를 들면, 신체학습과 나레이티브 학습이 별도의 장
을 구성하며 소개되었고 마인드와 뇌에 대한 이슈가 다루어졌다.

넷째, 2008년에 성인학습의 이론적 틀로서 높은 가능성을 갖고 성장할 수 있는
이슈들이 포함되었다. 우선 성인학습이 발생하는 setting에 대한 관심이 포함되었
다. 예를 들면, 일터학습(workplace learning)과 성인학습에 대한 비서구적(non
western) 관점이 포함되었다. 그리고 포스트모던 관점에서 좀 더 나아간 통섭운동
(Convergence movement)이 포함되었고 신앙과 차별되는 영적(spirituality)학습이

다루어졌다.

2008년에 언급된 성인학습이론들을 간략히 소개하면 다음과 같다. Taylor(2008)는 2000년대 전환학습에 대한 연구가 폭발적으로 증가하였고 전환학습의 개척자인 Mezirow이론을 검토하였다. 그리고 전환학습을 이해하는 데 구체적인 개념들을 활용한 다양한 다른 접근(예를 들면, 뇌생명공학, 문화-영적(cultural-spiritual), 인종중심, 전지구적(planetary)관점)을 소개하였다. 즉 Mezirow의 이론적 틀을 기반으로 이제는 그 틀을 넘어 다양한 관점에서 전환학습을 이해하고 촉진할 수 있는 연구들이 많이 수행되고 있다. Fenwick(2008)은 일터학습의 주된 관심을 두 가지로 제시하였다. 첫째는 학습을 통해 일터의 문제를 어떻게 해결하는가에 있다. 그러나 일터에서의 문제가 점점 복잡해짐에 따라서 직장내 성인교육자들은 직장내 성인들이 문제해결을 할 수 있도록 학습을 돕기 위해서 노력하며 결과적으로 학습자 중심의 일터학습(workplace learning) 프로세스에 대한 지식이 교육훈련(workplace pedagogy)에 대한 지식으로 급속히 전환하게 되었음을 지적하였다. 이는 적어도 직장내에서 학습보다 페다고지, 다시 말하면 어떻게 잘 학습할까보다 무엇을 어떻게 잘 가르칠까로 일터학습의 강조점이 이동함을 의미한다. 둘째는 직장내에서 특별한 집단들(예를 들면, 중고령 근로자, 소수인종 근로자, 이민근로자, 저임금 근로자)이 어떻게 학습하는가를 이해하는 것이다. 이들 두 가지 이슈에 기초해서 일터학습은 실제 중심 체계적 접근, 문해이론, 파워와 정치의 개념들이 다루어진다. HRD에서 일터학습은 교육훈련(T&D)으로 대별되고 이후 개인개발전략으로 성장하였다. 그러나 Fenwick의 일터학습에서 강조한 이슈는 HRD에서 그동안 관심을 받지 못한 이슈를 지적함으로서 성인학습이론이 HRD에 기여할 수 있는 또 다른 관점을 제공한 것으로 볼 수 있다.

Tisdell(2008)은 영적(spiritual)학습이라는 새로운 성인학습의 이론적 틀을 소개하였다. 영성(spirituality)은 완전함(wholeness)을 향한 개인의 개별적 경험의 여정(journey)으로 정의하였다. 따라서 영적학습은 경험학습 영역과 관련이 있지만, 일반적인 새로운 경험을 통한 앎의 과정 이상이라고 볼 수 있다. 즉 신성한 것으로 인식될 수 있는 개인의 경험들 또는 세상의 모든 것을 연결하는 완전함2이 목적이다. 이는 통합적인 정체성 차원에서 좀 더 진정한 자아(self)가 되기 위한 학습이라고 볼 수 있

2 필자는 이를 도인 수준은 아니더라도 일반인의 수준에서 득도라고 본다.

다. 종교는 조직화된 믿음의 집단이라는 차원에서 영성과 구분될 수 있다고 주장한다. 영적 학습에서 언급하는 새로운 경험이란 극단적인 경험이외에도 심벌, 은유, 예술 등을 통해 발생하기도 한다. 따라서 성인교육자들은 학습자들의 학습과정에서 이들 경험이 자신들의 영적 영역 및 창의성과 연결될 수 있도록 기회를 제공할 필요가 있다. 아직 영적학습은 성인학습의 이론적 틀로서 성장해 가고 있는 과정에 있다. 한편 영적학습도 전환학습이 응용될 수 있는 확장된 영역으로 그 의미가 축소될 수 있는 가능성도 있다.

Freiler(2008)는 신체학습이란 신체를 통한 직접적 경험을 통해 지식의 구성과정이면서 앎의 과정으로 정의했다. 다른 앎의 영역들(예를 들면, 영적, 정서적, 상징, 문화, 합리적 영역)을 인식하고 이들과 상호작용하는 데 있어 신체와 마인드 모두 살아있는 핵심적 경험을 통해 상호의존적으로 연계되어 앎 또는 지식이 형성되는 학습을 의미한다. 신체학습은 인지 중심의 학습양식을 넘어 신체와 마인드의 새로운 연결을 도모하면서 성인학습이론의 영역을 넓히는 시도를 하고 있다. Taylor와 Lamoreaux(2008)는 신경과학적 측면에서 바라 본 성인학습을 소개했다. 이들은 뇌가 학습을 위한 기본인 경험을 어떻게 사용하는가와 학습이 뇌를 어떻게 변화시키는가에 대한 정보를 제공해 주고 있다. 특히 경험, 반성(reflection), 요약화(abstraction), 그리고 검증이라는 일련의 과정을 거치면서 뇌에서 이들을 어떻게 의미 있게 연계시키는가를 통해 신경과학에 기반을 둔 성인학습을 설명하였다. 또한 성인교육자들에게 뇌 개발을 통해 학습을 극대화는 방법을 제안하였다.

Clark과 Rossiter(2008)는 나레이티브란 학습을 촉진하기 위한 방법이면서 동시에 학습과정으로 보았다. 지난 10년간 나레이티브 학습은 성인학습의 주변이론에서 좀 더 중심이론으로 성장하였다(Merriam, 2008). 그들은 성인학습의 핵심개념중 하나인 의미해석(meaning making)을 나레이티브 과정으로 보았다. 이야기를 듣고, 말하고, 인식하는 과정속에서 세상 또는 경험의 의미를 해석하는 학습이 발생한다. 또한 새로운 경험에 대해 이야기(스토리)를 만들어 가는 과정(의미해석과정)을 학습과정으로 보았다. 예를 들면, 작문(writing)은 우리 생각을 가시적으로 만든다. 즉 작문을 하면서 무엇인가 이해한 바를 이야기로 만들기 때문에 그 자체가 사고과정(thought process)의 부분이라 볼 수 있다. 이를 통해 자신이 알고 있었던 것과 작문을 하면서 새롭게 의미가 해석된 부분의 통합적 노력을 기하게 된다. 그러나 나레이티브 학습은 일반 성인들보다 나레이티브에 준비된 또는 훈련된 성인학습자들이 더 효과적이므로 성인교육자들은 학습자들에게 어떻게 나레이티브에 친숙하게 할 것인 가를 생각해 보아야 할 것이다.

Merriam과 Kim(2008)은 글로벌 차원에서 서구 중심의 성인학습 관점과 함께 비서구적 성인학습 관점에 대한 성장과 함께 그 특징들을 소개하였다. 그들은 비서 구적이란 용어 자체도 서구 중심적 관점이라고 지적하였다. 그러나 성인학습현상과 이론이 서구에서 활성화되어 연구되었기에 서구적 관점이라고 하고 유럽과 북미이 외의 지역에서 어떤 성인학습의 특성이 있는지를 살펴보았다. 그들이 제안한 비서구 의 성인학습은 집단주의적 속성을 지닌 지역사회중심이며 평생 매일 이루어지는 일 상생활과 연계된 아젠다이고 따라서 무형식 학습의 특성이 강조된다. 또한 학습자의 인지, 감성, 영성, 그리고 신체가 결합된 홀리스틱한 특성이 있다. Hill(2008)은 모던 적 접근과 포스트모던적 접근을 동시에 취하거나 아니면 두 개 접근을 모두 취하지 않는 입장을 갖고 성인학습의 현상을 이해하고자 하는 새로운 시도로 통섭운동 (convergence movement)을 소개하였다. Merriam(2008)은 Hill의 접근을 포스트모 던 관점에서 성인학습과 사회정의의 교차점에 대한 비판적 시각이 통섭운동이며 동 시에 포스트모던의 비판을 넘는 새로운 해결책을 제안하고자 하는 사회운동으로 해 석했다. Hill(2008)에 따르면 사회운동은 학습, 지식창출, 의미해석 그리고 저항의 장 소이고 특히 성인교육에서는 사회운동과 학습의 관계를 주목해왔다. 통섭운동이란 다양한 사람들이 다양한 용어와 시각으로 자신의 권리를 인식하기 위한 목적을 갖고 다양함 또는 다름을 통해 건전한 문화를 형성하는 운동이다. 결국 이 순간(moment) 의 진실이 영원한 진실이 아님을 인정하면서 다양한 목소리와 시각을 바탕으로 또 다른 바람직한 진실 또는 해결책을 찾는 운동이라고 볼 수 있다. 이를 위해 다양한 사 람의 폭넓은 참여와 합의된 의사결정과정, 다양한 그리고 자유로운 개인들과 집단 들3의 행동에 의한 변화는 매우 가치 있는 것이다. 최근 ICT와 인터넷 그리고 SNS의 발달은 통섭운동을 가속화하고 있다.

---

3 Hill은 다양한 예를 들어 설명하고 있는데 그 중 하나가 성적 소수자의 권리 창출의 경우 포스트모던 시각이라고 보았다. 왜냐하면 다양한 집단이 아닌 한 집단의 목소리이므로.

## 3. 성인학습이론의 트렌드 종합

1920년대는 Thondike 등(1928)의 Adult learning의 출판과 AACE에서 성인학습을 정의하고자 하는 노력 등 성인학습의 실제와 학문적 정체성을 찾는 출발점이라고 볼 수 있다. 이후 성인교육학의 고유한 연구영역과 현상을 설명하기 위해 다양한 이론들을 제안해 왔고 본 논문의 분석대상인 ‘New Directions for Adult and Continuing Education’은 성인학습이론에 대하여 3번(1993년, 2001년 그리고 2008년)의 update를 시도하였다. 필자는 성인학습이론의 진화와 발전에 대하여 다음과 같이 정리하고자 한다.

첫째, 복잡하고 거대한 성인학습현상을 보다 잘 설명하기 위해 그리고 우리에게 성인학습에 대한 이해를 돕기 위해 지금도 성인학습이론은 진화하고 있다. 적어도 80년대 이후 오늘날까지 지난 30여 년 동안 성인학습이론은 양적 그리고 질적인 차원에서 성장하였다. 성인학습자의 특성과 성인교수–학습의 기본 가정들로 구성된 안드라고지를 출발점으로 자기주도학습 및 전환학습이 성인학습이론의 기초로 자리 매김을 하였고 이를 기반으로 다양한 이론적 접근들이 소개되고 이후 정교화 되는 과정을 거치고 있다.

둘째, 성인교육은 적어도 자기주도학습과 전환학습 등 전통적인 그리고 기본적인 이론들을 갖추고 있는 동시에 다른 인접 연구영역에서 이론들(비판이론, 여성주의, 신경과학, 신체 등)을 도입해서 복잡하고 역동적인 성인학습현상을 설명하고 있으므로 간학문적 특성을 갖는다.

셋째, 성인학습은 더 이상 개인의 인지적 측면에서만 설명될 수 없다. 그렇다고 학습의 인지적 측면에 대한 중요성이 감소되었다는 의미는 아니다. 그만큼 성인학습의 생성과 학습과정은 홀리스틱하고 다차원적 측면(예를 들면, 감정, 마인드, 기억, 영성, 인식, 형성화, 신체 등)들을 동시에 고려해야 함을 의미한다. 예를 들면, 학습에서 뇌의 기능은 매우 중요하다. 그러나 새로운 경험을 받아들인 감각기능과 신체가 뇌의 기억장치와 연계되어 학습이 발생하게 된다. 전환학습 역시 인지적으로 이루어지는 비판적 사고와 함께 감성, 감각기능, 신체 등의 경험이 전환학습을 촉진할 수 있다.

넷째, 안드라고지에서 학습자의 경험은 성인학습의 자원(source)이라고 하였다. 40여 년이 지난 지금도 성인학습에서 경험에 대한 중요성은 간과할 수 없으며 모든 성인학습이론의 출발점은 경험으로부터 시작된다. 성인학습의 새로운 시도인 신경과학, 나레이티브, 신체학습, 영적학습 그리고 전환학습 등 거의 모든 이론적 관점들에서 경험을 논의의 시작으로 삼고 있다.

다섯째, 비판적 사고의 중요성 역시 점점 강조되고 있다. Mezirow에 의해 제안된 전환학습에서 비판적 사고의 역할은 인지적 측면에서 매우 강조되었다. 이후 인지적 측면 이외에 학습의 홀리스틱하고 다차원적 측면이 강조되면서 비판적 사고에 대한 강조는 예전만 못한 느낌을 준다. 그러나 신체, 감성, 이미지, 비판이론관점 그리고 통섭운동 등의 성인학습에 대한 기여 역시 비판적 사고를 바탕에 두고 있다. Merriam(2008b)은 비판적 사고가 우리 뇌의 역량을 강화하기 위해 필요하며 일터학습에서 파워와 정치에 직면해서도 필요하다고 강조하였다.

여섯째, 성인학습을 이해하는 데 있어서 what보다는 how에 관심을 둔다. 단순히 정보와 지식의 창출이라는 학습의 결과뿐만 아니라 정보와 지식창출을 위한 과정으로 관심의 이동이 있었다. 다시 말해서 학습의 주체를 개인으로 보고 개인의 내적 과정으로 학습자가 무엇을 획득하였는가에 대한 관심에서 개인 학습자들의 환경 또는 상황과 상호작용하는 다양한 과정으로의 관심이동을 의미한다. 특히 다양한 상황에서 학습이 발생하고 이들 상황들에서 어떻게 학습이 발생하는가를 설명한다. 예를 들면, 젠더, 인종, 파워, 억압, 정치, 비판 등이 그 예이다. 즉 다양한 사회문화적 상황에서 성인학습이 발생함을 강조해 왔다. 70~80년대 자기주도학습의 주된 관심인 개인의 내적인 학습과정속에서 주도권과 책무성 등에 대한 이슈가 주로 이었다면 90년대 이후 학습자와 학습자의 환경간 상호작용을 강조하는 사회문화적 관점의 학습자 자기주도성이 강조되었다(조대연, 2005).

끝으로 3번의 update에서 다루지 않는 한 가지를 제안하면서 본 고를 마치고자 한다. 성인학습은 더 이상 개인학습자만의 비즈니스로 볼 수 없다. 개인학습자를 둘러싼 다양한 환경으로부터 영향을 받고 또 개인학습자가 영향을 미치는 상호작용적 관계 속에서 성인학습을 이해할 필요가 있음을 위에서 설명하였다. 오늘날 우리에게 가장 급격한 변화로 다가온 이슈 중 하나가 스마트폰과 같은 테크놀로지의 혁명이며 이를 어떻게 성인학습과 효과적 그리고 효율적으로 통합하는가가 큰 관심이다. 테크놀로지 혁명과 성인학습의 결합은 모바일 학습으로 구현될 수 있으며 SNS의 급속한 성장과 성인들의 참여로 SNS 상황에서 집단지능(collective intelligence)의 생성이 가속화될 것이며 이를 통해 새로운 의미해석과 지식창출이 가능하고 빠른 시간내에 공유가 가능하게 된다. 그러나 학습의 주도권이 더욱더 개인학습자에게 있기 때문에 학습에 대한 책무성 및 윤리성이 강조될 것이다. 따라서 성인학습이론의 4번째 update가 이루어진다면 성인의 모바일 러닝과 SNS를 통한 집단지성의 이슈와 함께 SNS 환경에서의 학습자 책무성이 다루어져야 할 것으로 본다.

# 참고문헌

■ 조대연(2005). 학습자의 자기주도성과 팀내 대인관계기술의 관계. 교육문제연구, 23, 223~242.

■ Boucouvalas, M.(1993). Consciousness and learning: New and renewed approaches. In S. B Merriam, An update on adult learning, New Directions for Adult and Continuing Education, 57, 57~69.

■ Clark, M. C.(2001). Off the beaten path: Some creative approaches to adult learning. In S. B. Merriam, New update on adult learning theory. New Directions for Adult and Continuing Education, 89, 83~92.

■ Clark, M. C., & Rossiter, M.(2008). Narrative learning in adulthood. In S. B. Merriam, The third update on adult learning theory. New Directions for Adult and Continuing Education, 119, 61~70.

■ Dirkx, J. M.(2001). The power of feelings: Emotion, imagination, and the construction of meaning in adult learning. In S. B. Merriam, New update on adult learning theory. New Directions for Adult and Continuing Education, 89, 63~72.

■ Fenwick, T.(2008). Workplace learning: Emerging trends and new perspectives. In S. B. Merriam, The third update on adult learning theory. New Directions for Adult and Continuing Education, 119, 17~26.

■ Freiler, T. J.(2008). Learning through the body. In S. B. Merriam, The third update on adult learning theory. New Directions for Adult and Continuing Education, 119, 37~47.

■ Hansman, C. A.(2001). Context-based adult learning. In S. B. Merriam, New update on adult learning theory. New Directions for Adult and Continuing Education, 89, 43~52.

■ Hayes, E. R.(2001). A new look at women's learning. In S. B. Merriam, New update on adult learning theory. New Directions for Adult and Continuing

Education, 89, 35~42.

- Hill, L. H.(2001). The brain and consciousness: Sources of information for understanding adult learning. In S. B. Merriam, New update on adult learning theory. New Directions for Adult and Continuing Education, 89, 73~82.
- Hill, R. J.(2008). Troubling adult learning in the present time. In S. B. Merriam, The third update on adult learning theory. New Directions for Adult and Continuing Education, 119, 83~92.
- Kerlinger, F. N.(1979). Behavioral research: An conceptual approach. NY: Holt.
- Kilgore, D. W.(2001). Critical and postmodern perspectives on adult learning. In S. B. Merriam, New update on adult learning theory. New Directions for Adult and Continuing Education, 89, 53~62.
- Marsick, V. J., & Watkins, K. E.(2001). Informal and incidental learning. In S. B. Merriam, New update on adult learning theory. New Directions for Adult and Continuing Education, 89, 25~34
- Merriam, S. B.(1993). Editor's note. In S. B Merriam, An update on adult learning, New Directions for Adult and Continuing Education, 57, 1~3.
- Merriam, S. B.(2001). Editor's note. In S. B. Merriam, New update on adult learning theory. New Directions for Adult and Continuing Education, 89, 1~2.
- Merriam, S. B.(2008). Editor's note. In S. B. Merriam, The third update on adult learning theory. New Directions for Adult and Continuing Education, 119, 1~4.
- Merriam, S. B.(2008b). Adult learning theory for the twenty-first century. In S. B. Merriam, The third update on adult learning theory. New Directions for Adult and Continuing Education, 119, 93~98.
- Merriam, S. B., & Kim, Y. S.(2008). Non-western perspectives on learning and knowing. In S. B. Merriam, The third update on adult learning theory. New Directions for Adult and Continuing Education, 119, 71~81.
- Taylor, E. W.(2008). Transformative learning theory. In S. B. Merriam, The third update on adult learning theory. New Directions for Adult and Continuing Education, 119, 5~15.
- Taylor, K., & Lamoreaux, A.(2008). Teaching with the brain in mind. In S. B. Merriam, The third update on adult learning theory. New Directions for Adult and Continuing Education, 119, 49~59.

■ Thonrndike, E. L., Bregman, E. O., Tilton, J. W., & Woodyard, E.(1928). Adult learning. New York: Macmillan.

■ Tisdell, E. J.(1993). Feminism and adult learning: Power, pedagogy, and praxis. In S. B Merriam, An update on adult learning, New Directions for Adult and Continuing Education, 57, 91~103.

■ Tisdell, E. J.(2008). Spirituality and adult learning. In S. B. Merriam, The third update on adult learning theory. New Directions for Adult and Continuing Education, 119, 27~36.

■ Welton, M. R.(1993). The contribution of critical theory to our understanding of adult learning. In S. B Merriam, An update on adult learning, New Directions for Adult and Continuing Education, 57, 81~90.

■ Wilson, A. L.(1993). The promise of situated cognition. In S. B Merriam, An update on adult learning, New Directions for Adult and Continuing Education, 57, 71~79.

# 성인의 셀프리더십

유 대 원

## 1. 셀프리더십의 필요성

　　세계화·정보화 시대에서 경쟁력의 근간은 기술·정보·지식 등이다. 그리고 이러한 기술·정보·지식은 인간에게 내재되어 있는 것으로, 인간자본(human capital)을 형성하는 주된 요체이다. 따라서 21세기 경쟁력은 기업이나 국가가 모두 우수한 인재를 얼마나 많이 확보하고 그 능력을 얼마나 고도로 개발하느냐에 달려 있다.[1] 그러나 우수한 인재를 확보하고 그 능력을 개발하는 것만으로는 조직내 인간자원의 역량을 조직의 경쟁력으로 전환하기에 역부족이다. 개인이 보유한 역량을 조직의 경쟁력으로 적극적으로 환원시키기 위해서는 개인이 보유한 능력을 최대한 발휘할 수 있도록 촉진하는 효율적인 조직 체계를 갖추는 일과 함께 개인 차원의 노력과 협조 필요하다. 즉 21세기적 위기상황을 타개하고 지속적으로 성장하여 경쟁력 우위를 점하

---

1 권대봉·이현정(1997). 관리자의 리더십 교육연구 사례연구. 교육논총. 고려대학교 교육대학원 제27권 12월호. p. 1.

는 조직이 되기 위해서는 조직에 대한 구성원들의 강한 일체감과 적극적인 참여를 유발할 수 있는 새로운 형태의 리더십이 필요하다.

조직내의 리더십에 대한 연구의 초점은 지속적으로 변화해 왔다. 전통적인 리더십 연구는 특성 이론적 접근으로부터 시작해, 행동이론과 상황이론 및 상황적합성 이론 등으로 변천해 왔다. 1980년대 초반부터는 '신조류의 리더십 이론' 또는 '새로운 장르의 리더십 이론'으로 불리는, 리더를 중심으로 하는 변혁적 리더십과 하위자를 중심으로 하는 셀프리더십 이론이 소개되기에 이르렀다.

전통적인 리더십 연구는 대체로 상사가 발휘하는 리더십이 중요하다는 암묵적인 가정을 하고 있으면서도, 하위자의 성장·만족·사기 등과 강한 관계가 있는 리더의 특성이나 행동을 분명하게 입증할 증거를 제시하지 못하는 경향을 보였다. 또한 현실적으로 조직의 유효성을 높이기 위해서 조직구성원에의 동기와 열정의 수준을 높일 수 있는 리더십이 필요함에도 불구하고 전통적인 리더십 이론은 리더십 행동의 합리적 측면을 강조하는 경향이 강했다. 이 때문에 조직구성원에게 조직에 대한 적극적 몰입을 유도하기보다는 통제와 관리에 치중하는 리더십이 주류를 이루었다.

이러한 전통적인 리더십 이론의 한계를 극복하기 위해 변혁적 리더십과 셀프리더십이라는 새로운 리더십 이론이 등장했다. 그러나 변혁적 리더십 이론 역시 변화하는 환경에 적합하지 않다는 논거가 일어나기 시작했다. 그것은 변혁적 리더십이 조직구성원 개인의 수용과 참여에 초점을 두지 않았기 때문이다. 따라서 조직원의 동기 부여에 초점을 둠으로써 변혁적 리더십의 한계를 극복하고 조직의 성과를 향상시킬 수 있는 리더십이 필요하게 되었다. 즉 변화하는 조직 패러다임에서 조직구성원이 리더 없이도 스스로 자신을 통제하고 관리하며 조직의 목표를 위해 행동할 수 있도록 하는 것이 변혁적 리더십을 대체하면서 새로운 방향으로 제시된 것이다.

최근 등장한 셀프리더십 이론은 조직구성원이 스스로를 관리하고 이끌어가는 리더십에 관한 개념이다. 하위자의 입장에서는 자기규제와 자기통제에 의해 스스로 자신을 이끌어나가는 것이 셀프리더십인 것이다. 리더의 입장에서는 하위자들이 그러한 능력을 갖도록 촉진하고 개별적으로 발휘하도록 지원하는 과정이 셀프리더십이다. 즉 '나를 따르라'와 같은 식의 리더십이 아니라 '자율적으로 하라'는 차원의 리더십인 것이다.

셀프리더십은 인간은 스스로 생각하고 행동한다는 인간관계론에 근거한다. 따라서 조직구성원 스스로 셀프리더십을 갖추려는 태도와 이를 지원하는 조직문화가 셀프리더십의 핵심요소라 할 수 있다. 이러한 셀프리더십의 핵심요소를 활성화하고 현실화할 수 있는 요인으로 전통적인 자기관리방안인 선(禪)이 그 가능성을 인정받을 수 있다.

일반적으로 선(禪, zen)이란 동양의 불교사상에서 비롯된 것으로, 한마디로 자아성찰을 가리킨다고 할 수 있다. 즉 자신의 행동에 대해 스스로 알아서 관찰하고 판단하며 수정해 나가는 과정인 것이다. 이러한 선이라는 개념에 의해 인간은 자신의 내면 의식을 살펴서 관찰하고 주변환경과 자신과의 상호간 입장에 입각해 그 자신의 역량을 발전시켜 나갈 수 있다.

이러한 선사상에 입각해 선의 개념을 현대적 추세에 맞게 적용하려는 연구가 여러 분야에서 이루어지고 있다. 그 한 예로, 최근 참선을 통해 얻을 수 있는 효과에 대한 과학적인 입증이 어느 정도 이루어지고 있다. 특히 좌선에서 하는 호흡법은 현대병의 치료에 크게 공헌하고 있다.[2] 현대병의 원인은 여러 가지가 있을 수 있으나, 가장 중요한 원인 중의 하나가 스트레스이다. 그런데 좌선을 수행하다 보면 스트레스를 줄일 수 있으며, 마음의 평정을 되찾을 수가 있다. 그리고 마음의 안정은 육체적 평안을 찾을 수 있도록 도와준다. 따라서 이러한 참선을 통해 심신을 안정시키면 변화무쌍한 현대 사회에 좀더 적극적으로 대응할 수 있는 힘이 생길 것이다.

이러한 선의 현대적 개념과 효과를 조직차원에 적용할 수 있다. 조직구성원들은 선을 통해 자기 자신의 개인적 생활뿐만 아니라 조직내 활동에서 스스로 자신의 사고와 행동을 관찰하게 된다. 그리고 관찰에 대한 피드백을 통해 자신의 행동을 긍정적인 방향으로 변화시킬 수 있다. 즉 조직구성원은 선이라는 도구를 통해 외부적 강화가 아닌 내면에서 비롯된 욕구로 자신을 관리하고 통제하는 셀프리더십을 형성할 수 있다는 것이다.

이처럼 선의 개념이 셀프리더십과 연계되면서 대두된 것은 셀프리더십의 하위이론과의 연계를 통한 학문적 접근이다. 즉, Maira, Thomas 그리고 Ramon(1999)[3]은

---

2 정태혁(1996). 불타의 호흡과 명상 II. 서울: 정신세계사. p. 33~40.

3 Maria, C., Thomas, K. A., & Ramon, A. J.(1999). Self-management perceptions and practices a structural equations analysis. Journal of Organizational Behavior, 20(1).

셀프리더십에 의해 나타나는 구체적 행위로 계획(planning), 목표설정과 피드백 (goal setting and feedback), 업무통제(access management), 업무 추구(catch-up activities), 시간관리(time management), 감성통제(emotion management)를 제시했다. 그러나 셀프리더십의 하위행동과 선의 개념을 결합시키는 노력은 부재한 상황이다. 따라서 선의 개념과 선을 통한 수련이 조직 차원의 효과와 개인 차원의 능력향상에 어떠한 영향력을 가지느냐에 대한 실증적 검증이 필요하다. 또한 최근 조직과 개인에게 있어 중요한 성공요소로 인식되고 셀프리더십과 선을 통한 수련활동간의 실증적 관계를 검증하는 연구가 필요하다.

## 2. 셀프리더십

### 1) 셀프리더십의 정의

일반적으로 리더십은 인간과 인간의 관계를 바탕으로 하는 개념이다. 리더십에 대한 정의는 리더십을 연구한 학자들만큼이나 그 수가 많다고 할 수 있다. 이처럼 리더십은 한마디로 정의하기가 어려우며, 또한 그만큼 다양하게 정의될 수도 있는 개념이다.

리더십은 리더, 추종자, 그리고 상황을 포함하는 복잡한 현상이라는 사실에서 리더십 연구자들 사이에 견해 차이를 보여왔다.[4] 오늘날의 리더십에 대한 정의를 보면 개인의 특성, 행위, 부하들에 대한 영향력, 상호작용과정, 역할관계, 특정 직위에 부여된 권한, 합리적인 영향력에 대한 추종자들의 지각, 리더와 구성원간의 관계 등을 다루고 있다.

기존의 리더십 개념에서는 리더란 특정 조직이나 집단의 목표달성을 위한 행동을 하도록 다른 구성원에게 영향을 미치는 사람을 의미한다.[5] 또한 리더의 영향을 받아 이에 따르는 사람들을 추종자라고 했다. 이러한 개념은 지금까지도 폭넓게 받아

---

4 Hughes, R. L., Ginnett, R. C., & Curphy, G. J.(1993), Leadership: enhancing the lessons of experience. Homewood IL: Irwin. Inc, p. 6.

5 서병인 · 정동섭(2000). 현대 조직행동. 서울: 삼영사. p. 155.

들여지고 있다. 그리고 리더가 일정한 상황에서 다른 구성원으로 하여금 조직이나 집단의 공동목표를 달성하는 데 필요한 행위를 하도록 영향을 미치는 과정 또는 그러한 능력을 리더십이라고 한다. 즉 리더십은 '리더가 처한 상황과 집단구성원의 특성이나 기대를 고려해 구성원으로 하여금 집단의 목표를 달성하도록 사회적 영향력을 행사하는 과정'6으로 이해했다. 그러나 이러한 개념에서는 자칫 리더십을, 상급자와 하급자간에 일어나는 권력행사 차원의 것으로 오해할 수도 있다.7 리더십이 항상 상급자의 전유물은 아니라는 점을 이해해야 한다. 비록 하급자라 해도 스스로 찾아서 노력할 때 리더십은 생겨난다.

리더십은 일반적으로 일정한 상황에서 조직의 목표달성을 위해 리더가 개인이나 집단의 행동에 영향력을 행사하는 과정이라 할 수 있다.8 즉 리더는 자신의 행동이나 의식들이 리더로서 행동하고 사고할 때 리더십을 발휘할 수 있다는 것을 알아야 한다.

〈표 13-1〉은 기존의 리더십 연구자들이 제시한 리더십에 대한 대표적인 정의들로, 대부분 리더의 영향력에 초점을 맞추고 있다. 그러나 사회가 변화하면서 조직구성원들의 자발적인 노력과 조직에 대한 열정을 이끌어내기 위해서는 조직구성원이 다른 사람뿐만 아니라 자신에게도 영향을 줄 수 있다는 새로운 관점인 셀프리더십에 주목해야 할 것이다.

현대사회에서 조직은 조직구성원들이 더 높은 지식수준과 기술 수준뿐만 아니라 높은 수준의 독립성, 자기의존, 자아신뢰와 주도권을 행사할 수 있는 능력, 즉 자존심을 갖추기를 바란다. 다시 말해 강한 자존심을 갖춘 새로운 형태의 인간형을 조직구성원으로 요구하고 있는 것이다.

따라서 리더십을 바라보는 관점도 이 시대에 맞는 새로운 패러다임이 필요하게 되었다. 그 결과로 인간내부, 즉 자기 자신으로부터 리더십을 발휘하도록 하는 새로운 관점의 셀프리더십이 등장하게 된 것이다. 셀프리더십은 지시·명령·통제·보상·처벌 등에 의해 발휘되는 전통적인 리더십보다는 자기 스스로 성취목표를 설정한다. 그리고 그 목표 달성에 대한 보상을 스스로 정한다거나 성취목표를 이루지 못했을 경우 자아비판이나 처벌을 하는 등의 자율성을 일컫는 것이다. 특히 조직구성원들의

---

6 상게서. p. 156.
7 서울대학교 사회심리학 연구실 편역(1996). 집단심리학. 서울: 학지사. p. 76.
8 이학종(1998). 조직행동론. 서울: 세경사. p. 317.

| 표 13-1 | <<< 리더십의 정의 |
|---|---|

| 저　자 | 정　의 |
|---|---|
| Hemphil & Coons(1957) | 집단의 활동을 공유된 하나의 목표로 집중시키려는 개인의 행동 |
| Janda(1960) | 일종의 독특한 형태의 권력관계로서 집단의 한 구성원이 자신의 행동 패턴을 다른 구성원이 규정할 권리를 갖는다고 느낄 때 발생한다. |
| Tannenbaum Weshler & Massarik(1961) | 주어진 상황에서 구체적 목표의 달성을 통해서 행사되는 대인적 영향력으로서 커뮤니케이션 과정을 통해 행사된다. |
| Stogdill(1974) | 기대나 실제 교류 속에서 집단의 구조를 창시하고 유지하는 것이다. |
| Kochan, Schmidt & DeCottis(1975) | 영향력 행사 과정으로서 O가 P에 영향을 가해 P의 행위를 변화시켰을 때 P가 O의 영향력 행사를 합당한 것으로 생각하고 야기된 변화가 P자신의 목표와 일치한다고 여길 때 리더십은 발생한다. |
| Kats & Kahn(1978) | 기계적으로 조직의 일상적 명령을 수행하는 것 이상의 결과를 가져올 수 있게 하는 영향력이다. |
| Schriesheim Tolliver & Behling(1978) | 사회적 영향력 행사과정으로 리더가 조직목표 달성을 위해서 하급자들의 자발적 참여를 추구할 때 발생한다. |
| Peters & Austin(1985) | 리더십은 비전이요, 우렁찬 응원가요, 열정이다. |

자료: 백기복(1994). 조직행동연구. 서울: 법문사. p. 437에서 재인용.

업무에 대한 열정을 높이는 데 효과적이라는 것이다.9

　　이는 1980년대 미국 기업들이 국제경쟁력에서 밀려 경기가 침체되자 이를 극복하기 위해 경영혁신 추진과정에서 '신세대 노동자 관리' 방법의 문제에 대한 해결책으로 Charles와 Henry에 의해 개발된 개념이다.10 그들은 젊고 교육 수준이 높은 신세대 중산층 노동자들이 나이 많은 노동자들보다 작업의 질적 수준이 떨어진다는 문제점에 대해 연구했다. 그 결과 전통적인 관리방식이 이들의 작업능률을 저하한다는 결론을 얻었다. 신세대 노동자들은 자신의 정열을 회사가 아니라 자신의 일에 바치고자 하며 지시와 통제를 받게 되면 참지 못할 뿐더러 자신이 가진 고유한 재능과 능

---

9 신응섭 외(1999). 리더십의 이론과 실제. 서울: 학지사. p. 186.
10 Charles, C. M., & Henry, P. S. Jr.(1980). Super Leadership; Leading Others to Lead Themselves. New York: Berkley Books. p. 69.

| 표 13-2 　　<<< 전통적인 관리기능과 셀프리더십의 비교 | |
| --- | --- |
| **전통적인 관리기능** | **셀프리더십** |
| 외부관찰 | 자기관찰 |
| 주어진 목표 | 자기설정 목표 |
| 과업 수행에 대한 외부 강화 | 셀프리더십 행동에 대한 자기강화와 외부강화 |
| 외부보상에 의거한 열의 | 일 자체의 자연적 보상에 근거한 열의 |
| 자기로부터의 비판 | 자기비판 |
| 외부로부터의 문제해결 | 스스로의 문제 해결 |
| 외부로부터의 직무할당 | 스스로의 직무 할당 |
| 외부로부터의 과업계획 | 스스로의 과업 계획 |
| 부정적 관점 | 긍정적 관점 |
| 조직의 비전에 의존 | 종업원이 함께 창조한 비전에 헌신 |

자료: Charles C. M., & Henry P. S. Jr.(1980). Super Leadership; Leading Others to Lead Themselves. New York : Berkley Books. p. 69.

력을 충분히 발휘하지 못한다는 것이다. 따라서 신세대 노동자의 특성에 맞는 리더십은 〈표 13-2〉에서 보는 바와 같이 새로운 관점인 셀프리더십이 필요하게 된 것이다.[11] 셀프리더십은 자기 자신에게 영향력을 행사하기 위해서 사용되는 사고와 행동전략을 통틀어 일컫는다. 셀프리더십이란 스스로 자신을 이끌어가기 위해서 취하는 책임 있는 행동이라고 할 수 있다.

## 2) 셀프리더십의 중요성

기업에서 행하는 통제의 전형적인 특징은 종업원의 '자아(self)'를 중요시하지 않는다는 점이다. 기업이 내세우는 목표를 종업원이 수용하지 않는다면 종업원의 행동에 별다른 영향을 미치지 못한다. 기업측의 보상 또한 보상을 받을 종업원이 가치를 두지 않을 때 기대하는 효과를 얻기 어렵다. 기업측의 평가가 어떻든 가장 중요한 평가는 종업원 스스로 내리는 평가이다. 따라서 만족스러운 효과를 얻으려면 리더는 사람들이 스스로에게 영향을 미치는 방법을 파악해서 그것을 효과적으로 활용해 나

---

11 Ibid., p. 71~72.

가야 한다. 최근 인적자원의 더욱 완벽한 활용을 요구하는 국제경쟁, 급격히 변화하는 환경에 부응하기 위한 조직 적응력의 부족과 같은 것들은 인적자원을 보다 완전히 활용할 수 있는 방안을 강구하도록 기업에 압력을 가한다.[12] 장기적인 안목에서 초우량 기업이 되기 위해서는 종업원의 헌신과 열정이 필요하다. 이를 위해 종업원의 내면에 잠재해 있는 셀프리더십을 이끌어내야 하는 것이다.[13]

또한 사람의 셀프리더십 역량을 인정하지 않는 지나친 외부 통제 방식은 심각한 역기능을 초래한다. 외부 통제 방식은 사람들로 하여금 회사에 의해 평가받고 보상받는 것에만 관심을 두고 그 밖의 중요한 활동은 소홀히 하게 하는 관료주의적 행동을 유발한다. 개인의 실적을 지나치게 강조하면 억지로 수집된 부정확한 데이터로 채워진 잘못된 경영 정보 시스템의 개발, 열정 대신 복종의 유발 등의 문제점을 가져온다. 따라서 외부 통제는 종업원 스스로의 내적 영향력과 에너지를 자극하고 활성화하도록 하여 그들 스스로의 자율 통제가 가능하도록 하는 방편으로 사용되어야 한다.

셀프리더십은 집단 구성원으로 하여금 자신의 행위에 책임 있는 행동을 수행하도록 한다. 장기적으로 셀프리더십은 리더의 리더십 행위를 대체하게 되는데, 그렇게 될 경우 관리자와 관련된 비용을 줄일 수 있다. 또한 관리자는 장기적 문제 및 많은 주의와 관심이 필요한 이슈에 집중함으로써 효율을 높일 수 있다.

이와 같이 오늘날 빠르게 변화하는 세계에서 창의성, 혁신, 그리고 무엇보다도 환경 변화에 대한 적응력이 중요하다는 사실을 부정하는 사람은 아무도 없다. 이와 같은 총체적 조직 변혁에서 각 종업원들의 셀프리더십 능력 개발은 대단히 중요한 부분을 차지하게 될 것이다.[14]

미래의 셀프리더십 개발을 위해서는 현재의 의식적 지각능력을 넘어 광범한 무의식적 작용과 정신력으로의 전진이 필요하다. 자신의 심층에 존재하면서도 아직 대부분 발견하지 못한 '마음의 힘'이 셀프리더십 향상의 가능성이다. Brown은 자신의 저서 '초심력(Ultimate Energy)'을 통해 이런 셀프리더십의 차원에 대해서 통찰력을 가질 수 있는 방법에 대해 기술하고 있다.[15] 기업인이나 운동가나 연구자 모두 셀프

---

12 Charles, C. M., & Henry, P. S. Jr. *op. cit.* p. 112.
13 Ibid., p. 113.
14 Ibid., p. 115~116.
15 Barbra, B. B.(1980). Supermind: Ultimate Energy. New York: Haper and Row Publishers.

리더십을 의도적으로 연습해야 한다. 특히 기업에서는 그 상황에 맞게 체크리스트 (checklist)를 만들도록 유도하는 경영정책이 요구된다. 이는 조직의 효율성을 높이기 때문이다. 따라서 미래의 개인효율성 증진은 사고체계와 행동을 조화시켜야 할 것이다.

## 3) 셀프리더십의 구성요소

셀프리더십의 구성요소는 크게 인간행동의 변화·적용과 관련되는 사회·인지적 이론의 관점에서 두 가지로 대별된다. 하나는 자기관리(self-management)이고, 다른 하나는 건설적 사고(positive-thinking)이다.

자기관리는 인간이 자신을 둘러싼 환경에 영향을 주는 동시에 영향을 받으며 살아가고 있음을 전제한다. 그리고 이러한 환경에서 인간이 어렵지만 중요한 일에 직면했을 때, 그것을 관리하고 통제하는 능력을 자기관리라고 규정한다. 건설적 사고는 어려우면서도 인간이 대리학습 또는 상징적 메커니즘을 통해 직무나 사건을 학습하고 경험하는 능력(관찰과 상상을 통해서)이다. 또한 인지적인 평가이론과 관련된 내재적 동기이론의 관점에서 셀프리더십의 구성요소로서 자연적 보상(natural rewards)을 제시할 수 있다. 자연적 보상은 인간이 좋아하는 활동이나 직무를 행함으로써 얻는 즐거움을 의미한다.

### (1) 자기관리

자기관리는 외부적이고 직접적인 관리에서, 내부적이고 자기통제된 조직적 수행으로의 뚜렷한 전환을 의미한다. 자기관리가 잘된 개인은 독립적이고 창조적이며, 자신의 일에서 높은 성취능력을 갖는 조직구성원이 되는 것을 궁극적 목표로 삼는다. 사회·인지적 이론은 이러한 개인 자신의 행동을 조정하는 것을 도와줄 수 있는 다양한 기법을 개발했다. 이러한 자기관리 기법으로 인지적 행동수정(cognitive behavior modification), 초인지 전략(meta-cognitive strategy)이 있다.[16]

인지적 행동수정은 내적인 사고과정을 조작해서 외적인 행동을 수정하는 것이

---

p. 252.
16 전성연·최병언 역(1999). 학습동기. 서울: 학지사. p. 74~82

다. 따라서 기본적으로 행동이 인지에 의해 중재된다고 가정한다. 여기에는 자기의 행동을 계속 기록하게 하는 '자기기록', 행동을 조절하고 문제를 해결하는 데 소리내어 말하는 언어를 이용한 '자기교수', 스스로 자신의 강화를 선택하고 관리하게 하는 '자기강화'가 있다. 다음으로 초인지 전략은 인지적 행동수정이나 자기관리 기법과 비교했을 때, 외형적 행동보다는 능동적인 사고 과정에 초점을 맞춘다. 이것은 주로 자신의 학습을 조정하는 데 사용하는 것으로 계획하기, 목표설정하기, 질문해 보기, 이해 점검하기, 다시 생각해 보기, 암송하기 등이 있다. 이를 측정하는 잣대로써 제시된, 다섯 가지의 하위요소를 정리하면 다음과 같다.[17]

① 자기관찰·평가(self-observation·evaluation)

셀프리더십의 출발은 변화시키기를 원하는 행동을 선택하는 것에서 출발하게 된다. 일반적으로 구체적인 행동의 결과는 무의식적으로 이루어지는 일반적인 행동보다는 매우 큰 성과를 가져오기 때문이다. Sims와 Lorenzi(1992)에 따르면 자기관찰·평가는 과업을 수행하는 동안이나 수행한 후 스스로 주목하고 관찰하는 것을 말한다. 이러한 자기관찰·평가는 자신이 미래에 행동할 것에 대한 정보를 수집하게 된다. 이렇게 함으로써 개인은 언제, 어떤 이유로, 어떤 상황에서, 어떤 행동을 취할 것인지를 인식할 수 있을 뿐만 아니라 나아가 자연히 자신의 행동에 대해 관심을 가지게 되어 자신의 행동을 평가하게 된다. 이와 같은 자기관찰·평가 행동은 자기 자신에 대한 기대 속에서 이루어지게 된다. 구성원의 셀프리더십 능력에 영향을 미치는 중요한 믿음 중의 하나는 자기 자신에 대한 기대이다. 자기 자신에 대한 기대는 구성원들이 자신의 성과에 대해 높은 기대를 갖고 있는 것으로서 도전의 극복과 과업의 성공적 수행에 대한 자신의 능력에 대한 확신을 의미한다. 따라서 긍정적인 기대는 실제로 과업이 성공할 수 있는 가능성을 강화하는 반면, 부정적인 기대는 그러한 가능성을 약화시킨다. 이처럼 자기 자신에 대해 어떤 믿음을 갖고 있느냐는 업무 수행에 뚜렷한 영향을 미친다. 리더의 셀프리더십 격려 행위는 팀이 그 자신들을 위해 필요한 리더십 기능을 성공적으로 수행하도록 하는 데에 그 특징이 있다. 또한 리더의 지배적인 역할은 팀원 스스로 자발적으로 하도록 유도하는 데에 있다. 이 점이 전통적인 리더와의 가장 큰 차이점이다.[18]

---

17 Charles, C. M., & Henry, P. S. Jr.(1980). op. cit., p. 23~34.
18 Ibid., p. 119.

② 자기목표설정(self-goal setting)

목표란 어떤 개인이 성취하고자 하는 궁극적인 행동의 산물이다. 따라서 자기 스스로 목표를 설정(self-goal setting)하는 것은 성공적인 셀프리더십의 중요한 요소라 할 수 있다. Cox(1992)에 따르면, 자기목표설정이란 자신이 처리해야 할 일들의 목표와 장기적으로 달성하고자 하는 목표를 설정한 후, 이들이 우선 순위를 정하고 자기 스스로에게 실행을 지시하는 행동을 의미한다.[19] 즉 자기목표설정은 자신의 일에 대한 새롭고 구체적인 목표를 계속적으로 개발하는 것을 말한다.[20] 목표를 설정함에 있어 알아두어야 할 점은 최상의 효과를 얻기 위해서는 목표가 도전적이어야 하겠지만 반드시 달성할 수 있는 것이어야 하며 또한 구체적이어야 한다는 것이다. 한편 Locke와 Latham(1990)은 적당히 어려운 목표가 쉬운 목표보다 훨씬 개인성과에 바람직하며, 단기성과에 초점을 맞춘 단순한 목표가 복잡하고 장기적인 목표보다 일반적으로 효과적인 것이라고 주장했다.

③ 자기강화(self-reinforcement)

행동의 결과에 대한 자극은 환경을 적극적으로 변화시킴으로써 이후의 행동을 변화시키는 방법이다. 많은 인간은 특정한 단서나 자극에 따라 행동하기 때문이다. 이러한 형태의 하나가 자기강화이다. 자기강화란 자기 스스로에게 부여하는 보상으로 구체적인 물질적 보상뿐만 아니라, 추상적인 무형의 보상도 포함한다. 이를 통해 스스로 자신의 강화를 선택하고 관리한다. 일반적으로 물질적 보상은 원하는 물품의 구입, 레크리에이션의 참가, 그리고 좋아하는 음식의 섭취 등으로 나타난다. 그러나 이러한 물질적 보상보다는 자기존경과 자기만족 등으로 이루어지는 무형의 보상이 더욱 큰 영향을 갖는다. 노력의 대가로 주어지는 보상은 일할 의욕을 북돋우고 앞으로 어떤 행동을 할지를 선택하는 데 중요한 영향을 미친다.

더욱이 자기가 스스로에게 부여하는 보상과 징계는 조직이나 다른 사람들로부터 보상받는 것 못지않게 중요하다. 이처럼 자기에 대한 보상은 어렵거나 하기 싫은 일을 하도록 작용한다. 또한 바람직한 행동을 완수한다면 스스로 자신감과 만족을

---

19 Cox, Jeff(1992). The goal: a process of ongoing improvement. Great Barrington: North River Press.
20 Charles, C. M.(1983). The Art of Self-Leadership; startegies for Personal Effectiveness in Your Life and Work. Prentice Hall. Inc. p. 106.

얻음으로써 일할 의욕을 북돋우고, 차후 행동을 선택하는 데 중요한 영향을 미친다. 즉 뚜렷한 목적을 가지고 자기가 스스로에게 부여하는 보상은 물질적인 것이든 정신적인 것이든 일에 대한 노력을 지속시키는 데 커다란 도움을 준다.[21]

④ 자기비판(self-punishment)

행동의 결과에 대한 자극의 다른 형태로 자기비판을 들 수 있다. 이는 자기강화와 반대되는 개념으로, 자신의 바람직하지 않은 행동이 제거될 수 있도록 주변 환경을 의도적으로 정리하는 것이라 하겠다. 일이 잘못되었을 때 자기가 스스로에게 벌을 주는 것은 보통 그다지 효과적이지는 못하다. 실제로 자기징계는 정신적이거나 의식적인 것이 대부분이다. 가벼운 죄책감은 가끔 효과를 거둘 수 있다. 그러나 지나치거나 습관적이 되면, 오히려 노력하고자 하는 의욕을 떨어뜨리며, 자기모멸감과 자신감을 떨어뜨린다. 이러한 현상으로 인해 자기비판은 널리 권고되지 않는다. 따라서 가장 바람직한 것은 실패의 원인을 분석하고 그로부터 교훈을 얻으며 그것으로 만족하도록 노력하는 것이다.[22] 자기비판(self-punishment)이 성공적으로 사용되기 위해선 부정적 행동을 억누를 만한 비선호적 결과가 있어야 한다. 그리고 바람직하지 못한 방법으로 행동했을 때, 자신에게 일정한 징계를 가함으로써 실수를 반복하거나 습관적인 실패에 빠지지 않도록 할 수 있다. 그러나 지나친 비판은 의욕을 저하시키므로 조심해야 한다.

⑤ 연습 또는 리허설

셀프리더십과 관련된 또 다른 행동은 연습이나 리허설의 형태이며, 이는 외적 또는 내적으로 이루어질 수 있다. 리허설은 효과적인 선행적 셀프리더십 전략으로서, 행위 또는 과업의 체계적인 연습(practice)을 의미한다. 즉 어떤 일을 시행하기에 앞서 깊이 생각하고 중요한 부분을 미리 육체적·정신적으로 연습하는 태도이다. 리허설은 외부적·내부적으로도 발생할 수 있는데, 그 중에서도 내적 리허설은 단호한 행동을 발생시킨다. 또한 과업을 비롯한 일을 하기 이전에 신체적·정신적으로 연습을 해보는 훈련(image training), 역할연기(role playing) 등을 말한다. 이러한 연습 또는 리허설은 미래에 이루어질 자기행동에 대한 내적 또는 외적 연습이 잘 될수록 행

---

21 Charles, C. M & Henry, P. S.(1980). Superleadership: Leading others to lead themselves, New York: Berkley Books. p. 153.

22 Ibid., p. 156.

동통제나 자기 유능성이 증가하게 되어 결과적으로 개인성과의 향상으로 이어진다.

### (2) 건설적 사고

인간은 흔히 여러 번의 반복과정을 통해 습관적인 행동을 변화시키듯이 습관적인 사고 역시 훈련에 의해 변화될 가능성이 크다. 따라서 자기 자신에 대해서 어떠한 '믿음(기대)'을 갖느냐에 따라서 과업수행에 뚜렷한 차이가 있다. 여기서 기대란 어떤 특별한 강화가 특정한 상황에서 자신에 대한 구체적 행동의 기능으로써 일어나는 개인이 가진 가능성이다.23 이는 기대라는 인지적 측면의 요소가 강한 사람이 그 행동에서도 긍정적이고 적극적인 행동을 유발할 수 있음을 강조하는 것이다.

부정적인 자기기대는 가능성을 약화시키지만, 긍정적인 기대는 가능성을 강화한다. 이것은 어떤 문제의 결과에 대해 생각하는 방식이 일과 인생 전반에 대한 각 개인의 행동과 태도에 영향을 미친다. 인간은 각기 자신의 머릿속에 독특한 세계를 구축하는데, 이러한 심리적인 세계가 명확한 형태로 자리 잡게 된다. 그 결과로 개인의 상상 속의 이미지는 자기도 모르게 형성되어 긍정적인, 혹은 부정적인 영향을 미치게 된다.

사고에는 또한, 끊임없이 자기 마음속으로 자기 자신에게 하는 대화가 있다. 의식하지 않는 사이에 사람들은 내면적으로 자신과 이야기를 하는 자신을 발견할 수 있다. "야, 이 바보야, 왜 그런 짓을 했어? 좀 제대로 할 수 없었나?" 하는 식의 자기대화는 개인에게 얼마든지 일어날 수 있는 상황이다. 사고를 효율적으로 관리하는 유용한 방법은 자기와의 대화를 스스로 관찰하고, 사고할 때 부정적인 요소들을 긍정적으로 바꾸려고 노력하는 것이다.24

### (3) 자연적 보상

자연적 보상이란 일 자체에서 얻는 보람 등과 같은 가치를 추구하는 것이다. 자연적 보상은 자신의 과업 중에서 자연적 보상을 가져다주는 것을 발견하고, 즉 자신이 좋아하거나 즐기는 과업을 그렇지 않은 과업과 구분해서 인식하는 것에서 출발한다. 나아가 그 일로부터 내적인 보상을 받는 방법으로 자신이 즐기는 작업 상황을 선

---

23 박아정(1987). 인간의 동기화 이론. 대구: 계명대학교 출판부. p. 52~58.
24 이한검(1994). 인간관계와 조직행동·인간행동론. 서울: 형설출판사. p. 122~125.

택하거나 만드는 것이 자연적 보상이다.

과업상황에서 물리적 환경의 개선은 과업수행 과정을 변화시킴으로써 가능하다. 그리고 과업수행의 개선은 내적 동기 유발을 강화하는 활동을 구축함으로써 가능하게 된다. 내적 동기 유발을 강화하는 활동에는 유능하다는 느낌(sense of competence), 자기를 통제한다는 느낌(sense of self-control), 목적의식(sense of purpose) 등이 있다. 이러한 것들을 개발하는 과업은 내적으로 동기유발이 되고 일 자체를 즐기도록 만든다.[25] 또한 업무의 부정적인 측면뿐만 아니라, 긍정적 측면에 대해서도 초점을 맞추는 것을 통해 부정적 반응을 줄일 수 있다.

첫째, 유능하다는 느낌은 인간으로 하여금 스스로 능력이 있다고 느끼도록 만든다. 인간은 흔히 더 잘 수행할 수 있는 과업을 즐긴다. 어떤 운동을 잘하는 사람은 그 운동을 좋아하고, 학교에서 공부를 잘하는 학생은 학교를 좋아하는 것과 같은 이치이다. 사람들은 자기가 가진 전문적 기술이나 일, 취미 등의 영역에 대해서 이야기하기를 즐긴다. 그러면서 스스로 그 방면에 유능하다고 느끼는 것이다. 다시 말해, 그렇게 말하면서 스스로 유능하다고 느끼므로 자연적 보상이 이루어진 셈이다.[26]

둘째, 자기를 통제한다는 느낌은 빈번히 인간으로 하여금 더 자기 통제적이라고 느끼게 한다. 인간은 자신을 둘러싸고 일어나는 일들을 결정할 때 주체자가 되기를 원한다. 예를 들어, 누구와 결혼할 것인가 하는 문제는 다른 누군가에 의해서가 아니라, 자기 스스로 결정하기를 원한다는 것이다. 한편, 우리가 수행 시기를 선택하고 그 수행 방법도 선택한 임의의 프로젝트나 취미 활동 등도 인간에게 자기 스스로 결정한다는 느낌을 가져다준다.[27]

셋째, 목적의식은 어떤 과업에서 느끼는 가치를 믿음으로써 가지게 된다. 아무리 우리에게 유능하다는 느낌을 가져다준다고 해도 근본적으로 그 일에 대한 목적과 의미를 발견하지 못한다면, 동기 유발이 힘들고, 그 일을 한다고 해도 즐기지는 못한다.

예를 들어, '중년의 위기(mid-life crisis)'로 흔히 언급되는 고민스런 현상은 이 개념을 강조하는 것이다. 또한 도덕적으로 문제가 있는 지시를 받았을 때 겪게 되는

25 Henry, P. S. Jr., & Peter, L.(1992). The New Leadership Paradigm: Social Learning and Cognition in organizations. Sage Publication, Inc.
26 이한검. 전게서. p. 122.
27 이한검. 상게서. p. 124.

갈등도 이러한 점을 반영한다. 이를테면, 담배를 잘 파는 유능한 세일즈맨이 있다고 하자. 그가 아무리 유능하고 스스로 자신이 직업을 잘 선택했다고 해도, 또한 상당한 재량권을 갖게 되었다 해도 윤리적으로 회의를 느낀다면 진정으로 그 일을 즐기기는 어려울 것이다.[28]

## 4) 선행연구의 고찰

셀프리더십에 관한 연구의 시초는 셀프리더십 이론의 정립과 제창에 이바지한 Manz와 Sims(1980)의 'Super-leadership'을 꼽는다. 이 연구는 효율적인 종업원의 자기관리(self-management)를 고무시키는 특정 자율경영팀 리더의 행동을 분석했다. 그리고 이러한 특정 리더의 행동과 총체적인 리더의 유효성과의 관계를 규명한 연구이다. 특히 종업원들과 리더들이 특정 자율작업집단(self-management work group) 내의 리더(coordinator)의 행동을 관찰해 평가한 것을 자료로 분석했다. 설문지를 통한 셀프리더십의 하위변인, 즉 리허설(rehearsal), 자기목표설정(self-goal-setting), 자기비판(self-criticism), 자기강화(self-reinforcement), 자기기대(self-expectation), 자기관찰·자기평가(self-observation·evaluation) 등의 6가지 요인을 분석에 사용했다.

국내에서는 최종택의 '학습조직 구축을 위한 수퍼리더십과 셀프-리더십 연구'[29]와 양동은의 '셀프-리더십이 군 조직성과에 미치는 영향에 관한 연구'[30]가 있다. 전자는 이 연구의 원조라 할 수 있는 Manz와 Sims의 기존의 설문지를 행동전략 및 인지 전략으로 크게 나누었다. 그리고 원래 설문 문항을 능동태로 바꾸어 한국적 토양에 맞게 수정하고, 문항을 추가해 개인의 셀프리더십 정도를 측정했다. 분석결과, 셀프리더십과 개인학습성과간에 높은 양의 상관관계를 도출해 냈다. 후자는 최종택의 연구를 기초로 해 셀프리더십을 측정한 뒤 군 조직성과와의 관계를 규명해 역시 높은 상관관계를 보였다.

---

28 이한검. 상게서. p. 125.
29 최종택(1996). 학습조직 구축을 위한 수퍼리더십과 셀프리더십 연구. 석사학위논문. 연세대학교 교육대학원.
30 양동은(1999). 셀프리더십이 군조직 성과에 미치는 영향에 관한 연구: 사단급부대 육군 조직구성원을 대상으로. 석사학위논문. 연세대학교 관리과학대학원.

국내에서는 아직 일반적 기업 및 관공서 등의 일반 조직체의 구성원들을 대상으로 한 셀프리더십에 대한 연구가 부족하다. 또한 동양의 선사상과 서양의 셀프리더십이 어떠한 관계가 있는지에 대한 연구는 전무한 상태이다.

## 5) 한국의 조직문화와 셀프리더십

한국의 조직이나 기업 문화의 특성은 인간중시의 가풍적 기업문화라고 말할 수 있다.[31] 여기에서 '인간중시'는 조직구성원들이 조직생활을 할 때, 성실·근면·책임감·협동심과 같이 인간이 기본적으로 갖추어야 할 품성이나 덕목을 무엇보다 중요하게 생각한다는 것을 의미한다. 이는 유교적 전통에서 유래한 인간중심사상이 조직생활의 측면에 계승되어 무엇보다도 '인간됨'을 중요시하는 문화를 형성한 것에서 그 원인을 찾을 수 있다.

또한 '가풍적'이라 함은 산업화 초기의 가족경영 방식이 그대로 현대의 기업에 수용되어 지속됨으로써 조직·기업 문화가 가족적인 성격을 강하게 나타내게 되었다는 사실을 의미한다. 이러한 전통사회 문화의 조직·기업 문화 특성의 관련성은 다음의 〈표 13-3〉에서 잘 나타난다.

'가풍적' 혹은 '가족중심'과 '인간중심'의 문화는 한국만이 가진 고유한 '공동체

| **표 13-3** | <<< 전통사회 문화와 조직·기업 문화 특성 |
|---|---|
| **전통적 사회문화가치** | **기업문화 특성** |
| • 임금과 신하간의 관계 | • 기업주의 권위와 자애 및 온정 |
| • 부자간의 친밀한 관계 | • 인화와 충성심, 존속감 |
| • 부부간의 별도의 역할 | • 직장에 대한 근면·성실성 |
| • 연장자와 연하자간의 서열관계 | • 상사와 추종자간의 위계질서 |
| • 친구 사이의 신뢰 | • 동료 구성원들간의 신뢰감과 집단의식 |
| • 장자우대 불균등 상속제도 | • 혈연에 의한 소유와 승계 |
| • 조상숭배·직계가족 우선주의 : 친소의식 | • 연고(혈연·학연·지연)주의 |

자료: 이학종(1993). 한국의 기업문화. 서울: 박영사. p. 111.

---

31 이학종(1993). 한국의 기업문화. 서울: 박영사. p. 111.

문화'를 형성했다. 공동체문화는 화(和)를 중시하는 성격을 갖는다. 즉 '나'를 우선하는 '우리'의 개념을 의미하고, 모두가 다 같이 혜택을 누리는 '평등사상'을 의미한다고 하겠다.32

근로자들의 의식구조에 관한 최근 연구 결과에 의하면, 한국의 근로자들은 유교사상과 가부장적 가족제도에 바탕을 둔 전통적인 사회문화 가치를 중시한다. 반면에 근대 서구문화의 합리적이고 개인주의적인 가치관도 강조함으로써, 오랫동안 우리나라의 사회문화를 지배해 온 전통적 가치관과 서구 사회문화의 현대적 가치관이 혼합된 의식구조를 보이고 있다.33 이러한 상황은 아직도 한국기업에서의 뚜렷한 기업문화가 정착되지 못했음이 단적으로 드러나는 예라 할 것이다.

최근 한국기업들은 이러한 변화추세에 따라 지배적이었던 가풍적 기업문화가 약화되고 이질적 성격의 기업문화가 유입됨으로써 그 방향감각을 상실하고 있는 실정이다. 즉 하나의 기업문화 안에서 경영자들이 기존의 권위를 유지한 채 외형적으로는 일반 구성원들의 의견을 존중하는 듯하지만, 실질적으로는 강압적인 태도를 보인다. 한편, 구성원들도 자기 자신의 개인적 가치를 내세우면서도 '무엇인가를 할 수 있다'는 도전정신은 상실한 채, 보신주의와 무사 안일한 태도와 같은 타율적 행동성향을 보이는 '미성숙 기업조직문화'의 특성이 나타나기도 한다.

이러한 상황에서 이면우(1992)가 'W이론을 만들자'34에서 밝힌, W이론은 하나의 대안으로 제시되었다. 그는 대부분의 고졸, 혹은 전문대 졸업의 학력을 가진 일명 '25인의 죄수부대'와 함께, 산학협동연구를 통해 수많은 고부가가치 제품(high-touch 제품: 기존의 제품을 개선해 좀더 향상된 고부가가치 제품)을 출시해 국내외 언론의 찬사를 받았다. 그리고 기업의 경쟁력과 생산성에서 한국적 경영방식인 '신바람' 문화를 소개했다. W이론의 기본개념은 미국의 제조업 발전을 가져온 X이론, Y이론, 일본의 고유한 Z이론과 대비되는 한국만의 고유이론이다.

'직급과 규정에 의한 권위만이 아닌 투철한 솔선수범 정신으로 인정받은 지도자와 어려운 일에서 보여주는 전 참여자의 공생공사정신, 이 모든 조건이 만족되고 나서 나타나는 한민족 고유의 신바람문화'

---

32 오세철(1982). 한국인의 사회심리. 서울: 박영사. p. 121.
33 이학종. 전게서. p. 120.
34 이면우(1992). W이론을 만들자. 서울: 지식산업사. p. 151.

로 정리할 수 있다. 학벌과 능력이 있는 지도자에게 신뢰감을 보내기보다는 동고동
락(同苦同樂)하며 솔선수범하는 지도자에게 전폭적 신뢰를 보낸다. 즉 어려운 일일수
록 참여자 전원이 공생공사(共生共死)의 정신이 확인될 때, 우리에게 고유한 화(和) 중
심의 '자율적 공동체 문화'가 갖는 장점을 잘 보여주는 단적인 예라 할 것이다. 자율
적 공동체 문화는 조직이라는 공동체를 중시해 '우리'의식이 강하고, 구성원은 자율
적 가치의식과 행동성향을 보이는 기업문화로서, 앞으로 지향해야 할 한국의 조직·
기업 문화가 될 수 있을 것이다.35 이상에서 살펴본, 한국형 조직·기업 문화의 가능
성은 앞서 논의한 셀프리더십의 이론적 배경이 되는 '지도자의 솔선수범(모델링)', '자
율', '참여', 그리고 '공동체(평등)문화'와 접목될 수 있는 충분한 소지를 가지고 있다
고 하겠다.

## 3. 선과 셀프리더십과의 관계

오늘날 서구의 사조가 이 땅에 들어오면서 무질서해지고 거칠어진 우리의 정신
관을 바라볼 때, 시대의 위기의식과 불안감을 절감하지 않을 수 없다. 이러한 위기의
식은 비단 한국만의 것이 아니라 동양 전체에서도 느낄 수 있다. 서양은 말할 여지도
없이 위기의식을 백 년 전부터 절감해 온 것이다. 이 위기의식을 면하려는 노력은 호
소를 넘어 절실한 요청이 되고 있다.

위기의식은 인간성의 상실이며, 오늘의 선의 지양은 인간성 상실에서부터 회복
으로 회귀하는 작업이다. 인간성 회복은 먼저 인간을 존경하는 마음의 자세를 갖는
것이다. 민주주의의 근본이념이 인간존중의 사상이다. 진정한 의미에서의 물질은 인
간을 위한 것이지, 인간이 물질을 위해서 존재하는 것이 아니다. 선정신이 주장하는
인간의 가치는 물질 이상의 존재로서 높은 가치의식을 갖고 있다는 것이다.

한국의 기업조직문화는 유교적 전통에서 유래한 인간중심사상이 조직생활의 측
면에 계승되어, 무엇보다도 '인간됨'을 따지는 인간중시의 가풍적 기업문화가 뿌리
내리고 있다. 여기에서 '인간중시'라 함은 모든 조직구성원들이 조직생활을 하는 데

---

35 이명환(1997). 신바람 기업문화. 서울: 21세기북스. p. 68.

성실·근면·책임감·협동심과 같이 인간이 기본적으로 갖추어야 할 품성이나 덕목을 무엇보다 중요하게 생각한다는 것을 의미한다. 이러한 기업조직문화에 대한 가치관과 '우리' 의식을 강화하고, 구성원으로 하여금 자율적 가치의식과 행동성향을 보이게 하기 위해서는 선사상을 통해 자신을 컨트롤하고 노력하는 것이 중요하다. 즉 조직구성원들이 선이라는 도구를 통해 외부적 강화가 아닌 내면에서 비롯된 욕구로 자신을 관리하고 통제하는 셀프리더십을 갖게 되어야 한다는 것이다.

구성원 개인은 선사상에 대한 이해를 통해 자신을 돌아보고 자기성찰에 도달해 자신의 감정을 통제할 수 있다. 또한 이것은 서양의 셀프리더십에서의 자기관리의 개념으로 받아들일 수 있을 것으로 생각된다. 따라서 선수련을 통해 셀프리더십을 육성한다. 이를 통해 자신이 스스로 비전을 만들어 가고 그에 따라 자신의 목표를 정한 후 목표달성을 위한 효과적인 행동을 계획하고 실천하게 된다. 더 나아가 업무효율화를 위한 자신의 시간관리나 몰입을 보이며, 자신의 감정까지도 통제할 수 있게 된다.

하지만 국내에서는 아직 셀프리더십과 직무만족 및 조직 몰입도와의 관계에 대해 일반기업 및 관공서 등의 조직구성원들을 대상으로 한 연구는 많이 이루어지지 않고 있다. 게다가 동양의 선사상을 연관지어 연구한 것은 전무한 상태이다. 따라서 본 연구에서는 동양의 선사상과 서양의 셀프리더십과의 상관관계가 있는지 살펴보고자 한다. 그리하여 동양적인 선사상과 서양적인 셀프리더십의 조화로운 접목을 통한 기업의 효율성과 기업을 구성하는 구성원의 개인효율성 증진에 도움이 되었으면 하는 바람이다.

철학적 차원에서 셀프리더십은 인간정신의 발달과 구조의 이론, 내적 동기를 발견하고, 자기의 기대를 높이는 한편, 그에 맞는 성과를 이루는 것이 목표이다. 또한 진정한 자기실현(Self-Realization), 자기현실화, 개인화(내 자신이 되는 것) 등을 통해 궁극적으로는 기업의 성과에 도움을 제공하고자 한다. 자기실현·자기현실화·개인화를 불교의 용어로 설명하자면, 자기의 본래면목(本來面目)을[36] 찾는 것으로써, 이는 인격의 완성에 도달되는 것이다. 그러므로 선의 목적은 궁극적인 문제해결을 위한 직접적인 깨달음이다. 이 깨달음 안에 우리를 자유롭게 하는 진리가 형성되어 있

---

36 本來面目; 本地風光이라고도 함. 천연 그대로 있고 조금도 인위적 조작을 더하지 않은 자태(姿態)라는 뜻. 사람마다 본래 갖추어 있는 심성(心性)을 말함. 이 말은 『육조단경』에 혜능(慧能)이 云, "不思善 不思惡하라. 正興寒時에 那笛가 是明上座의 本來面目고?"라 한 데서 생겼다.

다. 이 진리는 인식의 대상만으로서의 진리가 아니라, 구체적이고 실제적인 깨달음으로서 경험되고 그 안에 생활하고 있는 진리이다. 자기 자신의 본성(本性)의 통찰, 자유, 행복과 사랑의 기대, 정신적 에너지의 해방에 도달함을 얻는다는 점에서 우리들은 선과 셀프리더십의 접목을 시도해 볼 수 있는 것이다. 자기 자신의 본성(本性)의 통찰이란, 속박으로부터의 자유에의 길을 가르치고 있다. 그것은 우리들 각자 각 개인 중에 본래 자연스럽게 갖추어진 모든 에너지를 해방하는 일이며, 구속되어 있고 왜곡되어 있는 것을 자유로이 활동하도록 통로를 마련해 주는 일이다. 이는 인간의 본성과 일치한다고 하는 점에서 최량(最良)의 상태이다.[37]

일반 셀프리더십의 궁극적 목적은 자아실현의 인간 조성을 통한 기업 효율성 증대에 있다. 반면에, 선의 궁극적 목적은 지혜로서 자기 존재의 본성을 깨달은 이가 되어 자비로서 그 지혜가 모든 이와 함께 하도록 하는 것이다. 선사상을 셀프리더십에 적용하고자 할 때 불교적 입장에서나 서양의 셀프리더십의 입장에서나 집단 개인의 구성원을 중요시해, 이 개인의 변화를 통해 사회나 기업의 측면에서 효과를 얻고자 하는 데 근본 목적이 있는 것이다. 그러나 이러한 일맥상통함 가운데서도 차이는 있는데, 선은 셀프리더십과는 달리 포괄적이고 광범위하다는 사실이다.

우선 대상면에 있어서도 셀프리더십은 기업의 구성원에 그치는 반면, 선은 기업 구성원뿐만 아니라 고통을 겪고 있는 중생 등 생명을 가진 미물에게까지 선의 목적적 대상이 확대된다. 그리고 대상되어진 심리적 문제해결뿐만 아니라, 인생, 즉 삶의 근본적 본질의 불안까지 해소하고자 하는 것이 선인 것이다. 또한 정신적 구제뿐만이 아니라 물질의 고통을 겪고 있는 이들에게까지 자비의 덕을 베풀고자 하는 하화중생(下化衆生)의 불교인 것이다. 그러므로 선과 셀프리더십을 비교해 볼 때 선의 목적이 포괄적이고 광범위하며 깊이가 깊어 고차원적이다.

문화적인 면에서 살펴보면 서양의 문화는 '개인'이 우선한다. 개인의 역량이 모여서 더 큰 사회가 되고 국가가 되는 것이다. 그러나 너무 개인을 중요시하다보니 개인이 자신의 욕구만을 내세우면서 사회가 더욱 각박해지고 삭막해졌다. 반면, 동양의 사상은 국가가 있고, 그 속에 '우리'가 있고, 또 그 '우리'라는 개념 속에 개인이 있다. 국가와 우리 속에 자신이 있는 것이다. 더 넓게 보면 만물과 자연 속에서 조화로

---

37 Fromm, E., Suzuki, D. T., & Martino, R.(昭和 49). Zen Buddhism and Psychoanalysis. 在 勝幸治 外譯. 禪と精神分析. 東京: 創元社. p. 158.

운 관계를 가질 때 자연스럽게 세상이 발전한다는 의미를 포함하고 있다.

한편, 셀프리더십은 변화하는 기업의 환경에 대응하기 위한 하나의 수단으로서 자율 통제를 강조하는 개념으로 기업에 도입되었다. 즉 셀프리더십은 기업 구성원들의 동기부여 · 자기통제 · 자기관리 등을 통해 구성원이 창조력을 발휘하고 적극적으로 행동할 수 있도록 한다는 것이다. 궁극적으로는 기업주의 입장에서 구성원의 능력을 더 잘 활용하기 위한 방안, 즉 위로부터의 개념이라고 생각된다. 그리고 이러한 셀프리더십은 타고난 것이 아니라 학습을 통해 얻어지는 것이라고 했다.[38]

이러한 측면에서 보았을 때 선과 셀프리더십은 자기통제 · 자기관리 등의 개념적인 면에서 매우 긴밀한 유사성을 가지고 있는 것이 사실이다. 다만 근본적으로 보았을 때, 선은 교육과 학습에 의한 목표의식이 아니라 체험과 수양을 통한 개인의 잠재적인 내부의 변화를 이끌어내는 개념이다. 선은 체험과 자기 수양을 통해 현대 사회를 살아가면서 받은 스트레스를 조절하고, 과거 자연인으로 돌아가 정신적 안정과 신체적 건강을 찾을 수 있다는 것이다. 이렇게 되찾게 된 정신적 · 신체적 효과가 각 개인의 사회생활에서 효과를 발휘한다고 볼 수 있다. 그러므로 선은 셀프리더십이라는 개념보다 더욱 근본적인 개념이 될 수 있다. 현대사회를 살아가면서 필수적으로 부과되는 정신적 · 신체적 질병은 선수련을 통한 신체적 · 정신적 안정의 회복으로 치유될 것이다. 또한 선을 통해 보다 안정된 가정생활을 영위하며, 더 나아가 효과적으로 개인이 기업의 한 구성원으로서 기업 성과에 기여할 수 있을 것이다. 따라서 셀프리더십을 더욱 효과적으로 이끌어내고 더욱 근원적인 하나의 방안으로 선을 활용할 수 있다.

이상과 같이 선은 선 자체로서도 매우 의미가 크며, 선의 수련을 통해 개인이 얻을 수 있는 성과 또한 매우 크다고 할 수 있다. 나아가 이러한 선이 조직에 가져다주는 성과를 검토하는 것 또한 매우 의미 있는 일이라 하겠다. 현대의 조직은 외부적 환경에 의해 매우 불안정한 상태에 놓여 있다. 조직의 외적 환경은 더욱 경쟁적으로 변화되고 있는 것이다. 따라서 조직 스스로 외적 환경에 유연하게 대처하지 못하게 될 경우, 그 조직은 존재하기조차 힘든 상황에 처해지게 된다. 이와 같은 상황하에 조직의 변화를 모색하는 방법에는 여러 가지가 있을 수 있으나, 무엇보다 중요한 것은 조

---

38 Charles, C. M.(1983). The Art of Self-Leadership; strategies for Personal Effectiveness in Your Life and Work. Prentice Hall. p. 5~6.

직을 구성하고 있는 구성원들의 유연성에 기초한 경쟁력이라 하겠다.

이와 같은 측면과 사회학습이론에 따르면, 개인에 대한 통제는 개인 스스로가 자신에게 부과하는 자율통제이다. 그리고 외부 강화보다는 내적인 자극에 의해 행동할 때, 그 성과가 더욱 높다는 점을 고려한다면, 앞서 제시했던 것처럼 선은 조직구성원들의 경쟁력을 향상시킬 수 있는 대안이라고 할 수 있다. 그리고 조직구성원들은 선을 통해 스스로 통제해 자기 자신의 능력을 최대한 발휘할 수 있을 것이다.

결론적으로 리더십의 핵심은 조직구성원의 역량을 모아 조직의 목적을 주어진 시간 내에 달성하는 것이라 하겠다. 리더십은 조직의 내외적 환경변화에 따라 리더 자신의 중요성뿐만 아니라 구성원의 역할 역시 조직의 목표를 달성하는 데 중요한 요소로 보고 조직구성원들의 역할과 기능을 최대화하는 데 역점을 두는 것으로 변화하였다. 이러한 상황에서 리더십에 대한 새로운 패러다임의 하나로 구성원 개개인이 스스로 목표를 설정하고, 자기관리 및 통제 등과 같은 자율성을 중심으로 한 셀프리더십이 요구되고 있으며, 빠르게 변화하는 총체적 조직 변혁에서 각 조직구성원들의 자신의 능력개발은 대단히 중요하게 된 것이 자명한 사실이다.

우리라는 공동체 문화기반을 가지고 있는 한국적 상황으로 볼 때, 선과 셀프리더십에 대한 연구가 활발히 이루어진다면, 단순한 외국의 이론 도입 및 습득의 차원이 아니라 보다 진일보한 한국적 셀프리더십 이론의 재정립이 가능할 수 있으리라 본다.

# 참고문헌

- 권대봉(1996). 평생학습사회교육. 서울:학지사.
- 권대봉(1998). 산업교육론. 서울: 문음사.
- 권대봉·이현정(1997). 관리자의 리더십 교육연구 사례연구. 교육논총. 고려대학교 교육대학원. 27('97. 12).
- 김남현(2005). 조직행동의 관리. 서울: 경문사.
- 김남현·백기복(2008). 뉴리더십. 매일경제신문사.
- 김석회(2004). 경영조직관리론. 서울: 무역경영사.
- 김식현(2009). 인사관리론. 서울: 무역경영사.
- 박내회(2003). 현대 리더십론. 서울: 법문사.
- 박소현·김문수 역(1998). 학습과 행동. 서울: 시그마프레스.
- 박아정 역(1987). 인간의 동기화 이론. 대구: 계명대학교 출판부.
- 백기복(2004). 조직행동연구. 서울: 법문사.
- 서병인·정동섭(2000). 현대조직행동. 서울: 삼영사.
- 송경근·윤종수 역(2004). 자율경영팀을 위한 임파워먼트. 서울: 한언.
- 신유근(2007). 기업경쟁력 제고를 위한 경영혁신과 기업문화의 연계. 서울: 다산출판사.
- 신유근(2008). 조직행위론적 접근. 인간존중의 경영. 서울: 다산출판사.
- 신응섭 외(1999). 리더십의 이론과 실제. 서울:학지.
- 오세철(1982). 한국인의 사회심리. 서울: 박영사.
- 이면우(1992). W이론을 만들자. 서울: 지식산업사.
- 이명환(1997). 신바람 기업문화. 서울: 21세기북스.
- 이학종(1993). 한국의 기업문화. 서울: 박영사.
- 이학종(1998). 조직행동론. 서울: 세경사.
- 이한검(1998). 인간관계와 조직행동·인간행동론. 서울: 형설출판사.
- 최종택(1996). 학습조직 구축을 위한 슈퍼 리더십과 셀프리더십 연구. 석사학위논문. 연세대학교 교육대학원.
- 한규석(1995). 사회심리학의 이해. 서울: 학지사.

■ 한근태 역(2000). 21세기 리더의 선택. 서울: 한국경제신문.

■ 한영환 역(2003). 제4물결. 서울: 한국경제신문사.

■ Amabile, T. M.(2003). The social psychology of creativity: A componential conceptualization. Journal of Personality and Social Psychology, 45, 157~ 176.

■ Barbra, B. B.(1980). Supermind; Ultimate Energy. New York; Harper and Row Publishers.

■ Charles, C. M(1992). Mastering Self-Leadership: Empowering yourself for personal excellence. New-York: Mcgraw-Hill.

■ Charles, C. M., & Henry, P. S(1980). Super-Leadership: Leading other to lead themselves. New York: Berkley Books.

■ Daft, R. L.(1999). Leadership: Theory and Practice. The Dryden Press.

■ Glassman. E.(1996). Managing for creativity: back to basics in R & D. Management, 16, 175~183.

■ Gryskiewicz, S. G.(2005). Predictable creativity, In Frontiers of creativity research: Beyond the basics. Eds. by S. G. Isacksen, Buffalo, New York: Bearly Limited.

■ Henry P. S. Jr., & Lorenzi, P.(1992). The New Leadership Paradigm: Social Learning and Cognition in organizations. Sage Publication. Inc.

■ Kaplear, P.(1995). Zen Keys: Thich Nhat Hanh. Doubleday.

■ Lovelace, R. F.(2006). Stimulating creativity through managerial intervention. R & D Management, 16, 116~128.

■ Porter, M. E.(2008). Competitive Strategy: Techniques for Analyzing Industries and Competitors. New York: Free Press.

■ Schoonhoven, C. B., Eisenhardt, K. M., & Lyman, K.(1998). Speeding products to market: Waiting time to new product introduction in new firms. Administrative Science Quarterly, 35, 177~207.

■ Scott, S. G., & Bruce, R. A.(2003). Determinants of Innovative Behavior: A Path Model of Individual Innovation in the Workplace. Academy of Management Journal, 37, 110~117.

■ Stewart, G. L., & Carson, K. P.(2006). The Joint Effects of Conscientiousness And

Self-Leadership Training on Employee Self-Directed Behavior in a service setting. Personnel Psychology, 49, 143~164.

■ Thaler, R.(2000). From Homo Economics to Homo Sapiens. Journal of Economic Perspectives, 14, 133~144.

chapter **14**

# 100세 시대의 인생3모작을 위한
# 베이비부머 은퇴세대 지원 체계

현 영 섭

## 1. 문제제기

한국 사회의 고령화는 다양한 측면에서 논의가 진행되고 있다. 그 중에서 최근 화두가 되는 현상 중에 하나는 베이비부머(baby boomer)의 은퇴이다. 전후 급격하게 증가한 출산율을 보인 1955년부터 1963년 사이에 태어난 연령층을 지칭하는 베이비부머 또는 베이비부머는 2010년부터 1955년 출생자가 기업의 일반적인 정년연령에 해당되는 55세가 되면서 사회적 관심의 대상이 되고 있다(정경희, 2010). 2010년 베이비부머의 규모는 약 712만 명으로 향후 10년 동안 직장에서 은퇴할 인구의 규모라고 할 수 있다(전찬호·진성미, 2011).

베이비부머의 규모와 은퇴가 관심의 대상이 되는 이유 중에 하나는 이들의 은퇴가 사회에 미칠 파장 때문이다. 베이비부머 은퇴의 사회적 파장에는 부정적 측면과 긍정적 측면이 존재한다. 부정적 측면으로는 대규모 인구의 은퇴는 기업현장에서 근무할 생산인력의 급격한 감소로 인한 생산성 저하, 직무수행을 위한 노하우가 축적된 퇴직인력과 새로운 충원인력간의 노동력 질의 차이, 사회복지비용 증대로 인한 국가재정 부족 문제 등이 있다. 반면에 긍정적 측면으로는 청년실업 해소, 기업의 인건비 감소, 실버산업의 확대 등이 포함된다(정호성 외, 2010; 전찬호·진성미, 2011). 베이비부머의 개인적 측면에서는 은퇴로 인한 노후 준비의 필요성 증가, 은퇴 후 소득 보장을 위한 구직활동 전개, 실업으로 인한 심리적 압박과 경제적 압박 증가 등 다양한 문제점들이 예상된다(전찬호·진성미, 2011). 이로 인하여 베이비부머의 은퇴와 관련하여 국가적 수준과 개인적 수준에서 대응방안에 대한 모색이 이루어지고 있으며 실질적인 방안 마련과 실천이 요구되고 있다.

그러나 최근까지의 베이비부머에 대한 연구들을 보면 다음과 같은 한계점을 내포하고 있다. 첫째, 베이비부머 은퇴와 관련하여 퇴직연령의 증가, 주거정책의 변화, 관련 복지 정책의 변화 등과 같은 거시적 접근이 많이 시도(강창호·박창수, 2009; 서수복, 2010; 정호성 외, 2010)되어 지역사회나 지역사회의 개별 주체들이 어떤 정책이나 사업으로 대응방안을 모색해야하는지에 대한 논의가 부족하다. 특히 퇴직연령의 증가와 같은 정책은 사회적 합의와 기업문화의 변화 등 장기적인 국가적 수준의 노력들이 필요하나, 그 결과 또한 베이비부머 은퇴시기를 연장시킬 뿐 근본적인 대책이 되기 어렵다는 한계가 지적되며(정호성 외, 2010) 정책상의 문제점을 드러내고 있다.

둘째, 베이비부머 은퇴와 관련하여 사회적 보호나 대처에만 초점을 두어서 이들의 사회적 참여 배제 또는 사회적 활동의 단절을 상정해 놓고 이들의 인적자원으로서의 가치를 평가절하하고 사장하는 사회적 손실을 발생시킬 수 있는 가정을 수용하는 경우도 존재한다. 즉 이런 측면에서의 정책과 사업이 필요한 것도 사실이기는 하지만, 베이비부머 은퇴자 또는 은퇴예정자의 사회적 참여와 경제적 활동을 진작하여 사회적 자원으로서 활용하기 위한 방안을 마련하는 것이 베이비부머 은퇴에 의하여 발생될 수 있는 부정적 측면을 해소할 수 있는 적극적 방안으로 이해된다. 이런 측면에서 베이비부머의 경력개발이나 베이비부머를 평생학습의 중요한 대상으로 보는 관점이 제시되기도 하였으나(전찬호·진성미, 2011; 진성미, 2009; 차종석, 2005) 구체적인 대안을 마련하는 데에는 부족함이 존재한다.

베이비부머 은퇴와 관련하여 보다 미시적이고 지역사회 또는 지역사회 구성주체가 수행할 수 있는 정책이나 사업에 대한 아이디어의 제공, 학습과 경력개발의 관점에서 베이비부머의 사회적 참여와 활동을 진작하기 위한 방법에 대한 고민 등에 대한 필요가 커지고 있다. 이에 본 장에서는 베이비부머 은퇴에 대응하기 위한 보다 구체적이고 지역사회에서 실천가능하며 학습과 경력개발, 그리고 베이비부머의 인적자원으로서의 가치를 더욱 높일 수 있는 방안에 대한 사례를 분석하고 그 시사점을 제시하고자 하였다. 이런 목적을 달성하기 위하여 국내의 경우에는 울산대학교에서 실시하고 있는 New Challenge Network, 국외의 경우에는 미국의 SCORE와 네덜란드의 PUM을 분석 사례로 선정하였다.

## C 2. 베이비부머의 특성

### 1) 베이비부머의 추세와 고용구조

베이비부머 인구가 2010년 정도부터 은퇴시기에 접어들면서, 고령화비율, 노인 부양비, 고령인구수 등에서도 급작스러운 증가추세를 보이고 있다. 실제 추세를 보면, 2010년부터 서서히 증가하기 시작하여 2026년에 베이비부머 은퇴가 누적되면서 1차 베이비부머 효과가 나타나고 10년 후에 다시 2차 베이비부머 효과가 발생될 것으로 예상된다. 2차 베이비부머는 1968년부터 1974년생에 해당되는 세대로 2020년대 이후부터 이들의 은퇴충격이 발생될 것이다. 그리고 베이비부머의 2세들을 의미하는 베이비부머 에코세대의 경우는 1979년~1983년생, 그리고 1990년 초반생의 인구로 이들 역시 2030년대 후반이나 2040년대부터는 은퇴충격을 발생시킬 것으로 예상된다.

이상과 같이 베이비부머는 단지 전후 10년 동안의 출생인구만을 의미하는 것이 아니라 2차 베이비부머와 베이비부머 에코세대까지 포함하는 인구로서 이들의 고령화는 사회 전반에 걸쳐서 고령화 추세의 가속화와 이에 따른 새로운 변화와 대응을 필요로 하고 있다. 한국의 경우에는 이제 1차 베이비부머의 은퇴시기가 시작된 것으로 볼 수 있다.

베이비부머는 한국사회의 경우 전쟁 직후에 태어나서 고속성장의 시대를 주도

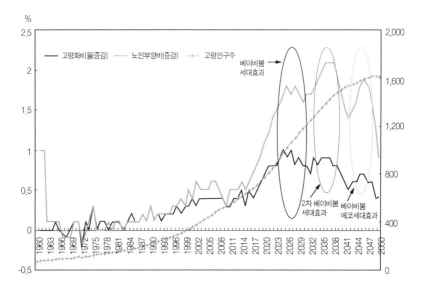

그림 14-1   <<< 베이비부머 효과 추이

출처: 통계청(2010).

한 산업역군이었다. 특히 2011년 7월 현재 베이비부머의 생산가능인구가 730.2만 명으로 한국 총인구의 14.9%를 구성할 정도로 가장 많은 수의 연령집단이며, 생산가 능인구 중 경제활동인구는 561만 명으로 경제활동 참가율이 76.9%에 달할 정도로 모든 세대를 통합한 인구의 경제활동 참가율(62.0%)보다 높다. 이는 베이비부머가 현 재 한국의 경제상황에서 중요한 생산인구라는 점과 이들의 은퇴로 인한 경제적 파급 효과가 적지 않을 것이라는 점을 예상하게 한다.

또한 여성과 남성의 비율을 보면, 여성(63.2%)은 남성(90.3%)에 비해 경제활동 참가율에서 약 27% 정도의 차이가 날 정도로 낮은 수준이며, 이로 인하여 베이비부 머 은퇴와 관련된 논의에서 남성에 초점이 맞춰지는 경향도 보인다. 그러나 은퇴시 기까지 직장생활을 계속하고 있다는 점에서는 남성에 못지 않은 전문성과 직업경험 을 갖고 있으며 가정경제를 책임지는 부분 역시 적지 않다는 점에서 여성 베이비부 머에 대한 관심도 중요한 부분이라고 할 수 있다.

**표 14-1**   <<< 베이비부머의 주요 고용지표(2011년 7월 현재)   (단위: 천명, %)

| 구 분 | 취업자 | 실업자 | 경활인구 | 비경활 인구 | 생산가능 인구 | 고용률 | 실업률 | 경활률 |
|---|---|---|---|---|---|---|---|---|
| 계 | 5,501 | 111 | 5,612 | 1,691 | 7,302 | 75.3 | 2.0 | 76.9 |
| 남 | 3,329 | 82 | 3,322 | 357 | 3,678 | 88.1 | 2.5 | 90.3 |
| 여 | 2,261 | 29 | 2,290 | 1,334 | 3,624 | 62.4 | 1.3 | 63.2 |
| 전체 | 24,636 | 837 | 25,473 | 15,614 | 41,087 | 60.0 | 3.6 | 62.0 |

출처: 황기돈(2011).

## 2) 베이비부머의 생애발달적 특성과 생애경험

베이비부머를 이해하기 위해서는 추세나 고용구조와 같은 현재 또는 미래 시장에서의 상황은 물론 개인적이며 심리적인 특성도 포함시켜 이해할 필요가 있다. 이런 베이비부머를 이해하는 방식에는 생애 중기에서 노년기로 진행되는 생애발달적 관점에서의 일반론적 이해와 한국 현대사 속에서 경험한 베이비부머의 다양한 생애경험을 이해하는 특수론적 이해로 구분될 수 있다.

생애발달적 관점에 따른 일반론적 이해는 경력단계이론 등을 통하여 정리될 수 있다. 경력단계이론의 초기 학자인 Super(1957)는 인간 전 생애에 걸친 경력 단계를 탐색(exploration) 단계, 수립(establishment) 단계, 유지(maintenance) 단계, 해방(disengagement) 단계의 네 가지 단계로 구분하였다. 여기서 현재 한국의 베이비부머가 해당되는 단계는 45세에서 64세에 해당되는 유지 단계이다. 유지 단계는 기존의 사회적 위치와 지위 또는 관계 등을 그대로 유지하고 이를 위하여 필요한 기술이나 능력을 개선하는 시기이다. 따라서 새로운 경력에 대한 시도가 거의 발생되지 않으며 현재의 경력 분야에서 그 신분을 유지하려는 특성을 보인다. 이런 Super의 관점은 때로는 보수적으로 해석되어, 유지 단계가 새로운 변화를 시도하지 않고 현재의 사회적 위치를 지속하려는 것에만 초점을 두고 해석되기도 한다. 예를 들어 Hall(1976)은 유지 단계에서 더 이상 성장을 고민하기보다는 전문분야의 지식을 기

그림 14-2  <<< Hall의 경력단계 모형

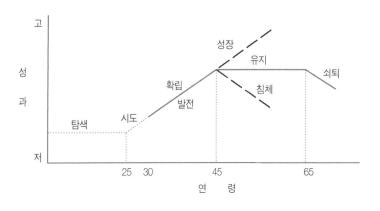

출처: Hall(1976).

반으로 조직을 지원하고 후진을 양성하는 등의 역할을 하면서 새로운 경력을 모색하기도 한다는 점을 설명하였다.

사회적 위치를 유지하려는 것은 인정하지만 이를 유지하기 위하여 필요한 능력신장과 같은 노력은 지속한다는 점에서 가만히 앉아서만 있는 성인중기 또는 베이비부머로 해석하는 것은 Super의 이론과는 거리가 있다. 사실 Hall도 조직이라는 한정된 공간을 상정하였기 때문에 성인중기가 유지를 특징으로 한다는 설명을 한 것이지, 그 외의 다양한 경력을 추구하기 위한 노력을 하지 않는다는 것은 아니었다.

이런 관점에서 오히려 성인중기를 새로운 인생의 전환기이자 변화의 시기로 이야기하는 경우도 적지 않다. 예를 들어, Levinson(1986)은 베이비부머가 해당되는 성인중기를 성인중기의 정점시기로 해석하고 이후의 성인말기로 진행하기 위한 새로운 변화와 도전의 시기라는 점을 설명하였다. 즉 자신의 그 동안의 삶에 대한 재평가와 이런 평가결과에 기초하여 자신의 삶이 성공한 삶인지 아니면 실패한 삶인지를 확인하고 새로운 변화를 추구하기 위한 기회를 탐색하는 시기가 바로 성인중기이다(권대봉, 2003).

성인중기에 대한 유지와 변화라는 두 가지의 상반되는 특성을 통합하려는 시도로서 Greenhaus와 Callahan 그리고 Godshalk(2010)는 성인중기를 중년 변화기

그림 14-3    <<< Levinson의 성인발달단계모형

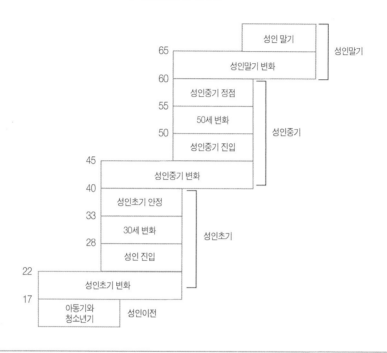

출처: 권대봉(2003).

(mid-life transition)와 생산성 유지(productive maintenance)의 2가지로 그 특징을 설명하였다. 중년 변화기는 개인의 욕구, 성취, 꿈에 대한 재평가 및 이에 기초하여 생애동안의 자신의 직업과 일 그리고 생애 자체에 대한 재검토를 통하여 자신의 삶에서의 아쉬움에 대한 회고, 새로운 변화의 필요 등에 대한 인식 등을 경험한다. 또한 생산성 유지는 현재의 상태를 유지하면서 새로운 방향으로 나아가는 것에 대한 동기가 약화되고 또한 새로운 변화로 나아갈 수 있는 동기가 있다고 하더라고 그런 기회가 부족하다고 인식하는 등 변화추동력의 저하가 발생하게 되는 시기를 의미한다(전찬호·진성미, 2011).

이상의 논의를 정리하면 베이비부머가 해당되는 성인중기는 연령으로는 40대부터 60대 정도까지의 시기이며, 인생에 대한 재평가를 통하여 삶의 의미를 재음미하고 새로운 변화를 시도하려는 모습을 보인다. 그리고 이런 상황에서 일뿐만 아니

그림 14-4　<<< 베이비부머가 경험한 사회경제적 변화

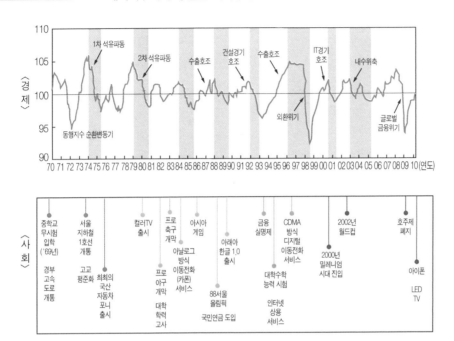

출처: 정경희(2010).

라 여가나 가족과의 관계에 대한 새로운 균형을 찾으려고 하기도 한다. 또 다른 측면에서 성인중기는 새로운 시도를 하려고 하지만 새로운 시도의 가능성에 대한 회의적 태도와 동기부여 또는 실제로 주어지는 기회의 부족 등을 인식하면서 현 상태에 안주 또는 유지하려는 특성을 보인다.

　일반론적 이해와 함께 한국의 베이비부머의 생애경험은 특수론적 이해도 필요로 한다. 한국 현대사의 격변기를 모두 거치면서 산업화의 핵심인재로서 역할을 한 베이비부머는 다른 세대와는 전혀 다른 사회적·역사적 경험을 통하여 매우 차별적인 생애경험을 축적하였다.

　1차 베이비부머나 2차 베이비부머는 한국의 산업화 시대의 발전 과정을 모두 밟아온 세대면서 동시에 석유파동, 외환위기, 글로벌 금융위기 등의 위험과 경제호황을 겪어온 세대이다. 또한 1960년대와 70년대의 교련훈련이나 정신교육과 같은 억압의 시대를 거쳐서 1980년대의 민주화를 선두한 세대이면서 흑백TV에서 칼라TV로, 자가용과 아파트로 표현되는 자산의 강조, 스포츠 확산, 대중문화의 확산, 여권 신장, 핵가족화 등 문화적 다양성과 변화를 경험하고 수용했던 세대였다(정경희, 2010). 더불어 산업화 이후 정보화의 시대에 접어들면서 컴퓨터, 사이버, 인터넷, 스마트폰 등 정보문화에 적응하고 정보기술을 활용하도록 요구받았던 세대이기도 하다.

이런 베이비부머는 다양한 변화와 적응, 급속한 변화 경험에서의 가치관의 혼란 등을 경험하였고, 또 이제는 개인 수준에서 또 다른 사춘기라고 불리는 성인중기의 변화와 노년기에 대한 대비 등으로 두려움과 혼란을 경험해야 하는 세대이기도 하다. 이런 베이비부머는 한국의 현대사를 경험하고 그 속에서 다양한 한국의 문화와 세대를 이해하고 산업적 기술과 능력 등의 노하우를 축적하고 있는 우수한 자원이다. 이는 베이비부머를 활용하고 그들의 역할을 새롭게 규정 또는 부여하는 등의 사회적 노력이 요구되는 이유이기도 하다.

## 3. 학습과 네트워크 중심의 국내외 사례

학습과 네트워크를 중심으로 하고 또 다양한 사회적 역할을 유도함으로써 베이비부머가 단지 보호를 받아야 하고 복지의 대상이 되며 사회적으로 부담을 가중시키는 세대가 아니라 이들을 인적 자원으로서 활용해야하고 새로운 부가가치를 생산할 수 있는 세대로서의 관점 변화와 실천이 요구된다. 이런 실천의 사례로서 본 연구에서 국내 사례로서 울산대학교의 New Challenge Network(NCN), 네덜란드의 PUM, 미국의 SCORE를 살펴보았다.

### 1) 울산대학교의 NCN 사례

울산대학교의 NCN은 울산지역의 다양한 산업체 은퇴자로 구성된 네트워크이

**그림 14-5**　〈〈〈　NCN의 기술컨설팅 사업

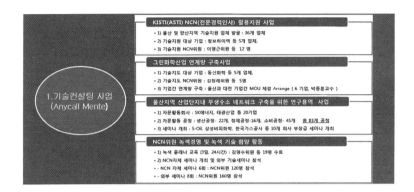

출처: 울산대학교 산학협력단(2010).

다. 울산의 근대화를 이끈 산업체의 공장장이나 관료들이 축적한 노하우와 지식을 은퇴와 함께 그대로 사장시키기보다는 지역산업발전에 기여할 수 있는 기회를 부여하여 정부의 퇴직 과학기술인력들의 정년 이후 활동을 장려하기 위한 정책으로 울산 테크노파크 내 '울산전문경력 인사지원센터'를 구축하고 유관기관(울산대·울산시 등)과 협력하여 다양한 사업을 추진하고 있다(울산대학교 산학협력단, 2010).

　　울산지역의 주요대기업에서 퇴직한 전문인들의 네트워크를 조직하고, 이 네트워크를 통하여 기술컨설팅 사업, 화학문화 확산사업, 정책기획 평가사업, 화학산업 홍보, 중소기업 기술지원, 산학연 연계망 구축사업 등의 사업을 추진하고 있다. 예를 들어, 기술컨설팅 사업의 경우 지역 내 중소기업에 대한 기술자문 제공, 대기업과의 연계네트워크 구축 지원, 지역 중요 산업 육성을 위한 인적 네트워크 구축 기회 제공 등의 다양한 활동을 전개하고 있다(울산대학교 산학협력단, 2010). 이런 활동은 지역의 중소기업 중 대기업과의 협력사업을 추진하고자 하는 의지를 가진 기업과 대기업의 관련담당자를 연계시켜주고 관련 논의를 진행할 수 있도록 지원하는 등의 활동, 타 지역 기업과의 연계를 통한 중요 산업군의 육성의 역할 등 울산지역의 산업과 관련된 다양한 공헌을 하고 있는 것으로 평가된다.

그림 14-6    <<< NCN의 기타 활동현황

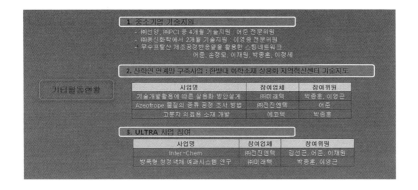

출처: 울산대학교 산학협력단(2010).

그 외에도 울산대학교 4학년생이나 대학원생을 위한 기업 CEO의 특별강연을 기획하고, 베트남이나 중국과 같은 해외에서의 울산주요산업에 대한 홍보활동을 전개하는 등 다양한 대외활동을 수행하고 있다. 그리고 워크숍이나 정기회의 등을 통하여 다양한 의제에 대한 논의와 의견수렴을 지속적으로 함으로써 NCN에 요구되는 다양한 사항에 대한 적극적 대처를 하고 있다.

NCN 사무실은 울산 테크노파크에 사무실 하나를 배당받아서 운영되고 있으며, 운영예산은 울산시로부터 지원을 받고 있다. 그러나 NCN에 참여하는 지역인사의 경우 보수를 받거나 하지는 않고 있다. NCN은 지속적으로 활성화를 이루기 위하여 지역 내 수요에 맞춘 전문경력인사 발굴 및 확보, 전문경력인사활용방안 계획, 기업체 기관에 대한 기술자문 및 지원제공, 관련기관 간 Net-Work 구성, 전문경력인사활용기관 및 헤드헌터의 역할 이행 등의 전략이 중요한 것으로 평가된다. 또한 지역 기업경쟁력 제고 및 지역사회 공헌에도 역할을 하는 것으로 평가되는데, 네트워크 기관 간 MOU 체결 및 워크숍 개최, 울산 내 기업체 및 기관의 요구에 효과적인 대처 및 지원, 울산산업분야의 자문가로서의 역할 수행, 기업의 경쟁력 강화에 도움, 중소기업 상생협력 방안과 지역사회 공헌에 대한 대책 강구 등이 그 구체적인 예라고 할 수 있다.

| 표 14-2 | <<< 울산대학교 NCN워크숍, 정기회의, 기타회의 내용 | |
|---|---|---|
| 제 목 | 주요의제 | 계 |
| 울산대산학협력교수 NCN 정기 워크숍 | - 산학협력교수-NCN통한 현장적응형 인재양성 방안 협의<br>- 대학-기업간 산학협력네트워크 강화 및 인력풀 활용 | 연 2회 |
| 정기회의<br>(매월 2/ 4주 수요일) | - 수소에너지 현황과 전망<br>- 그린화학산업 연계망 구축사업 소개 및 기술컨설팅 사업<br>- NCN위원 활용지원 사업에서의 NCN위원 역할론 설명<br>- 석유화학산업의 경쟁력강화를 위한 Net-Work구축 필요성<br>- 전문경력인사의 역할론 | 20회<br>(NCN사무실) |
| 부생수소 네트워크 구축을 위한 연구 용역사업 | - 수소 인벤토리 현장 조사를 위한 자문활동<br>- 인벤토리 작성을 위한 양식 사용<br>- 각 회사별 수소 Balance 토의 | 20회 이상<br>(NCN사무실) |
| | - 각 회사 전문가 초청 세미나 개최 | 10회<br>(NCN사무실) |

출처: 울산대학교 산학협력단(2010), 32.

## 2) 미국의 SCORE 사례

미국의 SCORE(Service Corp of Retired Executives)는 기업 경영에서 풍부한 경험을 지닌 퇴직 또는 현직 경영자들을 네트워크로 구축 또는 회원으로 가입시켜서 자원봉사의 형태로 중소기업에 대한 경영자문 서비스를 제공하는 프로그램이자 비영리 단체를 의미한다(전경련 중소기업협력센터, 2008). 1964년에 설립되어 현재까지 이어오고 있으며 중소기업만을 대상으로 경영자문 등의 서비스를 제공하고 있다.

미국 전역에 354개의 사무실을 운영하고 있으며 13,000명 정도의 현직 또는 은퇴한 전문가들을 멘토로 하여 무료의 경영자문을 제공하고 있다. 운영예산은 미국 중소기업청(U.S. Small Business Administration: SBA)의 지원을 받고 있으며, AT&T, Bank of America, CISCO, Microsoft, Google, Skype, American Airline 등 다양한 기업의 지원도 받고 있다. 기업의 회계, 사업기획, 인적자원, 재무, 자금운영, 마케팅, 법적 사항, 기술 및 컴퓨터 등의 영역에 대한 무료 자문을 제공하고 워크숍이나 세미나 등을 실시하기를 요구할 경우에는 20달러에서 75달러를 지불

**그림 14-7**    <<< SCORE 홈페이지 메인화면

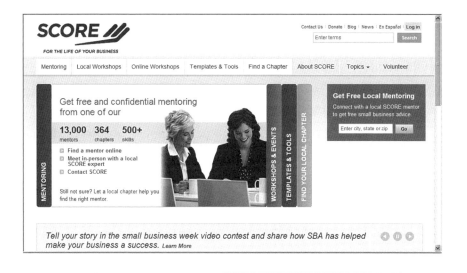

출처: www.score.org.

하면 가능하다. 1년 동안 365일 상시로 오프라인/온라인 자문을 제공하고 있다
(www.score.org). 2006년까지의 실적을 보면 현장자문은 총 181,779건, 온라인 자
문건수는 114,960건으로 총 296,729건의 멘토 자문이 이루어졌다(전경련 중소기업협
력센터, 2008).

멘토로서 참가하려는 경우 간단한 신상정보를 기입하고 SCORE에서 제공하는
훈련 프로그램에 참가하여 소정의 교육을 이수해야 한다. 멘토로 가입되면 필요한
기업에 대한 경영 자문을 제공하고 워크숍이나 세미나를 운영하기도 한다. 또한 온
라인이나 전화를 통하여 집이나 사무실에서 직접 중소기업에 멘토링을 제공할 수 있
고, SCORE의 운영과 관련된 참여도 가능하다. 멘토 운영은 지역별 주제별 멘토가 있
고, 미국 전국 수준에서의 주제별 멘토가 있다. 자문을 원하는 중소기업의 경우에는
SCORE 홈페이지에서 주제별 멘토나 지역별 멘토를 검색하고 자문을 요청할 수 있
도록 시스템화되어 있다(www.score.org).

자문 이외에서 오프라인/온라인 형태의 워크숍을 진행하여 보다 심도 있는 자

문과 전문가 의견을 들을 수 있다. 오프라인 형태는 'Local Workshop'이라고 불리며, 최근에 개최되는 Local Workshop에는 미네소타주의 Louis Park에서 2012년 5월 10일부터 2012년 6월 7일까지 정기적으로 비즈니스 웹사이트를 개발하는 방법을 학습하는 'Do-It-Yourself: Build a Website'라는 워크숍이 진행되고 있다. 온라인 형태의 워크숍은 웹을 통하여 생방송형태의 워크숍을 진행하는 것으로 최근에 개최되는 온라인 워크숍으로는 5월 20일부터 26일까지의 미국 중소기업 주간을 맞이하여 5월 24일 미국 동부시각으로 오후 1시부터 시작되는 'Get Down to Business: Helping You Reach Your Next Great Customer'라는 주제의 워크숍이 있다 (www.score.org).

그 외에도 'SCORE eNews(종소기업 최신 동향 및 정보)'와 'SCORE Expert Answers(중소기업 경영자를 위한 제안서)'와 같은 인터넷 매거진을 발행하고 있다. 또한 수천 종류의 사업 Tool을 제공하여 비즈니스에 도움을 주기 위한 경영지식의 창고로도 활용되고 있다.

### 3) 네덜란드의 PUM 사례

베이비부머와 관련되어 네덜란드의 PUM은 또 다른 형태의 지원체제를 보여준다. PUM은 '은퇴자를 은퇴시키지 않는다'는 표어를 통해서도 알 수 있듯이 은퇴를 앞두거나 은퇴한 사람들이 활동적으로 사회적 활동에 참여하고 자신들이 가지고 있던 전문성을 발휘할 수 있도록 정부 출연금으로 만들어진 비영리 조직이다. 주로 개발도상국의 기업이나 정부 등에게 네덜란드의 전문가를 파견하여 전문적 조언을 제공하는 형태로 국제적 지원활동이나 ODA 등과도 연계된다. 특히 PUM은 중소기업에서 필요로 하는 비즈니스 전문지식, 지속가능발전전략, 기업가정신 등을 고취하기 위한 영역에 초점을 두고 기업의 요구에 의하여 전문가를 파견하는 등의 서비스를 30년 동안 지속해왔다(https://www.pum.nl/content/About_PUM-EN).

PUM의 미션은 개발도상국 및 새로 부상하는 시장의 중소기업을 대상으로 전문적 수준의 지식을 갖춘 자원봉사자의 지식을 효율적인 방식으로 전파함으로써 자원봉사자의 자기만족, 기업가정신, 지속가능발전을 가능하게 하는 것이다. 이를 위하여 해당지역의 많은 기업들에게 필요한 지식과 경험을 그들의 요구에 기초하여 제공

그림 14-8   <<< PUM 홈페이지 메인화면

출처: http://www.pum.nl/home-EN.

하는 것을 비전으로 삼고 있다.

　　1978년부터 총 3만 여건의 프로젝트를 수행해왔는데, 실제 지원국을 보면, 2011년도 상위지원국은 인도네시아(162개 프로젝트), 남아프리카공화국(75개 프로젝트), 가나(75개 프로젝트), 콜롬비아(63개 프로젝트), 볼리비아(60개 프로젝트)의 순이었다. 그리고 비즈니스 영역별로 보면, 관광ㆍ호텔 산업(229개 프로젝트), 농업ㆍ원예(210개 프로젝트), 비즈니스 지원 및 경영(207개 프로젝트), 축산ㆍ어업(204개 프로젝트), 식량ㆍ채소(200개 프로젝트)의 순이었다. 이런 사업들을 추진하기 위하여 2011년에는 49명의 유급직원을 채용하여 운영하고 있으며, 127명의 자원봉사 스텝, 3,270명의 전문가 자원봉사자, 251개의 지역대표 등이 참여하고 있다(http://www.pum.nl/content/PUM_in_figures-EN). 이런 조직운영을 위하여 네덜란드 정부가 100% 예산지원하고 있다.

　　자원봉사자로 신청하는 경우 관련된 훈련을 거쳐서 소양을 갖추게 하고 또 전문성에 대한 인증을 받게 된다. 원하는 기업의 경우에는 PUM의 고객으로 신청하고 또 일정의 절차를 거쳐서 회원등록이 된다. 이렇게 양측의 자료가 축적되고 결합되면서 기업이 원하는 전문성 높은 자원봉사자와 활동적 은퇴자의 요구 충족이라는 두 가지 목적을 동시에 달성하고 있다.

# 4. 결 론

　　베이비부머 또는 이들을 포함한 넓은 개념의 은퇴자는 지속적으로 증가할 것이며 사회적으로 이들을 어떻게 활용할 것인가는 향후 지속가능발전 등 사회발전을 위한 중요한 이슈가 되고 있다. 한국 역시 베이비부머의 은퇴가 시작되면서 이에 대한 관심이 증가하고 있다. 이와 관련되어 국내외 사례들을 살펴본 결과, 다음과 같은 결론을 탐색적으로나마 도출할 수 있다.

　　첫째, 전문적 지식을 확보하고 있는 베이비부머와 그렇지 못한 베이비부머에 대한 접근법을 달리해야 할 필요가 있다. 현재 살펴본 사례를 보면 모두 전문적 지식을 확보하고 있는 자원으로서 이들을 활용하는 것에 초점이 있었다. 즉 대기업이나 전문직 종사자들의 경우 다년간의 관련분야 경험과 지식은 다양한 측면에서의 활용가치가 높다는 점에서 차세대 인적자원개발, 산업분야에서 지식 및 기술 이전 등에서의 지원체제가 마련되고 있다. 그러나 전문적 지식을 확보하기 어려웠던 베이비부머의 경우 이런 지원체제의 대상자가 되기 어렵다는 점에서 사각지대에 놓이게 된다. 물론 이런 베이비부머의 경우 일차적으로는 복지적 측면에서의 지원체제를 마련하는 것이 우선되어야 한다. 그러나 복지수혜자로서의 측면뿐만 아니라 활동적 사회참여를 위한 지원체제 역시 필요하다. 이를 위하여 전문적 지식을 확보하기 어려웠던 베이비부머를 대상으로 전문적 지식을 확보하도록 교육지원체제가 마련되고 이런 교육지원체제를 통하여 역량 강화를 가능하게 하고 이후 활동적 사회참여를 가능하게 하는 지원체제로 연계되는 것이 필요하다.

　　둘째, 지식기반 연계를 중심으로 베이비부머의 지원체제를 만들어가는 것이 우선되고 있다. 지식기반사회에서 다양한 직종에서의 근무경험은 중요한 개인적·사회적 자산이다. 이런 자산이 개인의 은퇴와 더불어 사장된다는 것은 이 역시 개인적·사회적 측면에서 손해라고 할 수 있다. 특히 지식은 조직적 수준에서 축적되기 어렵다는 점에서 개인에게 체화되어 존재하고 개인의 은퇴와 함께 조직의 밖으로 유출되고 사장되는 경우가 허다하다. 이런 측면에서 일부 대기업의 경우 은퇴자를 비상근직으로 다시 채용하여 축적된 지식을 다시 활용하기도 한다. 그러나 이런 경우는 매우 드물게 발생하고 있다는 점에서 사회적으로 고급지식과 경험이 사장될 가능성이 베이비부머 은퇴 증가와 함께 커지고 있다. 이런 측면에서 앞서 살펴본 사례들은 베이비부머 또는 은퇴자의 지식과 경험을 활용하는 데 초점을 두고 있으며, 이것이 지역사회, 기업, 개인들에게 있어 지식활용에서의 유용성을 높이는 전략으로도 해석된다. 따라서 베이비부머의 지원체제를 고민할 때, 중요한 화두 중에 하나는 이들의 지식을 어떻게 활용하는가에 초점을 두는 것이 바람직하다.

셋째, 베이비부머의 생애발달적 측면에서 지원체제가 고민되어야 한다. 네덜란드의 PUM의 사례에서 보면, 중요한 미션이 자원봉사자의 자기만족을 포함하고 있다. 이는 기업이나 지역사회 등에서의 효과만을 고려하는 것이 아니라 생애단계에서 점차 쇠퇴되는 시기 또는 생애에 대한 일관된 결론과 이해를 가져가야하는 통정성이 중요한 시기의 베이비부머나 은퇴자들에게 개인적 측면에서의 효과를 고려하는 것이 지원체제에서 필요하다는 점을 시사한다. 특히 한국의 경우 은퇴와 더불어 급격하게 사회적 활동이 저하되고, 또 유교적 문화 등으로 인하여 이런 것이 당연시되는 풍조도 발견된다.

그러나 현대사회는 은퇴자를 중요한 사회적 자원으로 보는 것뿐만 아니라, 개인적 측면에서 자신의 삶을 지속적으로 개발하고 활동적 노화를 준비하며 제2 또는 제3의 삶을 경작하는 단계이기 때문에 베이비부머 또는 은퇴자 대상 지원체제의 필요성이 더욱 크다. 이런 지원체제를 위하여 앞서 살펴본 3개의 사례는 매우 의미 깊다. 비록 대기업 출신의 은퇴자나 베이비부머를 대상으로 하고 울산의 NCN은 소규모지만 지역에 큰 의미를 가져올 수 있는 씨앗과 같은 존재로 이해되며, 이런 것들이 보다 커져서 미국의 SCORE나 네덜란드의 PUM과 같은 거목이 될 수 있을 것이다. 그렇게 되기 위해서는 정부, 지자체, 기업, 대학 등에서의 이해와 적극적 지원이 필요하다. 네덜란드의 PUM이 독립된 비영리조직이지만 정부로부터 100% 예산 지원을 받고 있는 것을 보면 관련 주체의 지원과 연계의 필요성이 높다는 점을 알 수 있다.

# 참고문헌

- 강창호·박창수(2009). 주거만족도가 베이비부머의 주거선택에 미치는 영향. 한국 지적정보학회지, 11(2), 99~116.
- 권대봉(2003). 인적자원개발의 개념변천과 이론에 대한 종합적 고찰. 서울: 원미사.
- 서수복(2010). 베이비붐 세대의 은퇴이주요인과 주택정책의 함의. 국토계획, 45(4), 93~104.
- 울산대학교 산학협력단(2010). 울산전문경력인사지원사업: New Challenge Network. 내부자료.
- 전경련 중소기업현력센터(2008). 미국 SCORE제도를 통해 본 중소기업 지원 시사점. 전경련 중소기업현력센터 조사보고서.
- 전찬호·진성미(2011). 경력중기 남성 사무직 베이비부머의 경력개발 학습동기에 관한 연구. HRD연구, 13(2), 21~43.
- 정경희(2010). 베이비 부머의 노년기 진입에 따른 정책과제. 2010 한국사회보장학회 추계정기학술대회 및 복지재정DB 학술대회 자료집, 1~22.
- 정호성 외(2010). 베이비붐 세대 은퇴의 파급효과와 대응방안. 서울: 삼성경제연구소.
- 진성미(2009). 경력 역량 탐색을 위한 평생학습의 시사. 평생학습사회, 5(2), 20~42.
- 차종석(2005). R&D 인력의 경력개발에 관한 연구. Andragogy Today, 8(1), 23~56.
- 통계청(2010). 장래추계인구.
- 황기돈(2011). 베이비붐 세대의 직업 생애사와 고용정책. 서울: 한국고용정보원.

- Greenhaus, J. H., Callhan, G. A., & Godshalk, V. M.(2010). Career Management (4th ed.). Thousand Oaks, CA: Sage.
- Hall, D. T.(1976). Careers in Organization. Glenview, IL: Scott, Foresman.
- Levinson, D. J.(1986). A conception of adult development. American Psychologist, 41(1), 3~31.
- Super, D.(1957). Psychology of Careers. New York: Harper & Brothers.
- www.score.org.
- https://www.pum.nl/home-EN.

chapter **15**

# 중고령 여성의 일자리와 취업의식

노경란 · 허선주

## C 1. 들어가며

2000년을 기점으로 우리나라가 고령화 사회에 진입한 이래로 '늙어가는 한국사회'를 바라보는 시선은 분명 기대감보다는 두려움이 크다. 개인적 수준에서 노화라는 현상으로 인한 심리적 · 육체적 박탈감이 존재할 뿐만 아니라 사회적 수준에서도 고령화 현상은 그 영향력의 범위가 정치, 경제, 교육, 복지, 의료, 주택 등 사회 전체에 달하여(권대봉 · 노경란 · 변정현, 2008) 전면적인 사회의 체질 개선을 요구하기 때문이다. 이러한 고령화 사회를 바라보는 시각에서는 한국의 특수성을 일반적 이유 이외에도 다음과 같은 사항들을 고려해야 한다. 첫째, 고령화가 전 세계적으로 유례없이 빠르게 진행되고 있기 때문에 고령화 대응에 소요되는 물리적 · 시간적 · 인적 자원을 마련할 여유가 부족하다. 둘째, 1997년 외환위기를 계기로 기업 인적자원관리 패러다임이 변화함에 따라 고령인적자원이 노동시장으로부터 빠르게 탈락하고 있음에도 불구하고 정작 고령인구는 이에 대한 적응력이 약하다. 셋째, 고령인구를 부양해

왔던 가족 중심의 비공식적 부양체계가 해체되고 있음에도 불구하고 대안적 부양체계가 확립되지 않은 상태이다. 이러한 한국적 특수성을 고려해 볼 때, 고령사회를 대응하기 위한 적극적인 방안으로서 제기되는 것이 바로 고령인구의 고용가능성 유지 및 연장이다(노경란, 2006; 이성용·방하남, 2009; 장지연 외, 2004).

그러나 고령인구의 노동시장 특성으로부터 고령인구의 고용가능성 유지 및 연장이 결코 쉬운 과제가 아니며, 고령층에 해당하는 여성의 경우 다음과 같은 상황적 어려움이 가중되기 때문에 특별한 지원이 요구된다. 첫째, 노동시장의 상황에서 일반적으로 고령인구의 취업률은 연령이 올라갈수록 낮아지는 경향을 보인다(박경숙, 2006; 성지미·안주엽, 2006; Fridman, Goodkind, Cuong & Ahn, 2001). 더욱이 한국에서는 사업체에서 관행적으로 근속년수, 연령, 성별 등을 고용 조정의 기준으로 채택하여 고령 인적자원을 노동시장으로부터 탈락시키고 있다(김시진·김정원·김종인, 2008). 고용조정 시 관행적으로 적용되는 조건인 '고연령'과 '여성'이 모두 해당되는 중고령 여성은 취업에서 더욱 취약해질 수밖에 없으므로 중고령 여성의 취업지원 요구는 클 수밖에 없다. 기존 취업자가 노동시장으로부터 탈락하는 상황에서 상당기간의 경력단절 경험이 있는 중고령 여성이 노동시장으로 (재)진입하기 위해서는 더욱 어려움이 따른다. 따라서 중고령 여성의 특성을 세심하게 반영하면서 취업의욕을 북돋고 직업능력을 개발할 수 있는 교육 지원이 반드시 필요하다.

둘째, 인구구조의 변화라는 관점에서 보면 고령사회의 과제는 곧 여성의 과제와 연결된다. 2010년 추계 인구를 기초로 50세 이상 고령인구의 인구 비중을 보면 여성(53.6%)이 남성(46.4%)보다 많으며(통계청, 2010a), 이러한 현상은 연령대가 높아질수록 심화되어 65세 이상 고령인구에서 여성인구의 비중이 현저하게 늘어나(통계청, 2010b) 고령사회의 과제에서 큰 부분이 여성의 과제임을 간과할 수 없다. 그러나 우리 사회에서 중고령 여성은 사회적·제도적·문화적 요인에 의해 남성에의 경제적 의존 또는 무임금의 가사 전담자의 역할에 얽매이도록 구조적으로 분리되어(박만인, 2006), 직무능력이나 일에 대한 태도, 가사와 가족의 지지 획득에서 불리한 위치에 놓이게 된다(장혜경·김영란, 2003). 따라서 중고령 여성이 직업세계로 성공적으로 진입하기 위해서는 이들이 경험하고 있는 취업 장벽의 특성을 도출하여 이를 완화하는 노력이 수반되어야 한다.

셋째, 경제적 상황에서 보면 가족 중심의 비공식적 부양체제를 대체할 공식적

고령자 부양체제가 미흡하기 때문에 중고령 여성의 노동시장 의존도가 높을 수밖에 없기 때문이다. 오늘날 55세~79세 인구 가운데 지난 1년간 연금을 수령한 경험이 있는 비율은 전체의 45.9%에 달하여 상당히 높은 실정이다. 그러나 월평균 연금수령액이 35만원으로 연금수령자의 85.1%가 50만원 미만을 받은 것으로 나타났고, 가장 높은 비율인 45.6%는 10만원 미만을 수령하는 것으로 나타나 월평균 연금으로 생계 유지를 하기에는 부족한 금액임을 알 수 있다. 특히 여성 수령자의 65.3%가 10만원 미만을 받고 있어(통계청, 2010c), 가족 부양에 의존할 수 없거나 취업 상태를 유지하지 못하는 중고령 여성의 경우 빈곤의 위협에 노출될 가능성이 매우 높다. 실제로 향후 취업을 희망하는 여성의 61.5%가 취업을 원하는 이유로 '생활비에 보탬이 되기 때문'이라 답하였다(통계청, 2010b). 중고령 여성이 인간다운 삶을 유지하고 이들이 행복을 누릴 수 있는 권리를 획득하기 위해서 공적 부양체계의 확충과 더불어 이들의 경제적 자립 기간을 최대한 연장하는 방안이 모색될 필요가 있는 것이다. 따라서 중고령 여성의 취업을 원하는 개인적 희망과 국가적 요구에 적절하게 대응하기 위해서는 이들의 노동시장 진입을 촉진할 수 있는 디딤돌이 절실히 필요하다.

　이러한 사회적·개인적 요구에 적극적으로 대응하기 위해서 이 연구에서는 노동시장에서 중고령 여성들이 인적자원으로서 가치를 고용주 및 취업지원전문가의 관점에서 살펴보고자 한다. 본 연구에서의 중고령 여성이란 「고용상 연령차별금지 및 고령자고용촉진에 관한 법률(법률 제10339호, 2010. 6. 4, 타법개정)」 제2조에 근거하여 준고령자와 고령자를 포함한 연령인 50세 이상의 여성을 의미한다.

## 2. 중고령 여성인적자원의 노동시장 및 취업 결정 요인

### 1) 중고령 여성 노동시장의 특성

　중고령 여성의 경제 활동 현황을 전체적으로 살펴보기 위하여 우선 연령대별로 경제활동참가율의 남녀 격차를 살펴보았다. 〈표 15-1〉로부터 알 수 있듯이 20대에는 남녀가 근소한 차이를 유지하지만 30대(38.6%)부터 차이가 현저하게 벌어진다.

| 표 15-1 | <<< 성별·연령별 경제활동참가율(2009년 기준) | | |
|---|---|---|---|
| 구 분 | 남성(%) | 여성(%) | 차이(%) |
| 15-19세 | 4.9 | 7.5 | -2.6 |
| 20-29 | 64.6 | 61.8 | 2.8 |
| 30-39 | 92.8 | 54.2 | 38.6 |
| 40-49 | 93.4 | 65.4 | 28.0 |
| 50-59 | 87.1 | 57.1 | 30.0 |
| 60세 이상 | 50.5 | 27.4 | 23.1 |

자료: 통계청(2010a). 경제활동인구연보.

40대(28.0%)에 남녀 간 경제활동참가 격차가 약간 좁혀지지만 50대(30.0%)에 재차 격차가 벌어지며, 60세 이상 연령대에 격차가 좁혀지지만 이는 남성의 은퇴가 본격화되는 시점이라서 여성 경제활동인구가 증가된 효과는 아니다. 30대의 왕성한 경제활동참가 경험이 40대로 연결되어 경제활동참가의 정점을 이루는 남성과 달리 여성은 30대에 결혼·출산·육아 등의 사유로 경제활동 단절을 경험하고, 이후 40대에 노동시장으로의 재진입을 노력하지만 노동시장의 연령 배제 경향으로 50대에 경제활동이 다시 위축되기 시작하여 60대에 급격하게 감소된다.

　　경제활동참가의 의미는 단순히 경제적 소득 창출에 한정되지 않고, '노동시장에의 참가 → 직업 및 직무 능력의 숙련 기회 획득, 직업관련 정보량의 증가 → 인적자원으로서의 가치 제고 → 노동시장에서의 고용가능성 향상' 등 개인의 고용가능성 향상으로 이어진다. 따라서 고용가능성이라는 측면에서 보았을 때, 전 연령대에 걸쳐 노동시장에서 사실상 차별적 위치에 있는 여성, 여기에 고연령이라는 또 다른 취약성이 부가되는 중고령 여성이 노동시장에서 점하고 있는 위치를 낙관적으로 해석하기 어렵다.

　　한편 여성 경제활동인구의 연령분포를 보면 전체 여성 경제활동인구 가운데 40대여성이 27%로 가장 높은 비중을 차지하고 있으며, 30대(22%), 20대(21%) 등이 그 뒤를 잇는다. 50세 이상 연령층의 경우 연령 범위가 넓기 때문에 다른 연령층과 단순비교할 수는 없지만 전체의 29%를 차지하고 있어 전체 여성 경제활동인구 가운데 상

그림 15-1 <<< 연령별 여성 경제활동인구 비율(2009년 기준)

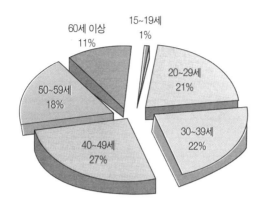

자료: 통계청(2010a). 경제활동인구연보.

당한 부분을 담당하고 있음을 알 수 있다. 한국 노동시장에서 중고령 여성의 인적자원이 분명하게 활용되고 있으며, 사회에서 이들을 필요로 하고 있음을 알 수 있다. 중요한 것은 경제활동에의 참가만이 아니라 경제 활동의 질, 인적자원으로서의 가치 인정이라는 측면에서의 고찰이 필요할 것이다.

　50세 이상 중고령 여성의 노동시장을 세부적으로 파악하기 위하여 성별·연령별로 고용률과 실업률을 살펴본 결과 다음과 같다. 남녀모두 50세 이상 연령층부터 고용률이 현저하게 감소하는 경향이 발견되며 남녀 전체 고용률(58.6%)과 비교해 볼 때 여성의 경우 50대(56.2%), 60세 이상(27.1%) 모두 평균에도 미치지 못함을 할 수 있다. 이 수치는 동일 연령층의 남성과 비교해도(50대 남성: 84.5%, 60세 이상 남성: 49.4%) 현저히 차이가 난다.

　한편 실업률의 경우, 고연령층의 실업률이 다른 연령층의 실업률에 비하여 상당히 낮다. 이와 같이 실업률이 낮은 것은 긍정적이지만, 실업률은 가사 및 육아·통학·연로 등의 사유로 비경제활동인구로 분류된 집단을 제외하고 산출하므로 실업률 지표만으로 노동시장에서 50세 이상의 연령층이 유리한 위치를 점하고 있다고 단정할 수 없다. 각 연령대별로 비경제활동인구의 비율을 살펴본 결과, 50대 여성(42.9%),

**그림 15-2** <<< 성별 · 연령별 고용률(2009년)

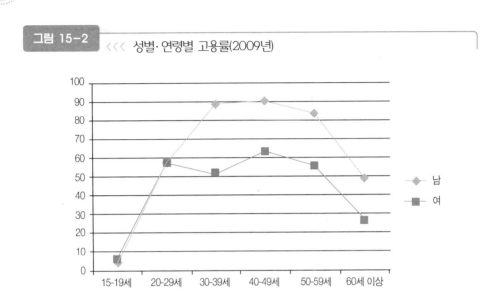

**그림 15-3** <<< 성별 · 연령별 실업률(2009년)

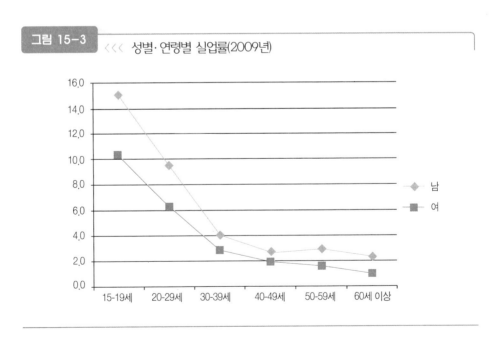

| 표 15-2 | 〈〈〈 연령대별 남녀 비경제활동인구 비율(2009년 기준) | | |
|---|---|---|---|
| 구 분 | | 남성(%) | 여성(%) |
| 15-19세 | | 95.1 | 92.5 |
| 20-29세 | | 35.4 | 38.2 |
| 30-39세 | | 7.2 | 45.8 |
| 40-49세 | | 6.6 | 34.6 |
| 50-59세 | | 12.9 | 42.9 |
| 60세 이상 | | 49.5 | 72.6 |

자료: 통계청(2010a). 경제활동인구연보.

60세 이상 여성(72.6%) 등과 같은 고연령층 집단 여성의 경우 비경제활동인구 비중이 높다. 비경제활동인구의 연령별 비중으로부터 남녀의 경제적 참여 활성 정도에 현저한 차이가 존재할 뿐만 아니라, 여성의 경우 30대에 비경제활동인구로 전환한 경험이 경제활동인구로의 재진입 활성화를 저해하고 있음을 알 수 있다.

　다음으로 중고령 여성의 취업 특성을 파악하기 위하여 종사 산업, 직업, 종사상 지위 등을 남성과 비교한 결과는 다음과 같다. 첫째, 취업자의 종사 산업을 보면 남성의 경우 대부분의 산업에서 남녀 모두 50대 연령층에서는 전체 종사 평균과 유사한 흐름을 보이지만 60세 이상 연령층부터 종사 산업의 편중 현상이 뚜렷해짐을 알 수 있다. 구체적으로 살펴보면 50대 남성의 경우 공공·개인·사회서비스업 및 기타 서비스업(17.6%)에 종사하는 비중이 가장 높았으며 운수업·출판, 영상, 방송통신 및 정보서비스업(15.1%), 건설업(14.7%) 등이 각각 그 뒤를 잇고 있다. 60세 이상의 경우 정년퇴직이나 은퇴 압박이 적은 농림어업(31.1%)에의 종사 비중이 확연히 높아지며, 부동산 임대업(16.7%) 등의 서비스산업 종사 비율이 다른 연령층에 비하여 높아진다. 특히 건설업의 경우 50대의 연령층에서는 종사 비중이 높았으나 60세 이상 연령층에서 현저히 낮아지는 경향이 보이는데(14.7% → 6.0%), 개인적 노화에 따른 근력의 저하 때문으로 유추된다.

　여성의 경우, 50대 연령층에서는 공공·개인·사회서비스업 및 기타 서비스업(26.8%)에 종사하는 비중이 가장 많았으며 숙박 및 음식점업(21.0%), 도매 및 소매업

| 표 15-3 | | | | | | | | | | | |
|---|---|---|---|---|---|---|---|---|---|---|---|
| <<< 50세 이상 남녀 종사 산업 비교(2009년 기준) | | | | | | | | | | | |
| | | 농림어업 | 광공업 | 전기/가스/수도사업 | 하수폐기물처리, 원료재생 및 환경복원업 | 건설업 | 도매 및 소매업 | 숙박 및 음식점업 | 운수업, 출판, 영상, 방송통신 및 정보서비스업 | 금융보험업 | 부동산임대업 및 기술사업지원서비스 | 공공/개인/사회서비스업 및 기타 |
| 남성 | 전체 | 6.6 | 19.6 | 0.6 | 0.5 | 11.3 | 14.3 | 4.7 | 11.8 | 2.8 | 10.5 | 17.2 |
| | 50~59세 | 8.2 | 16.2 | 0.5 | 0.5 | 14.7 | 11.7 | 4.5 | 15.1 | 1.5 | 9.6 | 17.6 |
| | 60세 이상 | 31.1 | 7.2 | 0.1 | 0.4 | 6.0 | 13.3 | 2.9 | 8.6 | 0.6 | 16.7 | 13.2 |
| 여성 | 전체 | 7.6 | 11.9 | 0.1 | 0.1 | 1.7 | 16.7 | 13.2 | 2.8 | 3.9 | 8.7 | 33.4 |
| | 50~59세 | 10.1 | 12.9 | 0.0 | 0.1 | 1.3 | 15.7 | 21.0 | 1.1 | 2.6 | 8.5 | 26.8 |
| | 60세 이상 | 38.3 | 5.4 | 0.0 | 0.0 | 0.6 | 15.6 | 8.1 | 0.2 | 0.7 | 8.3 | 22.7 |

자료: 통계청(2010a). 경제활동인구연보.

(15.7%) 등이 그 뒤를 이었다. 남성과 마찬가지로 여성도 60세 이상 연령층의 취업자 가운데 농림어업 종사자 비중(38.3%)이 가장 높았고, 공공·개인·사회서비스업 및 기타 서비스업(22.7%)과 도매 및 소매업(15.6%) 등으로 정년연령으로부터 비교적 자유로운 1차 산업과 단순서비스업에 편중되어 있음을 알 수 있다. 또한 진입장벽이 낮은 산업이라 할 수 있는 숙박 및 음식점업에 50대 여성의 종사 비중이 높았으나 60세 이상에서는 체력과 근력 쇠퇴 등의 이유로 유지하지 못하는 것으로 보인다.

　둘째, 종사 직업을 살펴본 결과 남녀모두 50세 이상 취업자의 사무종사자 비율이 현저히 감소하고 60세 이상 연령층에서 농림어업 숙련종사자와 단순노무종사자 비율이 급격하게 증가함을 알 수 있다. 구체적으로 살펴보면 50대 연령층의 경우 장치, 기계조작 및 조립종사자(22.1%) 비율이 가장 높으며 기능원 및 관련기능종사자(15.7%), 단순노무종사자(12.6%) 등이 그 뒤를 잇는다. 60세 이상 연령층으로 접어들면 농림어업숙련종사자(30.8%)와 단순노무종사자(26.0%) 비율이 동일 연령층 취업

| | | 관리자 | 전문가 및 관련종사자 | 사무 종사자 | 서비스 종사자 | 판매 종사자 | 농림어업 숙련 종사자 | 기능원 및 관련기능 종사자 | 장치, 기계조작 및 조립 종사자 | 단순노무 종사자 |
|---|---|---|---|---|---|---|---|---|---|---|
| 남성 | 전체 | 3.6 | 17.9 | 13.9 | 6.2 | 10.7 | 6.4 | 13.6 | 16.6 | 11.1 |
| | 50~59세 | 6.6 | 11.9 | 8.1 | 5.6 | 9.4 | 8.1 | 15.7 | 22.1 | 12.6 |
| | 60세 이상 | 3.1 | 6.8 | 2.7 | 3.5 | 9.4 | 30.8 | 6.2 | 11.6 | 26.0 |
| 여성 | 전체 | 0.5 | 20.1 | 17.2 | 17.1 | 15.5 | 6.5 | 3.3 | 3.1 | 16.7 |
| | 50~59세 | 0.8 | 6.1 | 4.5 | 26.5 | 16.2 | 9.0 | 5.4 | 3.9 | 27.6 |
| | 60세 이상 | 0.3 | 1.8 | 1.2 | 9.8 | 11.7 | 32.9 | 2.8 | 0.8 | 38.7 |

표 15-4  <<< 50세 이상 남녀 종사 직업 비교(2009년 기준)

자료: 통계청(2010a). 경제활동인구연보.

자의 50% 이상 상회하고 있어 연령이 높을수록 육체 근로를 기초로 한 정년무관직종과 단순노무직으로 직업이 한정됨을 알 수 있다.

여성 취업자의 종사 직업을 보면 남성과 달리 50대 연령층부터 단순노무종사자(27.6%)와 서비스종사자(26.5%) 등 직업적으로 편중 현상이 뚜렷하게 나타나며, 60세 이상 취업자의 경우 단순노무종사자(38.7%)와 농림어업숙련종사자(32.9%)에 종사하는 비율이 전체의 70%를 상회하여 그 편중성이 더욱 뚜렷해지는 현상이 보인다.

셋째, 50세 이상 취업자의 종사상 지위를 보면 남녀보두 연령의 증가와 함께 임금근로자 비율은 감소하고 비임금근로자 비율이 증가한다. 이는 일반적으로 임금근로자가 정년제에 영향을 받기 때문으로 해석된다. 우선 50대 취업자의 연령 변화에 따른 종사상 지위 변화를 보면 임금근로자의 경우 남녀 모두 연령이 증가할수록 상용직의 비율이 현저히 감소하고 임시직 종사 비율이 증가한다는 유사점이 발견된다. 그러나 남성은 연령의 증가와 함께 임시직 임금근로자의 비율이 증가하는 반면 여성은 연령이 증가함에 따라 임시직 종사 비율도 감소한다. 한편 비임금근로자의 경우 남녀 모두 고용원이 없는 자영업자 비중이 가장 높고 이러한 현상의 연령의 증가와

| 표 15-5 | | | | | | | | |
|---|---|---|---|---|---|---|---|---|
| <<< 50세 이상 남녀 종사상 지위 비교(2009년 기준) | | | | | | | | |

| | | 비임금근로자 | | | | 임금근로자 | | | |
|---|---|---|---|---|---|---|---|---|
| | | 비임금<br>근로자<br>전체 | 고용원이<br>있는<br>자영업자 | 고용원이<br>없는<br>자영업자 | 무급가족<br>종사자 | 임금근로<br>자전체 | 상용직 | 임시직 | 일용직 |
| 남성 | 전체 | 30.8 | 8.6 | 21.0 | 1.3 | 69.2 | 46.2 | 15.4 | 7.6 |
| | 50~<br>59세 | 43.4 | 11.7 | 30.7 | 1.0 | 56.6 | 36.9 | 10.2 | 9.5 |
| | 60세<br>이상 | 59.0 | 5.8 | 51.1 | 2.1 | 41.0 | 14.0 | 19.1 | 7.8 |
| 여성 | 전체 | 28.8 | 3.5 | 13.4 | 11.9 | 71.2 | 31.2 | 30.6 | 9.3 |
| | 50~<br>59세 | 42.5 | 4.7 | 19.0 | 18.8 | 57.5 | 17.5 | 28.1 | 12.0 |
| | 60세<br>이상 | 56.2 | 2.5 | 29.3 | 24.4 | 43.8 | 4.6 | 24.3 | 14.9 |

자료: 통계청(2010a). 경제활동인구연보.

함께 강화된다. 남성과 달리 여성의 경우, 전체적으로 무급가족종사자로의 종사 비율이 높으며 이러한 현상은 연령의 증가하면 할수록 더욱 강화된다. 50세 이상 연령층의 종사상 지위로부터 남녀모두 연령의 증가와 함께 노동시장에서의 종사 지위가 하락하는 특징을 발견할 수 있다. 특히 여성의 경우 경제적 활동에 참여함에도 불구하고 경제적 가치를 제대로 인정받지 못하는 무급가족종사자로서의 종사 비중이 높은 문제점이 발견된다.

## 2) 중고령 여성의 (재)취업 결정 요인

중고령 여성의 고용상태 변화는 노동시장 참여와 관련된 결정 행위라 할 수 있으므로 중고령 여성 고용상태 변화에 영향을 미치는 요인을 파악하기 위해서는 중고령 여성 측에서의 노동공급 결정과 관련된 이론을 살펴볼 필요가 있다.

중고령 여성이 취업을 통하여 경제활동에 참여할 것인가 아니면 경제활동으로부터 벗어날 것인가를 결정하는 이론적 근거로 첫째, 노동-여가 선택이론을 들 수 있다. 시간 자원의 한정성을 전제로 노동 공급 여부 및 노동시간의 할애 정도가 노동과 여가 각각을 통하여 얻을 수 있는 효용의 크기를 비교하여 개인의 판단에 의하여 결정된다는 것이다(박일규, 1993; Burtless, 1999). 개인이 여가를 줄이는 대신 보상받게 되는 소득수준으로 노동공급자 측의 주관적 공급가격인 유보임금보다 시장임금이 크면 노동을 공급하지만 반대로 유보임금이 시장임금보다 크면 근로자는 여가를 선택하여 노동공급을 중단하게 된다는 논리이다.

해당 이론을 한국의 중고령 여성 노동시장에 비추어 보면 생각해 보고자 취업의사가 있는 중고령 여성의 취업하고자 하는 동기를 살펴 본 결과 중고령 여성(55~79세)이 밝힌 취업동기 가운데 '생활비에 보탬이 되어서(돈이 필요해서)'가 39.3%로서 가장 큰 비중을 차지하였다(통계청, 2010a). 노동 공급을 통하여 얻는 효용으로서 중고령 여성에게 경제적 소득이 상당히 큰 부분을 차지하고 있음을 알 수 있다. 현실을 살펴보면, 일반적인 경력단절 여성의 경우, 임금근로의 희망임금은 151만원인 데 비해 OES 여성 평균임금은 134만원에 그쳐 유보임금과 시장임금의 격차가 있음을 알 수 있다(민무숙, 외, 2009).

그러나 경제적 효용을 높이고자 하는 개인의 요구와 생산성을 높이고자 하는 시장의 요구가 상충되기 때문에 유보임금과 시장임금 간에 격차가 존재하는 것은 당연한 현상일 수 있다. 오히려 유보임금과 시장임금 간의 격차를 가지는 중고령 여성이 구직행동을 실행하는 과정에서 유보임금과 시장임금 간의 격차에 어떻게 대응하는가가 이들의 고용가능성 유지 및 제고 방안을 찾고자 하는 과제에서 더 주목해야 할 부분일 것이다. 이것은 개인의 문제가 아니라 노동시장 특성에서 살펴본 바와 같이 중고령 여성의 종사지위가 낮고 숙련성이 요구되지 않는 단순노무직, 단순서비스직 등의 직업에서만 중고령 여성의 고용가능성이 유지되는 일자리의 한정성에서 비롯된다.

따라서 저임금 노동시장으로 중고령 여성이 진입하는 현상을 개선하기 위한 정부의 적극적인 고령자 친화적인 일자리 창출 노력이 필요하다는 것은 주지의 사실이다. 그러나 일자리 창출이 단기간에 대폭 해결되지 않으리라는 사실 또한 경험적으로 알고 있다. 게다가 일자리 창출을 통한 시장의 변화 속도는 사회적 요구 증가 속도를 따라잡지 못하고 있다. 따라서 거창한 신규 일자리 창출이 아닌 개인적 차원에서의 변화, 여성능력개발 전문 기관을 중심으로 한 기존 일자리에서의 틈새 발견 등과 같은 현실적인 접근이 요구된다.

둘째, 직업탐색이론으로 이 이론에서는 직업정보의 탐색이 그에 투입되는 비용을 초과하는 기대이득을 가져오는 경우에 구직자가 직업탐색을 시작한다고 주장한다(Mortenson, 1986). 해당 이론은 노동시장에서 필요한 인력을 찾는 구인자와 취업하기를 원하는 구직자 사이의 정보 공유가 완전하지 못한 현실에서 출발한다. 구인자-구직자 간 서로에 대한 정보 불완전성으로 직업을 찾는 과정에서 노동력의 공급자와 수요자에게는 관련 정보의 수집, 선택, 결정 과정이 요청되고 이러한 구직-구인 과정은 직업을 결정하는 데 중요한 기초가 된다는 것이다(Balch & Fayissa, 1990). 따라서 구인구직의 연계를 원활하게 지원할 수 있는 전문 고용지원서비스 기관의 중요성이 부각된다. 한편 개인의 입장에서 보았을 때 구직과정에 있는 개인은 재취업에의 조건(임금 등), 취업정보의 탐색·구직계획의 수립 및 실천 등 구직활동의 제 요소 등에 대해 선택하게 되고 이러한 선택은 결국 재취업할 것인지, 실직상태를 유지할 것인지를 결정하게 된다는 것이다(Jones, 1989). 중고령 여성의 구직과정에 대한 이해 정도, 구직기술의 구사 수준 등과 같은 구직 준비 행동의 특성이 중고령 여성의 재취업에 영향을 미치고 있음을 의미한다. 이 이론으로부터 중고령 여성의 취업과 관련하여 중요한 두 가지 요인이 발견되는데 하나는 전문 고용서비스 지원 기관의 중요성, 다른 하나는 개인적 수준에서 나타나는 구직 준비 행동 특성이다. 중고령 여성이 자신의 취업을 지원하는 사회적 지지 기반의 하나로서 고용서비스에 대하여 어떻게 인식하고 있는지 파악하고 중고령 여성의 구직 준비 행동 특성을 정확하게 이해하는 노력이 필요함을 알 수 있다. 중고령 여성이 주로 활용하는 구직경로를 보면 노동부 및 기타 공공직업알선기관(38.8%)이 가장 높고, 친구 및 친지 등 인적 네트워크의 활용(34.0%)이 그 뒤를 잇고 있다(통계청, 2010c). 이와 같이 중고령 여성의 경우, 구직활동을 전개할 때 사회적 지지 기반에의 의존도가 높은 특성을 나타내므로 여성능력개발 전문기관의 고용서비스 역량에 대한 점검이 필요함을 알 수 있다.

셋째, 인적자본이론으로 인적자본 수준이 임금에 영향을 미쳐 개인이 자신의 노동 공급을 긍정적으로 결정한다는 것이다. 이러한 인적자본의 수준을 결정하는 데 영향을 미치는 가장 중요한 요인으로 교육 수준을 들 수 있는데 개인의 교육수준이 높을수록 노동시장과의 결속력이 강화되는 것이 발견된다(방하남·장지연, 2000). 또 다른 변수로 과거 취업 경력을 들 수 있는데 취업 경험이 직무를 수행하면서 직무 기술을 획득하고 숙련의 기회를 얻을 뿐만 아니라 해당 직무 관련 정보량도 커지기 때문이다(Heckman, 1979). 한편 노동시장 밖에 머무르는 경력단절 기간이 길어질수록 인적자본의 손실, 일자리에 대한 정보 부족, 가사 일에 대한 선호도 증가 등으로 고용 상태로의 진입 가능성이 줄어든다(Lynch, 1985). 인적자본이론에 근거해 볼 때, 여성능력개발 전문기관에서 중고령 여성의 (재)취업지원 서비스를 제공하자고 할 때, 교육수준과 과거 취업경험, 경력단절 기간 등은 반드시 고려해야 하며 이에 따른 특화 서비스의 준비가 필요함을 알 수 있다.

넷째, 여성이라는 특성에 초점을 맞춘 가구생산이론을 간과할 수 없다. 이 이론의 주요 논점은 여성이 노동시장 참여 여부를 결정하는 데 있어 결혼, 출산과 양육, 가사노동 등 여성이 자신의 생애기간 동안 경험하는 사건의 영향을 받는다는 것이다. 구체적으로 남성과 달리 여성은 어느 정도 가족의 재정적 보장이 되면 은퇴하려는 경향이 많고 남편도 부인이 일을 하지 않는 것을 원하는 경향이 있다는 것이다(Szinovac & DeViney, 2000). 또한 남편의 소득이 높아지면 가족이 가정 생산물의 질적 향상을 원하기 때문에 가족들은 여성이 노동시장에 참여하기보다 가사노동에 전념하기를 선호하는 경향을 보인다고 밝혀졌다(Long & Jones, 1980). 여성이 노동시장으로의 진입을 결정하거나 실제적인 구직 활동을 전개함에 있어 배우자의 유무는 물론 교육과 양육이 필요한 자녀의 유무, 나아가서 가족의 지지와 지원 정도 등이 중요한 결정요인으로 작용할 수 있다.

일반적으로 50세 이상 중고령 여성의 경우 다른 연령층과 비교하여 상대적으로 자녀양육 및 교육, 가사노동으로부터 자유로울 수 있음에도 불구하고 민무숙 외(2009)의 조사 결과에 따르면 50대 초반 여성들도 여전히 가사(34.6%)와 남편 또는 가족의 반대(14.1%) 등이 자신의 구직활동을 저해하는 요소로 인식하고 있다. 따라서 여성능력개발 전문기관에서 중고령 여성의 취업지원과정에서 배우자의 유무, 보호 및 양육이 필요한 가족의 유무, 하나의 정서적 지지로서의 가족 지지 등에 따른 특성을 파악함과 동시에 가족의 지지를 향상시킬 수 있는 가족 단위 지원 프로그램에 대해서도 고려해야 한다. 더불어 40대 이상의 중장년기 여성에게서 취업에 대한 자신감 부족이 구직활동의 주요 저해 요인으로 인식하고 있는 특성이 나타나고 있음(민무숙 외, 2009)에 착안하여 50세 이상 중고령 여성의 자신감과 자기효능감을 고취시키기 위한 노력도 병행해야 할 것이다.

## C 3. 연구방법

    본 연구는 인적자원으로서 중고령 여성의 가능성을 살펴보기 위해 질적 연구방법을 사용하였다. 중고령 여성의 취업이 활발해지기 위해서는 중고령 여성의 의식뿐만 아니라 중고령 여성을 채용·활용하는 구인업체의 요구와 취업지원전문가의 객관적인 시선이 무엇보다 중요하다. 구인업체의 요구가 충족되고, 취업지원전문가들의 취업 촉진요인과 장애요인 등과 관련한 객관적인 평가가 가능할 때 중고령 여성의 고용가능성이 더욱 높아지기 때문이다. 따라서 본 연구에서는 고용주 및 취업지원전문가의 관점에서 중고령 여성의 취업의식을 제고하기 위한 교육요구를 분석하고자 한다.

    이에 구인업체에서 중고령 여성을 채용·활용해 본 경험이 풍부한 구인업체 고용주와 중고령 여성의 취업 지원 및 상담에 대한 경험이 풍부한 취업지원전문가를 본 연구의 대상자로 선정하였다. 연구의 목적에 부합하는 것으로 판단되는 대상자들은 S여성능력개발원의 도움과 개별적인 접촉을 통해 연구의 목적과 취지를 설명한 후 이에 동의하는 14명을 최종 연구참여자로 선정하였다. 선정된 연구자에게는 인터뷰요청서 및 직접 연락을 취해 해당 연구 참여에 대한 동의를 구하였다.

    연구참여자들의 성별을 살펴보면 여성이 10명, 남성이 4명이었으며, 소속된 조직은 성교육관련기관에서부터 목재관련기관, 정부고용기관까지 다양한 조직 및 업무에 포진되어 있는 것으로 나타났다. 특히, 고용주 입장의 연구참여자들의 직위는 과장-관장으로 모두 해당 조직에서 어느 정도의 결정권을 가지고 있는 것으로 나타났다. 해당 연구참여자들의 특성은 〈표 15-6〉과 같다.

    본 연구를 위해 고용주의 초점그룹인터뷰는 2010년 11월 30일, 취업지원전문가의 초점그룹인터뷰는 2010년 12월 1일에 수행되었다. 자료 수집을 위해 반구조화된 면담지를 활용한 심층면접을 실시하였고, 연구참여자들과의 초점그룹인터뷰 시간은 각각 약 120분이다. 면담은 연구자들이 직접 수행하였으며, 모든 대화의 내용은 참여자의 동의하에 녹음을 하고, 면담 과정에서의 주요한 내용들은 현장에서 정리 및 메모(field note)하여 기록하였다. 심층 면담이 종료된 후에는 1일 이내에 녹음

| 표 15-6 | | | <<< 연구참여자의 개인 특성 | | |
|---|---|---|---|---|---|
| NO. | 성 별 | 성 명 | 소 속 | 직 위 | 인터뷰방식 |
| 1 | 여 | JTK | 성교육관련기관 | – | FGI |
| 2 | 여 | PSJ | 전직지원기관 | 이사 | FGI |
| 3 | 여 | JJY | 노인의 집 | 팀장 | FGI |
| 4 | 여 | KMS | 어린이도서관 | 관장 | FGI |
| 5 | 여 | JYN | 병원유통기관 | 본부장 | FGI |
| 6 | 남 | JJH | 노인복지센터 | 원장 | FGI |
| 7 | 남 | KJJ | 건물관리기관 | 이사 | 서 면 |
| 8 | 남 | LYS | 식품유통기관 | 팀장 | 서 면 |
| 9 | 남 | KYH | 목재관련기관 | 과장 | 서 면 |
| 10 | 여 | KHN | 여성기관 | 취업지원전문가 | FGI |
| 11 | 여 | JHS | 정부고용기관 | 취업지원전문가 | FGI |
| 12 | 여 | CJY | 여성기관 | 취업지원전문가 | FGI |
| 13 | 여 | YKH | 정부고용기관 | 취업지원전문가 | 서 면 |
| 14 | 여 | KWR | 정부고용기관 | 취업지원전문가 | 서 면 |

한 내용을 전사하여 연구의 자료로 삼았다. 또한 초점그룹인터뷰에 참여하지 못한 연구참여자는 이메일을 통해 2010년 11월 30일부터 12월 13일까지 약 2주간 서면 인터뷰를 실시하였다. 서면인터뷰는 초점그룹인터뷰에서 활용한 설문지와 동일한 내용의 서면 면접 조사지를 이메일을 통해 전달하고 회신 받아 연구 자료로 활용하였다.

## C 4. 인적자원으로서 중고령 여성의 특성 및 요구

### 1) 직장인으로서 손색없는 중고령 여성의 모습

고용주와 취업지원전문가들은 중고령 여성이 육아의 상황에서 벗어나 일에 집중력을 발휘할 수 있는 시기라는 상황적 시점, 조직관계에서 중요한 중재자 역할 및 위기 상황에서의 대처 능력을 발휘하는 기술적 측면, 단순하고 반복적인 일이라도 꾸준한 태도로 자신만의 노하우를 형성하는 태도적 측면을 직장인으로서 손색없는 모습으로 인식하는 것으로 나타났다.

### (1) 일에 집중력을 발휘할 수 있는 시기

중고령 여성들의 처해져 있는 상황은 일에 집중력을 발휘할 수 있는 시기인 것으로 나타났다. 자녀 양육에서 벗어나는 시기이기 때문에 충분히 일에 몰입할 수 있으며, 마음의 여유가 있어 마무리까지도 확실하게 하는 것으로 인식하고 있었다.

"40대에서 50대는 일에 집중을 하는 시기에요. 아이들이 손을 떠나는 상태이기 때문에 …"(JTK)

"자기가 하는 일에 집중할 수가 있어요. 아이들을 키우는 중인 30대 분들은 아이가 유치원에 갔다 온다, 학교 갔다 온다 하면서 땡 하면 가거든요. 그런데 50대 이상 여성분들은 여유 있게 마무리를 하고 가시는 것이 장점인 것 같아요."(PSJ)

"아이들에 대한 부담이 없잖아요. 거의 다 키웠거나 군대에 보내서 마음의 여유가 있더라고요. 돈 때문에 일한다 이런 것이 아니라 일을 정말 열심히 하려고 하세요 … 항상 다른 사람들에게 귀감이 되는 경우가 많아서 좋아하세요."(KHN)

"자녀 양육의 책임에서 벗어난 것이 최대의 강점인 것 같아요. 그런 부분을 벗어났다는 것이 굉장히 강점인거에요."(JHS)

### (2) 조직 생활에서의 중재자 역할을 할 수 있는 포용력

중고령 여성들은 조직과 인간관계에서 원만한 관계를 조성하기 위해 사람들과 친밀함을 유지하려고 하고 중간에서 조율하는 중재자 역할을 담당하여 포용력을 발휘하는 것으로 인식하고 있었다.

"연륜이 있으시다보니 포용력이 있어요. 웬만한 것에는 노하지 않으시고  그냥 넘어가고 원만한 관계를 조성하고 …"(JYN)

"40대는 경쟁하고 시기하고 끼리 문화가 강하지만 50대 이상은 그런 것보다는 포용력이 있고, 안정적인 분위기를 풍기죠."(JJH)

"전체적인 분위기를 조율하는 역할을 하시더라고요."(JTK)

"직원들과의 불화 시 중재 역할을 합니다."(KYH)

"과거 자신의 경험을 통해서 주위 동료 및 고객들과의 친밀함을 유지할 수 있는 친화력이 있죠."(KJJ)

### (3) 위기 상황에서 대처를 할 수 있는 통찰력

중고령 여성들은 위기 상황에서의 대처 능력과 판단력, 임기응변 능력 등이 뛰어나다는 인식을 하는 것으로 나타났다. 따라서 일의 큰 그림을 그릴 줄 아는 통찰력이 있는 것으로 인식하고 있었다.

"나이가 들면 민첩성은 떨어지지만 판단력이 높아지는 경향이 있어요. 위기 상황에서 판단력을 요할 때 그런 역할을 할 수 있지 않을까하는 생각이 들어요."(CJY)

"상황이 돌아가면 예측을 하고 대처를 하고 연락하고 통합하는 능력이 있으셨고 관계도 잘 유지하시고 하시더라고요."(JHS)

"그런 분들을 보면 모든 것들을 통찰하는 능력이 있고, 솔선수범해서 정리정돈도 얼마나 잘하시는지 몰라요."(KHN)

"이 분들이 집안에서도 시키지 않은 일도 알아서 하는 것처럼 위기대처 능력, 임기응변을 굉장히 잘 하세요 … 여성분들은 엄마였고 그래서 그런지 민원인이 와도 같이 예민해지지 않고 굉장히 느긋하게 대처를 잘 하세요. 그런 것들이 장점인 것 같아요."(JHS)

### (4) 자신만의 노하우를 형성하는 꾸준함

중고령 여성들은 성실하며 꾸준한 특성을 가지고 있으며, 이를 통해 자신만의 일하는 노하우를 습득하는 것으로 인식하고 있었다. 따라서 한 번 적응이 되면 낮은 이직률로 이어져 안정적인 사회생활이 가능한 것으로 나타났다.

"스스로 일을 찾아서 하거나 창조적인 일의 수행 능력에서는 다소 떨어지나 맡은 업무에 대해서는 최선을 다합니다."(KYH)

"반복적인 것도 계속 반복하시다보면 거기서 노하우를 스스로 찾으세요. 살림한 스킬 때문에 그런 면에서 누구보다도 더 잘할 수 있는 최고의 인재가 되죠."(JJY)

"숙련이 되면 이직의 필요성을 못 느끼세요. 힘들게 배웠는데 … 다시 또 그 일을 어떻게 하냐고요. 한 번 숙달이 되면 꾸준하시거든요. 젊은 사람들은 감정적으로 기복이 심하고, 나이 드신 분들은 그렇지 않기 때문에 …"(JYN)

## 2) 직장인으로서 아쉬운 중고령 여성

고용주와 취업전문지원가들은 중고령 여성이 자신의 능력에 대한 자신감 결여, 연령에만 합당한 대우를 받기 원하는 태도적 측면, 강한 자기주장과 고정관념으로 인해 커뮤니케이션이 원활하지 않은 기술적 측면, 사무 능력이 낮고 업무 파악이 더딘 점과 취업 시장에 대한 이해 부족과 같은 지식적 측면에서 직장인으로서는 조금 아쉽다고 인식하는 것으로 나타났다.

### (1) 자신에 대한 자신감 결여

중고령 여성들의 자신에 대한 자신감 결여가 가장 큰 단점으로 인식하고 있었다. 또한 자신의 능력을 제대로 표현하지도 못하고 있는 능력도 평가절하 하는 모습에 신뢰감을 형성하기가 어려운 것으로 인식했다.

"무엇을 잘 하시냐고 물으면 말씀을 안 하세요. 이력서 보고 괜찮을 것 같아서 물어보면 '그냥 보통이에요' 그렇게 말씀을 하세요. 자신감도 결여되어 있고 … 취업에서 자신의 위치를 확보해야하는데 그런 부분들이 부족해요."(JJH)

"50대 이상이 시장에 진입을 하기 위해서는 자신감이 있어야 하는 것 같고요. 기존의 경력이 있는 사람은 내가 할 수 있다는 자신감을 가지고 …"(PSJ)

### (2) 어른으로 대접 받기

중고령 여성들이 직급 또는 직무에 관계없이 연령에만 합당한 어른으로 대접 받기를 원한다는 인식을 하고 있었다. 뿐만 아니라 건강에 대한 우려가 함께 동반되어 기업에서 어린 상사들과 동료들과의 관계, 일을 시키기 어려운 부분까지도 확대되어 다양한 문제를 발생시키는 것으로 보고 있었다.

"어른처럼 행동하고 싶어 하는 것이 있어요. 과거에 한 자리씩 하고 나오신 분들에게 기회를 드린 거잖아요. 그런 본능들이 나오면 어떻게 하나 걱정을 많이 했어요."(PSJ)

"연령들이 있으시다보니까 대접 받기를 원하신다고 생각을 해요. 그래서 일을 시키기가 참 어려울 것이라고 생각을 하기 때문에 … 아무래도 고령자이다 보니까 함께 일하는 상사분이나 동료들이 대부분 어리거든요. 그래서 일을 시키기 어려운 부분, 같이 어울리기 어려운 부분들까지도 걱정을 하시는 것 같아요."(CJY)

"새로운 일자리로 들어가는데 과거의 기준을 버리지 못하시니까 가셔서 시키고 계시는 거예요. 본인이 그것을 하러 가신 건데 … 간담회를 잘 못하고 있다고 지적을 하시고, 대접 받으시려고 하시고, 과거의 조직을 기준으로 해서 여기는 어떻다 품평하시고, 본인의 생각이 옳다는 주장이 강하시고 이런 면들이 좀 많이 있으세요."(JHS)

"50대 이상의 여성들을 생각하면 구인업체에서는 일단 건강상의 문제를 생각해요. 이분들이 체력이 될까. 생산직이건 사무직이건 체력상 … 건강상 그것이 가능할까 하는 걱정을 하구요."(CJY)

"조금은 학력이 낮고 고급스럽지 않은 직종으로 가는 경우에는 그렇게 아프다고 하시는 경향이 있어요."(JHS)

### (3) 고정 관념 및 강한 자기주장

중고령 여성들의 경우에는 그 동안 살아온 인생에서의 직접적 경험과 간접적 경험으로 인한 강한 고정관념이 있어 자신의 생각을 바꾸기 어려워하며 가정에서의 습관이 남아있기 때문에 대인 관계 및 의사 전달 능력이 부족하다고 인식하는 것으로 나타났다.

"50대의 경우 고정된 생각이 있으셔서 주관이 강해요. 그래서 자기의 것을 바꾸기를 굉장히 어려워하고요."(JTK)

"사람들을 대할 때 대인관계 능력이라던가, 자기의 의사를 전달할 수 있는 능력이 부족하다는 것을 면접을 보면서 느끼거든요. 가정에서 지내던 습관이 있으니까 사회에 나와서 말을 하고 대응을 하는 것에 익숙하지 않은 것 같아요."(PSJ)

"사실 그 나이대면 가정에서 존경받고 대접받고 그래야하는데 나와서 돈 벌고 그러는 상황에 서러워하는 경우가 있어요."(JYN)

## (4) 낮은 사무 능력

중고령 여성들이 낮은 사무 능력을 보이는 것에 대한 우려감을 나타냈으며, 특히 컴퓨터 활용 능력이 부족하다고 인식하는 것으로 나타났다. 그리고 느린 업무 파악과 용어에 대한 낮은 습득률로 인해 장기간의 숙련 기간도 단점으로 인식되고 있었다.

> "일단은 사무 능력이 떨어지고 …"(JYN)
> "일부 잘 하시는 분들도 계시지만 독수리 타법도 안돼요."(JJH)
> "가장 부족한 것은 컴퓨터 능력이에요. 컴퓨터로 작업이 이루어지는 부분들이 많은데 그 부분을 잘 못하시고, 서류 작업을 해야 하는데 서류상의 용어 자체를 잘 모르시니까 그 부분에 대한 교육 시간이 많이 필요했어요."(KMS)
> "업무 파악 능력이 다소 떨어져 업무 숙련 기간이 오래 걸립니다."(KYH)

## (5) 취업 시장에 대한 이해 부족

중고령 여성들이 현실적인 취업 시장에 대한 이해가 부족한 경우, 취업에 있어서 어려움을 겪을 뿐만 아니라 취업을 한 후에도 생활에 적응을 하지 못하는 경우가 발생하는 것으로 인식했다.

> "과거에 자기가 어떤 일을 했던 간에 거기에 집착하지 않고 현실에 순응하면 적응을 잘 하고 계시는 것 같고요. 가정이 먼저가 아니라, 본인의 생활 패턴을 그대로 유지하려고 하는 것을 버리시면 그게 가능한 것 같아요."(JHS)

## 3) 중고령 여성의 직장인 되기

중고령 여성이 직장인이 되기 위해서는 일에 대한 올바른 태도와 가치, 직장 생활에 대한 기본적인 매너, 이력서 작성 및 면접 상황에 대한 정확한 이해가 있어야 하는 것으로 나타났다.

### (1) 일에 대한 올바른 태도와 가치

중고령 여성에게는 일에 대한 올바른 태도와 가치가 다소 부족한 것으로 나타났다. 일을 통해서 어떠한 보람을 얻고 싶은지, 이곳에서 꼭 일을 하고 싶다는 생각은 그대로 행동으로 나타나기 때문에 일에 대한 올바른 태도와 가치가 정립되어 있지 않으면 형식적으로 일을 하는 것에 불과하다고 인식하는 것으로 나타났다. 따라서 나를 위해서가 아닌 다른 사람, 즉 가족과 같은 주변 사람들에게 보여주기 위한 것이라는 인식을 버리고 자신만의 가치를 부여하여 일을 할 수 있어야 한다.

"왜 일을 해야 하는지, 일을 통해서 어떤 보람을 얻고 싶은지 그런 것이 먼저 정립이 안 되면 무미건조한 활동들을 할 수밖에 없는 것 같아요."(PSJ)

"본인이 일을 선택할 때 내가 이곳에 가서 잠깐 한 번 해볼까, 지원금을 준다니까 잠깐 있어볼까 이런 마음가짐이 아니고 이곳에서 꼭 일을 하고 싶다 … 이런 것들을 먼저 생각하고 오셔서 달랐던 것 같아요."(KMS)

"취업을 하려는 의식이 강한 것 같은데 … 욕구는 강하면서도 일을 적극적으로 하겠다는 의지가 부족해요. 그냥 용돈 조금 벌면 되고, 보여주기 위한 것이 있어요. 남편한테, 가족한테 … 보면 내가 일을 하고 있다는 것을 보여주기 위해서라는 것이 보여요."(JJH)

"일을 할 때에는 일이 힘드냐 덜 힘드냐를 두고 생각하시고요. 5만원을 더 받냐 덜 받냐를 생각하세요. 조직에 몸담고 자기 개발을 해야겠다는 것이 아니에요. 그래서 저 센터가 10만원 더 준다더라 그러면 홀라당 가세요."(JJY)

### (2) 이력서 작성에 대한 정확한 이해도

중고령 여성은 이력서 작성에 대한 정확한 이해도가 부족할 뿐만 아니라 이력서의 중요성을 인식하지 못하는 것으로 나타났다. 이력서의 양식에 들어갈 내용을 빠뜨리거나 함께 제출해야 하는 서류를 미지참하는 경우가 대다수인 것으로 나타나 중고령 여성의 경쟁력을 약화시키는 것으로 나타났다.

"증명사진 안 붙이는 것은 아무 것도 아니고 중학교 졸업한 것 적어서 달랑 한 장 가지고 여기가 어딘지도 모르고 오시고."(JNY)

"'이력서 가져오세요' 하면 이력서, 자기소개서, 경력증명서 다 가지고 오잖아요. 그런데 이력서만 가지고 오세요. 항상. 자기소개서는 항상 안 가져오세요."(JJY)

"이력서 한 장, 그것도 와서 씁니다. "나 중학교밖에 졸업 안 했는데요" 그러면서 제출을 하는 거예요. 그러면 그것을 받아야 할지 돌려 보내야 할지 난감합니다. 그러면서 바로 취업이 안 되면 바로 가지러 옵니다. 다른 데서 이력서 가져오라고 하니까 그것을 돌려달라고 … "(JJH)

"여성 고령자 대부분이 이력서를 제대로 써서 오시는 분이 별로 없어요. 대부분 상담시 이력서를 다시 쓰는 경우가 많죠."(CWR)

### (3) 면접 상황에 대한 정확한 이해

사람을 채용할 때에 면접은 무엇보다 자신을 표현하고 면접관의 입장에서는 함께 일을 할 사람을 평가하는 자리이지만 이러한 상황에 대한 정확한 이해가 부족한 것으로 인식하고 있었다. 또한 이러한 인식은 중고령 여성에 대한 전반적인 이미지를 부정적으로 형성할 가능성이 있음을 보여주고 있다. 그리고 자신의 상황을 이해해주고 배려해 주기를 바라기 때문에 구구절절한 얘기를 하고 면접관보다 말을 많이 하여 좋지 않은 결과를 초래한다고 인식하고 있었다.

"누구를 만나러 간다라는 개념으로 오셔야 하는데 '내 나이에 대충하고 가면 되지…'라고 생각하시면 … 첫 이미지잖아요. 그리고 딱 들어올 때 보면 나이와 상관없이 매무새나 기본적인 것이 갖추어지지 않으면 굉장히 힘들고요. 손님을 만나듯이 면접을 가야 한다. 어떤 상황이든 … "(PSJ)

"시간 안 맞추시고 지각하시고 … 면접 당일에 전화해서 내일 따로 면접 볼 수 없냐고도 하시고 … "(JTK)

"면접을 보다가 '잠깐만요.' 이러면서 전화 받으러 나가서는 한참 있다가 들어오시는 거예요. 오히려 기다려야하는 상황이 벌어지는 경우가 있죠."(JJH)

"면접에 응하는 자세는 약간 소극적인 부분이 많이 보입니다. 왠지 모를 위축되어 있는 모습을 보면 담당자로서 믿음이 줄어들며 … 면접에 응시하였을 경우 … 적극적으로 무엇이든 열심히 할 수 있다는 자신감을 표출하는 것이 가장 중요하다고 볼 수 있습니다."(KYH)

"본인이 아프고 자기 사정을 상대방이 알아주기를 원하고 다니면서도 그것을 자꾸 얘기를 해야 본인을 배려해 줄 것 같은 생각을 가지고 있어요."(KHN)

"면접관보다 적극적으로 말을 많이 하는 모습을 보인 구직자들을 대부분 탈락합니다. 평소에는 낯선 사람들과도 말을 잘하며 시원스럽게 자기주장을 잘 피력하는 모습이 장점이 될 수 있겠지만 면접할 때에는 불리하게 작용합니다."(YKH)

## (4) 직장 생활에 대한 기본적인 매너

직장 생활에 대한 기본적인 매너가 부족한 것으로 인식하는 것으로 나타났다. 근태에 대한 매너, 직장 생활의 구속성 등을 이해하지 못해 집안에서 행동하는 것과 같은 자유롭게 생활하는 것을 당연하게 생각하는 것으로 인식하고 있었다.

"컴퓨터 연습하라고 하면 인터넷 쇼핑하고 있어요."(JJH)

"집안일은 부지런히 하셔도 시간을 정해두고 해야 하는 것은 아니잖아요. 힘들면 누웠다가 해도 괜찮지만 직장에서 일을 할 때는 내가 힘들어도 참고 넘길 수 있어야 하는데 … " (KMS)

"일을 하다가도 무슨 일이 생기면, 김장만 해도 안 나간다고 하고 … 자기 일을 다 하고 직장을 나가는 거예요. 집에서도 그러는 거죠. 뭘 한다고 직장을 다니냐고 하기 때문에 그것을 뿌리치고 나오셔서 직장을 다니시는 분들인데 아프다고 하면 가지 말라고 하고, 빨리 오라고 하고 그러는 거예요."(KHN)

"어떻게 보면 배째라, 막가파에 출근 시간이 늦으면서도 '사람이 살다보면 그럴 수도 있지'와 같은 근거 없는 배짱들 때문에 다루기가 어렵다는 생각을 하세요. 그리고 조금만 새로운 것을 하면 어렵다, 안 해봤다는 이유를 대니까 업체에서는 시키는 대로 다 해주길 원하는데 할 줄 아는 것만 한다고 하는 것도 싫어하시는 것 같아요."(JHS)

이상에서 살펴본 것과 같이 고용주와 취업지원전문가들은 중고령 여성이 일에 집중할 수 있는 좋은 시기이고 다른 사람들과 잘 어울리며 갈등 상황을 중재할 수 있는 포용력을 갖추고 있다는 인식을 하는 것으로 나타났다. 또한 꾸준함이 있기 때문에 감정의 기복 없이 직장 생활을 잘 할 수 있다는 생각을 하고 있는 것으로 나타났다.

반면, 중고령 여성들은 자신과 자신의 능력에 대한 자신감이 결여되어 있고 고정 관념 및 자기주장이 강하기 때문에 타인과의 의사소통에 문제가 발생할 수 있는 경우, 어른 대접을 받고 윗사람 노릇을 하려는 태도는 직장 생활에서 지양해야 할 부분이라는 것을 분명히 했다. 그리고 급속도로 발전하는 기술을 따라가지 못해 사무 능력이 떨어진다는 점이 직장 생활에는 부족한 부분이라는 인식을 하는 것으로 나타났다. 또한 중고령 여성이 직장인이 되기 위해서는 일에 대한 올바른 태도와 가치, 이력서와 면접과 같은 기본적인 매너, 직장 생활에서의 비즈니스 매너 등이 기본적으로 갖추어져야 할 내용을 요구하는 것으로 나타났다.

 **5. 나가며**

중고령 여성을 고용한 경험이 있는 고용주 또는 기관장 및 인사책임자, 중고령 여성의 취업을 위해 상담 및 지원을 담당하는 취업지원전문가들을 대상으로 실시한 면접조사 결과를 통해 다음과 같은 사항들을 파악할 수 있었다. 첫째, 중고령 여성의 구직행동 활성화 및 실천력 제고를 위하여 요구되는 지식 부문에 있어서 직업준비행동 및 노동 시장에 대한 이해에 대한 요구가 나타났다. 구체적으로는 중고령 여성이 구체적인 취업정보 원천에 대한 지식이 부족하고, 이력서의 구성 요소, 자기소개서의 구성 요소, 면접상황에 대한 전체적인 지식 등과 같이 직업준비가 부족하며 행동으로 이어지는 실천력 또한 부족하여 이에 대한 보완이 필요한 것으로 나타났다. 뿐만 아니라 중고령 여성인적자원 중심의 노동시장에 대한 이해가 부족하여 이상적인 일자리만을 요구하고 있는 실정이기에 이것이 일자리 수용태도에 부정적 영향을 미칠 수 있는 것으로 나타났다. 따라서 노동시장에 대한 이해와 중고령 여성인적자원으로서의 모습을 이해할 수 있도록 지원이 요구되고 있었다.

둘째, 중고령 여성인적자원은 구직준비행동 전면에 걸친 실천적 기술이 부족함을 알 수 있었다. 구체적으로는 취업정보 탐색 기술, 이력서 및 자기소개서 작성 기술, 면접기술, 적극적 취업 활동, 그리고 구직행동을 실천력을 발휘하기 위한 취업 동기 명확성 등을 들 수 있다. 중고령 여성이 취업하고자 하는 구체적인 목표를 내적으로 탐색하지 않은 채 구직활동에 임하게 되면 취업결정에 어려움을 경험할 수 있기 때문에 본인에 대한 이해를 바탕으로 이를 구직 기술로 연결시킬 수 있도록 지원을 할 필요가 있을 것이다. 이와 더불어 중고령 여성인적자원이 취업을 한 이후에도 기본적인 직장예절에 어려움을 경험하고 있는 것으로 나타났다. 따라서 주부로서의 모습을 버리고 사회인으로서의 모습을 갖출 수 있도록 지원을 해야 할 것이다.

셋째, 본 연구의 대상인 50세 이상 중고령 여성인적자원들은 다른 연령층에 비하여 가족과 같이 자신을 둘러싼 주요 타자로부터의 정서적 친밀감과 지지를 적게 느끼고 있었고, 60대가 넘어서부터 더욱 심화됨을 알 수 있었다. 따라서 본격적인 취업활동에 들어가기에 앞서 취업을 주제로 자신과 가족과의 관계를 충분히 이해할 수 있어야 할 것이다. 또한 경력단절 기간이 길거나 직장생활 경험이 적은 중고령 여성들의 경우, 취업 그 자체와 일에 대한 자신감 결여, 업무 및 직장에 대한 사명감 부족, 직무수행에 있어서의 자발성·적극성 부족 등이 나타날 수 있다. 이와 같은 결과는 직무태도 특성들을 개선한다면 중고령 여성인적자원들의 장점을 살릴 수 있고, 사회에서 요구하는 인적자원으로서 거듭날 수 있음을 시사하고 있다.

# 참고문헌

■ 김시진·김정원·김종인(2008). 중·고령 인적자원의 고용과 활용: 해외 사례연구. 인적자원관리연구, 15(3), 19~30.
■ 권대봉·노경란·변정현(2008). 중·고령자의 고용과 평생학습. 서울: 원미사.
■ 노경란(2006). 중고령자 인적자원정책 수단의 바람직성에 대한 한일 비교 연구. 교육학연구, 44(2), 1~26.
■ 민무숙 외(2009). 경력단절여성 등의 경제활동촉진 기본계획 수립을 위한 기초 조사. 서울: 여성부.
■ 박경숙(2006). 남녀 고령층의 취업률과 은퇴동향. 제7회 한국노동패널 학술대회 자료집, 한국노동연구원. 119~139.
■ 박만인(2006). 여성노인의 빈곤해결을 위한 제도적 개선방안에 관한 연구. 석사학위논문. 상명대학교
■ 박일규(1993). 노동경제학. 서울: 박영사.
■ 방하남·장지연(2000). 여성의 취업과 미취업상태간의 전환과정. 서울: 한국노동연구원.
■ 성지미·안주엽(2006). 중고령자 취업 결정요인. 노동정책연구, 6(1), 39~74.
■ 장혜경·김영란(2003). 고령사회 대비 여성노인 고용활성화 방안. 서울: 한국여성개발원.
■ 이성용·방하남(2009). 성·연령별 중·고령 노동자의 취업 양극화 분석. 한국노년학, 29(2), 593~610.
■ 장지연 외(2004). 고령화시대의 노동시장과 고용정책 Ⅱ. 서울: 한국노동연구원.

■ Balch, B. W., & Fayissa, B.(1990). An empirical analysis of job search duration utilizing macroeconomic data. International journal of social economics, 17(4), 42~48.
■ Burtless, G.(1999). An economic view of retirement, In Aaron, H. J. ed.(1999). Behavioral dimensions of retirement economics. Washington, D.C.: The Brookings Institution Press.

- Fridman, J., Goodkind, D., Cuong, G.T., & Ahn T. S.(2001). Work and retirement among the elderly in Vietnam. Research on Aging, 23(2), 209~232.
- Heckman, J.(1974). Effects of child-care program on women's work effect. in Shultz T. (ed.). Economics of the family. Chicago: University of Chicago Press.
- Jones, R. G. S(1989). Reservation wages and the cost of unemployment. Economica, 56, 225~246.
- Long, J. E., & Jones, E. B.(1980). Labor force entry and exit by married women: A longitudinal analysis. The review of economics and statistics, 62, 1~6.
- Lynch, L. M. (1985). State dependency in youth unemployment: A lost generation? Journal of Econometrics, 28, 71~84.
- Szinovac, M. E., & DeViney, S.(2000). Marital characteristics and retirement decisions. Research on aging, 22, 470~498.
- McLinden, D. J., Davis, M. J., & Sheriff, D. E.(1994). Training's effects on tax consulting services. In J. J. Phillips(ed.). In action: Measuring return on investment. ASTD.
- Morthenson, D.(1986). Job search and labor market analysis. in Ashenfelter, O. Layyard, R. Handbook of labor economics, Vol. Ⅱ. Amsterdam: North Holland.
- Kirkpatrick, D. L.(1994). Evaluation Training Programs: The Four Levels. Berrett-Koehler Publishers. Inc.
- Phillips., J. J.(1994). Measuring ROI: Process, trends, and strategies. In J. J. Phillips(Ed.). In action: Measuring return on investment. ASTD.
- Phillips, J. J.(1997). Return on Investment. Houston, Texas: Gulf Publishing Company.

- 통계청(2010a). 경제활동인구연보.
- 통계청(2010b). 2010 고령자통계.
- 통계청(2010c). 2010년 5월 청년·고령층 부가조사 결과.
- 여성워크넷 www.work.go.kr.
- 법률 제10339호(2010. 6. 4). 고용상 연령차별금지 및 고령자고용촉진에 관한 법률.

(주) 본 장은 서울시여성능력개발원에서 발주한 중고령 여성 취업의식고취 프로그램 개발 현장 실행과제 연구(2010)의 내용을 일부 발췌, 수정 및 보완한 것임.

chapter 16

# 모든 이를 위한
# 노인교육 리더십

이정의 · 김영석

## C 1. 서 론

    우리 사회는 급속도로 늙어가고 있다. 2011년 고령자 통계에 의하면 2010년에
전체 인구 대비 65세 이상 인구의 비율은 11.0%였고, 2018년에는 14.3%, 2026년에
는 20.8%, 2030년에는 24.3%로의 증가가 예상되고 있다. 우리나라의 고령화 진전속
도는 다른 나라와 비교하여 매우 빠르다. UN에서 정의한 기준에 따르면 고령화 사회
(전체 인구 중 65세 이상의 고령인구가 7%를 넘는 사회)에서 고령사회(전체 인구 중
65세 이상의 고령인구가 14%를 넘는 사회)로 변하는 데 프랑스는 115년(1864년~
1979년), 미국은 72년(1942년~2014년), 일본은 24년(1970년~1994년)이 걸리는 반
면, 우리나라는 18년(2000년~2018년)이 걸릴 것으로 예상된다(통계청, 2011). 또한
고령 사회에서 초고령화 사회(전체 인구 중 65세 이상의 고령인구가 20%)로의 변화에
는 프랑스는 40년(1979년~2019년), 미국은 16년(2014년~2030년), 일본은 12년
(1994년~2006년)이 걸리는 반면, 우리나라는 8년(2018년~2026년)밖에 걸리지 않을

것으로 예상된다. 우리나라가 이렇듯 세계적으로도 매우 빠른 고령화[1] 현상을 보이는 이유에는 세계에서도 매우 낮은 출산율[2]과 지속적으로 늘어나는 인구의 평균수명이다. 통계청(2006) 자료에 따르면 1991년에 72세였던 평균수명은 2000년에 76세, 2010년에는 80세로 증가하였으며, 2020년에는 82세, 2030년에는 83세로 지속적 증가가 예상된다.

이와 같이 인구고령화 현상이 급속하게 진행되면서 한국을 비롯한 전 세계 각국에서는 고령자에 대한 국가 및 사회적 관심이 증대하고 있다. 기대수명이 증가하고 노년기가 길어지면서 노년기의 빈곤과 고독 등이 사회 문제로 대두되고 있기도 하지만 다른 한편에서는 노인들의 경험과 능력에 대한 긍정적 접근 방식도 활발히 제기되고 있다.

사회에 부담을 주는 의존적인 존재로서의 노인이 아닌 건강하고 독립적인 존재로서의 노인이 우리 사회의 구성원이 될 수 있도록 하기 위해서는 국가, 사회, 개인 모두의 노력이 필요하고, 이를 위해서는 노인들이 건강하고 활동적인 구성원이 되어야 한다. 건강하고 활동적인 노인이 되기 위해서는 변화하는 사회에 적응할 수 있는 지식과 기술을 갖추고 스스로 자립할 수 있는 의지와 태도를 습득해야 하는데, 이를 위하여 국제기구들은 평생학습의 중요성과 지속적인 교육훈련의 중요성들을 강조해 왔다(OECD, 1998, 2006; ILO, 2012). 특히 세계보건기구(WHO)는 활동적 고령화를 '연령 증가와 더불어 삶의 질을 증진시킬 수 있도록 건강, 참여와 안전을 위한 기회들을 최적화하는 과정'으로 정의하고(WHO, 2002) 이에 대한 구체적인 방안으로 고령자의 적극적 사회 활동 참여를 강조하고 있다.

한국 사회에서도 고령화 사회로의 진전과 더불어 노인 인적자원개발을 위한 평생교육이 활발히 진행되고 있다. 한국 사회에서 노인 평생교육의 중요성이 강조되어야 하는 이유는 다음과 같다.

첫째, 평생학습사회의 도래이다. 평생학습사회란 교육과 학습활동이 학교라는 독립된 시스템 안에서만 고립적으로 이루어지는 것이 아니라, 사회 곳곳에서 삶의

---

1 일반적으로 인구의 고령화란 전체인구 수 분에 65세 이상의 고령인구 수를 뜻한다. 한 국가가 고령화를 경험하게 되는 이유는 두 가지로 생각해 볼 수 있는데, 첫째는 분자인 고령인구의 수의 증가이고, 둘째는 분모인 전체 인구 수의 감소이다. 따라서 기대수명의 증가로 인한 고령자 수의 증가와 저출산으로 인한 전체인구 수의 감소 두 가지가 모두 고령화 현상의 원인이다.

2 2008년 현재 우리나라 출산율은 1.22명으로 세계에서 두 번째로 낮은 출산율을 나타내었다(인구보건복지협회, 2009).

양식으로서 교육과 학습활동이 전개되는 사회를 말한다(한숭희, 2008). 즉 언제, 어디서나 가르치고 배우는 삶의 양식이 사회 전반에 골고루 스며있는 사회를 말하는 것이다. 이러한 평생학습사회에서는 노인도 교육의 주체로서 다양한 교육에 지속적으로 더 많이 참여할 것으로 기대되고 있다.

둘째, 과학기술의 발전으로 인한 급속한 사회 변화이다. 정보통신기술의 진보와 더불어 새로운 기술이 연일 등장하고 이로 인하여 일상생활의 모든 부분이 변화하고 있다. 이러한 급속한 사회 변화에 적응하고 구성원으로서 기대되는 역할을 수행하기 위해서는 사회에서 필요로 하는 새로운 지식이나 기술을 지속적으로 습득해야만 한다. 따라서 노인들 역시 새로운 사회변화에 적응하기 위한 평생학습이 요구되고 있다.

셋째, 핵가족화와 세대간 갈등의 증가이다. 노인 인구의 증가에도 불구하고 전통적인 가족제도가 붕괴되고 세대간의 접촉기회가 감소하고 있고 이로 인하여 상호 세대간의 이해 부족과 갈등 현상이 발생하고 있다. 따라서 세대간에 서로에 대한 정보를 전달하고 이해를 증진시킬 수 있는 평생교육, 특히 노인에 관한 교육과 세대간 이해를 위한 교육이 사회 전반적으로 요구되고 있다. 이와 더불어 노인 스스로도 경제적, 심리적 독립을 통한 역할 재정립이 요구되는바, 이 역시 다양한 사회적 활동의 참여를 통하여 성취될 수 있는 부분이기에 평생학습 분야의 노력이 요구된다.

넷째, 노인에 대한 사회적 시각의 변화이다. 인간은 평생에 걸쳐 발달한다고 하는 생애발달 관점에 따라 노인도 여전히 발달의 과정에 있다는 시각이 점차 자리를 잡고 있다. 이러한 관점은 노인도 사회를 위해 공헌하고 봉사할 수 있는 잠재력이 있는 귀중한 자원임을 부각시키며 따라서 노인들이 계발해야 할 능력에 초점을 둔다. 노인의 잠재력과 발달가능성은 노인 평생교육을 가능하게 하는 기본적인 전제가 된다.

다섯째, 노인 자신의 욕구 변화이다. 생활수준 및 교육수준의 지속적인 향상으로 노인들의 욕구가 변화하고 있다. 특히 베이비붐 세대가 노인인구에 편입되면서 신체적으로 건강하고, 경제력을 갖추고, 사회 적응능력을 지닌 노인들이 빠르게 늘고 있다. 새로운 노인 세대는 기본적인 욕구에서 한 걸음 더 나아가 자기를 계발하고 자아를 실현하려는 보다 고차원적이고도 다양한 욕구를 지니고 있다. 노년층의 사회경제적 수준이 향상될수록 노인교육에 대한 욕구는 더욱 커질 것이며, 이들 노년층의 새로운 욕구에 대응하기 위해서는 노인교육이 더욱 중요해질 수밖에 없을 것이다.

이상에서 살펴본 바와 같이 노인 평생교육에 대한 중요성과 정책적 필요성이 강조되면서 고령화 사회에 진입한 2000년을 전후하여 각종 노인교육 이론 및 정책에 대한 제안이나 연구들이 수행되어 왔으며(홍기형 외, 1998; 한정란, 2004; 김태준 외, 2007, 2008), 노인 인적자원개발을 위한 평생교육이 꾸준히 개발·진행되고 있다.

본 장에서는 지금까지 노인 인적자원개발을 위한 국가 및 사회적 접근의 이해를 도모하고, 앞으로 나아가야 할 방향을 제안하기 위해 노인의 평생교육 현황을 분석하여 발전방향을 제안하고자 한다. 이를 위해 본 장에서는 평생교육법에서 제정한 평생교육의 6대 영역(기초문해교육, 학력보완교육, 직업능력교육, 인문교양교육, 문화예술교육, 시민참여교육)에 맞추어 분류한 후 이러한 6대 영역에서 노인 평생교육이 현재 어떻게 실시되고 있으며, 문제점은 무엇인지 분석해 보고자 한다. 그 후에 인생 100세 시대를 맞이하여 노인 평생교육의 발전방향에 대해서 모색해보도록 한다.

## 2. 노인교육의 현황 및 문제점

### 1) 기초문해교육

기초문해교육이란 한글을 읽고 쓸 줄 아는 기본적 문자해득능력과 아울러 생활 속 문제를 해결하는 문해활용능력을 개발하고, 초등학력을 인정받도록 지원하는 교육을 뜻한다(김진화·고영화, 2006). 문해능력은 인간 생활의 가장 기초적 의사소통 능력으로서 특히 오늘날과 같이 지식이 곧 힘이요, 경제적 풍요와 연결되는 지식기반사회에서는 인간에게 가장 기본적 능력이다(한국문해교육협회, 2005). 기초문해교육은 다른 형태의 평생교육을 받기 위한 가장 기본적 능력을 배양하는 교육으로서 매우 중요한 위치를 차지한다. 문해교육은 모든 형태의 교육의 출발점으로서 인간의 기본적 권리이고, 개인의 자아실현 및 사회의 억압으로부터의 자유를 가능하게 하며, 사회의 문화 적응을 가능하게 한다(한국문해교육협회, 2005).

노인의 문해능력은 한국전쟁 발발, 의무교육제도 미비, 여성의 교육권리 미인정 등의 역사적, 문화적 배경 속에서 다른 연령층에 비하여 낮은 실정이다. 가장 최근에 전 국민을 대상으로 실시된 문해능력 실태조사(이희수 외, 2002)에서는 문해를 3가지 기준으로 나누어 완전비문해자(1수준: 글을 읽고 쓰고 셈하는 능력이 아주 없거나 매우 초보적 수준), 비문해자(2수준: 초등학교 6학년 수준), 문해자(3수준: 아무런 장애가 없는 수준)를 구분하였다. 나이별로 살펴보았을 때, 60세~69세 인구 중 34.0%가 완전비문해자, 32.8%가 비문해자이며, 70세 이상의 인구 중 76.2%가 완전비문해자, 18.0%가 비문해자로 조사되었다.

노인의 문해능력을 향상시키기 위한 다양한 교육이 필요한 현실 속에서 정확히 노인을 위한 문해교육이 어떻게 실시되고 있는지에 대한 국가적 통계 조사는 아직 없다. 다만 이지혜(2006; 신미식, 2007 재인용)에 따르면 문해교육기관에 참여하고 있는 학습자의 연령은 60대 이상이 55%를 차지하고 있다. 2006년 성인문해교육 지원사업 프로그램에 참여한 성인문해 학습자 중에서 60대 참여자는 전체의 49.8%, 70대 참여자는 22.5%로 노인 참여자의 비율이 약 72%를 차지하고 있다(이경아 외, 2007).

노인을 위한 기초문해교육의 현재 문제점은 다음과 같다. 첫째, 노인의 비문해 수준에 대한 정확한 조사가 미흡하고, 노인을 대상으로 한 문해교육 시설에 대한 조사 역시 부족하다. 전국민을 대상으로 실시된 성인문해실태는 2002년(이희수 외, 2002) 이후로 실시되지 않고 있다. 뿐만 아니라 현재 얼마나 많은 곳에서 얼마나 많은 수의 노인들이 문해교육을 받고 있는지에 대한 기초 통계자료도 수립되어 있지 않아, 이에 대한 정책 수립이 부족한 현실이다. 둘째, 문해교육 프로그램을 운영하는 기관들이 재정적 어려움을 경험하고 있다. 이지혜(2006)에 따르면 문해교육 프로그램의 연간 운영 예산이 1,000만원 미만인 기관이 전체의 65%에 다르고 있다. 셋째, 대부분의 노인 문해교육은 기능적 문해교육에 치우쳐있고 비판적 문해교육이 활발히 실시되고 있지 않다. 기능적 문해교육이란 문해교육을 통하여 비문해자들이 현재의 사회 경제적 구조에 적응하고, 사회의 지배적 가치를 수용실천할 수 있도록 돕는 것을 의미하고(신미식, 2010), 비판적 문해교육이란 문해교육을 통하여 기존의 권력구조에 도전하면서 개인과 사회발전을 위한 대안의 길을 모색하는 과정을 의미한다. 기능적 문해교육과 함께 비판적 문해교육을 함께 진행할 때 노인의 권익 보호 및 노인이 주체적 역할을 수행할 수 있는 방안이 마련될 수 있을 것이다.

## 2) 학력보완교육

학력은 국가에서 정식교육기관으로 인증받은 '학교'라는 교육기관에서 수학한 연한을 기준으로 산정된 것으로 일반적으로 사회에서 한 개인이 갖고 있는 학문적 · 직업적 · 인문소양적 역량을 규정하는 잣대의 역할을 하고 있다(권진희, 2009). 학력보완교육이란 교육법에 명시된 소정의 학력을 인정받기 위해 필요한 이수단위 및 학점과 관련된 학력인증 교육을 뜻하며, 구체적 프로그램으로는 초등학력 · 중등학력 · 고등학력 보완 프로그램이 존재한다(김진화 · 고영화, 2006). 학력보완교육을 위한 다양한 제도들은 학력에 대한 국민들의 요구로부터 나왔다(백은순, 2009). 정해진 연령대에 정규학교에 진학하지 못했거나, 학업을 중단한 경우에 형식교육기관에서 부여하는 학력을 받을 수 없게 되기 때문에 학력인정에 대한 새로운 통로가 필요하게 된 것이다(백은순, 2009).

정규 학교교육을 제외한 범위에서 평생교육을 한정하였을 경우 학력보완교육은 각종 학력인정 평생교육시설, 방송통신 고등학교 및 대학교, 대안학교 등에서 이루어지고 있다. 아울러 학력보완교육을 위한 제도로는 검정고시제도, 독학학위제, 학점은행제 등이 존재한다. 정확히 얼마나 많은 노인들이 학력보완교육에 참여하는 지는 알 수 없지만 평생교육백서(평생교육진흥원, 2009)에 따르면 2009년도에 학점은행제를 통한 전문학사 및 학사 학위 취득자 중에 50세 이상 연령이 차지하는 비율이 7.1%(3,194명)에 이른다.

대학은 엘리트 교육과 지식 탐구 기관인 동시에 지역 사회 구성원들에게 교육의 기회를 제공하는 역할을 수행하고 있다. 지역사회에서 사회구성원을 위한 대학의 역할이 강조되고 있는 가운데 지역사회 내의 노인 인구가 지속적으로 증가하고 있기에 노인을 위한 다양한 프로그램이 운영되고 있다. 그 중 대표적 사례로는 1995년부터 실시되고 있는 경북대학교의 '명예 대학생' 제도가 있다. 이는 55세 이상을 대상으로 매년 250명 정원을 선정하여 3년 동안 30학점의 강의를 들을 경우 명예대학생 학위를 수여하는 제도로 학비는 무료이다. 55세 이상의 중고령자들은 실제 학부생들이 듣는 교양강좌 수업을 학부생들과 함께 수강하며, 수업일수의 3/4 이상을 출석할 경우 중간, 기말고사 시험에 응시하지 않아도 C 학점 이상을 취득할 수 있다. 전북대학교 역시 이와 비슷한 제도를 운영하고 있다. 45세 이상의 지역주민을 대상으로 한 학기에 최대 9학점까지 수강이 가능하며, 총 3년간 30학점을 수강할 경우 명예학사학위를 제공한다. 수강료가 과목당 5만원인 것이 경북대학교와의 차이점이다. 아울러 경북대학교의 경우 명예학생은 전공과목 수강이 불가능하고, 교양과목만 수강이 가능한 반면, 전북대학교의 경우 '일반청강생'과 '전공인증청강생'을 구분하여, '전공인증청강생'의 경우 의학계열대학, 예술대학의 전공과목 이외에 모든 전공과목 수강이 가능하다.

노인을 대상으로 한 학력보완교육의 문제점은 대부분의 학력보완교육이 노인, 주부, 직장인 등을 구분하지 않고 시행된다는 점이다. 베이비부머 세대의 은퇴와 더불어 보다 많은 수의 중고령자들이 학력보완교육을 요구할 것이 예측됨에도 현재는 대부분의 학력보완교육 프로그램과 이에 종사하는 강사들이 노인의 신체적·인지적 특성을 무시한 채 다른 성인학습자들과 노인학습자를 동일시한 수업 방식과 교재를 사용하고 있는 한계를 갖고 있다.

### 3) 직업능력교육

통계청(2011)에서 발간한 '고령자 통계'에 따르면 65세 이상 고령자의 경제활동 참가율은 29.4%로, OECD 국가 중 아이슬란드(36.2%)에 이어 두 번째로 높은 수준이다. 한국노동연구원 자료에 따르면 2006년까지의 자료를 분석한 결과 10년 이상의 주 일자리가 있었던 노동자 중 주 일자리에서 퇴직한 고령퇴직자 중에서 약 59%가 일자리로 복귀한 것으로 나타났다(김주영·우석진, 2010).

직업능력교육이란 구직자, 재직자를 대상으로 직업에 필요한 자격과 조건을 준비하고 직무를 효과적으로 수행할 수 있도록 돕는 교육을 뜻하며, 구체적 프로그램은 다음의 세 가지로 구분할 수 있다(김진화·고영화, 2006). 첫째, '직업준비 프로그램'은 특정 직업에 취직하고, 성공적 창업을 위해 필요한 지식, 정보, 기술을 획득하는 것과 관련된 교육이고, 둘째, '자격인증 프로그램'은 특정 직업의 직무수행에 필요한 지식, 기술, 기능과 관련한 자격을 제도적으로 인증받도록 지원하는 프로그램이며, 셋째, '현직직무역량 프로그램'은 현직 종사자에게 보다 발전적 직무수행에 필요한 지식과 기술을 습득하고 익힐 수 있도록 지원하는 프로그램이다.

노인에게 직업능력교육이 필요한 이유는 첫째, 은퇴 이후에 지속적 경제활동을 통하여 빈곤문제를 해결하기 위해서다. OECD에 따르면 2000년대 중반에 우리나라의 66세~74세의 노인 인구층의 빈곤위험은 전체 인구에 비해 3배나 높았으며, 75세 이상의 경우는 3.3배나 높은 것으로 나타났다(OECD, 2011). 이렇듯 노년층이 빈곤한 이유는 연금제도가 1988년도에야 도입되었기 때문에 연금 수령자들이 낮은 수당을 받고 있으며, 그 이외에도 자녀를 위한 과도한 지출, 은퇴 후 자산 마련 부족 등을 들 수 있다. 노인층의 빈곤을 극복하기 위해서는 근로에 따른 소득이 중요하기 때문에 지속적 경제활동을 위한 직업능력개발이 필요하다. 둘째, 지속적 직업 활동을 통해 심리적 만족을 얻기 위해서다. 개인의 삶에서 일이 차지하는 기능은 경제적 보상 이외에도 다양하다. 하루 일과의 질서를 제공하고, 하는 일을 통해서 자아정체성을 확립할 수 있으며, 일을 통해 사회 구성원들과 사회적 관계를 지속하며, 성취감 및 생활의 활력과 같은 의미 있는 경험을 할 수 있게 되기 때문이다(한정란, 2004). 또한 고령자가 자신의 직무에 대해 갖는 만족도는 직무에서 요구하는 수준과 교육·기술 수준이 적합할수록 높아지는바, 단순히 직업생활을 유지함으로 인한 심리적 만족에서 나아가 직무만족도를 높이기 위해서도 고령자 개개인에 적합한 직업능력 개발과 이에 대한 지원이 필요하다(이정의, 2011). 셋째, 노인의 취업은 국가의 경제적 발전에 기여할 수 있다(류윤석, 2005). 노인인구 수의 증가에 따른 경제인구의 감소 및 사회보장비용 증가는 국가 경제에 부담요소로 작용할 수밖에 없기 때문에, 노인의 취업 및 지속적 경제활동참여는 국가의 발전을 위해서도 필요하다.

노인 대상으로 실시되는 직업교육을 노인의 일자리를 중심으로 살펴보면 다음과 같다. 노동부를 중심으로 노인의 일자리 창출을 목표로 2004년부터 시작된 노인일자리사업은 한국노인인력개발원을 중심으로 2010년에 이르러 약 180,000개의 일자리 창출을 목적으로 진행되고 있다. 노인일자리 사업은 크게 공공분야와 민간분야로 나눠지는데, 공공분야의 경우 공익사업(지역사회관리, 공공질서계도 등), 교육사업(1·3세대 강사, 노-노 강사, 전문해설 및 안내, 지역특화사업 등), 복지사업(독거노인돌봄사업, 다문화가정지원, 주거환경개선사업 등) 등이 있다. 공공분야 사업의 경우 짧은 교육기간만으로도 누구나 일을 할 수 있기 때문에 일자리 수에 비해 일하고자 하는 노년층의 수가 크게 초과하는 형편이며, 일자리의 참여기간은 약 7개월이고 경비는

월 15만원에서 20만원 안팎으로 노년층에게 큰 경제적 기여를 못하고 있는 형편이다. 다음으로 민간분야의 경우 인력파견사업(시험감독관, 가정도우미, 주유원, 경비원 등)과 노인에게 적합한 전문직종 공동산업단 운영(각종 사회적 기업, 세차, 세탁, 택배 등) 등이 진행되고 있다. 민간분야 일자리는 공공분야 일자리에 비해서 매출이 높은 편이나 참여노인의 급여 중 일부 또는 전액을 파견된 근무지의 매출에서 부담하는 형식을 취하고 있어서 노인 취업자와 노인을 고용한 기관 간의 마찰이 공공분야보다는 많은 실정이다.

노인 대상 재취업교육의 문제점은 다음과 같다. 첫째, 퇴직 전 은퇴준비교육과 재취업교육이 활발히 진행되지 못하고 있다(송선희 외, 2012). 일반 기업의 정년은퇴는 55세~60세로 되어 있지만, 평균적으로는 53세에 은퇴하는 것으로 나타나있다(노동부, 2006). 종전의 직장에서 50대 초반이나 중반에 은퇴를 하게 되면 새로운 직장을 찾게 되는 데 이때 짧은 준비를 통해 대부분 재취업이 이루어지게 되니 자신의 적성과 경력을 활용하지 못하는 취업사례와 창업실패 등의 부작용이 발생한다. 이를 극복하기 위해서 아웃플레이스먼트(퇴직전 은퇴교육) 교육이 실시되어야 하지만, 기업의 입장에서는 직장을 떠나는 근로자에게 아웃플레이스먼트를 위한 교육을 실시하는 것은 의무사항이 아니기 때문에 활발히 진행되고 있지 못하다. 둘째, 현재 지방자치단체와 각종 노인관련 단체에서 실시되고 있는 노인 대상 직업능력교육의 경우 학습자들의 기존 경험, 흥미, 적성에 맞는 교육을 제공하지 못하고 있다. 대신 누구라도 짧은 훈련교육기간을 거치면 일을 할 수 있는 노동집약적, 저(低)기술숙련 일자리를 목표로 한 교육과정이 개설되어 있고 노인들의 다양한 흥미, 경험, 능력을 제대로 활용하고 있지 못하다. 셋째, 베이비붐 세대의 은퇴와 더불어 고학력, 고숙련 기술을 가진 노인 계층의 직업교육이 필요하지만 이에 대한 준비가 부족하다. 보건복지가족부(2009)에 따르면 60~64세에 연령층의 10.4%가 전문대학 이상의 학력을 소지하고 있다. 2012년 현재 만 48세~56세인 베이비붐 세대의 경우 전체의 28.5% 이상이 전문대졸 이상의 학력을 소지하고 있다. 그러나 현재 노인대상 직업능력교육은 저학력, 저기술숙련의 노인 계층을 대상으로 한 프로그램이 주를 이루고 있다는 한계를 갖고 있다.

## 4) 문화예술교육

문화예술교육이란 문화예술적 상상력과 창의력을 촉진하고 문화예술 행위 및 기능을 단련시키며 아울러 일상생활 속에서 문화예술을 접목할 수 있는 능력을 개발하는 교육을 의미한다(김진화·고영화, 2006). 김진화·고영화(2006)는 문화예술교육에 속하는 프로그램을 첫째, 체력증진 및 여가선용을 위하여 일상생활 속에서 지속적으로 행동하는 체육활동 관련 프로그램인 '레저생활스포츠 프로그램', 둘째, 문화예술을 일상생활에 접목하여 삶의 문화를 보다 풍성하게 향유하도록 지원하는 프로그램인 '생활문화예술 프로그램', 셋째, '문화예술작품 및 행위를 의미있게 체험하고 작품을 완성할 수 있도록 지도하는 프로그램'으로 구분하였다.

문화예술교육은 '문화교육'과 '예술교육'으로 나누어질 수 있다(박선희, 2011). 문화교육은 인간 및 사회에 대한 이해, 성찰을 통해 다양한 문화적 가치와 개인과 사회의 연계 등을 강조한 교육을 의미한다. 예술교육은 예술적 능력을 갖춘 인재를 길러내는 '예술을 위한 교육'과 예술을 통하여 전인적 인격을 형성하고자 하는 '예술을 통한 교육'의 개념을 모두 지니고 있다. 문화교육과 예술교육이 서로 다른 개념이지만 '문화예술교육'이 정책상의 용어로 사용된 이유는 예술교육이 주로 음악, 미술과 같은 실기교육을 지칭하는 것으로 여겨졌기 때문에, 단순히 표현기법만을 가르치는 교육이 아닌 자신을 표현하고, 문화 속에 포함된 다양한 사회의 측면을 이해하는 교육을 지칭하기 위해서라고 할 수 있다(김승연, 2005). 다시 말해, 문화예술교육은 인간이 어려서부터 자연스럽게 참여하는 그림·춤·노래·연극 등의 문화예술활동을 사람들이 즐길 수 있도록 하는 교육을 의미한다. 문화예술교육은 단순히 지식을 습득하는 교육이 아니라, 자기이해와 자기표현의 기회를 통해 학습자가 스스로 자신이 누구인지 깨닫고 자신 안의 창조성을 넓히는 교육이다.

직장생활과 가정생활에서 부여되는 삶의 부담으로부터 비교적 자유로운 노인들은 자신들을 내면을 표현하고 신체활동을 통해 건강을 관리할 수 있는 문화예술교육에 적극 참여하고 있다. 노인을 대상으로 한 평생교육 프로그램 운영 및 참여 실태에 대한 전국적 조사는 실시되지 않았지만 서울시 및 전국광역시의 노인복지관에서 노인을 대상으로 운영되는 평생교육 프로그램을 김진화·고영화(2006)의 틀에 맞추어 분류한 김영석(2011)에 따르면 전체 2,354개 프로그램 중에서 문화예술교육이

1,337개(56.8%)로 가장 높은 비율을 차지했다. 구체적으로 살펴보면 레저생활스포츠 프로그램이 620개(26.3%), 생활문화예술 프로그램이 92개(3.9%), 문화예술향상 프로그램이 624개(26.5%)로 많은 수를 차지했다.

현재 실시되고 있는 문화예술교육의 문제점에 대해서 살펴보면 다음과 같다. 첫째, 다양한 프로그램이 운영되기 보다는 일반적 프로그램이 운영되고 있다는 점이다. 레저생활스포츠 프로그램으로는 체조, 댄스, 전통춤과 같은 비교적 특별한 체육시설 없이도 교육이 가능한 프로그램이 운영되고 있다. 이러한 프로그램들은 대부분 여성 노인들이 참여하기에 용이한 활동으로 이루어져 있기 때문에 남성 노인의 참가를 더욱 어렵게 한다. 둘째, 다양한 생활문화, 예술, 창작활동 등이 노인세대 위주로 진행된 나머지 세대간 어울림 활동이 진행되지 않고 있다는 점이다. 문화예술교육의 근본 목적 중 하나는 문화 활동을 통하여 타인의 삶을 이해하는 것이다. 현재 우리사회가 겪고 있는 세대간의 단절을 극복하기 위해서는 1·2·3세대가 함께 어울리는 활동이 필요한데, 현재 대부분의 노인을 위한 문화예술교육은 노인세대만으로 진행되고 있다. 셋째, 교육을 통한 다양한 문화예술활동이 대부분 개인적 활동으로 끝나고 있어, 전시회 및 발표회를 통하여 가족 및 사회구성원들과의 교류로 이어지고 있지 못하다. 문화예술활동은 자신을 표현하는 활동으로서 노인이 자신의 작품을 다른 사회구성원들에게 보여줌으로써 자신에 대한 이해 및 사회구성원으로서의 정체감을 확립할 수 있다. 그러나 노인들이 문화예술교육을 통해 습득한 다양한 문화예술적 역량을 표현할 수 있는 사회적 기회가 부족한 현실이다.

## 5) 인문교양교육

인문교양교육이란 교양인으로서의 전인적 성품과 전인적 건강을 겸비할 수 있도록 지원하는 교육을 뜻한다(김진화·고영화, 2006). 인문교양교육은 오래전부터 평생교육의 중요한 한 축을 담당하고 있었다. 각종 유통업체 부설 문화센터나 시민단체 등에서 일반인을 대상으로 철학·역사·문학 관련 과정들을 개설하여왔다. 그러나 최근에 인문교양교육이 기업체 경영자, 저소득층, 노숙자 등의 다양한 계층으로 확대되고 있다.

인문교양교육이 활발히 진행되고 있는 이유는 다음과 같은 인문교양교육의 효과 때문이다(양은아, 2009; 2010). 첫째, 인문학 학습을 통해 삶의 목적과 가치에 대한 사고를 향상시킴으로써 자신의 존재에 대한 재발견과 재규정이 가능하기 때문으로 해석된다. 둘째, 인문학 교육은 '왜'라는 질문을 통해서 자신의 구체적 삶의 경험을 인간 전체의 삶과 비교하여 성찰을 가능하게 한다. 셋째, 사유하는 방법의 학습을 통해서 앞으로 닥치게 될 다양한 문제 상황에 대처할 수 있는 능력을 기를 수 있는 폭넓은 사고력을 갖게 된다. 넷째, 인문학습을 통해 사람의 다양한 사고방식과 경험들을 간접 경험하게 됨으로서 다양한 사람들 간의 의사소통을 통해 타인과 보다 의미 있는 관계를 많이 형성할 수 있게 된다.

평생교육 프로그램 상으로 인문교양교육은 다음의 세 가지로 분류가 가능하다(김진화·고영화, 2006). 첫째, '건강심성 프로그램'은 건강한 삶과 생활을 위한 심리 안정과 신체 건강에 필요한 체험을 지원하는 프로그램이다. 둘째, '기능적 소양 프로그램'은 일상생활의 역할 수행에 필요한 기능적 자질과 능력개발을 위한 프로그램이다. 셋째, '인문학적 교양 프로그램'으로 인문학적 교양과 상식을 확정하여 문학, 역사, 철학과 관련한 활동을 지원, 인증하는 프로그램이 여기에 속한다. 인문교양교육은 직업기술습득 혹은 학력획득과 관련된 의무로부터 비교적 자유로운 노년층이 활발히 참여하고 있는 평생교육의 형태 중 하나이다. 앞에서 언급한 김영석(2011)에 따르면 전국 대도시 노인복지관에서 운영 중인 전체 2,354개 프로그램 중에서 인문교양교육은 870개(37.0%)로 문화예술교육 다음으로 높은 비율을 차지했다.

현재 진행되고 있는 노인 대상 인문교양교육의 문제점은 다음과 같다. 첫째, 노인을 위한 대부분의 인문교양교육이 지방자치단체나 평생교육기관을 중심으로 진행되고 있는데 이들 단체나 기관은 인문학 교육 전문 기관이 아니기 때문에 인문교육과 관련한 깊이 있는 강의가 쉽지 않다. 보다 높은 학력을 갖고 있으며, 아울러 인문학 분야에 높은 소양을 가진 노년층을 위한 교육의 진행을 위해서는 인문학 전문기관이 노인학습자 대상에 대한 관심을 가져야 할 것이다. 둘째, 노인을 강사로 활용하는 인문교양교육이 부족하다는 점이다. 인문교양과목 중 일부 교과목(동양철학, 역사학, 고전 강독 등)은 노년층 중에서 강사로 활용할 만한 사람들이 다른 과목에 비해서 많음에도 불구하고 노인 교수자가 동료 노인을 대상으로 강의를 하는 경우는 많지 않은 것이 현실이다.

## 6) 시민참여교육

시민참여교육이란 민주시민사회의 시민으로서 갖추어야 할 역량을 개발하며, 사회통합과 관련하여 시민의 참여를 촉진하는 교육을 의미한다(김진화·고영화, 2006). 시민참여교육의 프로그램은 다음의 세 가지 형태로 구분 가능하다(김진화·고영화, 2006). 첫째는 '시민책무성 프로그램'으로 현대시민으로서 갖추어야 할 책무성 개발과 관련된 프로그램이다. 둘째는 '시민리더역량 프로그램'으로 공익사업을 추진할 수 있는 시민의 자질과 역량을 개발하는 프로그램이다. 셋째는 '시민참여활동 프로그램'으로 지역사회조직 및 공익사업에 대한 개인적, 집단적 참여 촉진과 관련된 프로그램이다.

정치적 체제로 민주주의는 정치제도 및 과정과 각종 사회문제 해결에 대한 국민의 참여가 전제된다. 그러나 현대사회에 들어오면서 국민들은 자신의 경제적 이익 혹은 기타 개인적 문제에는 관심을 기울이지만, 많은 경우 정치와 관련된 활동에 참여하는 것에 대해 무관심한 경향이 많다(이해주, 2009). 민주주의 사회에 맞는 시민을 교육하기 위해서는 민주주의와 관련된 다양한 정보와 지식을 습득하는 것도 필요하지만, 동시에 직접 시민들이 정치활동에 '참여'하는 태도를 기르는 것도 필요하다. 이에 평생교육법에서는 단순히 시민교육이라고 지칭하지 않고 '시민참여교육'으로 명칭을 사용하게 되었다(이해주, 2009).

시민참여교육의 목적은 정치 및 사회 문제에 대한 이해와 판단력을 높이고, 심사숙고와 상호존중을 위한 대화 및 공청회를 통해 다양한 의견과 정보를 갖춘 상태에서 '의사결정' 행위를 할 수 있는 올바른 시민을 양성하는 것이다(이해주, 2009). 특히 노인에게는 참정권이 확보되어 있어 투표참가, 토론회 참가 등을 통하여 민주사회에서 다양한 의사결정 과정에 참여할 수 있는 기회가 많기 때문에 이에 대한 교육이 반드시 필요하다. 시민참여교육에 필요한 교육내용으로는 정치현실보기, 법 이해하기, 합리적 사고방식 습득, 합리적 의사결정 방식 접하기, 비판적 사고력 키우기 등이 있다(이해주, 2009). 교육방법으로는 토론 실시 및 직접 시민운동 참여, 이익집단활동 참여, 지방자치활동 참여 등이 가능하다.

현재 시민참여교육은 주로 국가나 지방자치단체, 시민단체를 중심으로 운영되고 있나. 흔히게 접할 수 있는 시민참여교육 프로그램으로는 선거관련교육, 통일교육, 주민자치위원 강좌, 주민활동가 양성사업, 환경지킴이 교실, 시민의식교육, 장애인 인식개선교육 등이 있다(이해주, 2009). 그러나 노인을 대상으로 한 시민참여교육은 활발히 진행되지 못하고 있다. 김영석(2011)에 따르면 대도시 지역 노인복지관에서 진행되는 노인교육 프로그램 중에서 시민참여교육은 전체 2,354개 프로그램 중에서 3개(0.1%) 뿐인 것으로 조사되었다.

　　노인을 대상으로 한 시민참여교육의 문제점을 살펴보면 다음과 같다. 첫째, 일반적으로 시민참여교육은 평생교육기관을 중심으로 운영되기보다는 시민단체를 중심으로 자신들의 견해와 관련된 교육을 실시하고 있다는 점이다. 시민단체들은 각자의 존재 이유가 있기 때문에 특정 시민단체의 성격에 대한 부정적 견해가 있는 노인의 경우는 이 기관에서 실시하는 교육에 참가하기 어렵다(이해주, 2009). 아울러 시민단체 역시 노인의 특성과 상태에 필요한 시민참여능력 향상을 위한 프로그램에 대한 관심이 부족하다. 둘째, 시민참여교육이 주로 추상적 원리를 가르치는 지식 위주의 교육으로 진행되고 있다는 점이다(이해주, 2009). 시민참여교육은 노인들이 실제로 정치 및 사회활동에 필요한 실천적 지식과 민주주의 원리에 입각한 의사표현 및 토론에 필요한 태도 및 기술을 기를 수 있는 실천 교육이 필요한데, 현재 대부분의 교육은 강의식으로 이루어져 있다.

## 3. 노인 인적자원개발을 위한 평생교육의 발전방향

　　지금까지 살펴본 우리나라 노인 평생교육의 현황을 토대로 향후 노인 인적자원개발을 위한 노인교육 활성화의 방안을 몇 가지 제시하면 다음과 같다.

### 1) 노인교육의 내용·대상·시설·방법의 다양성 확대

　　노년기는 인생의 그 어느 시기보다도 개인 간의 차이가 큰 시기다. 타고난 유전적인 차이뿐 아니라 각자의 경험과 처한 환경이 다르므로 이러한 것들이 노년기의 개인간 차이를 가져오게 된다. 따라서 커다란 개인간 차이를 지닌 노년기 학습자들의 교육적 욕구 또한 매우 다양할 수밖에 없다. 그러나 이제까지 노인을 대상으로 한 대부분의 평생교육 프로그램들은 '문화예술교육'과 '인문교양교육'에서 크게 벗어나지 못해왔다. 노인의 기본적 인권인 학습권을 실현하고, 국가적 자원으로서 인적자원을 개발하고, 진정 사회 통합과 삶의 질 향상의 기능을 수행하기 위해서는 교육의 대상인 노인들이 가진 다양한 욕구에 기초하여 다양한 시설에서, 다양한 대상에게, 다양한 시간대에, 다양한 목적을 가지고, 다양한 방식으로 진행되는 다양한 내용의 노인교육 프로그램들이 제공될 수 있어야 할 것이다.

## 2) 노인교육 프로그램의 전문성 강화

현재 제공되고 있는 대부분의 노인교육 프로그램들은 노인교육 전문가에 의해 개발되고 운영되는 경우가 드물다. 그렇기 때문에 노인의 신체적·인지적·심리적 특성 및 노인의 교육요구를 고려하지 않은 부적절한 프로그램들이 많이 운영되고 있다. 따라서 노인 학습자의 특성을 구체화한 후 노인의 욕구에 기반한 전문적인 프로그램이 개발되어야 한다. 예를 들어 2006년부터 성인문해 교과서 개발을 실시하고 있는데 문해 교육의 주 대상이 고령자인 만큼 고령자 연령층에 적합한 보충교재 개발이 이루어져야 할 필요가 있다. 또한 앞서 진술한 바와 같이 한국의 베이비부머들은 이전의 노인 세대들에 비해 다양하고 높은 교육적 욕구를 지니고 있는 만큼 새로운 노년층의 욕구에 부응하기 위해서도 프로그램의 전문성이 보다 강화되어야 한다. 고령자를 위해 맞춤형으로 전문가들에 의해 만들어진 프로그램들은 의도한 교육적 효과를 보여주고 있는 만큼(노경란·정희숙, 2008; 윤현숙 외, 2010), 노인이 특성을 고려한 전문적 평생교육 프로그램 개발뿐만 아니라 이에 대한 평가도 지속적으로 이루어져야 할 것이다.

## 3) 노인교육 전문인력 양성 및 풀 구축

노인 평생교육의 전문성을 확보하기 위해서는 무엇보다도 노인교육 전문인력 양성체제를 정비하고 배치기준을 강화해야 한다. 지난 노무현 정부 때 '노인교육전문가양성과정'을 각 지역의 대학에 위탁을 해서 운영을 한 적이 있었다. 그러나 이 과정을 통해 배출된 전문가가 지역의 노인교육 현장에 제대로 배치되지 않아 실효성이 많이 떨어졌다. 따라서 우선적으로는 다양한 노인교육 관련 시설에서 현재 노인교육 프로그램 기획과 운영 또는 직접적인 교육을 담당하고 있는 비전문 경력자들에 대해서 전문성 제고를 위한 재교육이 강화될 필요가 있다. 아울러 현재 노인교육이 이루어지고 있는 시설을 중심으로 노인교육에 관련 전문 인력 풀을 구축하여 이에 대한 정보를 노인교육포털을 이용해서 관리함으로써 정보공유를 용이하게 할 필요가 있다. 또한 대학에서는 노인교육과 관련한 전공학과 혹은 과목들이 설치되어 노인교육 분야의 차세대 연구 인력을 양성하고 학문적 발전을 도모하여야 할 것이다.

## 4) 지속적 연계 프로그램 운영

노인 교육 프로그램들이 단편적이지 않고 지속적인 연계성을 가질 수 있도록 해야 한다. 예를 들어 학력보완교육의 경우 이전 단계의 교육을 마치면 다음 학력취득을 위한 교육으로 연결되도록 노인 학습자를 지원하는 것이 필요하다. 현재 대부분의 노인 대상 학력보완교육은 초등학력 인정에 초점이 맞추어져 있고 이후의 단계로 지속적으로 연계되지 못하고 있다. 따라서 지역평생교육진흥원을 중심으로 '노인중심 학력보완교육 거점기관'을 지정하여, 노인들이 지속적으로 학력보완교육을 받을 수 있도록 해야 하고 더 나아가 이러한 학습을 통해 노인들이 일할 수 있는 능력을 키우고 일자리와의 연계도 이루어질 수 있어야 한다. 또한 노인의 직업과 관련한 인적자원개발을 위해서는 '직업능력향상교육'이 각 직업 및 기술의 수준에 따라 연계적으로 실시되어야 하는데, 대부분의 노인 대상 교육은 단편적 기술 교육에 머물고 있다. 노인의 전문적 기술능력 향상을 위해서는 국가나 관련 노인 직업능력교육 관련 단체에서 프로그램을 수준에 따라 설계하고 이를 연계적으로 운영하는 것이 필요하다.

## 5) 모든 이를 위한 노인교육 강화

노인교육은 노인만을 위한 교육이 아니라 모든 사람들을 위한 교육이어야 한다. 수명의 증가는 한 사회에서 고령자의 인구비율을 높이고 있지만, 동시에 한 개인의 삶에서 노년기가 차지하는 비율도 높이고 있다. 따라서 다양한 세대가 공존하는 고령사회에서 젊은 세대가 노인과 노화를 제대로 이해할 수 있는 교육을 제공함으로써 노인들이 사회에서 능력을 힘껏 발휘할 수 있도록 기회를 마련해야 한다. 그리고 세대가 함께 어울리는 세대공동체 교육을 통해서 세대 간에 일어날 수 있는 갈등을 해소하고 발생가능한 문제들을 예방하려는 노력이 필요하다. 이를 위해서는 노인들을 학교나 평생교육시설의 자원봉사자로 참여시키거나 청소년 자원봉사의 영역을 세대공동체 영역으로 확대하여 청소년 자원봉사시 지역의 노인 자원봉사 단체와 연계하는 것이 좋은 방안이 될 것이다. 아울러 노인층의 전문지식과 기술, 경험을 젊은 세대에게 가르칠 수 있는 노인 강사를 지자체 운영 평생교육 시설, 방과 후 학교, 각종 민간 평생교육시설에서 많이 활용하도록 하는 노력이 필요하다.

## 6) 노인 관련 연구 활성화

고령화에 따라 노인교육에 대한 학문적 관심과 학습자들의 학습요구가 증가하면서 노인교육 관련 연구의 필요성이 급속하게 증대하고 있다. 전문적 연구와 전문가 양성을 위해서는 우선적으로 노인교육 관련 학위 과정이나 노인교육 연구센터가 설치되어야 할 것이다. 또한 노인교육 분야는 학문적 성과와 현장에서의 실천적 발전이 긴밀히 관련성을 갖는 분야이므로, 현장에 기반한 다양한 연구들이 활발히 진행되어야 하는바, 실천중심의 노인교육 연구에 대한 연구비 지원을 확대하고 시범사업이 강화되어야 할 것이다. 마지막으로 모든 연구의 기본이 되는 고령자 관련 기초통계 및 기초조사 연구가 지속적으로 확대되어야 할 것이다.

■ 권진희(2009). 학업중단 사례분석을 통해 본 원격대학 학력보완교육의 과제. 2009 한국평생교육학회 춘계학술대회 자료집, 209~245.

■ 김승연(2005). 학교 내 문화예술교육 활성화를 위한 지역문화예술자원과 학교간 네크워크 형성에 관한연구. 석사학위논문. 단국대학교.

■ 김영석(2011). 노인복지관의 평생교육 프로그램 분류 및 개설정향성 연구. 교육발전연구, 27(2), 29~56.

■ 김주영·우석진(2010). 노동시장 재진입에 관한 연구. 서울: 한국노동연구원.

■ 김진화·고영화(2009). 평생교육 프로그램 분류체계 연구. 평생교육진흥원.

■ 김태준·홍영란·김선자·박응희·정혜령·한정란(2007). 고령사회에 대응하기 위한 노년교육 장기 발전 방안 연구. 한국교육개발원.

■ 김태준·신은수·이경희·장근영·손수민(2008). 생애단계별 능력 개발 지원 방안 연구. 한국교육개발원.

■ 노경란·정희숙(2008). 고령인구 인적자원개발을 위한 정부지원 고령자 취업지원 프로그램의 효과 분석. 인력개발연구, 10(2). 109~134.

■ 노동부(2006). 제1차 고령자 고용촉진 기본계획 (2007~2011). 노동부.

■ 박선희(2011). 문화예술 평생교육체제의 지역 사례분석. 석사학위논문. 동의대학교.

■ 백은순(2009). 학점은행제 활용 양태분석. 2009 한국평생교육학회 춘계학술대회 자료집, 169~188.

■ 보건복지가족부(2009). 2008년도 노인실태조사: 전국 노인생활실태 및 복지욕구 조사.

■ 류윤석(2005). 평생학습사회에서의 노인 직업교육 활성화 방안. 한국교육, 32(3), 377~399.

■ 송선희·최명숙·이상매·서경조·이화식·문미·최상훈·유찬열 등 (2012). 노인교육론. 서울: 신정.

■ 신미식(2007). 한국 여성노인의 문해교육 현황과 정책. 한국동북아논총, 45, 261~283.

■ 신미식(2010). 하나의 담론으로서 한국 문해교육의 비판적 연구. 한국동북아논총,

55, 273~294.

■ 양은아(2009). 대중인문학교실 참여 학습자의 학습활동과 경험적 변화에 관한 연구. 평생교육학연구, 15(4), 35~74.

■ 양은아(2010). 삶과 학습의 선순환적 관계에서 나타나는 인문학습경험에 대한 생애사적 분석. 열린교육연구, 18(2), 143~172.

■ 윤현숙·이은경·이정의·윤지영·김은숙·장은진·최류란·강성보·한아름(2010). 노인을 위한 통합 건강 프로그램의 효과: 몸-마음-영성(Body-Mind-Spirit) 프로그램. 노인복지연구, 48, 345~374.

■ 이경아·변종임·박소연(2007). 성인문해교육 지원 사업의 성과 분석 연구. 평생교육학연구, 13(2), 119~139.

■ 이정의(2011). 고령근로자의 직무요구와 교육·기술 수준 적합도가 직무만족에 미치는 영향: 임금근로자와 자영업자를 중심으로. 직업능력개발연구, 14(1), 125~149.

■ 이해주(2009). 왜 시민참여교육인가?: 시민참여교육의 현황과 과제. 2009 한국평생교육학회 춘계학술대회. 253~279.

■ 이희수·이지혜·안도희·변종임·박상옥·이현석(2002). 한국 성인의 비문해 실태 조사연구. 한국교육개발원.

■ 인구보건복지협회(2009). 2009 세계인구현황보고서. 보건복지부.

■ 통계청(2006). 장래 인구추계.

■ 통계청(2011). 고령자 통계.

■ 평생교육진흥원(2009). 2009 평생교육백서.

■ 한국문해교육협회 편(2005). 한국의 문해교육. 서울: 문음사.

■ 한숭희(2008). 평생교육론. 서울: 학지사.

■ 한정란(2004). 교육노년학. 서울: 학지사

■ 홍기형 외(1998). 평생학습사회와 노인교육. 교육부


■ ILO(2012). Global ageing-Its implications for growth, decent work and social protection beyond 2015. Global Age Watch Policy brief 2.

■ OECD(1998). Maintaining prosperity in an ageing society.

■ OECD(2006). A Review of the literature on active ageing.

■ OECD(2011). 한국을 위한 OECD 사회정책보고서.

■ WHO(2002). Active ageing: A policy framework.

# 찾아보기

## 공저자 약력

### 대표저자 권대봉

미국 미시간주립대 조교수/고려대 교육대학원장·사범대학장/국무총리실 경제·인문사회연구회 한국
　　직업능력개발원 제5대 원장/세계은행 Sri Lanka Skills Development Project 컨설턴트
(현) 고려대학교 교육학과 교수·방글라데시 정부 SEIP(Skills for Employment Investment Program)
　　International Policy Advisor

### 강 석 주

공주사대 교육학과(학사)/한국교원대학교 대학원 교육학과(석사)/
고려대학교 대학원 교육학과(박사)
(현) 제주 제일고등학교 교사

### 권 양 이

고려대학교 대학원 교육학과(박사)
(현) 홍익대학교 교육학과 초빙교수

### 김 영 석

고려대학교 교육학과(학사)/고려대학교 대학원 교육학과(석사)/
University of Georgia Department of Lifelong Education, Administration & Policy(박사)
(현) 한국교원대학교 교육학과 교수

### 김 재 현

고려대학교 통계학과(학사)/고려대학교 대학원 교육학과(석, 박사)
(현) 호산대학교 부총장·간호학과 교수·평생직업교육본부장

### 김 환 식

고려대학교 행정학과(학사)/고려대학교 대학원 교육학과(박사)/교육부 평생직업교육국장
(현) 충청남도 교육청 부교육감

### 노 경 란

고려대학교 교육학과(학사)/일본 교토교육대학 대학원 교육학과(석사)/
고려대학교 대학원 교육학과(박사)
(현) 성신여자대학교 교육학과 교수

### 박 소 연

고려대학교 교육학과(학사)/고려대학교 대학원 교육학과(석, 박사)/ 광주대학교 교수
(현) 안양대학교 교양대학 교수

### 박 용 호

고려대학교 교육학과(학사)/고려대학교 대학원 교육학과(석사)/펜실베이니아주립대(박사)
(현) 인천대학교 창의인재개발학과 교수

### 박 지 혜

서울대학교 교육학과(학사)/고려대학교 대학원 교육학과(석사)/
University of Illinois at Urbana-Champaign, Department of Human Resource Education(박사)
(현) 국민대학교 사회과학대학 교육학과 교수

## 박 혜 영
고려대학교 대학원 교육학과(석, 박사)
(현) 한국교통대학교 교수

## 신 범 석
고려대학교 교육학과(학사)/서울대학교 대학원 교육학과(석사)/고려대학교 대학원 교육학과(박사)
(현) (주)입소 대표이사

## 유 대 원
고려대학교 대학원 교육학과(박사)/미국 MIT 경영대학원 학습조직 과정 수료
(현) 한국산업교육협회 회장/(주) 한국센터링 대표 컨설턴트

## 이 성 엽
고려대학교 교육대학원 기업교육(석사)/고려대학교 대학원 교육학과(박사)
(현) 아주대학교 교육대학원 교수

## 이 정 의
고려대학교 대학원 교육학과(석, 박사)/
보스톤대학 The Sloan Center on Aging and Work, Research Associate/경기도 가족여성연구원 연구위원
(현) 국가평생교육진흥원 전문원

## 이 진 구
고려대학교 사범대학 교육학과(학사)/고려대학교 교육대학원 기업교육(석사)/
펜실베이니아 주립대학교 대학원(박사)
(현) 한국기술교육대학교 테크노인력개발전문대학원 교수

## 조 대 연
서울교육대학교(학사)/고려대학교 대학원 교육학과(석사)/미국 오하이오주립대(박사)/
숙명여자대학교 교수
(현) 고려대학교 교육학과 교수

## 허 선 주
고려대학교 대학원 교육학과(석, 박사)
(현) 영동대학교 중등특수교육과 교수

## 현 영 섭
고려대학교 교육학과(학사)/고려대학교 대학원 교육학과(석, 박사)
(현) 경북대학교 사범대학 교육학과 교수

일자리와 교육리더십

| | |
|---|---|
| 초판발행 | 2014년 1월 20일 |
| 중판발행 | 2017년 8월 30일 |
| 지은이 | 권대봉 외 |
| 펴낸이 | 안종만 |
| 편 집 | 나경선 · 김선민 |
| 기획/마케팅 | 안상준 |
| 표지디자인 | 최은정 |
| 제 작 | 우인도 · 고철민 |
| 펴낸곳 | (주) **박영사** |
| | 서울특별시 종로구 새문안로3길 36, 1601 |
| | 등록 1959. 3. 11. 제300-1959-1호(倫) |
| 전 화 | 02)733-6771 |
| f a x | 02)736-4818 |
| e-mail | pys@pybook.co.kr |
| homepage | www.pybook.co.kr |
| ISBN | 979-11-303-0048-1  93370 |

* 잘못된 책은 바꿔드립니다. 본서의 무단복제행위를 금합니다.
* 저자와 협의하여 인지첩부를 생략합니다.

정 가      25,000원